本教材系"十三五"江苏省高等学校重点教材（2019-2-048）和国家自然科学基金资助项目（71572072）成果

21世纪经济与管理精编教材
工商管理系列

企业文化

理论与实践

Corporate Culture
Theory and Practice

刘永强 ◎ 编　著

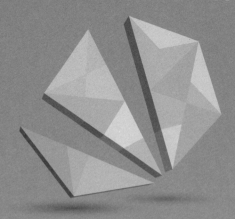

北京大学出版社
PEKING UNIVERSITY PRESS

图书在版编目(CIP)数据

企业文化：理论与实践/刘永强编著．—北京：北京大学出版社，2023.5
21世纪经济与管理精编教材．工商管理系列
ISBN 978-7-301-33532-1

Ⅰ.①企… Ⅱ.①刘… Ⅲ.①企业文化—高等学校—教材 Ⅳ.①F272-05

中国版本图书馆 CIP 数据核字(2022)第 197576 号

书　　　名	企业文化：理论与实践 QIYE WENHUA：LILUN YU SHIJIAN
著作责任者	刘永强　编著
责 任 编 辑	周　莹
标 准 书 号	ISBN 978-7-301-33532-1
出 版 发 行	北京大学出版社
地　　　址	北京市海淀区成府路 205 号　100871
网　　　址	http://www.pup.cn
微信公众号	北京大学经管书苑（pupembook）
电 子 信 箱	em@pup.cn
电　　　话	邮购部 010-62752015　发行部 010-62750672　编辑部 010-62752926
印 刷 者	北京宏伟双华印刷有限公司
经 销 者	新华书店
	787 毫米×1092 毫米　16 开本　15.75 印张　403 千字 2023 年 5 月第 1 版　2023 年 5 月第 1 次印刷
定　　　价	48.00 元

未经许可，不得以任何方式复制或抄袭本书之部分或全部内容。
版权所有，侵权必究
举报电话：010-62752024　电子信箱：fd@pup.pku.edu.cn
图书如有印装质量问题，请与出版部联系，电话：010-62756370

序

20世纪70年代,日本经济的腾飞引起了世界学者尤其是美国管理学界的广泛关注,并引发了学者们的研究兴趣。经过十余年的观察和研究,在80年代初期学界提出和构建了企业文化理论,并认为正是独特的以人为导向的企业文化,推动了日本经济的飞速发展。20世纪70年代末,中国实行改革开放的基本国策,四十多年的经济发展走过了西方一两百年的经济发展道路,创造了奇迹,同样受到世界瞩目。学者们也试图找到中国经济发展的驱动要素,并从理论上界定和理解中国经济发展的动力机制。诺贝尔经济学奖获得者、哥伦比亚大学的约瑟夫·斯蒂格利兹(Joseph Stiglitz)认为,谁能够解释得清中国经济发展的动因,谁就是下一个诺贝尔经济学奖获得者。于是,众多经济学家、管理学家开始研究和总结中国的经济实践及管理经验,并试图构建新的经济理论和管理理论。有的学者认为,推动中国经济发展的是中国传统文化,正是文化因素决定和推动了中国经济的飞速发展。中国学者南怀瑾认为,儒家文化是和平时期的粮仓。荷兰学者霍夫斯泰德(Hofstede)认为,如果中国不发生战争,在和平的发展进程中,其国内生产总值(GDP)将会从1991年的世界第十六位上升到十年之后的世界第六位。实际上,中国的GDP在2004年就已经超出霍夫斯泰德的预期,达到世界第四位。2010年,中国的GDP为58 786亿美元,日本为54 742亿美元,中国取代日本正式成为全球第二大经济体。2019年,中国的GDP已达990 865亿美元。那么,中国传统文化对中国经济发展的驱动是通过什么样的机制实现的呢?

在引入西方的市场经济制度之后,中国出现了大量的民营企业。这些民营企业引入了西方尤其是日本的企业文化理论,推动了企业管理变革。但我们的观察和研究发现,单纯的西方管理理论(包括企业文化理论)并没有对中国的管理实践起到明显的推动作用,中国企业家们并不是简单地引入企业文化理论,他们还将西方管理思想和中国本土的管理实践有机结合起来,并在管理实践中吸收了中国传统文化的精髓,创造出自己独特的企业文化经营理念。因此,我们认为中国的企业文化理论与实践,实际上已经超越了西方企业文化理论框架,是在中国传统文化基础之上的推陈出新。据此,要科学总结中国经济快速发展的奇迹和成功经验,必须将中国的企业文化和中国的传统文化价值体系相结合,才能找到推动中国经济发展的文化机制和文化驱动力。

西方企业文化理论是在西方的文化价值体系下构建起来的,因此必须将其体系框架放在西方的文化情境下予以理解。西方最具特色的宏观文化情境是西方社会普遍遵循宗教信仰,持有不同宗教信仰的人是企业管理和企业文化管理的作用对象。对这些人的作用效果,与对践行社会主义核心价值观的中国人的作用效果显然是不一样的。当今世界,美国处于世界的霸主地位,因此,其文化价值体系对世界经济发展产生了深刻的影响,尤其是在全球化的浪潮中,美国借机推进自己文化价值体系的全球化。因此,有学者认为全球化的过程就是美国化的过程。由此,中国的管理学者需要比较西方的文化价值体系在中国文化情境下发挥作用的差异和机制。与此同时,随着中国经济的快速稳定发展,中国在世界经济领域的影响还扩展到文化领域,逐渐在全球化过程中培养起自己的文化自信。越来越多的中国企业也走向世界,参与全球市场竞争。因此,在中国经济赶超美国经济的关键时刻,必须要将中国传统文化价值体系和美国的文化价值体系进行比较,并在这个基础上构建有效的企业文化理论,以更好地指导中国的企业管理实践。但目前国内有关企业文化的研究和教材,基本上只涵盖西方企业文化理论的结构和内涵,没有将它们置于中国宏观的社会文化情境下进行研究。为了弥补这一缺陷,刘永强教授花了多年的时间进行总结和概括,撰写了《企业文化:理论与实践》教材。这本教材在对西方文化的宏观研究基础之上,尝试构建中国企业文化的理论与实践体系,凸显中国特色。

这本教材具有以下特色:第一,从文化内涵和界定入手,将中国传统文化中的仁文主义理念与中国特色社会主义的意识形态,即"为人民服务""人民就是江山,江山就是人民"的价值观相结合,将儒家"己欲立而立人,己欲达而达人""己所不欲勿施于人"的"仁"和为员工服务的价值体系相结合,构建出仁民主义思想,以此作为讨论中国企业文化理念层或企业意识形态结构的基本准绳。第二,将企业文化与管理体系相结合,也就是把企业文化构建成各种管理体系的运行平台,并与其他的管理体系和流程进行系统的融合,从而产生预期的管理效果和绩效。第三,将企业文化理论运用于企业的文化管理实践,提出了企业文化诊断咨询的详细流程,强调了企业文化理论对实践的指导。第四,提出企业文化是企业文化战略的一部分,并就企业的文化战略与文化创新提出了系统的理论框架。第五,将全面、系统的理论构建建筑于对文献全面而前沿性的回顾之上。正是因为具有这些特色,这本教材被评为"十三五"江苏省高等学校重点教材。

这本教材在编写过程中还全面而深入地反映了有关企业文化的前沿理论,并将这些理论与中国当下的管理实践相结合,具有研究性教材的特点,所以,其不仅可以作为高校本科生和研究生的教材,还可以为企业管理者、企业文化管理的实践者提供实践指南。

受作者之邀,特作此序。

赵曙明

南京大学人文社会科学资深教授、商学院名誉院长、博士生导师

2022 年 10 月

前　言

在中国经济的腾飞惊艳世界的同时,国内外学者也在积极探索其驱动因素。类似于 20 世纪 70 年代寻找日本企业发展的动因,学者们找到了推动中国经济发展的独特文化密码:从宏观上看,是中国独特的社会文化结构推动了整个国民经济的发展;从微观上看,中国企业有其独特的文化特质,并融合当今先进的文化理念,形成了独特的企业文化,正是这样的企业文化推动了微观层面的企业迅速发展。于是,我这位受传统文化滋养成长起来的学者,就致力于系统研究企业文化理论,以期有所建树。

2004 年,在发表了"Shaping Multinational Corporate Culture in the Multicultural Context"后,我相继发表了四篇企业文化主题的文章,一直进行企业文化研究最新成果的收集和积累。2004—2009 年,我作为客座教授为南京大学商学院的国际 MBA 班开设了"中美语言文化视角下的比较管理研究"课程,授课中系统地将中国传统文化和组织(企业)文化相结合,并追踪企业文化理论研究的前沿,获得学生们的一致好评。2010 年,南京财经大学与纽约州立大学莱文学院共建了纽约州立大学商务孔子学院;在学院运行期间,我继续围绕企业文化与中国传统文化进行系统研究,并将研究成果融入学院核心课程的设计之中。自 2013 年开始,我在南京财经大学工商管理学院开设了"企业文化"课程——面向企业管理方向的研究生、人力资源管理专业的本科生和公选课的其他专业本科生。多年的授课经历促使我不断思考企业文化的理论边界、层次,以及企业文化理论与实践的关系,也让我积累了丰富的跨文化管理与沟通和企业文化等方面的教学经验。在设计教学形式和内容时,我参考了国内外的企业文化教材,但在使用过程中也发现了一些问题。企业文化理论来自西方,中国企业运行的宏观社会文化环境与西方政教合一的社会文化环境是截然不同的,并不能有效地指导中国本土企业的实践。因此,一方面,对西方企业文化理论进行本土化改造已成为学界和业界的共识;另一方面,国内学者也开始呼吁并尝试构建具有本土特色的企业文化理论。在此背景下,作为培养未来企业家与管理人才的企业文化教材必须很好地反映中国的企业文化管理实践,并梳理中国的企业文化管理理论成果。

首先,本教材试图界定企业文化的理论边界,构建出一个整体模型,并进一步厘清构成该整体模型的各个功能模块之间的关系。这是现有企业文化教材所缺乏的。其次,本教材强调企业文化体系与其他管理体系的融合,如与战略、组织结构、人力资源等管理功能系统的融合。最后,本教材主要以中国的企业文化管理实践为示例来探讨企业文化的生成与演化、功能与绩效、结构要素与维度等。总体思路是在中国的企业文化管理实践脉络中,厘清企业文化的理论框架与实践操作方法。本书所选择的示例或案例是为人民服务的理念具体化,同时也内化了以儒家仁文主义精神为代表的优秀传统文化理念,展示了企业服务于社会、服务于企业员工的行为。概言之,这些示例或案例,体现了儒家的仁文主义与为人民服务精神相结合的仁民主义精神。本书将仁民主义界定为以儒家的"己欲立而立人,己欲达而达人""己所不欲勿施于人"

的仁文主义精神来为人民服务的思想体系。这一思想体系是讨论中国企业文化理念层或企业意识形态结构的基本准绳,也是本书案例或示例选择的意识形态标准。基于此思路,本教材在对文化的内涵及定义进行梳理的前提下,回顾了企业文化理论的演化和发展历程,从宏观上把握理论发展的脉络;然后深入企业文化理论的内部结构,详细介绍了企业文化的内容、结构、功能,企业文化生成与演化机制,企业文化的类型及对企业绩效的影响,企业文化诊断与咨询,企业文化与战略、组织结构和人力资源管理体系的融合等内容。本教材试图总结出基于中国企业文化实践的中国企业文化建设思路。

本教材被评为"十三五"江苏省高等学校重点教材,同时也是江苏高校品牌专业建设工程二期项目(第三批)省特色专业(南京财经大学人力资源管理专业)建设的阶段性成果。在此,衷心感谢南京财经大学工商管理学院和红山学院领导及同仁给予的支持!最后,要特别感谢我的研究生——吕文潇、苗红丽、杨蕾、刘梓远和季司文,感谢他们帮助我整理资料,为一些章节的编写提供素材。

本教材引用了许多同行的研究成果,在此对所有作者表示感谢。由于时间和水平有限,本书中难免存在疏漏,请读者见谅。有问题可以联系我,邮箱为 georgeyqliu@163.com。

乙亥年夏于仙林翠谷

目 录

第一章 文化的界定、要素、维度和民族文化比较框架 (1)
    第一节 文化的界定及要素 (2)
    第二节 文化的维度 (6)
    第三节 文化层级 (11)
    本章小结 (13)

第二章 企业文化理论的兴起与演变 (16)
    第一节 西方企业文化研究简史 (17)
    第二节 企业文化理论在中国的传播与发展 (24)
    第三节 企业文化的研究方向展望 (28)
    本章小结 (31)

第三章 企业文化的内涵、要素、层次与维度 (34)
    第一节 企业文化的内涵及要素 (35)
    第二节 企业文化、企业氛围、企业身份和形象 (41)
    第三节 企业文化的层次 (42)
    第四节 企业文化的维度 (46)
    本章小结 (52)

第四章 企业文化的生成机制 (55)
    第一节 企业文化的生成机制类型 (56)
    第二节 企业文化生成的影响因素 (60)
    第三节 企业文化各内容维度的生成机制 (61)
    第四节 并购企业的企业文化生成机制 (65)
    本章小结 (67)

第五章 企业文化的功能与作用 (70)
    第一节 企业文化的内部整合功能 (71)
    第二节 外部适应功能 (75)

第三节　动态环境中企业文化的作用 ································· (76)
　　本章小结 ··· (78)

第六章　企业文化的建设与传播 ·· (80)
　　第一节　企业文化建设 ··· (81)
　　第二节　企业文化传播 ··· (88)
　　第三节　企业文化传播的路径选择 ··································· (91)
　　第四节　企业文化传播的效果与应用 ································· (96)
　　本章小结 ·· (100)

第七章　企业文化的演化 ··· (104)
　　第一节　企业文化的演化路径 ······································ (105)
　　第二节　企业文化的演化过程 ······································ (108)
　　第三节　企业文化的演化结果 ······································ (110)
　　第四节　企业生命周期与企业文化的演化特征 ························ (116)
　　本章小结 ·· (122)

第八章　企业文化与管理体系的融合 ··································· (127)
　　第一节　企业文化与企业战略 ······································ (128)
　　第二节　企业文化与组织结构 ······································ (136)
　　第三节　企业文化与人力资源管理体系 ······························ (142)
　　第四节　企业文化与管理体系的整合框架 ···························· (148)
　　本章小结 ·· (149)

第九章　企业文化与企业绩效 ··· (153)
　　第一节　企业文化与企业经营绩效 ·································· (154)
　　第二节　企业文化与企业可持续发展之间的关系 ······················ (158)
　　第三节　企业文化推广与企业价值、创新绩效 ························ (160)
　　第四节　企业文化、领导者与创新绩效之间的关系 ···················· (161)
　　本章小结 ·· (162)

第十章　中国的企业文化理论与实践 ··································· (164)
　　第一节　中国企业文化理论与实践探索的不同阶段 ···················· (165)
　　第二节　企业文化理论的学习与自我探索期的特征 ···················· (168)
　　第三节　企业文化理论的系统完善与自主创新期的特征 ················ (169)
　　第四节　企业文化C理论的结构及特征 ······························ (173)
　　本章小结 ·· (181)

第十一章　跨国公司的企业文化理论与实践………………………………(184)
第一节　东西方文化差异………………………………………………(186)
第二节　跨国公司的企业文化塑造策略………………………………(188)
第三节　跨国并购的企业文化整合策略………………………………(193)
第四节　全球企业文化与全球领导力…………………………………(197)
本章小结…………………………………………………………………(200)

第十二章　企业文化的变革与创新…………………………………………(205)
第一节　企业文化变革的界定…………………………………………(208)
第二节　企业文化变革的类型…………………………………………(209)
第三节　企业文化变革的促进因素、阻力及克服策略………………(210)
第四节　企业文化变革的方法和策略…………………………………(212)
第五节　企业文化变革的领导、技巧与步骤…………………………(214)
第六节　企业的文化创新战略及企业文化创新………………………(218)
本章小结…………………………………………………………………(220)

第十三章　企业文化的诊断与咨询…………………………………………(225)
第一节　企业文化的咨询理论概述……………………………………(226)
第二节　企业文化测评…………………………………………………(231)
第三节　企业文化诊断…………………………………………………(235)
第四节　企业文化咨询报告的写作与沟通……………………………(238)
本章小结…………………………………………………………………(240)

第一章　文化的界定、要素、维度和民族文化比较框架

【学习目标】

- 掌握文化的定义
- 理解文化的维度
- 明确文化的层次
- 掌握民族文化的比较框架

 开篇案例

商圣范蠡的经商之道

范蠡，字少伯，号陶朱公，是春秋末期著名的军事家、政治家和经济家。范蠡作为越国的谋臣，在勾践伐吴失败被捕后，与越王一起忍辱负重，不断出谋划策、稳固社稷，终于三千越甲复国吞吴，展露了卓越的军事政治才能。功成以后，他践行"功成，名遂，身退"的思想，急流勇退，并告诫文种和自己一起隐退。但文种没有听从劝告，继续做宰相。之后，文种遭杀身之祸。而范蠡则遨游于七十二峰之间，最后落脚于齐国，并更名为鸱夷子皮，于海边结庐而居；几年间已聚集千万财产。齐王请其至临淄并官拜相国。三年后他却归还相印，散尽财产。之后，他迁徙至陶，操计然之术，以治产，经商集资又成巨富，自号陶朱公。故言富者称陶朱。他政治上与人谋，可谓"忠"；军事上，谋略卓著。但他能看透政治、人性，转型经商，化身为商贾。在其经商的十九年中，三致千金，却又三次散尽家财，将财富分予穷人。世人誉之："忠以为国；智以保身；商以致富，成名天下。"后人尊称其为"商圣"。许多生意人都供奉他的塑像，称之为"财神"。由此，他获得司马迁的赞誉："范蠡三迁皆有荣名，名垂后臣，臣主若此，欲毋显得乎？与时逐而不责于人。"他也是中国有记载的最早的慈善家。

《史记》记载，范蠡的经商之道可谓先进，如"人取我予、待乏贸易、不求暴利""侯时转物，逐十一之利""因地制宜、多种经营"和"积善之理"。范蠡认为经商要看好行情，了解人民的需求，提前准备从而提供合适的商品；要诚信经营，逐利也要求义；要多样化经营，避开单一运作的风险；只有合理囤货、薄利多销，才能日积月累致千金。其经商之道中最可贵的是"富好行其德"。范蠡从人有盛衰、泰极必否的道理中感觉到"久受尊名，必不祥"的道理，既践行了老子"圣人不积，既以为人己愈有，既以兴人己愈多"的哲学思想，又参透了道家的"功成，名遂，身退"的人生之道。

范蠡在政治、军事和经济方面的杰出成就源于其对中国文化，尤其是儒家、道家和兵家学术的深刻理解。因此，一个人所处的社会文化情境影响着其职业发展决策，更影响着其所从事

的事业发展轨迹及所经营的企业发展道路。因此,研究企业文化必须首先研究企业所在地的社会文化。为此,本章首先对文化进行界定,厘清关于文化界定的不同流派,最后识别出不同文化所共享的文化要素。

第一节 文化的界定及要素

一、文化的界定

(一) 文化术语的来源

在中文里,文化是"文"和"化"两字的复合。"文"指语言、文字、典章制度。"化"指感化、改造、塑造的过程和结果。"文化"最早可以追溯到《周易》的《贲卦》,解释该卦的《象》曰:"天文也,文明以止,人文也。观乎天文,以察时变;观乎人文,以化成天下。"①天文是天之理,指日月星辰错杂排列,寒暑阴阳的交替变化;人文是人之道,指人理的伦序。"观乎天文,以察时变",是指观察天道的运行,以考察四时的变迁;"观乎人文,以化成天下",是观人理伦序以教化天下,天下成其礼俗。据此,文化是指用天道运行的规律和人理伦序来教育天下,将其化为礼俗,以使世人处于文明之中的行为方式。

首先使用"文化"一词的是汉代刘向。他在《说苑·指武》指出:"圣人之治天下也,先文德而后武力。凡武力之兴,为不服也。文化不改,然后加诛。"现代的《辞源》将文化解释为"文治和教化"。

西方语境下的文化(Culture)一词来源于拉丁语,是指开垦土地以耕种。它通常是指文明(Civilization)或思维的精炼与升华,尤其是指这些精炼与升华产生的结果,例如教育、艺术和文学。但是,从社会人类学角度来看,文化包括所有的思维模式、情感表达模式和行为模式。

(二) 文化的定义

文化的概念很难界定,并且不同学科的学者有不同的定义,因此,文化作为一个构念不存在被普遍接受的统一的定义。霍夫斯泰德指出,文化的定义已达200多种,但经典定义有以下几种:

第一,文化是给定社会中人们代与代之间习得和传承的共同行为模式,塑造着代与代之间的行为和意识,从而使得行为和思维模式的内容和形式具有可测性。此为习得文化的定义。这种观点认为文化内化在人类所有习得的行为中,也塑造着行动之前的意识。习得文化包括以下几个重要的文化要素体系:语言符号的内涵意义体系;社会的组织方式(包括群体到跨国公司的组织方式);群体特有的技术及独特的产品。它遵循以下几个重要原则:① 文化的传授和再生产方式本身就是文化的重要组成部分。② 文化处于不断变化中,教与学之间的关系也不是绝对不变的。③ 语言符号的内涵体系内化了经过谈判而取得的共识,即人类社会成员之间必须就词、行为或其他符号之间的关系及其意义和内涵取得一致意见。这种界定强调文化既包括语言内涵体系,也包括协商一致的共识和协商或谈判的过程。④ 文化是相对的,因为

---

① 程颐.周易程氏传译注(上册)[M].北京:商务印书馆,2018.

文化内涵体系所涉及的关系并不是普遍不变的,而是因社会形态不同而不同。

第二,文化是世界中人们所教、所言中最好的东西。它与抽象的真理、美丽和智慧结合在一起,普遍存在于世间。这种文化被称为高文化。

第三,文化是人们日常生活经验的总结。它既指一般意义上的整体生活方式,又指人们发现或创造所产生的特色艺术和学问。因此,文化是普通的,存在于每一个社会和每个人的头脑中。这种文化被称为普通文化,与上文的高文化相对应。

第四,文化是公共产品,是一个群体的公共资产,它为群体成员提供了语言符号及其内涵体系,并以此来解释周围世界。这种文化被称为解释性文化,它包括以下要点:① 它是一个民族生活方式的总和,是个体从其群体中获得关于其社会的轶事;② 它是思考、信仰和情感体验的方式;③ 它是行为的抽象概括;④ 它是人类学家所说的关于一群人的实际行动方式;⑤ 它是人类学问的仓库;⑥ 它是解决当下问题的一套标准化导向;⑦ 它是调整行为的机制与规范;⑧ 它是调整适应外部环境和他人的一套技术;⑨ 它是历史的陈述。

二、文化界定的分类

前文列举了关于文化的几种界定,但这远远不是全部。本小节对文献进行梳理,结合克罗伯(Kroeber)、克拉克洪(Kluckhohn)和霍夫斯泰德的文化定义,总结出七大学派。

(一)描述学派的界定

描述学派认为:文化或文明是一个复杂的整体,包括知识、信仰、艺术、法律、伦理道德、风俗,以及作为社会成员的人通过学习而获得的任何其他能力和习惯。其特点是把文化作为一个整体事物来概述,试图列举出文化所涵盖的全部内容。因此,这类定义包含了(复杂的)"整体"和"全部"等类似的词语。其代表人物是文化人类学家爱德华·泰勒(Edward Tylor),他是第一个在科学意义上为"文化"下定义的人,其定义具有经典性。

(二)历史学派的定义

该学派的定义主要强调文化的社会遗传与传统属性。其代表人物是历史特殊论学派的创始人弗朗茨·博厄斯(Franz Boas)。他曾受到泰勒的影响,扩展并改进了泰勒关于文化的定义,但并没有真正从其定义中跳脱出来。超越泰勒定义的是美国文化语言学的奠基人爱德华·萨丕尔(Edward Sapir)的定义,即文化被民族学家和文化史学家用来表达在人类生活中任何通过社会遗传下来的东西,包括物质和精神两方面。这个定义是从历史角度出发,选择了文化的一个特性——"文化遗传"或"文化传统",来对文化进行阐述。尽管这两个术语在词义上有一些区别,如"遗传"是指接受的东西,即产品,而"传统"是指接受的过程,但它们都是以相对静止或固定的形式来看待文化。这个定义还主张人类不但具有生物遗传特性,还具有社会遗传特性。这也是体现人类学与社会(文化)人类学研究重点的区别之处。

(三)规范学派的界定

规范学派强调文化是规则与方式。其代表性学者是美国人类学家克拉克·威斯勒(Clark Wissler)。他认为,某个社会或部落所遵循的生活方式被称作文化,它包括所有标准化的社会传统行为。其中,"方式"是指共同或共享的模式,是对不遵守规则的制裁,是人类活动的社会"规划"。规范学派强调文化中的理想、价值和行为,是指任何人群(无论是野蛮人还是文明人)都拥有的物质和社会价值观(包括制度、风俗、态度和行为反应)。其核心是强调文化的本质就是价值观,以及文化发展的进程中规范化的思想对行为所产生的动态作用。

(四) 心理学派的界定

该学派主要强调文化是调整与解决问题的方法和手段,同时也强调文化中的学习因素和习惯,其代表人物是乔治·伦德伯格(George Lundberg)等。他们认为人类为适应他们的生活环境所作出的调整行为的总和就是文化或文明,并且认为文化包括所有解决问题的传统方法。这个定义受威廉·萨姆纳(William Sumner)的影响,强调"调整"这一概念。但是,这个定义忽略了一个事实,即文化在创造了需求的同时,又提供了满足这些需求的方法。此外,该定义只关注文化为什么存在和文化是怎样形成的问题,却忽视了解释文化是什么的问题。

(五) 结构主义学派的界定

结构主义学派从文化的要素、心理和习惯,走向了文化的模式或结构层面。他们认为,文化包括各种发明或特性,这些发明和特性之间具有不同程度的关联,它们结合在一起构成了一个完整的体系。围绕满足人类基本需要而形成的物质和非物质特性形成了社会制度,而这些制度就是文化的核心。文化的结构塑造了每一个社会独特的模式。结构主义学派的代表人物包括罗伯特·雷德菲尔德(Robert Redfield)和克拉克洪等。

同时,该学派明确指出文化是一个抽象的概念,认为文化是一个基于行为之上而又可以解释行为的概念模式,但其本身并不是行为;文化已远离行为的显性和可观察性标准,而成为生活的规划或规划体系,但其本身不是生活;文化是可供选择的指导人们反应活动的东西,但其本身不是反应。

(六) 遗传学派的界定

遗传学派强调文化是人工制品、观念和符号。他们认为,文化是一个产品或人工制品。其代表人物约瑟夫·福尔瑟姆(Joseph Folsom)指出,文化不是人类自身或天生的才能,而是人类所生产的一切产品的总和,它包括工具、符号、大多数组织机构及共同的活动、态度和信仰。

该学派强调文化的遗传特性,强调文化是遗传的结果或产品,类似于文化传统或遗传学。此外,该学派还强调观念要素。其代表人物美国社会学的开创者莱斯特·沃德(Lester Ward)认为,文化是一种社会结构或一个社会有机体,而观念则是它的起源之地。另一位代表人物查尔斯·奥斯古德(Charles Osgood)认为,文化包括所有关于人类的观念,这些观念已传入人的头脑,而且人也意识到它们的传入和存在。

该学派还强调文化中的符号因素,如美国新进化论学派代表人物莱斯利·怀特(Leslie White)认为,文化是一组现象,其中包括物质产品、身体行为、观念和情感,这些现象由符号组成,或依赖于符号的使用而存在。

(七) 思维学派的定义

霍夫斯泰德认为在社会人类学中文化是指思维、情感表达和行动模式,影响着人们问候、饮食、表达情感、与他人距离、表达爱情、维护身体健康等各种方式。它涉及人类基本的思考过程。因此,文化是一个集体现象。文化是由生活在相同社会环境中的人所共享的、将群体区别开来的集体思维方式。

综上分析,本书采用思维学派的定义,将文化界定为人类代与代之间传承和习得的形塑群体成员行为的集体思维模式。

三、文化的要素

综合前文的文化界定学派所提出的观点,所有的文化界定都包括下列要素,也即文化的共享要素包括:主题要素——文化的主题涵盖了来自社会组织、宗教和经济等领域中几乎所有的话题;历史要素——文化是代际传承的社会传统;行为要素——文化是一种生活方式,是人类习得的、共享的行为;规范要素——文化是理念、价值观和生活规范;功能要素——文化是人类解决环境适应问题和相处问题的方式;思维要素——文化是人区别于动物的复杂的思想和习得习惯的综合体;结构要素——文化是由相互关联的思想、符号和行为模式构成的。概言之,文化至少包括三个基本要素:人们所想的、所做的,以及人们制造处理的物质产品。因此,心理过程、信仰、知识和价值观都是文化的一部分。同时,文化还有以下几个属性:可共享、可习得、象征性、代代相传、适应性和模式化。

四、文化与人的性格和人本性之间的区别

文化是通过向他人学习而得来的,而不是继承而来的。学习而来是指既受到了集体思考方式的影响和修正,也受到了个人经历的修正。它来源于一个人的社会环境,而不是来自其性别。一方面它有别于人类本性,另一方面它也有别于一个人的性格。文化来自个体所属人种的传统。因此,它是处于性格和本性之间的受集体影响的心理机制。

本性是人类所共有的共同特征,代表着在所有人种间普遍存在的思考力,是影响一个人思维和行动运行的操作系统。它来源于一个人的性别,决定着一个人的生理和心理功能是否发挥作用。人类表达喜怒哀乐的情感表达能力,处理好与他人关系的能力,以及锻炼好身体、观察环境、和他人交流的能力都属于这个层次的思考体系和思考程序。但是,当他们体验到喜怒哀乐或要表达自己的个人观点的时候,其表达方式则是受到了文化的修正。

性格是一个人所独有的思考程序,是无法与其他人共享的。它以个人的特征为基础。一部分来自个体的性别、一部分来自该性别独特的传统(见图1-1)。

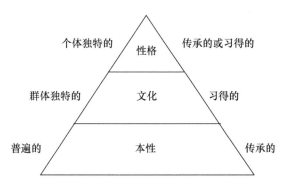

图 1-1 文化与人的性格和人本性

资料来源:HOFSTEDE G. Cultures and organizations: software of the mind[M]. London: McGraw-Hill, 1991.

第二节 文化的维度

综合上述的文化要素和定义的七大学派,学界进一步厘清文化的内涵、要素。从这些共享文化要素的文化中开发出不同的文化维度,并由此构建出文化理论框架。这些框架和维度是价值观体系或规范体系,而不是描述性的概念。它们代表的是一个文化中的适当的预期行为模式。事实上,这些框架所预期的行为模式,可能在不同的社会中有不同的表现形式。

一、克拉克洪和斯多特贝克的文化维度

克拉克洪和弗雷德·斯多特贝克(Fred Strodtbeck)用一般人类学方法,开发出价值观导向文化模型,强调价值观导向的多样性。价值观导向文化模型概括了文化价值观用于解决人类生活五个基本问题的差异性,分别为人的本质、人与自然的关系、时间导向、做事方式和人际关系。

(一)人的本质

人的本质文化价值观导向,将人的本质划分成善、恶,抑或善恶兼有。中国儒家传统认为:人之初,性本善,儒家代表人物孟子认为人皆有四端,有恻隐之心,有羞耻之心,有辞让之心,有是非之心。但是,师从儒家的荀子认为,人性是恶的,需要控制人的恶的一面。由此,中国春秋战国出现了基于人性恶的法家学派。在认为人性善恶兼有的社会,或者人性的中性价值观导向型社会,人们认为人基本上是善良的,但是有些情况下,会表现出邪恶的行为。因此,重要的是小心谨慎地保护自己。

(二)人与自然的关系

文化塑造着人们对自然环境的价值观取向,包括人主宰自然、人与自然和谐相处,以及人屈从于自然。

(1)人主宰自然的价值观。表现为:人类如有需要或意愿,就试图用技术来改变环境。土地的开垦、安装空调的建筑物、给农作物施化肥,以及控制疾病的免疫治疗都反映了人主宰自然的文化价值观。大多数的西方文化假定人可以主宰自然。这种假定蕴含的是,如果自然做不到,"我们能够做到"。

(2)人与自然和谐相处的价值观。在人与自然和谐相处的价值观中,人的行为导向是与自然界和谐共生。例如,中国的风水学是一个经典的案例。中国人认为环境中的人造物必须与自然界和谐协调。家宅和办公室等建筑物的走向和布局影响在其中居住或工作的人的生命状况。

(3)人屈从于自然的价值观。在此类价值观影响下,人们从不试图去改变自然,而是最大限度地服从于自然的安排。

(三)时间导向

文化的时间导向有过去、现在和将来三种。过去导向文化强调传统、炫耀过去;现在导向文化则通常关注短期行为,人们倾向于只争朝夕地生活,几乎不做明天的打算;未来导向文化强调长期结果,人们相信他们今天所做的一切将来会得到回报。

(四) 做事方式

文化的做事方式导向分为存在型、实干型和包容(控制)型。在存在型社会中,人们享受人生,选择暂时地工作。他们信奉"工作是为了生活,而不是活着为了工作"。人们对于当前的情况做出自然而富有感情的反应是存在型文化的特征。它强调做事过程中所涉及的人际关系。而在实干型文化中,人们强调采取行动、取得成绩、努力工作。而工作的激励来自薪酬和职位的提升,以及其他形式的组织认可。包容(控制)型文化强调理性和逻辑。人们限制欲望,试图在精神和肉体间保持平衡。

(五) 人际关系

文化必须以可预期的方式架构人与人之间的关系,这包括个人主义、群体和层级关系三个方面。个人主义文化中,个体是依靠个人特征和成就来界定自己身份的。在群体社会中,积极的人际关系对集体是非常重要的。人们之间相互联系,并为家庭和社区承担责任,强调和谐、统一和忠诚。传统的层级社会则珍视群体内成员间的关系,强调组织和社会作为整体的群体间的相对等级,比群体社会有更强的阶级意识。

虽然克拉克洪和斯多特贝克在其价值取向模式中没有着重论述工作和组织,但是从中可以推理出价值观影响管理人员和组织的一些内涵。这些基本的文化价值观将影响到管理者选择领导风格和选拔、培训员工等。

二、琼潘纳斯的七维度文化理论

冯斯·琼潘纳斯(Fons Trompenaars)提出七个文化维度,其中有五个维度是关于人是如何与他人相联系的。

(一) 普遍主义与特殊主义

在普遍主义文化中,人们相信"善"与"真"的界定可以适用于任何情境,对它们的评价与情境无关,即它们是普遍适用的。与之相反,特殊主义则是权变导向的,特定的环境和关系是决定"真"与"善"的更为重要的因素。换言之,普遍主义认为世界上对"善"和"真"的判断标准是相同的,而特殊主义认为应视具体情况而定。前者强调普遍规则的制定和落实,后者强调灵活性,不会让规则影响特殊群体的行动。

(二) 个人主义与集体主义

个人主义和集体主义导向类似于下文提到的霍夫斯泰德的理论框架。个人主义文化导向的焦点是强调自我,肯定自我成就和自我发展。以这种文化为导向的社会构建出各种法律和规则,来保护个人权利。以集体主义文化为导向的社会强调群体成员关系和群体归属感,主张个人的利益应服从于集体利益。当然,不同国家对群体的界定不同。例如,虽然中国和日本同属于集体主义文化导向的社会,但中国的群体参照标准是家族、大家庭,日本的群体参照标准则是整个社会。

(三) 具体特定与弥散

具体特定和弥散的关系导向聚焦于文化是如何处理隐私的。在具体特定的文化中,人们通常有较为宽敞的公共空间和相对狭小的私人空间,强调将公共空间和私人空间区别开来,限制进入私密空间的渠道。而在弥散的文化中,公共空间和私人空间的关系则是相反、逆向的。

相比于私人空间,公共空间相对狭小并且得到更为细致的保护。具体特定的文化导向将私人关系与工作关系分离,而弥散的文化导向则混淆了二者之间的关系。具体特定的文化导向表现出直接、开放和外向的特征,而弥散的文化导向则表现出间接、封闭和内向的特征。

(四)情感的中性与情感的随意流露

情感的中性(或客观表达)与情感的随意流露,这两者文化导向的核心是情感的表达方式。在前一种文化导向中,要求努力控制情感的表达,不让情感的流露影响自己的判断。而在后一种文化导向中,情感可以得到自然和适当的表达。如不表达则被认为是不真诚。不同的文化在表达情感上存在差异,情感中性的人们更加保守,在工作场所控制情感以避免失控;而情感随意流露的文化所营造的工作氛围更为轻松。

(五)成就导向与归因导向

此维度用来描述人们在某种文化中是如何获得权力和地位的。成就导向文化强调地位和影响力的获取。能力决定了一个人能否获取某种特定岗位。获得更有权力岗位的人拥有更多的技能、知识和才干。在归因导向文化中,影响力是先天获得的,因此归因导向文化强调个体地位取决于其年龄、性别、社会关系等。

在成就导向的社会中,一个人赢得他人尊重的基础是其岗位绩效的好坏。在晋升或雇佣决策中,年龄、性别和家庭背景并不是相关性程度很高的因素。在归因导向的社会中,晋升到某种岗位的基础则关涉个体的背景、年龄和性别等因素。

(六)时间导向

该维度用来测度某种文化强调过去、现在和未来的程度,以及时间是线性的还是共时性的。琼潘纳斯将文化的时间导向分为两个方面:

第一,文化聚焦于过去、现在和未来的程度,以及它们之间的关系。在过去导向的文化中,传统和历史非常重要;现在导向的社会强调当下正在发生的事件,包括行为及其相互关系;未来导向的社会则强调基于过去和现在来获取未来优势。

第二,时间是线性的还是共时性的。时间观念涉及看待时间的两种方式,一种是在尽可能短的时间内按次序完成任务,另一种是在尽可能短的时间内同步完成任务。时间线性导向的文化要求人们一次只做一件事,按时约会、及时赴约,一般来说严格坚持时间表。主张时间线性的组织倾向于使用细节详尽的计划,按每六个月或年度进行绩效评估,检查到某个时间点为止,是否达到了预期目标。在时间共时导向的文化中,绩效考核是将人作为一个整体,综合考察其在公司的时间长短、现在的成就和未来的潜能。绩效考核聚焦于员工的雄心壮志及其与组织的关联程度而不是评估其阶段性目标。

(七)与自然界的关系

与自然界的关系包括内部导向和外部导向。导向的分类标准在于,一个人的行为是由内部因素决定的,还是由外部因素决定的。内部导向文化认为自然界是可控的。个体、群体或组织都可以控制局势。外部导向文化则更为灵活。这种文化导向试图与环境和谐共生,聚焦于"其他"因素。

三、霍尔的高低语境的文化框架

爱德华·霍尔(Edward Hall)引入语境概念来解释不同文化间沟通方式的差异。他认为,所谓的语境是有关某一事件的所有信息。这些信息与该事件内涵密不可分。语境可以分为高语境和低语境。在高语境沟通中或高语境信息中,绝大部分信息都被内化在一个人的心里,被编码成显性且可以传递的信息非常少;在低语境沟通中则相反,大量的信息都被编码成显性的信息。

在高语境文化中,朋友、同事和客户之间有非常亲近的私人关系,信息网络范围较广。因此,高语境文化中的人们可以方便地从其信息网络中获取许多有关他人的信息,从而很好地了解他人,而不需要做大量的背景信息调查。来自低语境文化的人们则倾向于把他们的生活分类成不同的方面,比如分为工作和私人生活。因此,在和他人互动中,他们需要得到较为详细的信息。

在高语境文化中,人们沟通并不仅仅依赖于语言。在很多情况下,语调、面部表情和行为举止都是信息表达的主要手段。在低语境文化中,人们沟通主要依赖于语言,需要选择适当的词准确、完整地表达信息。两种文化的主要差异在于沟通中提供的信息量。

四、霍夫斯泰德的民族文化比较框架

在分析了文化的各种定义、要素和维度后,面对世界上不同文化间的差异,学者们试图开发出统一的文化理论框架来评价不同文化。其中最杰出的学者是荷兰学者霍夫斯泰德。他开展了迄今为止最大范围的研究,对来自 70 多个国家和地区的 IBM 公司及其分支机构的员工进行了两次问卷调查。从 1967 年到 1973 年,超过 116 000 个人接受了他的调查。根据调查结果,他首先提出了民族文化比较的四维度理论框架,并通过这四个维度解释了不同文化背景下人的行为方式和原因。这四个维度是:权力距离、个人主义和集体主义、不确定性规避、刚性和柔性。

后来,霍夫斯泰德认识到这四个维度是在西方环境中发现和分析的,其中研究者大多是西方人。所以,在 20 世纪 80 年代,他与东方学者共同研究东西方文化。结果发现,在四个维度之外,还存在第五个维度即儒家工作动力机制,包括长期导向和短期导向。

(一) 权力距离

所谓权力距离(Power Distance),是指在一个国家的组织或机构中享有较少权力的成员预期并接受不平等分配权力的程度。其中,组织是指人们从事工作的地方;机构则包括家庭、学校和社区,那些盲目遵从上级指令的国家就是高权力距离国家。在许多社会中,低层级的员工趋向于按照程序服从命令。然而,在高权力距离的国家中,即使是较高层级的人员也严格服从命令。权力距离聚焦于不同国家人与人之间的平等程度。高权力距离意味着在该社会,人们对于由权力与财富引起的层级差异有很高的认同度。这些社会一般倾向于遵从层级制度体系,自下而上的沟通受到严格的限制。低权力距离则指该社会不再强调公民间由财富或权力引起的层级差异,而更加强调人与人之间的平等。

在低权力距离国家,组织通常是分权式的,拥有更扁平化的结构。这类组织也只拥有少部分的监督人员,低层级的劳动力通常是由高素质的人员组成的。相比之下,高权力距离的国家组织通常是集权式的,拥有金字塔式的结构,存在一大批监督人员,低层级的劳动力是由素质较低的人员构成的。

(二) 个人主义和集体主义

个人主义和集体主义的区别在于社会关注个人利益与关注集体利益的程度。所谓集体主义(Collectivism),是人们从属于一个组织或集体并根据对集体的忠诚度来互相照顾的倾向。所谓个人主义(Individualism),是指人们只考虑自己和家庭的倾向。霍夫斯泰德认为,个人主义和集体主义是同一维度上的两极。一种文化如果在个人主义上得分高,就意味着在集体主义上得分低,反之亦然。一种文化不可能既是个人主义的,又是集体主义的。表1-1列示了集体主义和个人主义在工作场所、政治和理念上的主要区别。

表1-1 集体主义和个人主义社会的关键差别:工作场所、政治和理念

集体主义	个人主义
• 文凭是步入较高社会阶层的敲门砖	• 文凭能提升经济财富,或获得自我尊重
• 雇主和员工的关系是用道德术语来感知的,如家庭纽带	• 雇主和员工的关系是以共同优势为基础的契约关系
• 雇佣和晋升决策考虑的是圈内人	• 雇佣和晋升决策的基础仅仅是技能和规制
• 管理是对群体进行管理,人际关系优先于任务	• 管理是对个体进行管理
• 集体利益优先于个人利益	• 个人利益优先于集体利益
• 群体可以进入私生活	• 每个人都有隐私权
• 群体成员资格决定了意见可以事先表达	• 每个人都希望有自己的意见表达
• 不同群体适用不同的法律,享有不同的权利	• 所有人适用相同的法律,享有相同的权利
• 人均GNP较低	• 人均GNP较高
• 国家在经济体系中起主导作用	• 国家在经济体系中的作用受到限制
• 经济基础是集体利益	• 经济基础是个人利益
• 新闻媒体由国家控制	• 新闻自由
• 平等意识优先于个人自由理念	• 个人自由理念优先于平等意识
• 社会的终极目标是达成共识	• 每个人的自我价值实现是终极目标

资料来源:HOFSTEDE G. Cultures and organizations: software of the mind[M]. London: McGraw-Hill, 1991, 有改动。

(三) 不确定性规避

所谓不确定性规避(Uncertainty Avoidance),是指人们受到模糊不清的情境威胁的程度以及为规避这些威胁而形成的信念和机制,即一个社会面对利益受到不确定的事件和模棱两可的环境威胁时,是否通过正式的渠道来避免和控制不确定性。

一个鼓励其成员战胜风险和开辟未来的社会文化,可被视为弱不确定性规避。反之,那些教育其成员接受风险,学会忍耐,接受不同行为模式的社会文化,可被视为强不确定性规避。强不确定性规避的人们有较高的安全需求,相信专家和知识。弱不确定性规避的人们则倾向于认为:风险是与无知联系在一起的。在强不确定性规避的社会中,成文规则较多,敢于冒风险的员工较少,劳动力的流动率较低。在弱不确定性规避的社会中,成文规则较少,敢于冒风险的员工较多,劳动力的流动率较高。

强不确定性规避导向不利于产生一些根本性的革新想法,但可以培养人们精细、守时的特质,因而善于将他人的创意付诸实施。弱不确定性规避导向能包容各种各样的思想和主张,有利于产生一些根本性的革新想法,但不善于将这些想法付诸实施。

(四) 刚性和柔性

所谓刚性(Masculinity),是指社会中男女两种性别的社会性别角色差异明显,男人表现得自信、坚强、注重物质成就,而女人表现得谦逊、温柔、关注生活质量。而与此对立的柔性

(Femininity)是指社会中两性的社会性别角色互相重叠,男人与女人都表现得谦逊、恭顺、关注生活质量。刚性和柔性导向的区别在于社会是否赞赏某些男性特征(如攻击性、武断),以及对男性和女性的性别角色职能的界定。霍夫斯泰德认为刚性导向文化强调成功、金钱等,而柔性导向文化则关心他人利益、重视生活质量。

同时,霍夫斯泰德把刚性和柔性视为一个连续变化的序列,并以此来测度各种文化的差异性。刚性(或男性气质)和柔性(或女性气质)可以用男性度指数(Masculinity Dimension Index,MDI)来衡量。这一指数的数值越大,说明该社会的男性化倾向越明显,男性气质越突出;数值越小,则说明该社会的男性化倾向越不明显,女性气质越突出。在男性气质突出的社会中,竞争意识强烈,成功的尺度就是财富功名;社会鼓励和赞赏工作狂,人们崇尚用一决雌雄的方式来解决组织中的冲突问题,其文化强调公平、竞争,注重工作绩效,信奉的是"人生是短暂的,应当快马加鞭,多出成果",对生活的看法则是"活着是为了工作"。

而在女性气质突出的社会中,更看重合作、友好的气氛和安全感。工作场所的压力小,管理者信任员工,并给予其充分的自由。生活质量的概念更为人们所看重,人们一般乐于采取和解的、谈判的方式去解决组织中的冲突问题,其文化强调平等、团结。人们认为人生中最重要的不是物质上的占有,而是心灵的沟通,信奉的是"人生是短暂的,应当慢慢地、细细地品尝",对生活的看法则是"工作是为了生活"。

(五)儒家工作动力机制

儒家工作动力机制(Confucian Work Dynamism)由两个要素构成,即长期导向与短期导向(Long-term/Short-term Orientation)。学者认为霍夫斯泰德的欧洲人价值观影响了理论的普遍适用性。因此,加拿大学者迈克尔·庞德(Michael Bond)和他的一群中国同事用中文开发了中国价值观量表(Chinese Value Survey,CVS)并翻译成英语,在霍夫斯泰德调查过的20多个国家和地区进行调查。该研究总结出四个文化维度,其中三个维度类似于霍夫斯泰德的权力距离、个人主义和集体主义以及刚性和柔性。第四个维度代表中国文化价值观,与儒家文化有关。起先被命名为儒家工作动力机制,后来霍夫斯泰德将其改为长期导向和短期导向。儒家工作动力机制指数高,则长期导向指数高,所对应的文化更关注未来,强调和珍视节俭及坚韧不拔,会考虑人们当下行为对下一代人的影响。在长期导向的社会中,企业投资眼光长远,最重要的是循序渐进地实现长久的未来盈利。长远观念是儒家观念的集中表现,并表现为一种积极的创业精神。

儒家工作动力机制指数低,长期导向指数也低,所对应的文化强调过去和现在,尊重传统和履行社会责任是重要关切。在短期导向的社会中,企业聚焦于利润结果的年报和季报,评估员工的绩效是以年度为基础的。

第三节 文化层级

在考察了文化引导人们的思想和行为来应对外部适应性的各种维度后,我们要考察文化内部的层级结构,以及文化在外在的、不同的社会结构中所呈现出的层级差异。文化的内部层级结构包括符号、英雄行为、仪式和价值观。符号是文化的最外层的表面呈现,价值观则是文化最深层次的要素,而英雄行为和仪式介于两者之间(见图1-2)。

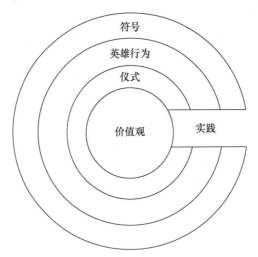

图1-2 文化在不同深度的表征：洋葱图

资料来源：HOFSTEDE G. Cultures and organizations: software of the mind[M]. London: McGraw-Hill, 1991.

（一）符号

符号包括词语、手势、身体姿态、图画和物体本身。这些信号所带有的特殊含义，也只有那些共享此文化的人才能理解。例如，语言、行话、穿着打扮的风格、发型、旗帜和地位等，都是表面文化符号。随着群体成员的重组，新的文化符号不断涌现，而旧的文化符号不断消失。符号是最表层的文化。

（二）英雄行为

英雄是具体的人，包括活着的或死去的、真实的或想象的。这些人具有一种文化所高度赞赏的特质，被当成行为模范，形塑着他人的行为。每个民族都有自己崇尚和尊重的英雄。英雄的精神风貌及其相应的行为模式影响着每一个人的行为。

（三）仪式

仪式是集体行为。表面上，仪式是要实现某种目标，但是在具体的某种文化中，仪式具有其深刻的社会内涵，内化着某种社会规范。例如，不同的打招呼方式、社交礼仪，都是这方面的典型案例。

符号、英雄和仪式是可视的、可以观察得到的，但是它们的文化内涵则是不可观察到的，是不可视的。只有处于此文化中的内部，人们才能做出准确的解释。

（四）价值观

文化的核心是价值观。价值观是偏好于某种事态的宽泛的心理倾向。它是带有指向性的个人情感，既有增值的一面，也有减损的一面。价值观通常要处理两种对立的选择。例如，善与恶、干净与肮脏、美与丑、正常与不正常、自然与不自然、悖论与逻辑、理性与非理性等。价值观是孩童无意识学习到的。发展心理学认为，大多数10岁左右的孩子已经牢固地形成了自己的基本价值观体系，超越这个年龄阶段，一个人的价值观是很难改变的。由于价值观多形成于童年，因此个体很少意识到所持有的价值观体系，也无法对其进行讨论，更无法直接被外来者观察得到。

文化在不同群体层级上也呈现出不同的特征。根据群体层级不同，可以形成以下六种分类。第一，国家文化，指一个人终身归属的民族和国家的文化。第二，地区、宗教、语言群体、民族群体文化。第三，性别文化，即由性别不同而形成的文化。第四，代际文化，该文化产生于不同代际。第五，社会阶层的文化。人们由于受教育机会、从事职业等的不同，而相应形成了不同社会阶层的文化。第六，组织文化。人们由于就业于不同的组织或公司，就塑造了不同层面的组织或公司文化。

本 章 小 结

文化是人类长期演化过程中通过代际传承和习得的、形塑人们行为方式的思维方式，是人类文明、生活方式以及人类活动所产生的物化产品的总和。其内在结构包括由以语言为核心的具有特定内涵的符号系统、英雄行为模式、以礼仪为核心的社会互动规则和价值观体系。它具有可习得、可共享、代代相传、象征性、模式化、适应性等特征。

克拉克洪和斯多特贝克提出的价值观导向文化模型概括了文化价值观用于解决人类生活五个基本问题的差异性，分别为人的本质、人与自然的关系、时间导向、做事方式和人际关系。琼潘纳斯提出了文化的七个维度，分别是：普遍性与特殊性、个人主义与集体主义、具体特定与弥散、情感的中性与情感的随意流露、成就导向与归因导向、时间导向、与自然的关系。霍尔则分别构建了高低语境的文化框架。最后，霍夫斯泰德在原有的四维度民族文化比较框架的基础上，纳入儒家工作动力机制（即长期导向与短期导向），进一步完善了其理论体系。

【复习思考题】

1. 如何从本章提供的各种文化定义中概括出你认为是可以得到广泛认可的界定？
2. 简述霍夫斯泰德的五个文化维度。
3. 文化的维度和文化的层级之间的关系是什么？
4. 文化作为思考框架，是如何影响你对周围物质环境和人际关系的态度的？

案例分析

传统文化影响下的金禾企业文化

安徽金禾实业股份有限公司（以下简称"金禾"）成立于2006年，是国内最大规模的香料生产和较大规模的化工基础原料生产的上市公司。2011年，金禾在深圳中小企业板上市。在其发展过程中，金禾积累了丰富的文化元素，形成了独特的企业文化。其文化的核心就是公司的宗旨，即"为员工谋福祉"。金禾始终认为，员工是企业的衣食父母，员工队伍中蕴藏着巨大的聪明才智，员工之于企业，如同水之于生命，因此要让员工活得既有尊严感，又有幸福感。

为落实"为员工谋福祉"的宗旨，金禾吸收了儒家的仁、义、礼、智、信的理念，完整地构建了金禾企业文化的经营理念，即其企业意识形态的五个维度：

第一，仁。金禾首任董事长于危难之际，接管濒于破产的县化肥厂，之后进行大刀阔斧的改革。他带头践行老百姓都认同的孝道，身体力行地落实仁的理念。企业上下员工都深深地折服于领导者的个人魅力。与此同时,首任董事长倡导仁德,投身慈善事业,承担了许多的社会责任。

第二,义。义即用适当的方式对待人以及经济利益。金禾通过关心员工的疾苦来落实义的理念。在金禾,对于请假三天及以上的员工,领导会上门慰问;对于罹患重大疾病的员工,领导会组织其他员工捐助,并从企业慰问金中划拨出一部分进行救助。以上充分体现了金禾对员工的关心和爱护,是以德待人价值观的具体体现。

第三,礼。在儒家思想中,礼是人与人之间的相处之道。金禾将其内化在其管理制度中,并考虑人际公平。金禾作为一家化工企业,安全和环保最为关键。面对这两大问题,金禾制定了严格的规章制度,对所有违法乱纪者一视同仁,从严处理。金禾强调一视同仁、公平对待,决不允许厚此薄彼,以此来体现人与人之间公平且文明相处的理念。

第四,智。金禾定期召开员工座谈会,每个员工都可以畅所欲言,企业则集思广益,对提出的问题做到一个星期内整改。金禾要求每个员工做到明辨是非,根据规章制度办事,这样才能更好地集所有人的智慧办企业。

第五,信。信就是信任员工。为落实儒家的这些文化价值理念,金禾把开会的礼堂命名为道德讲堂。

金禾的企业文化本质是激励性的,晋升依据能力和绩效,任人唯贤,疑人不用,用人不疑,充分信任员工。曾经有一位被金禾录用的院校毕业生,本人虽不善言辞,但踏实肯干。企业进行新产品研发时,部门负责人会手把手地教他画图等基本技能,充分信任他的能力和人品,不到半年,他就成为了基层干部。企业的仁义、公正、明智、信任共同构成了金禾的企业文化。在这种企业文化的熏陶下,员工以厂为家,以厂为重。

与这一企业文化意识形态相一致,金禾充分考虑员工需要,从衣食住行等方面为员工提供便利。金禾实行的是8小时工作制,考虑到大部分员工都在当地定居,上下班时间会根据季节以及员工子女上学时间弹性调整。例如,中午有3小时的休息时间,方便员工中午回家小憩或有更多时间履行家庭责任。考虑到员工照顾家庭的需要,金禾还安排大客车接送员工子女上学。此外,金禾为员工提供了诸多福利:一年四季提供免费工作服,免费供应四餐(含凌晨两点为上下班员工供应的一餐),免费理发洗浴服务等。"民以食为天",食堂积极听取员工的意见,定期更换菜单,同时负责为距离远的厂区人员免费送饭。住房福利是金禾的一大特色。在当地政府的支持下,金禾自建三个宿舍区,以成本价卖给员工,比同样地段商品房的价格低得多。金禾相信,只有员工实现了安居,才能真正安心工作。

除了从衣食住行等方面来落实企业文化理念,金禾还提供了以下资助服务:

第一,为鼓励员工子女享受优秀教育,金禾对考上大学的员工子女发放助学金。凡是录取本科院校的,都给予3 000元的现金奖励。在专门召开的表彰大会上,金禾让受资助员工及其子女发言,以此提升员工对企业的忠诚度,强化企业正面形象。

第二,成立大病救助基金。该基金的来源之一是员工自愿捐款,企业再按员工捐款额度的三倍追加捐款,由财务部统一保管,单独设立账户,由工会负责管理。根据金禾制定的大病救助文件,有二十三种病可以进行报销,该福利覆盖退休职工。针对员工家属,金禾设置了3 000元的慰问金额度,并列入了绩效考核指标。其宗旨是"坚决不会让员工一病返贫"。

第三,资助兴办托儿所。

第四,组织员工定期体检,尤其针对职业病,女性职工会多一次体检福利。

第五,节假日组织福利活动。在春节期间,公司领导会为仍奋斗在工作岗位的一线员工送去关爱。为先进的个人和集体提供旅游福利,激励其他员工为企业做出自己的业绩。

第六,为促进员工间交流,定期举办员工座谈会,无干部参与,鼓励员工针对工作绩效和福利待遇提供意见。

以上福利政策是要靠企业财力支撑的。近些年来,随着金禾员工人数的逐年增长,员工餐费支出、服装费用支出不断增长,而企业用于捐赠的支出尤其是助学捐赠,早已突破百万元。这些支出保障了企业福利制度的顺利运行,确保了企业文化的落地,让员工始终感受到企业的关怀和爱护,感受到以厂为家的组织氛围。

中华民族是一个尊伦理、重孝道、讲情义的民族。"知恩图报""以德报德"一直被认为是中华民族的传统美德。实施这些具有人情味和充满员工关怀的福利政策,迎合了中国几千年的传统文化和美德,更能引起员工内心深处的共鸣。金禾的福利政策是传统儒家观念的具体化,也是企业文化的内核。金禾在发展的道路上,不断将中国传统儒家观念融入企业文化,形成了仁义、公正、明智、信任的价值观,并为传播企业文化付出了大量的财力。其所设计和执行的各种福利政策,都是急员工之所急,想员工之所想,旨在让员工真正地融入企业。金禾的成功是中国传统文化在现代企业内成功运用的具体体现,它不只是简单地将儒家信仰、观念挂在口头,而是付诸实践,将企业文化作为桥梁,具化成各种福利政策,造福员工,这也是其蓬勃发展的重要因素之一。

资料来源:作者根据访谈整理而成。

第二章 企业文化理论的兴起与演变

【学习目标】

- 了解企业文化兴起的背景
- 掌握企业文化管理理论的发展过程
- 了解国内企业文化理论的研究现状

 开篇案例

"青蛙变王子"的启示

美国通用汽车公司(GM)是世界上最大的汽车供应商,有着最大的销售网络。20 世纪 80 年代设在美国加利福尼亚州弗里蒙特的一家装配汽车的工厂(UAW)陷入危机:每年旷工率高达 20%;每年员工投诉超过了 500 起;每年员工恶性罢工达 3~4 次;装配成本比日本竞争对手高出 30%……面对这种状况,GM 采取了多种手段试图改变现状,如质量管理、员工关系改善、新的激励体系等,但结果于事无补,反而每况愈下,工厂只能关闭。

1982 年,GM 找到了日本竞争对手丰田,提出共同设计和生产汽车的建议,合作的工厂就是 UAW。同时,GM 提出工厂可以由丰田的管理人员管理,但是要使用原厂的设备和人员。为了抓住这个机会,丰田接受了所有条件,于 1985 年成立新厂(NUMMI)。一年后,该厂发生了巨大变化。

美国人评论这个工厂的变化:"仿佛青蛙一下变成了王子。"为何会出现上述情况:同样的设备、同样的人员,在美国人和日本人的管理下却出现了不一样的结果?

新工厂的成功,归功于高层管理者"重视人、尊重人、团结和依靠广大职工"的管理思想和管理实践,根植于优秀的企业文化。在 UAW,负责人采用标准的泰勒式科学管理模式,以及行政命令、严格监督、惩罚、解雇等手段,加之高高在上的领导作风,工人仅仅是"会说话的工具",劳资矛盾十分尖锐。相反,在 NUMMI,日本管理人员尊重工人,让工人们分组管理、各司其职,并且处处营造管理者与工人平等和谐的气氛,这使得员工们从原来的"捣蛋鬼"摇身一变成为"敬业员工"。变化对比如表 2-1 所示。

表 2-1 变化对比

企业	UAW	NUMMI
年度	1982	1986
员工人数(人)	5 000	2 500

(续表)

企业	UAW	NUMMI
缺勤率(%)	20	2
年抱怨事件(起)	5 000	2
组装成本	高于日本30%	和日本相同
生产率	在GM最差	平均2倍于GM
质量	在GM最差	在GM最好

同样的工厂在引入新的企业文化之后,发生了翻天覆地的变化,其主要原因是管理重心从以任务为中心转向以人为中心。因为以尊重人、关心人、团结和依靠人为核心的管理模式将作为"机器的一部分人"转换成推动机器工作的主动因素。员工成为主体,成为有主动精神、可以自主思考工作改良方案的主体,从"机械人"转变成有独立人格和思考动能的"主动人"。这一转变扭转了人对工作的负面态度,实现了由被动工作到主动努力的态度转变,产生了积极的组织行为,带来了良好的组织绩效。以人为中心的企业文化正是促成企业走出困境的、有效的管理实践。为探索企业文化作用于员工组织行为的内在作用机理,需要对企业文化理论的产生、发展和演化过程进行探索。因此,本章将详细讨论企业文化理论发展简史、企业文化理论在中国的传播与发展及未来发展方向。

第一节 西方企业文化研究简史

20世纪七八十年代以前,美国一直在管理方法和管理制度方面领先于全球,实行严格的泰勒式科学管理。第二次世界大战后,美国经济的衰退和日本经济的奇迹引起了学者们的广泛关注。研究发现美国企业注重组织结构、规章制度等"硬件"方面的管理,忽视了对人的重视;日本企业更加注重管理的软性精神因素,并塑造出了有利于企业创新、把价值观与心理因素整合在一起的企业文化。企业文化这种软性精神因素对日本企业取得良好的经营绩效与长期发展起到了重要的作用。

在经济全球化和社会经济迅速变革的时代背景下,新问题和新现象层出不穷。时代的变迁使得企业文化不再是简单的概念或理论,而是深深地融入企业的变革、发展和管理实践,并且承载着关系企业兴衰成败的关键因素。由此,我们应该关注企业文化这种企业深层次的软性因素。本节将结合时代的背景,对企业文化研究的发展与现状进行梳理,最后对企业文化的研究方向进行展望。

一、企业文化兴起的背景

企业文化是社会文化与组织管理思想在特殊的社会和经济变革条件下交融、碰撞的产物,它的横空出世引发了一场企业管理思想革命。

(一)社会环境的变化

第二次世界大战至20世纪80年代这段时期,随着现代化进程速度加快,人类社会的物质文明发展到了空前繁荣的程度。然而，它也带来了前所未有的冲击，引致了西方社会思想、技术与经济的巨大变革。

1. 社会思想的转变

14世纪至16世纪文艺复兴时期，人的个性解放以及自我发展等价值观念得到空前发展，科学和理性得到高度重视，以"自我"为中心的伦理价值观念对企业的价值观念、管理制度、经营行为等都产生了极其深远的影响。自19世纪西方国家陆续进入工业化时代以来，经济学就把研究对象假定为"理性的人"。由于资源的稀缺，理性的人总是最大化自己的利益。在此理论指导下，西方企业奉行刚性管理，实行严格的泰勒式科学管理，总是思考以最小的付出来获取最大的回报，也就不可避免地带来对工人的剥削。但是，随着知识经济时代的到来，随着居民生活水平和受教育水平的不断提高，西方企业界和管理学界越来越强烈地意识到，人不仅有理性，还有感性，需要被认可、被尊重、被鼓励。企业归根到底是由人组成的，企业管理很大程度上是"柔性"的，除了科技手段、管理规则，还需要一种从管理者到普通员工都认同的共享价值观，把大家凝聚到一起，激发共同的智慧，造就卓越的企业。企业文化思想顺应了当时的时代潮流，强调对旧管理模式进行反思的必要性，呼吁重新关怀人性、回归人本。

2. 科学技术的迅猛发展

技术环境的变化对企业具有重大的影响。传统的管理注重纪律性、科学性，把工人看作被动的受经济支配者和经济人，可以采用外部监督的方法来提高工人的劳动生产率。但是第二次世界大战以后，技术变革导致社会生产力发生巨大飞跃，由此带来了一系列变化，如脑力劳动创造的经济价值比例逐渐增大，管理者和员工的工作性质、价值观、生活追求等方面发生了显著变化。传统的管理方式效果日益式微，如何在激烈的市场竞争中获取有利地位，这给企业管理者提出了新的挑战。在这一背景下，企业文化思想应运而生，企业可以利用企业文化对员工的目标及行为准则进行统一来协调员工的行为。

3. 日本经济腾飞的推动

企业文化理论是美国同日本经济竞争促成的管理模式比较的直接产物。第二次世界大战后的二十年间，美国依靠战后发展起来的雄厚实力，经济持续增长，其管理方法和管理制度居于世界领先地位。然而20世纪70年代发生的石油危机使得世界上许多国家的经济处于停滞状态，即使经济实力雄厚的美国也不能幸免，美元贬值、财政赤字上升等迫使美国进行反思以寻求经济重振的对策。与此同时，资源贫乏的日本却异军突起，实现了经济的快速发展，日本企业如旋风般长驱直入美国，并席卷全球市场，20世纪70年代末，日本GDP达10 300亿美元，占世界GDP的8.6%，美国的经济霸主地位受到挑战。

美国经济的衰退和日本经济的奇迹引起了管理学界的广泛关注，西方学者们在对美国和日本的企业管理模式进行比较之后发现，目标、信念、价值观等软性因素是使日本经济迅速崛起的重要原因。美国企业注重组织结构、规章制度等硬件方面的管理，更强调理性管理，而忽视了对人的重视。日本企业则更重视企业的文化氛围，着眼于人的管理，强调对员工共同价值观和凝聚力的培养。理性管理缺乏灵活性，不利于发挥人们的创造性和传播企业长期共存的信念，而塑造一种有利于创新和将价值与心理因素整合的文化，才真正对企业长期经营绩效及发展具有潜在且至关重要的作用。

(二)管理理论发展的需要

企业文化的产生是企业管理发展到一定阶段的产物。从历史上来看,管理学科经历了三个阶段:古典管理理论阶段、行为科学管理理论阶段、管理丛林阶段。

1. 古典管理理论阶段(20世纪初到30年代)

20世纪初,企业管理进入科学管理时代,弗雷德里克·泰勒(Frederick Taylor)通过对时间、动作研究,制定作业定额,使生产工具、操作工艺、作业环境等标准化,极大地提高了员工的生产效率。但是随着社会生产力的进一步发展,现有的管理方式与生产力发展不相适应,社会经济中的劳资矛盾进一步加剧,科学管理出现了危机。

随着知识经济的到来,员工的文化水平、素质普遍得到了提高,对于流水线上的简单劳动只需经过短时间的培训即可达到要求,同时单调重复的劳动常常使劳动者感到疲惫不堪。科学管理由于是对生产过程的纯粹的理性管理,忽视了员工本身的思想和情感,结果导致员工不满和工作效率的下降。企业员工清楚自身价值,不愿意一切听从管理者的指挥,他们要求参与感。这就要求企业应该注重员工的情感需求,能够产生一种强大的吸引力,驱使一大群有文化而又有强烈自我价值实现愿望的员工能够投身于企业之中。表2-2列示了古典管理理论阶段的相关理论。

表2-2 古典管理理论阶段的相关理论

主要学派	代表人物	代表作	主要观点
科学管理学派	泰勒	《科学管理原理》	1. 高的日作业定额 2. 标准的作业条件 3. 科学地挑选工人并使之成为一流工人 4. 差别计件工资制 5. 职能化原理、例外原则和精神革命
组织管理学派	法约尔	《工业管理与一般管理》	1. 管理五大职能:计划、组织、指挥、协调、控制 2. 管理十四项原则
	韦伯	《社会组织和经济组织理论》	1. 理想的组织形式(神秘化组织、传统的组织、法律化组织) 2. 理想组织形式的管理制度

2. 行为科学管理理论阶段(20世纪30年代至60年代)

行为科学管理理论早期被称为人际关系学说,后期又发展为组织行为学。早期的行为科学管理侧重人际关系的研究,后期的行为科学管理关心员工在工作中能否自我实现。行为科学管理理论对管理过程中人的行为以及这些行为产生的原因进行分析研究。它认为,人不仅是唯利是图的经济人,也是社会人、自我实现的人。这使得管理科学由以"物"为中心转变为以"人"为中心,企业文化正是在行为科学的基础上,为管理科学树立了一块新的里程碑。表2-3列示了行为科学管理理论阶段的相关理论。

表 2-3　行为科学管理理论阶段的相关理论

代表人物	理论/试验	主要观点
梅奥	霍桑试验	1. 员工是社会人 2. 企业中存在"非正式组织" 3. 新的领导能力在于提高员工的满意度,从而提高效率
马斯洛	需求层次理论	人的需求可以分为五个层次,即生理需求、安全需求、社交需求、尊重需求、自我实现的需求
赫茨伯格	双因素理论	保健因素、激励因素
麦格雷戈	X理论、Y理论	X理论:多数人天生懒惰,尽可能逃避工作 Y理论:多数人愿意对工作负责
卢因	群体动力理论	一个人的行为是个体内在需求和环境外力相互作用的结果

3. 管理理论丛林阶段(20世纪60年代至80年代)

第二次世界大战结束后,世界进入了一个相对缓和的时代,许多国家把注意力转移到经济建设上来,经济理论得到了发展。在管理理论方面也出现了许多新学说和新流派,它们通常被称为"管理理论丛林"。管理理论丛林阶段的理论多数产生于美国,在美国企业中得到了充分的贯彻。但是第二次世界大战后日本经济迅速发展,美国的经济霸主地位受到挑战,这无疑对管理理论丛林阶段的相关理论产生了打击。这一阶段的管理理论主要关注具体的定量指标,而不太考虑企业宗旨、企业信念、企业价值观之类的软性因素,日本经济的腾飞正是重视了这些软性因素。表 2-4 列示了管理理论丛林阶段的相关理论。

表 2-4　管理理论丛林阶段的相关理论

主要学派	代表人物	主要观点
经验和案例学派	德鲁克	学生和管理者通过研究各种成功与失败的案例,就能理解管理问题,并自然地学会有效地管理
人际关系学派	梅奥	管理是通过他人来完成工作,研究管理必须注重人际关系
群体行为学派	卢因	注重研究组织中的群体行为,包括群体的文化、行为方式和行为特点
合作社会系统学派	巴纳德	把组织当成一个合作的社会系统来研究,试图对人际关系学派和群体行为学派的观点进行修正
社会技术系统学派	特里斯特	在管理中分析社会系统是不够的,还需要研究技术系统对人的影响
决策理论学派	西蒙	决策是管理者的主要任务,应集中研究决策问题
系统理论学派	卡斯特	树立全局观念、协作观念和动态适应观念,既不能局限于特定领域的专门职能,也不能忽视各自在系统中的地位和作用
数理学派	伯法	注重定量的数学模型;通过数学建模,可以把管理问题的基本关系表示出来,并在确定目标后求得最优结果
权变管理学派	费德勒	强调管理者的实际工作取决于所处的环境条件,因此管理者应根据不同的情境及其变量决定采取何种行动和方法
管理角色学派	明茨伯格	通过观察管理者的实际活动来明确管理者工作的内容
经营管理学派	布里曼	通过与管理职能相联系的办法把有关管理的知识汇集起来,以形成一门管理学科

美国人在研究日本的企业文化发展之后,迅速把目光聚焦在本国的文化上,掀起了追求卓

越、重塑美国的热潮。自 1981 年起,有关企业文化的著作相继问世,此后,一股传播和丰富企业文化理论的热潮便在全球范围内兴起,并直接引发了企业管理思想的革命。

二、西方企业文化研究概述

"组织文化"一词首次出现在 1979 年安德鲁·佩蒂格鲁(Andrew Pettigrew)发表的《组织文化研究》一文中。[①]"企业文化"一词首先出现在西尔维格(Silverzweig)和艾伦(Allen)在 1976 年的一篇文章中。[②] 但是,直到 1982 年,"企业文化"才真正成为商业出版物的一个标准概念。[③]

在总结日本企业管理的成功经验,并与美国企业的成功与失败经验进行比较的基础上,美国管理学界出版了四本以企业文化为核心内容的管理学著作,它们被称为"企业文化学说四重奏",具体包括威廉·大内(William Ouchi)的《Z 理论》(1981)、理查德·帕斯卡尔(Richard Pascale)和安东尼·阿索斯(Anthony Athos)的《日本企业管理艺术》(1981)、特伦斯·迪尔(Terrence Deal)和艾伦·肯尼迪(Allan Kennedy)的《企业文化:企业生活中的礼仪与仪式》(1982)、汤姆·彼得斯(Tom Peters)和罗伯特·沃特曼(Robert Waterman)的《追求卓越》(1982)。这四本书标志着企业文化研究的兴起和企业文化理论的诞生。之后,一大批优秀组织理论学者在各自擅长的领域对企业文化进行了卓有成效的研究。

西方企业文化研究大致可以分为两个阶段:第一阶段是 20 世纪 80 年代,管理学者们主要致力于企业文化的定义、内涵、构成要素、类型划分,以及与企业管理的关系等基础理论的研究;第二阶段则从 20 世纪 90 年代开始,企业文化研究从基础理论转向实际应用,主要探索企业文化与经营绩效、竞争力、员工满意度等其他管理要素的关系。

(一)基础理论研究

20 世纪 80 年代,管理学者们主要围绕企业文化的定义、内涵、构成要素及类型划分等问题进行了研究。管理学界对于企业文化的定义、内涵还没有达成一致。同时,企业文化的构成要素和层次也是 80 年代初期企业文化学者广泛讨论的问题。[④] 迪尔和肯尼迪在其所著的《企业文化:企业生活中的礼仪与仪式》中提出,企业文化由企业环境、价值观、英雄、仪式和文化网络这五个要素组成。河野丰弘在其所著的《改造企业文化:如何使企业展现活力》一书中,提出了企业文化七要素论。几乎所有关于结构要素的研究都把价值观作为企业文化的核心。

在企业文化的类型划分方面,迪尔和肯尼迪认为企业文化的类型取决于市场的两种因素:一是企业经营活动的风险程度;二是企业及其员工工作绩效的反馈速度。据此,企业文化可划分为"硬汉、强人"文化,"尽情干、尽情玩"文化,风险文化,过程文化四种类型。罗伯特·奎因(Robert Quinn)等提出竞争性文化价值模型。该理论模型主要有两个维度:一个是反映竞争需要的维度,即变化与稳定性;另一个是产生冲突的维度,即组织内部管理与外部环境。在这两个维度的交互作用下,产生了群体型文化、发展型文化、理性化文化和官僚式文化四种类型

[①] PETTIGREW, A M. On studying organizational culture[J]. *Administrative science quarterly*, 1979, 24(4): 570—581.
[②] SILVERZWEIG S., ALLEN R. F. Changing the corporate Culture[J]. *Sloan management review*, 1976, 17(3): 33—49.
[③] 赵曙明,裴宇晶. 企业文化研究脉络梳理与趋势展望[J]. 外国经济与管理, 2011, 33(10): 1—8.
[④] 同上。

的企业文化。[①]

（二）研究方法

萨克曼（Sackmann）对揭示、研究企业文化的方法进行过比较系统、权威的综述。他认为，研究企业文化的方法基本上遵循两种思路：以局外人（Outsider）立场进行的调查，而后加以演绎的模式；以局内人（Insider）立场进行的调查，而后加以归纳的模式。[②] 两种思路的不同点在于对企业文化作用于组织的预设差异。从外部进行的调查，其基础是实证主义，通过收集数据，试图建立普遍的法则。在这种研究中，企业文化被当作几个可控的组织变量之一。相反，从内部进行的调查，强调所获知识的情境特殊性和重要性，不总结情境以外的知识，致力于对企业文化的完整认识。

萨克曼认为问卷法需要对企业文化进行深入理解，但没有足够的经验和知识支持这种研究。问卷只不过是揭示了作者及其理论的偏见，但很少揭示企业文化的预设前提。结构化访谈和问卷法对特定问题的研究比较有益。群体讨论比较省时，但对激励群体参与表达意见的技巧要求很高，对问题认知的深度也略欠缺。因而，偏见与主观性依然难以避免。深度访谈对研究者所受的训练要求很高。该方法运用得好，对企业文化的洞察就会比较深入。当然，这类方法的客观性、可靠性也由于主持人的作用难以得到保证。如果参与者采用人种学和人类学的研究方法进行观察并对文化有完整把握，就能排除研究者偏见，但该方法耗时较长，当然也会有"局内观察者"身份的障碍。萨克曼在综合分析以上方法后，给出了一个可行的中间道路方法论——结合各种方法并相互印证。[③]

（三）应用研究

1. 企业文化的测量、诊断与评估研究

20 世纪 90 年代以后，企业文化研究开始从定性转向定量。很多研究者开发了企业文化定量分析量表，如组织文化量表（Organizational Culture Analysis Index，OCAI）、组织文化测量和优化量表（Organizational Culture Measurement and Optimization，OCMO）等，都想通过构建组织文化量表来测量、诊断与评估企业文化。

（1）企业文化的测量与诊断研究[④]。随着企业文化基础理论研究的不断深入，企业文化的测量、诊断研究也悄然兴起。国外已有很多理论成果与实证研究。雷蒙德·扎姆托（Raymond Zammuto）和杰克·克拉科夫（Jack Krakower）在《组织文化的定量研究和定性研究》一文中使用聚类分析法对企业文化进行了测量；罗杰·哈里森（Roger Harrison）和赫伯·斯托克斯（Herb Stokes）在 1992 年通过实证研究确定了大部分组织共有的四种文化，经修改、完善后可适用于不同的企业，并且这种诊断可用于企业发展、团队建设、提高产量等。皮埃尔·杜布瓦（Pierre Dubios）于 1997 年出版了一套用于企业文化测量和优化的量表。1998 年，金·卡梅隆（Kim Cameraon）和奎因出版了《组织文化变革》，该书为企业文化与管理能力的诊断提供

[①] KIM, S, CAMERON, R, AND QUINN, E. Diagnosing and changing organizational culture: based on the competing values framework[M]. San Francisco: Jossey-Bass, 2005.

[②] SACKMANN S. Managing organizational culture: dreams and possibilities[J]. *Annals of the international communication association*, 1990, 13(1): 114—148.

[③] SACKMANN S. Culture and subcultures: an analysis of organizational knowledge[J]. *Administrative science quarterly*, 1992, 37(1): 140—161.

[④] 何华.企业文化理论研究溯源与前瞻：一个文献综述[J].市场论坛, 2013(6): 37—39.

了较为完善的理论框架和有效的测量工具。

(2) 企业文化评估研究①。企业文化评估研究兴起的背景因素主要有两个：一是管理理论的发展。迪尔等学者基于领导方式的差异对企业文化进行划分，企业文化的评估研究由此开始。以核心竞争力为主要内容的战略管理理论的丰富，如竞争性文化价值模型的提出为系列企业文化测评模型及工具的开发奠定了基础。此外，知识管理、虚拟企业等新兴管理理论的产生也促成了企业文化评估研究的兴起。二是企业并购与跨文化经营管理等实践需求的推动。如果要妥善解决由于企业并购和跨国经营等扩张策略所引起的跨文化管理问题，那么企业对合并前后相关企业文化进行详尽的测量与评估就不可或缺。同时，要构建一个好的企业文化的首要前提就是对该企业的企业文化进行评估，摸清企业自身的状况才能有的放矢地去改进。企业文化评估是企业测评研究的重点，按照评估目的和应用范围的不同，企业文化一般可分为类型评估、风险评估和效果评估三个研究方向。

第一，企业文化类型评估。企业文化类型评估是指明确主导信念，为找到企业所属的文化类型以实施有效领导而进行的评估。最为著名的是奎因和卡梅隆在竞争性文化价值模型的基础上，通过大量的文献回顾和实证研究提出的组织文化量表，其主要判断依据有六个，即主导特征、领导风格、员工管理、组织凝聚、战略重点和成功准则，该量表在辨别企业文化的类型、强度和一致性方面十分有效。此外，类似的有罗布·戈菲(Rob Goffee)和加雷思·琼斯(Gareth Jones)的双 S 立体模型，主要是基于组织中的社交性特点而建立的。这两个测评表的评估方式基本一致，主要在维度及类型采用的划分上有所区别。

第二，企业文化风险评估。企业文化风险评估是指评估管理活动中文化适合程度的风险性，以期找到合适的企业文化体系，解决管理中遇到的实际问题。许多研究者从不同维度考察了企业文化风险评估的指标体系。在管理模式的文化风险评估方面，丹尼尔·丹尼森(Daniel Denison)通过对相容性、连续性、适应性和使命感四个文化特性的分解，把文化特性与企业经营管理的核心要素、企业管理行为及员工行为联系起来，建立了丹尼森组织文化模型，可用来比较不同企业在不同时期的企业文化，也可以发现企业内部文化方面的优势和不足，为考察企业文化与企业经营管理提供了较为直观的测量工具；在个体价值观与组织价值观契合风险的评估方面，查特曼(Chatman)构建了组织文化剖面图(Organizational Culture Profile, OCP)，其评估维度包括革新性、稳定性、尊重员工、结果导向、注重细节、进取性和团队导向七个方面；在跨文化管理中文化差异风险的评估方面，霍夫斯泰德早期对国家文化的差异进行了研究，并基于国家文化模型，建立了多维度组织文化模型(Multidimensional Model of Organizational Culture, MMOC)，主要包括价值观和惯例两个层面。

第三，企业文化效果评估。对企业文化进行评估首先是为了辨识不同的企业文化类型，随着研究的进一步深入，评估主要是为了分析企业中的文化因素与管理实施的风险程度。随着时间的推移，很多企业开始有意识地塑造自己的文化，所以对企业文化实施效果的评估研究日益增多，而我国对企业文化的评估多属于这类研究。企业文化效果评估主要是对企业文化建设与实施效果的评价，以便对企业文化的内容或建设过程做出相应的调整。目前，关于企业文化效果评估的研究还处于定性分析阶段，只有少数管理学者进行了定量研究。中国企业文化测评中心(China Corporate Culture Measure Center, CCMC)通过对奎因等人研究的梳理和

---

① 李军波,江翱.企业文化评估研究述评[J].湘潭大学学报(哲学社会科学版),2006,30(5):58—62.

分析,在此基础上建立了企业文化的测评体系,即以治理结构、资源、企业家、产品与服务(Governance,Resource,Enterpriser,Product,GREP)为竞争力的结构性要素进行分析的企业文化评估体系,包括4个维度和17个评价要素。然而,相关的评估研究在指标选取和实用性方面仍存在不少缺陷,评估后改进的方向和步骤也有所欠缺。

2. 企业文化与企业绩效关系的应用研究

20世纪90年代以来,西方管理学者开始重视如何把企业文化应用于企业管理实践的问题,企业文化与企业绩效之间的关系便成了企业文化研究的一个新热点。国外学者关于企业文化与企业绩效的相关性的研究方法体现在:① 对企业文化进行定义、分类,然后通过大量实证数据构建不同类型的企业文化与企业绩效的相互关系;② 从组织行为学的角度建立模型,阐释两者关系。很多管理学者运用实证方法证明了企业文化与企业绩效之间更为复杂的关系。例如,约翰·科特(John Kotter)和詹姆斯·赫斯克特(James Heskett)在《企业文化与经营业绩》(*Corporate Culture and Performance*)一书中,对1987—1991年美国22个行业72家公司的企业文化和企业绩效之间的关系进行了深入的研究,他们发现企业文化对企业绩效的确有重要的作用,并且预测在未来较长时期内企业文化可能是决定企业兴衰的关键因素。该研究提出了强力型、策略合理型、灵活适应型三种不同的企业文化,并且认为企业文化的强弱程度并非与企业绩效成正比,既强力又能主动适应外部环境的企业文化最有利于企业绩效的提升。该研究对于企业文化与企业绩效的关系研究具有开创性意义。自此,企业文化与企业绩效的关系研究蓬勃发展,并且取得了丰硕的成果。① 总的来说,国外管理学者对企业文化的研究比较完善,已经取得了较多成果,也提出了具体的企业文化测量模型和量表,但其研究还缺乏一套系统的、体系化的研究方法与工具,有待进一步完善。

第二节 企业文化理论在中国的传播与发展

一、中国企业文化理论的发展历程

中国的企业文化研究起步较晚,直到1986年才正式提出企业文化这一概念。企业管理理论于20世纪80年代传入中国,在全国范围内掀起了一股热潮,不仅有理论的学习研究,还有积极的实践。1991年以后,国内又掀起了一股企业文化建设的热潮。同时,政府也加强了对建设企业文化的重视程度,特别是十五届四中全会将其定位为企业发展的战略目标之一,金融业、电力业、制造业、服务业等各行各业都在组织学习企业文化理论,实践的力度也越来越大。我国企业文化发展主要经历以下阶段②③:

(一)20世纪80年代至90年代,以"引进、传播"为主的阶段

1978年,党的十一届三中全会召开,标志着中国正式迈入改革开放和社会主义现代化建设的全新时期,政府充分意识到计划经济体制下的传统管理方法已经不能有效地支持企业的经营管理实践,特别是在改革开放的背景下,企业文化需要更为与时俱进的文化理论加以引

---

① 赵曙明,裴宇晶.企业文化研究脉络梳理与趋势展望[J].外国经济与管理,2011,33(10):1—8.
② 刘刚,殷建瓴,刘静.中国企业文化70年:实践发展与理论构建[J].经济管理,2019,41(10):194—208.
③ 黄群慧.改革开放四十年中国企业管理学的发展——情境、历程、经验与使命[J].管理世界,2018,34(10):86—94.

导。在此背景下,西方先进企业文化著作开始引入。在政府的提倡下,学术界也开启了对企业文化的讨论。在企业理论不断发展的基础上,国有企业和私营企业迎来发展契机。

这一阶段,管理学的发展始于对西方管理学知识的引进、吸收,多以翻译企业文化著作为主,原创研究成果比较少。与此同时,一批管理学研究机构、期刊相继成立,一些重要文献陆续涌现,对中国管理学发展起到了重要的推动作用。这些研究机构有:中国管理现代化研究会(1978年11月),中国企业管理协会(1979年3月),中国管理科学研究会、中国数学会运筹学会、中国系统工程学会(1980年),中国工业企业管理教育研究会(1981年)(现为中国企业管理研究会)。学术期刊有:1979年1月由中国社会科学院主管、中国社会科学院工业经济研究所主办的中国第一本管理学学术刊物《经济管理》;1985年由国务院发展研究中心主管、主办的《管理世界》。有关的重要文献有1980年9月,由马洪主编、中国社会科学出版社出版的"国外经济管理名著丛书"。这是国内最早系统介绍国外管理科学名著的系列著作。此外,这个时期也是中国管理学教育全面恢复和发展的时期。自1979年开始,一些大学和研究机构相继恢复管理学教育,并陆续出版企业管理学相关系列教材。

(二)20世纪90年代初至21世纪初,以"特色研究"为主的阶段

1992年,党的十四大确立建设中国特色社会主义市场经济体制的改革目标。十四大报告中首次出现了"企业文化"的字眼。这标志着企业文化建设已经上升到国家战略高度,在全国范围内大举推行。这一时期,企业呼唤企业管理学对如何在市场环境中改善生产经营、提升竞争力提供指导;国有企业改革的推进要求企业管理学积极总结改革经验教训、探讨改革难题、研究改革方向;随着中国日益融入全球化发展浪潮,企业管理实践者和研究者能够接触到更多的国外先进企业管理实践和管理学研究前沿,从而提升了中国企业管理学的水平,也推动其在学习、吸收的基础上结合中国实际不断创新;文化教育事业的繁荣为企业管理学教育的发展、管理人才的培养和管理知识的传播做出了积极贡献。总体上这是一个管理学学科体系不断完善、研究水平不断提高的阶段。

这一阶段,管理与研究从以学习引进西方成熟管理学知识为主,转向以研究追踪管理学前沿和深入研究中国本土管理问题为主,中国管理学研究能力大幅提高。一方面,管理学者开始追踪国外管理学研究前沿,国际管理学权威期刊逐渐为国内管理学者所熟悉。随着互联网的快速发展,追踪最新研究动态的时滞性问题在技术上得以解决。大批管理学研究者前往国外著名大学交流、深造,参加国际学术交流会。同时,一些国内组织开始组织国际学术交流活动。管理学研究的规范性得以增强,实证研究方法受到重视,越来越多的管理学研究成果发表于国外顶级学术期刊。另一方面,随着中国经济的发展,中国情境下的管理问题越来越受到国内外学者的关注,在国际学术期刊上发表的关于中国管理问题的学术论文也越来越多。

这一阶段,中国企业管理实践不断发展,取得了巨大成就,涌现出大量的管理实践创新,中国企业结合自身情况创新出很多成功的管理实践经验。如海尔集团的激活"休克鱼"和文化灌输模式使其在兼并其他企业后形成协同效应;华为推出《华为基本法》,以企业"宪法"的形式确立管理规章制度和狼性企业文化等。

(三)21世纪以后,以"理论推广、特色案例实践"为主的阶段

2001年,中国正式加入世界贸易组织(World Trade Organization,WTO),中国经济发展迎来全球化阶段。全球化带来的机遇和挑战要求中国必须进一步深化市场经济改革,完善市

场经济体制,在国际竞争中占据优势地位。

随着管理学术界和业界对企业文化理论的关注度和认同度的迅速提升,企业文化实践逐渐成为企业提高管理水平、提升核心竞争力的自觉行为。企业对相关培训的要求及学习优秀企业经验的愿望越来越迫切。与此相适应,企业文化理论也日渐丰富,企业文化的课程体系日益成熟与完善,企业文化教材不断推陈出新。不少高等院校的工商管理专业和财经类专业已经开设了这门课程,各种社会培训也迅速开展起来。为了顺应企业发展的需要,中国企业文化研究会、中国企业联合会、中国企业文化促进会等学术及社会团体,在专家学者的配合下,总结出优秀企业文化制胜的经验,建立了企业文化示范基地,出版了各种企业文化的案例集。特别是2005年,国务院国有资产监督管理委员会发布了《关于加强中央企业企业文化建设的指导意见》,要求国有企业加大企业文化的建设力度。同年,在原劳动和社会保障部向社会发布的第三批新职业中,正式增加了"企业文化师"这一新职业,由此中国企业文化建设进入了黄金发展时期,也推动了企业文化理论研究朝着更加实用的方向发展。

同时,中国企业文化研究成果也走出国门,有关中国文化与中国管理情境下的企业文化研究成果在众多国际顶级期刊上发表,对中国乃至世界的企业文化建设实践产生了持续、深远的影响。2013年,习近平总书记提出"一带一路"国际合作倡议,更多的中国企业走出国门开展国际化经营,也将面临更多的企业文化融合挑战。2015年,第十二届全国人民代表大会第三次会议将"互联网+"上升至国家战略高度,移动互联网、云计算、大数据、物联网等关键技术迎来上升发展的黄金时期,为企业提供多渠道、全方位加强文化建设、扩展文化传播渠道的机会,企业文化建设进入全媒体、融媒体时代。百度、腾讯、阿里巴巴、小米等企业纷纷开设线上员工论坛和企业论坛,通过"互联网+"模式使企业文化快速传播。2016—2019年,"工匠精神"一词连续四年出现在政府工作报告中,体现了国家对"大国工匠"的重视,也指出了企业文化建设的方向,即朝着精益化、专业化的方向发展。东风汽车就将"精益文化"引入企业管理的方方面面,成为国内汽车制造行业的佼佼者。

改革开放以来,中国企业文化理论的发展取得了巨大的成就,但是也需要清醒地意识到同国外企业文化研究相比,中国的企业文化研究还没有成熟,尚未形成自己的特色。中国对国外企业文化研究的跟踪并不全面、深入,也少有原创的企业文化理论出现,难以指导国内企业丰富的管理实践。

二、中国企业文化理论的研究方向

(一)按照霍夫斯泰德的思路进行定量分析

霍夫斯泰德开创性地使用标准的定量方法(量表、问卷、多变量统计分析)来研究企业文化,受到广泛关注。占德干和张炳林采用中国价值倾向调查表进行了一项关于中国企业文化构建的实证性研究,发现这些变量的综合作用对企业文化实践产生了很大的影响。[①]

(二)围绕各国文化比较的实证研究

林娜在《中日美三国企业管理差异的社会文化渊源》一文中针对管理思想、管理主体、管理

---

① 占德干,张炳林.企业文化构建的实证性研究——对四个不同类型企业的调查与分析[J].管理世界,1996(5):204—210.

客体及管理行为方式等方面的差异,重点分析了东西方文化对群体和个体、人际关系、物质利益的不同看法[①];赵曙明和毛智勇在《中美日欧企业文化比较及跨文化管理》一文中,指出基于国别、地区差异的不同的企业文化[②];李琪通过比较发现,中西企业文化在权力距离、思维方式、沟通习惯、法制观念、企业与员工关系、领导方式上存在广泛的差异[③]。

（三）企业文化研究综述和国外学者的著作译文

郭建波在《80年代西方企业文化理论研究评述》一文中,指出企业文化理论并非风行一时的时尚,并对西方学术界20世纪80年代关于企业文化理论的研究与争论做了评述[④];朱明伟在《企业文化理论研究的新趋势》一文中指出,国外从研究企业文化理论体系转向研究企业文化的作用机制、运用企业文化理论解决实际管理问题,并介绍了企业文化与企业兼并、企业组织结构、市场战略、企业文化类型等方面的研究[⑤]。

（四）对沙因的企业文化三层次模型的继承

陈春花借助沙因的企业文化三层次模型对麦科特摩托与科龙集团这两个具有不同企业文化的公司进行了分析,以此来了解企业文化的限制因素[⑥];冯云霞和廖飞在《试论组织文化的有效管理》一文中以沙因的组织文化定义和哈奇的文化动态模型为理论基础,对组织文化中"外显"与"象征"之间的差异进行了分析,并对象征化过程进行了阐述[⑦]。

（五）并购中的企业文化和跨文化管理

吴列毅从企业文化的角度,研究维持兼并企业稳定的文化策略[⑧];程兆谦和徐金发讨论了企业文化差异及民族文化差异对购并绩效和整合的影响[⑨];赵曙明指出文化差异将是跨国公司走向全球化进程的巨大挑战,认为跨文化管理是一项艺术,会在活动中不断发生变化[⑩]。

（六）关于企业文化与领导的跟踪研究

陈维政、忻榕和王安逸通过实证研究方法对企业文化的协同性,以及这种协同性对企业员工满意度和企业绩效的影响力进行了探讨[⑪]。

（七）围绕华人企业管理模式和家族文化的实证研究或分析

周忠惠对香港的企业文化特征进行了探讨[⑫];胡军、王霄和钟永平在文献理论研究的基础上,探讨了中国传统文化背景下华人企业的组织结构与管理实践,分析了中国传统价值观对华人企业组织与管理的深层影响,并以香港、台湾、大陆的华人企业为例进行了实证研究[⑬];钟永

---

① 林娜.中日美三国企业管理差异的社会文化渊源[J].管理世界,1986(6):102—110.
② 赵曙明,毛智勇.中美日欧企业文化比较及跨文化管理[J].管理世界,1993(6):149—151.
③ 李琪.欧洲管理学者看中西企业文化差异[J].改革,1999(2):86—90.
④ 郭建波.80年代西方企业文化理论研究评述[J].外国经济与管理,1991(5):11—14.
⑤ 朱明伟.企业文化理论研究的新趋势[J].外国经济与管理,1991(5):15—17.
⑥ 陈春花.企业文化的改造与创新[J].北京大学学报(哲学社会科学版),1999,36(3):51—56.
⑦ 冯云霞,廖飞.试论组织文化的有效管理[J].外国经济与管理,2004,26(4):8—12.
⑧ 吴列毅.企业文化对国际企业收购和兼并稳定性的影响[J].外国经济与管理,1991(3):10—11.
⑨ 程兆谦,徐金发.企业文化与购并研究[J].外国经济与管理,2001,23(9):13—19.
⑩ 赵曙明.跨国公司在华面临的挑战:文化差异与跨文化管理[J].管理世界,1997(3):75—80.
⑪ 陈维政,忻榕,王安逸.企业文化与领导风格的协同性实证研究[J].管理世界,2006(2):245—263.
⑫ 周忠惠.香港企业文化特征初探:香港经济发展的一种诠释[J].外国经济与管理,1992(2):23—25.
⑬ 胡军,王霄,钟永平.华人企业管理模式及其文化基础——以港、台及大陆为例实证研究的初步结果[J].管理世界,2002(12):104—113.

平从比较管理和跨文化管理的角度,总结和归纳了华人家族企业的管理模式,评价其优点和缺点,探讨其发展路径,并在此基础上分析产生这种管理模式的文化根源①。

(八)关于中国企业文化发展的误区及现状分析

黄静在《企业文化优劣判断的准则探究》一文中指出企业文化研究中存在的一些误区②;曹晔认为,很多企业都将企业文化当成企业开展的文化活动或企业形象设计,使得企业文化的建设出现了一些误区,研究和探讨企业文化的理论与方法对建设中国特色企业文化具有重要意义③;李琦指出,中国企业文化的形成仍存在许多制约条件,并剖析了中国企业文化建设中的几个误区,对开创中国特色企业文化具有重要意义④;张艳卿认为,为加强中国企业文化建设,需借鉴国外关于企业文化研究的理论、方法及经验⑤。

(九)中国情境下的管理研究

近年来,中国管理学术界已经认识到中国管理学的发展不能仅仅停留在基于西方的理论框架和研究范式在中国开展演绎式研究,用西方理论解释中国管理现象,更要结合中国国情和社会发展趋势,创造具有中国本土特色的管理学理论。管理理论研究者开始重视对中国情境进行具体分析,提出中国管理理论创新研究的方向和领域。例如,魏江等研究了中国战略管理研究的制度环境的独特性、组织网络形态的无界性、全球竞争的深度融入性、商业伦理重塑的迫切性、创新创业范式的突破性和信息技术的全面渗透性等情境因素,进而指出中国战略管理研究若干前沿理论领域,包括组织双元性、网络化能力、全球化整合、商业模式创新、创业战略及企业社会责任等;谭力文等在文献计量的基础上对中国组织行为学的研究焦点、发展趋势进行分析,提出要在科学信念与学科范式上进行转换,注重理论原型构建,创新管理研究方法,以此推动具有中国特色的组织行为学研究的发展。

第三节 企业文化的研究方向展望

企业文化越来越得到学术界和业界的普遍关注和高度重视。展望未来,企业文化将在以下几个方向持续推进、不断深化。⑥

一、跨文化研究

在组织扁平化、网络化及经济全球化的今天,中西方交流日益频繁,跨国公司日益增多并持续发展,不同国家之间的文化碰撞也越来越多地反映在企业特别是合资企业内部。跨文化管理已经成为一种必然,未来的研究应主要包括两个方面:一是跨文化管理的文化适应与冲突规避研究。当前,跨国公司普遍面临如何适应不同国家的文化以及如何在公司内部规避不同文化相互冲突的问题,以创造更为宽容的文化氛围。因此,相关研究应该着力研究跨国经营中异域文化适应和不同文化相互冲突的问题。二是跨文化管理的文化整合研究。跨文化管理的

---

① 钟永平.华人家族企业管理模式及其文化基础研究[D].暨南大学,2003.
② 黄静.企业文化优劣判断的准则探究[J].中南财经政法大学学报,1998(2):27—29.
③ 曹晔.对中国企业文化发展的反思[J].经济与管理,2004,18(5):20—22.
④ 李琦.中国企业文化现状分析[J].北京市计划劳动管理干部学院学报,2002,10(2):31—33.
⑤ 张艳卿.我国企业文化建设的现状及对策[J].理论探索,2004(1):74—75.
⑥ 赵曙明,裴宇晶.企业文化研究脉络梳理与趋势展望[J].外国经济与管理,2011,33(10):1—8.

目的就是要使不同的文化能够相互融合,整合成一种新的企业文化。新文化只有根植于企业全体员工的心中,并体现在员工的思想、价值观、行为中,跨国公司才能卓有成效地实施跨文化管理。因此,如何融合不同的文化,把不同的文化整合成新的企业文化,也是未来跨文化管理研究的一个重要方向。

二、企业文化与领导力关系研究

沙因在《组织文化与领导力》一书中强调:企业家是企业文化的塑造者;企业文化一旦形成,就会对领导风格产生影响;当企业既有文化成为企业发展的障碍时,企业领导者可以甚至必须通过推动企业文化变革来排除障碍。企业文化在很大程度上就是企业家文化,企业家的个人信仰往往与企业的文化定位密切相关。未来的企业文化与领导力关系研究应该着重关注:① 企业领导者个人特质与企业文化的关系,即领导者的个人特质如何影响企业文化的形成和发展。② 企业文化对领导风格的影响。由企业创始人塑造的企业文化具有一定的稳定性和渗透力,往往会影响企业继任者的领导风格。③ 跨文化管理成为必然,未来企业文化研究也应关注企业文化与领导力如何适应跨文化管理并获得自身的发展。

三、企业文化与企业绩效关系研究

随着时代的发展,企业绩效是衡量企业发展状况的重要指标。以往企业单纯依靠提高薪酬待遇来激励人才,现在更多的是通过对企业文化的认同保留人才队伍,企业绩效管理对提升个人和企业的绩效发挥着重要的作用,厘清企业文化和企业绩效之间的作用机制,是发展企业的重要途径。当前,企业文化通过什么中介因素来影响企业的绩效仍然不甚清晰,因而需要探索影响企业文化与企业绩效关系的中介变量,如经营战略、人力资源管理等。同时,企业的其他因素也可能通过企业文化来影响企业绩效,因此也需要积极探索企业文化在企业的其他因素与绩效之间的中介作用。此外,研究者也可对企业文化变革与企业绩效之间的关系进行探讨。围绕方向变革和强度变革(企业文化变革的两个方面)探讨企业文化变革如何影响企业绩效,以及如何通过企业文化变革促进企业绩效的提升将是一个值得研究的重要方向。

四、企业文化测评研究

随着企业文化理论的不断完善以及定量研究的不断发展,企业文化测评研究的热度持续不减。中国的企业文化测评研究多采用西方开发的测量量表,但是文化背景的不同会给测评工具带来适用性方面的挑战。当前,我国的企业文化定量测量虽然取得了一定成果,如忻榕和徐淑英发现中国国有企业的企业文化具有顾客导向、薪酬导向、贡献导向、未来导向、行为导向五个特征,并归纳出中国国有企业的十个文化维度①,但仍然缺乏一套公认的、权威的、全面的企业文化测评体系来指导中国企业文化的实践。未来,企业文化测评理论基础的发展和完善、测评工具的效果研究,以及本土化测评工具开发都是值得研究的方向。

五、本土企业文化研究

近年来,中国的经济运行呈现出增速趋缓、结构趋优、动力转换的"新常态"特征,中国企业

---

① 徐淑英,刘忠明.中国企业管理的前沿研究[M].北京:北京大学出版社,2004.

需要借助创新才能实现进一步发展,提高现代化管理水平,以顺应新一轮科技革命和产业变化的趋势。这就要求企业不仅要学习和应用国外现代管理知识,还要根据企业自身发展全面创新管理方式来提高现代化管理水平。中国文化是东方文化的杰出代表,许多企业文化学者越来越认识到构建中国特色企业文化理论的重要性和紧迫性。当前,中国管理学在整体学科体系基本完备、研究方法日趋规范、专业研究队伍不断扩大、优秀管理实践日渐丰富的发展基础上,需要进一步结合中国国情和企业自身发展实践来全面创新、发展和丰富中国情境下的管理理论和管理知识。未来应重点关注中国的传统文化对企业文化的影响,积极构建本土化企业文化理论。

六、虚拟企业文化研究

随着互联网的发展和普及,各种虚拟企业层出不穷,但目前只有很少的学者关注虚拟企业的企业文化问题,因此,相关研究依然匮乏且片面。与互联网技术有关的技术变革有可能催生现有企业文化理论从未考察过的新的组织形式,对虚拟企业文化的研究可能会揭示出一些我们从未考虑过的问题。未来对虚拟企业文化的研究主要包括:一是虚拟企业文化的基础理论与方法研究。虚拟企业有自己的特殊性,其企业文化必然不同于传统实体企业的文化,因此,关于虚拟企业文化的基础理论与方法的研究首先应该关注虚拟企业文化的层次、类型、形成机制,以及适合虚拟企业文化研究的方法与范式等问题。二是虚拟企业文化与实体企业文化的比较研究。在依据虚拟企业的特殊性探究虚拟企业文化对虚拟企业绩效的影响、虚拟企业文化测评方法等问题的基础上,着重开展虚拟企业文化与实体企业文化的比较研究,以甄别这两种企业文化的异同点。

七、中资企业在东道国开办的合资企业的企业文化构建研究

中外合资企业是中国企业与世界跨国公司进行战略合作的一种重要形式,为国民经济的发展起到了巨大作用。合资企业受到母国与东道国的社会文化背景的影响和相互作用,不同国家的政治、法律、经济、文化特征不同,相应的价值观也会有很大的差异,必然会给合资企业的管理带来影响。帕特里希亚·派尔-舍勒(Paticia Peill-Schoeller)认为合资企业在企业文化管理问题上的挑战主要表现在:① 人事管理。主要体现在难以挑选合适的外籍员工;因裙带关系易引起文化冲突;与中方相异的西方领导风格不适用等。② 积极性管理。中国人有强烈的集体归属需求,适宜于调动中国员工积极性的手段可能难以激励外籍员工。③ 目标和计划管理。由于双方员工在效率意识方面的差异,质量与目标的衡量需要不同的尺度。[①] 与国外的企业文化研究相比,中国的企业文化研究稍显薄弱,关于中资企业在东道国开办的合资企业的企业文化构建的研究更是不多。国内管理学者对于中外合资企业文化建设的研究多停留在不同国家及民族文化差异比较、冲突表现、整合模式等问题的探索上,关于如何结合实践提升合资企业文化建设理论的研究目前还不是很多。随着中国加入WTO及经济全球化进程的不断加快,中国企业把在国外的发展作为一种长期的发展战略,因此,在借鉴以往研究成果的基础上,进一步研究中资企业在东道国开办的合资企业的企业文化构建对于中国经济的发展将具有重要的意义。

---

① 帕特里希亚·派尔-舍勒.跨文化管理[M].姚燕,译.北京:中国社会科学出版社,1998.

本 章 小 结

20世纪80年代初由美国企业与日本企业的竞争模式比较所促成的企业文化理论,是管理学领域继科学管理、人际关系学说之后发起的又一次管理思想革命。本章从古典管理理论、行为科学管理理论、管理理论丛林到企业文化理论,对企业管理思想和理论的发展进行了系统梳理,试图将企业文化理论放在企业管理思想演化的背景中,探讨其与其他管理理论之间的关系,同时详细介绍了企业文化理论在西方产生的背景、理论框架及应用,并且对西方企业文化研究的方法进行了总结和概括。在此基础上,本章也介绍了中国企业文化研究的发展阶段和出现的典型代表作,对企业文化的未来研究方向也做了概括。通过对企业文化理论的产生、发展与演化的回顾,我们认为企业文化作为推动企业发展的原动力,已经成为任何企业不断发展和获取长期成功的重要因素。管理者应该注重企业文化管理,在借鉴、学习西方优秀企业文化的同时结合企业自身发展情况来建设企业文化,以此实现企业的长足发展。

【复习思考题】

1. 企业文化研究大致可以分为哪两个阶段?
2. 标志西方企业文化理论产生的代表作有哪些?
3. 我国企业文化发展主要经历了哪些阶段?
4. 结合当下时代背景,谈谈企业文化研究未来的发展方向。
5. 用本章理论分析、讨论下面案例。

案例分析

中兴通讯企业文化的制胜之道

中兴通讯是中国拥有自主产权的通信设备制造业的开拓者,是国家重点高科技企业,拥有移动、数据、光通信以及交换、接入、视讯等全系列通信产品,具备通信网建设、改造与优化一揽子方案解决能力。

自1985年中兴通讯成立以来,中兴人不断利用先进技术、优质产品和系统解决方案以满足并努力超越客户的要求。经过17年的发展,中兴通讯这个靠300万元起家的小公司,已经在国内重点城市和美国、韩国设有12个全资科研机构,承担中国第三代移动通信(C3G)等多个国家863研究项目,并分别与美国德州仪器、摩托罗拉等企业,以及清华大学、北京邮电大学、电子科技大学等高校成立联合实验室,在全球40多个国家设有分支机构。2001年,中兴通讯实现销售合同额139.9亿元。当国内外各大通信制造企业业绩全面下滑的时候,中兴通讯却一枝独秀,成为行业中唯一的亮点,继续保持稳健持续增长。

中兴通讯大胆改革,创造出以"国有控股,授权民营经营"为核心内容的混合所有制模式,被深圳市委市政府赞誉为"深圳国有企业改革的一面旗帜"。中兴通讯自1997年上市以来,始终以诚信回报投资者,始终树立诚信和绩优的高科技龙头上市公司形象,深受证券监督管理机构赞誉和广大投资者的厚爱。中兴通讯的成功之道是如何走出来的?正是在于中兴通讯意识

到企业文化的重要性,形成了独特的企业文化。中兴通讯的企业文化具有以下特征:

1. 倡导诚信

诚信是中兴通讯的立身之本,是中兴人行动的第一准则。

诚信的第一个概念:企业的诚信。中兴通讯的企业文化手册中明确规定,对外交往、宣传以及发布公司业绩要坚持诚信务实的原则。诚信的第二个概念:企业成员之间的尊重和信任。企业文化应该是企业中每个员工都认同的一种观念、一种制度。好的企业文化能调动员工最大的能量,使其勇于承担更大的责任。比如在管理上,中兴通讯所创造的文化是"充分授权",即信任每一名员工,将工作的主动权交给员工,给予员工便利去创造企业的利益;各级管理者以教练的身份,指导和帮助员工实现工作目标。当上下级观点不一致时,企业文化强调通过沟通达成共识。沟通要求以倾听为基础,保持平等、开放的心态。此外,下级可以越级汇报,但上级一般不允许越级指挥。

2. 关心员工的职业生涯发展

中兴通讯为员工的职业生涯设计了三条跑道,员工可以根据自己的优势从管理、业务和技术三条线中选择其一来实现自己的职业发展,在中兴通讯,并非担任管理职务才是成功人士,有成就的业务和技术骨干可以和总裁享受同等待遇,这也是企业留住人才的最重要的激励机制。事业、待遇和情感,是中兴通讯吸引和留住人才的三个法宝。三条跑道使员工与企业共同成长。

3. 顾客导向

强调顾客至上,始终如一地为顾客的满意而努力。

永远保持对顾客的热情。同顾客做有利可图的生意,是企业发展的推动力。一般而言,顾客可以自主选择供应商。因此,想留住老顾客并吸引新顾客,企业必须首先争取到为顾客服务的权利。要做到这一点,企业只能提供顾客想要的产品或服务,制定顾客愿出的价格,而且要保证目标顾客明白企业所提供服务的好处所在。不仅如此,企业还要信守承诺并预见到顾客未来的需求。

成功属于那些持之以恒地提供优质产品或服务的企业。它们能够预见并满足顾客的要求。中兴通讯具有一种与众不同的独特氛围。所有员工都了解和支持企业目标,总能生产出顾客愿意掏钱购买的产品或服务。它不仅时刻检查自己目前的业绩水平,寻求各种方式迅速提高业绩,而且监控各项重要的健康标准。

4. 打造学习型文化,激励创新

学习型文化强调:不学习的人,实际上是在选择落后;学习是一种美德,学习先进企业的成功经验,以开放的心态对待一切批评;挑战变革,敢于突破常规,力图改变大大小小的游戏规则,把变革甚至危机转化为机会;激励创新,不断寻找一切好的设想,不管它来自何处。

知识经济下企业的竞争,不仅仅是产品、技术的竞争,更是人才的竞争,实质上是学习能力的竞争。企业必须建立有利于企业知识共享和增值的新型企业文化,将知识视为企业最重要的资源,支持组织和员工有效地获取、创造、共享和利用知识,提高企业核心竞争力,成为一种学习型组织,适应竞争的需要。

学习型组织是一个新的管理理念。企业的生存需要吸收信息,消化信息,反过来指导行动。只有速度足够快的企业才能继续生存下去,因为世界的"脚步"在不断加快。世界正变得越来越不可预测,而唯一可以肯定的就是,我们必须先发制人来适应环境的变化。同时,新产品的开发速度也必须加快,因为现在市场门户的开关速度在不断加快、产品的生命周期在不断缩短。而"精简"的目的,正是更好地实现"迅捷"。简明的信息流传得更快,精巧的设计更易打入市场,而扁平的组织则利于更快地决策。

5. 具有危机意识

"生于忧患,死于安乐",保持健康的危机感是中兴通讯不断追求更好的一个前提。作为国内通信行业巨头,企业上下都具有危机意识,不断挑战自己,保持持续健康增长,并准备迎接越来越大的发展空间。在迎接挑战的过程中,中兴通讯的员工总是"从正面看问题",认为挑战是机会,失败是机遇。

资料来源:作者根据相关资料整理。

第三章 企业文化的内涵、要素、层次与维度

【学习目标】

- 理解企业文化的内涵
- 掌握企业文化的要素
- 掌握企业文化的层次
- 掌握企业文化的各种维度

开篇案例

科龙集团"万龙耕心"企业文化塑造工程

科龙集团是位于广东顺德的大型企业集团,是中国最大的家电企业之一。自1984年创业后的十多年里,科龙集团以务实、锐意进取的拼搏精神取得极大成功,从一家乡镇企业发展成为大型家电企业集团。科龙集团是国内第一家同时在香港、深圳发行股票的上市公司,随着市场形势的不断发展,科龙集团所在的家电行业逐渐呈现严重供过于求的竞争态势,竞争日趋激烈,企业遭遇极大的经营压力。在此背景下,1998年,科龙集团聘请以企业身份识别(Corporate Identity,CI)策划而闻名的某策划专家为顾问,实施一项被命名为"万龙耕心"的企业文化塑造工程,希望能借助这一工程进一步凝聚人心、提振士气,以适应家电市场日益惨烈的竞争。

当年"万龙耕心"工程声势浩大,外部反响热烈:1998年8月18日项目启动时,实施了样本数为5000人的内部文化问卷调查,召开了3000人的新闻发布会,12000名员工在10面"万龙耕心"旗帜上签名,经过为时三天两夜的文化研讨营,最终形成了文辞优美的《科龙文化纲领》。"万龙耕心"企业文化塑造工程获得第四届中国最佳公关案例大赛金奖。

然而2000年,科龙集团公告亏损7亿元;2001年科龙集团再次公告亏损15.7亿元,年底被民营企业格林柯尔收购。

资料来源:林佑刚. 从一个案例看企业文化实质[EB/OL]. [2022-05]. https://doc.mbalib.com/view/3fea0b2295e4f35dd3b98731f82a838e.html.

科龙集团的企业文化塑造工程没有显著地提升企业绩效。相反,两年之后,集团却因巨额亏损被民营企业收购。那么到底是企业文化理论本身出了问题,还是科龙集团的企业文化塑造工程不符合企业文化理论逻辑?此外,这样的企业文化塑造工程是否与巨额亏损有直接的因果关系?企业文化的构建不同于组织一些文化活动来造势的市场促销行为,是否任何一种企业文化的构建,都可以推动组织绩效的提升和发展呢?围绕以上问题,本章探索企业文化的

内涵、要素、层次与维度,从而判断科龙集团的企业文化塑造工程中存在的问题。

第一节 企业文化的内涵及要素

开篇案例中的科龙集团"万龙耕心"企业文化塑造工程获得了文化工程金奖,但是科龙集团却在随后的两年中连续遭受巨额亏损,最终被民营企业收购。文化工程金奖与业绩巨亏两幅画面似乎组合成了一道令人啼笑皆非的"风景线"。我们不得不去思考科龙集团的企业文化建设工程是否真正成功了。如果此工程是成功的,那么科龙集团为什么会出现巨额亏损?众所周知,企业文化建设对企业的经营具有强大的推动作用,但为什么科龙集团的"万龙耕心"工程没有达到预期的效果?我们初步认为这是由于很多企业在文化建设过程中,直接引进了企业文化的管理形式,而对企业文化的内涵、实质、适用条件和发挥作用的内在机制等缺乏认真细致的研究,导致对企业文化与社会文化的关系、企业文化与企业管理的关系、企业文化的表层形式与企业文化的实质的关系等问题理解得不够透彻。

要构建一个明晰、完整的企业文化体系,首先必须了解企业文化的内容与内涵,明晰其构成要素及要素之间的区别与联系,确定企业的结构维度。那么,企业文化到底是什么?自企业文化理论在20世纪80年代中后期被引入我国以来,大量学者对企业文化的概念、定义和功能进行了论述,然而这些论述偏于泛化,限制了在该领域进一步的相关深度研究。此外,虽然我国一些企业在文化建设方面取得了一些成绩,但是还有很多企业片面地理解企业文化,它们认为企业文化就是标语口号,就是统一服装、标识等。本节将对国内外学者对企业文化的界定以及企业文化包含的要素进行概述。

一、企业文化的内涵

有效的企业文化是推动企业发展的不竭动力。但是,企业文化推动企业发展的机理是什么?自企业文化一词提出至今,学术界依然没有给出明确的界定,对此尚未达成共识。如果要确认该作用机理,就需要对企业文化的内涵、要素和结构进行详细的讨论和界定。本部分首先回顾学术界关于企业文化内涵的界定。

文化被界定为将个体从一个群体身份区别于另一个群体身份的集体思维方式。因此,组织文化可以被界定为一个组织成员身份区别于另一个组织成员身份的集体思维方式。企业文化区别于民族文化,其区别在于对文化表征所起到的作用不同。[①]

乔安娜·马丁(Joanne Martin)总结过往文献中各种组织文化的界定,并将其中12种典型的组织文化的定义列入一个表中进行比较。本书介绍其中的第6种和第8种:在第6种定义中,组织文化是一个机构为其成员提供的共享信仰和价值观模式。该模式为其成员提供了行动规则和关于该机构的内涵与存在的意义。在第8种定义中,在特定情境下,组织内群体演化出一套内涵体系。该体系为其成员提供了道德标准和区别于他人的性格特征。该内涵体系是以信仰模式、行动规则、语言和其他符号体系来表达和呈现的。信仰模式即意识形态。行动

---

① HOFSTEDE G. Cultures and organizations: software of the mind [M]. London: McGraw-Hill, 1991.

规则包括规范和仪式。组织成员通过语言和其他符号体系创设并维持自己的世界观,并凭此世界观来塑造自己在世界中的形象。世界观和组织身份的共享理解和开发、世界观的用途及其引导的方向都是群体的独特历史、个体行为、环境细节三者互动产生的结果。换句话说,组织文化是由群体的独特历史、个体行为和环境细节三者互动而产生的,由世界观、信仰模式、行动规则和语言符号组成的一套内涵体系。①

沙因指出,组织文化为组织成员提供了将日常生活赋予内涵的方式、制定指导原则的方法,更重要的是提供了减少和包容外部环境不可预测性和不确定性的方法。

由上可知,西方管理学界对企业文化的界定以组织的价值观念体系为基础,侧重于价值观、思想层面,同时注意到企业制度和管理程序对企业文化的影响,把制度纳入企业文化研究的范围。国内学者对企业文化的定义也有着自己的见解。其中典型的代表是刘光明、陈春花等。

刘光明认为"企业文化有广义和狭义之分,广义的企业文化是企业物质文化、行为文化、精神文化的总和;狭义的企业文化是指以企业的价值观为核心的企业意识形态"。② 陈春花在总结表3-1所示内容后,认为企业文化是企业在实践中创建和发展的用以解决企业外部适应和内部整合问题的一套共同价值观、与价值观一致的行为方式,以及由这些行为所产生的结果与表现形态。③

表3-1 企业文化定义

学者(时间)	企业文化定义
霍夫斯泰德(1980)	"企业心理"及组织的潜意识
迪尔和肯尼迪(1982)	组织所信奉的主要价值观
彼得斯和沃特曼(1982)	所有员工共同遵守的价值观念,即众人心悦诚服的行事准则
丹尼森(1984)	价值、信念及行为模式,一个组织的核心认同
戴尔(1985)	组织内成员所共有的人为产物、观点、价值及假设
沙因(1985)	一组成员共同享有的基本假设
马丁(1985)	企业成员共同拥有的、指导其行为的态度、价值和信念组合
海能(1988)	企业的价值观和行为准则,是组织成员共同的思想体系
河野丰弘(1990)	企业成员共有的价值观、共同想法、意见决定的方式以及共同的行为,也是社会风气、公司风气、企业形态、企业气质、企业精神等的总称
科特和赫斯克特(1997)	共同拥有的企业价值观念和经营实践以及共同的文化现象
罗宾斯(2005)	成员共有的一套意义共享的体系,使之区别于其他组织

资料来源:陈春花,乐国林,李洁芳,等.企业文化:第3版[M].北京:机械工业出版社,2018:32.

综合以上定义,无论是国内学者还是国外学者,他们对于企业文化的界定侧重点或涵盖面不尽相同,但是在理解企业文化时存在以下共性之处:

---

① MARTIN,J. Organizational culture mapping the terrain[M]. Thousand Oaks, California: Sage Publications, Inc., 2002.
② 刘光明.企业文化[M].北京:经济管理出版社,2002.
③ 陈春花,乐国林,李洁芳,等.企业文化:第3版[M].北京:机械工业出版社,2018.

（1）企业文化是一个组织内部员工共享的信念，是组织内部绝大多数员工认同并实践的范式，具有一定的约束性，指导着员工的行为和做事方式。

（2）企业文化可以通过外在有形化的东西表现出来，比如企业文化可以通过文化的形态（如仪式、典礼、组织故事等）、正式的实践（如组织结构、规章制度等）、非正式的实践（员工的行为及相互间的人际关系等）来展现出来。

（3）企业文化强调以人为中心。学者们在谈及企业文化时并不局限于在企业经营管理过程中强制执行的硬性内容，更多的是关注渗透到企业经营过程中的软性内容。

由此，本书将企业文化表述为：一个组织在其形成和发展过程中所培育起来的，由其成员共享理念、基本假设、核心价值观和相应的物化表象构成的，并引导其组织成员采取一致行动适应外部环境和整合内部关系的组织意识形态。

二、企业文化的要素

前文在讨论比如文化内涵的时候，已经涉及企业文化的构成要素。接下来将详细地讨论学术界提出的企业文化的各种要素，从而达成企业文化构成要素的共识。

第一，企业文化的要素包括企业的传统和氛围、外观和行为模式，其传承方式是管理者身体力行并传承给一代又一代的新员工。该观点的代表人物是大内。他在《Z理论》一书中指出："一个公司的文化由其传统和氛围构成。同时，文化还包括这个公司的价值观，如进取、守势、灵活。这些价值观确定了员工的活动、意见和行为模式。管理者躬体力行将这些规范传输给一代又一代的员工。"[①]

第二，企业文化是由企业环境、价值观、英雄人物、礼仪和仪式、文化网络这五个要素构成的。其中企业环境是影响企业文化塑造的最重要因素。该观点的代表人物是迪尔和肯尼迪，在他们所著的《企业文化：企业生活中的礼仪与仪式》一书中提出。[②]

第三，企业文化是由明确的价值观和行为规范组成的。该观点的代表人物是彼得斯和沃特曼。他们在《追求卓越》一书中提出，企业文化由一套明确的价值观和行为规范组成，以帮助组织整体地进行管理活动。[③]

第四，企业文化是一系列相互依存的价值观念和行为方式的总和。该观点的代表人物是科特和赫斯克特。他们在《企业文化与经营业绩》一书中指出，企业文化代表一系列相互依存的价值观念和行为方式的总和。[④]

第五，企业文化由一系列基本假设及共享的思想、情感和价值观组成。该观点的代表人物是沙因，他指出，企业文化是由一些基本假设所构成的模式，这些假设是由某个团体在探索解决对外部环境的适应和内部的整合问题这一过程中所发现、创造和形成的。这种模式是指由相同的经历和知识所产生的共同的思想、感情和价值观。[⑤]

第六，企业文化包括环境因素、共享观念和价值观行为模式、管理作风和管理理念、标准的

[①] 大内. Z理论：美国企业界怎样迎接日本的挑战[M]. 孙耀君，王祖融，译. 北京：中国社会科学出版社，1984.
[②] 迪尔，肯尼迪. 企业文化：企业生活中的礼仪与仪式[M]. 李原，等译. 北京：中国人民大学出版社，2008.
[③] 彼得斯，沃特曼. 追求卓越：探索成功企业特质[M]. 胡玮珊，译. 北京：中信出版社，2009.
[④] 科特，赫斯克特. 企业文化与经营业绩[M]. 李晓涛，译. 北京：中国人民大学出版社，2004.
[⑤] SCHEIN, E H. The corporate culture survival guide: sense and nonsense about culture change[M]. San Francisco: Jossey-Bass Publishers, 1999.

管理制度和管理程序。这种观点见于《企业文化:排除企业成功的潜在障碍》一书,书中概括了企业文化的定义,即企业文化通常是指企业的环境及其内部的方方面面,具体包括:企业员工所共有的观念、价值取向及行为等外在表现形式;由管理作风和管理观念构成的管理氛围;由现存的管理制度和管理程序构成的书面和非书面形式的标准和程序。① 此外,还存在以下典型的企业文化要素说。

(一) 五要素说

迪尔和肯尼迪在《企业文化:企业生活中的礼仪与仪式》一书中将企业文化的构成要素概括成企业环境、价值观、英雄人物、礼仪与仪式、文化网络这五个要素。

1. 企业环境

企业环境可分为内部环境和外部环境。内部环境包括企业内部物质环境、人与人之间的关系氛围、精神风貌。外部环境既包括市场、顾客、竞争者、政府等主体,也包括社会文化、政治、经济、法律和技术(Social-cultural,Political,Economic,Legal,Technological,SPELT)等人文环境要素。对企业所处的内外环境的反应方式决定了企业的管理行为。在塑造企业文化的过程中,企业所处的环境是最重要的影响因素。

2. 价值观

价值观是指企业内部成员对某个事件或某种行为好与坏、善与恶、对与错、是否值得仿效的一致认识。价值观是一个组织的基本理念和信仰,是一个组织的经营理念的核心。价值观不仅对于员工个人在组织中的发展起着重要作用,为其提供一个共同的目标,并成为他们日常工作中的行动指南,还在传递公司对外部世界的期望方面发挥着重要的作用。

3. 英雄人物

企业英雄人物指的是企业文化中的代表性人物或者企业文化的人格化。他们可以对外作为公司的象征,同时给企业中的其他成员树立榜样,对企业文化的形成及强化起着非常重要的作用。英雄人物的行为模式是企业文化所倡导的行为模式的具体体现。

4. 礼仪与仪式

礼仪与仪式指的是企业日常生活中一些系统化和程序化的惯例。例如,召开员工表彰大会等。企业通过日常行为表现(礼仪)向员工表明企业期望的行为方式是什么。企业通过盛大的典礼(仪式)展示了企业支持赞赏的立场和态度。礼仪与仪式提供了一种安全感和共同身份的认知,为日常活动赋予了某种意义。

5. 文化网络

企业的文化网络指的是企业中信息传递的一种或多种非正式的渠道,主要用来传播企业文化的相关信息。作为组织内部信息沟通的主要手段,文化网络是企业价值信念和英雄神话的"载体"。它能够强化企业的基本信念,其传递出的信息往往能够比较真实地反映出企业员工的心态和愿望。本书认为此处的文化网络是组织中非正式社交网络的一部分,只不过文化网络的侧重点在于其传递的内容主要是一些与文化要素有关的信息。②

(二) 七要素说

河野丰弘在其所著的《改造企业文化:如何使企业展现活力》一书中提出了企业文化的七

---

① 谢瑞顿,斯特恩.企业文化:排除企业成功的潜在障碍[M].赖月珍,译.上海:上海人民出版社,1998.
② 迪尔,肯尼迪.企业文化:企业生活中的礼仪与仪式[M].李原,等译.北京:中国人民大学出版社,2008.

个构成要素。

1. 员工的价值观

员工的价值观取决于企业在多大程度上鼓励员工培养积极进取、勇于挑战、勇于创新和冒险的精神。如果企业对这些问题的处理采取积极的态度,那么就会引导员工树立积极的价值观,形成充满活力的企业文化。相反,如果组织采取消极的态度,形成的企业文化则缺乏活力。

2. 情报收集的导向

如果情报收集是以顾客为导向的,那么企业就会重视顾客的信息反馈,包括外部客户和内部客户。因此,该企业的沟通方式是全通道式、网络式结构。如果情报收集是以主观意志为导向的,那么企业就不可能重视顾客的反应。

3. 构想产生的自发性

具有活力的企业鼓励员工积极参与组织运作管理的过程,并为员工提供自由表达意见的机会和环境。常用的方法就是脑力震荡法。这种方法是利用产生观念的过程,创造一种进行决策的程序。在这种企业文化背景下,员工的创造性是自发产生的,他们积极、自觉地为企业提供具有建设性的意见和建议。

4. 从评价到执行

在对失败的反应上,不同的企业不尽相同。不畏失败,才是有活力的组织的特性。僵化的组织则会形成害怕失败、过度谨慎的官僚主义。

5. 员工的互助关系

企业运作的有效性在很大程度上取决于组织成员之间的互动关系。这种关系包括积极与消极的关系。二者之间会因企业文化的变迁而发生转化。

6. 员工的忠诚度

在具有活力的企业中,员工对组织的价值观认同程度高,能够采取具有积极性和建设性的态度,会试图改善目前的环境,且具有较高的工作满意度。因此,他们对企业的忠诚度也相对较高,不容易因外部环境的变化或诱惑而产生较大的波动。企业在一些重大事情上应敢于起用新人,培养员工的进取心、责任感、冒险和创新的精神。

7. 动机形态

这里的动机形态是指责任感,即员工对待工作的态度。在充满活力的企业中,组织不仅能为员工提供满足低层次需要的物质基础,而且能为员工满足较高层次的需求创造条件。如给予经营参与权、工作自主权、意见表达权等,培养员工的成就感,增强员工的责任感,使其由被动地适应组织的要求转化为主动地完善组织的计划,配合实现组织的目标。[①]

(三) 八要素说

彼得斯和沃特曼在其《追求卓越》一书中提出了革新性文化的八个要素。

1. 贵在行动

强调"组织的流动性",提倡"企业实验精神"。在无拘无束、愉悦轻松的气氛中与各类人员广泛接触、交流信息、研讨问题。它既能促进人们采取更多的行动、进行更多的实验、学习更多

---

① 河野丰弘. 改造企业文化:如何使企业展现活力[M]. 彭德中, 译. 成都:四川人民出版社, 1992.

的东西,又能更好地保持联系。出色的企业贵在行动,也就是它们愿意尝试去做。

2. 紧靠顾客

主要表现在对服务和质量的执着,开拓合适的市场和倾听用户的意见。特别是把售后服务当成法宝。如果顾客要求提供售后服务,就应把事情办得尽善尽美。对用户的每一条意见,都应给予迅速的答复。

3. 自主和创新精神

过分集中和正规化往往会扼杀创造性。大企业如果丧失了革新精神,就会走向僵化。要提倡创新、试验、进取、自主,打破常规,培养和支持革新。出色企业具有对革新起促进作用的信息沟通制度,其结构安排就是从创造革新的闯将们出发的,尤其是它有时被故意设计得有些"漏洞",使那些捕捉新事物的革新闯将们"有机可乘",得到所需的资源,把事情办成,从而使人人都能收获成就感。

4. 以人为本

优秀的企业总是以人为本,把发掘人的潜能和提高士气而不是资本支出和自动化视为提高质量和生产力的根本源泉。它始终相信人,尊重人,并承认每个人的贡献;让员工们掌握自己的命运,促使其表现和发展自己的才干,了解企业的经营情况,感到工作有意义、有保障,把企业当作大家庭。企业应靠共同的信念来激励大家,而不是通过行政命令实施管制。

5. 亲身实践价值观

对于企业发展而言,物质资源、结构形式和管理技能并非关键,最重要的是价值观所体现的精神力量。价值观的形成主要靠领导者的真诚信念和身体力行。优秀企业的价值观往往是稳定的、连贯的,且往往体现了领导者个性。领导者所能做出的最大贡献,就是阐明企业的价值观体系,并给它注入生命力,且要事必躬亲地实践他所想培植的那些价值观。

6. 坚持本行

优秀的企业总是强调它们必须发挥自己的专长来生产适销对路的产品,而不去从事陌生的或不占优势的行业,也不依靠收购和兼并其他企业来搞多种经营。这是因为所收购的企业往往具有不同的价值观而很难实现与本企业的协调配合。

7. 精兵简政

优秀的企业,一是组织结构简单,二是班子精悍。其管理体制可以用三个支柱来加以描述:① 符合业务高效率需要的稳定性支柱,即保持一种简单而又始终如一的基本组织形式;② 符合经常性革新需要的创业精神支柱,建立以创业精神的多少及贯彻执行情况为基础的测量考核制度;③ 符合避免僵化需要的组织支柱,即能定期改组、打破旧习俗。

8. 宽严并济

经营得有声有色的企业都不是简单的集权或是分权,而是将两者巧妙地结合起来。不论是过去,还是现在,优秀企业在大多数层面都是"宽松"的,让员工享有极大的自由,自主做事。优秀企业之所以能做到这一点,主要是因为其价值体系,它能够做到:① 执行纪律与自主的统一。自主是纪律或规范的产物,而纪律或规范根植于已确立的价值体系。② 集权与分权的统一。一方面把自主权一直下放到车间或产品开发组;另一方面十分珍视其核心的价值观。③ 短期利益与长期利益的统一。既强调有一套长期适用的价值体系,又强调依靠每个员工每时每刻来支持这些价值观。④ 宽严并济,张弛有节,既坚持基本原则,又讲究管理艺术技巧。①

综上所述,企业文化主要包括以下要素:企业环境、价值观、英雄人物、礼仪与仪式、文化网络、情报收集的导向、构想产生的自发性、从评价到执行、员工的互助关系、员工的忠诚度、动机形态、贵在行动、紧靠顾客、自主和创新精神、以人为本、亲身实践价值观、坚持本行、精兵简政、宽严并济。这些要素可以分成以下几个维度:① 理念层面,包括价值观、动机形态、以人为本、自主和创新精神;② 行动层面,包括英雄人物、礼仪与仪式、情报收集的导向、从评价到执行、构想产生的自发性、贵在行动、亲身实践价值观;③ 内部环境要素,包括文化网络、员工的互助关系、员工的忠诚度、精兵简政、宽严并济;④ 外部环境要素,如紧靠顾客;⑤ 组织战略选择要素,如坚持本行。但是,这些维度缺少了企业文化的区分要素,即企业相互区别开来的身份标识,以及经营理念和价值观的物质呈现方式。

第二节 企业文化、企业氛围、企业身份和形象

为进一步界定企业文化,还需要解释企业文化与企业氛围(Climate)、企业身份(Identity)和形象(Image)之间的关系。实际上企业文化和企业氛围的研究内容有很多共同之处。第一,两者研究的都是组织层面的行为模式,都研究在一个给定的组织系统中组织行为的一致性程度和整合性程度。而这种行为的一致性程度是以文化的假设、意义、信仰和行为模式为基础的。第二,文化和氛围这两个概念都包含广泛的组织现象。主题范围均为从形成文化的深层次的假设到实际的实践,且根植于这些假设的行为模式。研究企业文化的学者侧重于研究组织的深层次假设,而企业氛围的研究重点为实践和行为模式。但两者研究的主题有许多重叠之处。有些学者认为,大多数企业氛围既包括信仰、价值观和深层次的假设,也包括非正式实践(如行为模式)。但是,也有些学者认为企业氛围的研究领域非常狭窄,仅仅聚焦于一两个企业文化维度或特征。这种观点尤其具有局限性,因为如果用一两个文化维度或特征代表整个企业文化或企业氛围,那么所有的文化维度或特征必须相互一致且可以度量。例如,企业文化的假设前提必须和实践故事以及物质环境的布置相一致。接受假设和实践之间一致性的学者,很可能更愿意认为企业氛围和企业文化是紧密联系的。实际上有些接受企业一体化文化的学者测量企业文化的内容和非正式的行为模式,同企业氛围的调查内容有高度的相似性。相比之下,许多差异化和细分文化的研究者更愿意去区别界定文化、运行文化并接受文化表征之间广泛的不一致性。

企业身份指的是企业成员对企业所感知和思考的内容。企业成员对所在企业独特的价值观和个性特征有共同的、具体的理解。因此,企业身份被界定为企业成员对于企业性格的核心的、持久的且区别于他人特征的理解。但是,企业形象不仅包括一个企业认为它应该是什么样子的,也包括其成员认为他人是如何看待自己及其他成员的。企业文化是为了开发和维系企业身份的内部的符号情境。企业形象则指向企业的外部,并且被吸收进企业文化的内涵体系。它被视为物化的表现,并被当成能够推演出企业身份的符号。"我是谁"是由我们所做事的内容决定的,也是由他人解释"我是谁"和"我做什么"的方式决定的。企业身份、企业形象和企

---

① 彼得斯,沃特曼.追求卓越:探索成功企业特质[M].胡玮珊,译.北京:中信出版社,2009.

文化的研究,三者是相互渗透的。显然企业形象的界定,其假设前提是企业范围内存在一致性和共识。这既是集体的、共享的,也是独特的。

企业形象和企业身份的假设前提是企业文化的一体化,而不是企业文化的差异化和细分化。企业文化和企业氛围的区别首先在于它们的研究方法不同。企业氛围的研究主要依赖于定量的调查,而企业文化的研究则主要基于定性研究。①

第三节 企业文化的层次

企业文化的层次是指企业文化系统内各个要素之间的时空顺序、主次地位与结合方式。它表明各个要素是如何联系起来,并形成企业文化整体模式的。了解企业文化的层次,有助于我们进一步理解企业文化的本质与内涵。由于学术界对企业文化内涵理解的不同,有关其层次的划分也不尽相同。目前主要有单一层次说、二层次说、三层次说、四层次说和五层次说。

一、单一层次说

单一层次说认为企业文化只有一个层次,它仅仅包括企业组织结构和正规控制制度中内隐的、具有管理功能的精神要素。因此,企业文化首先是指对企业经营管理有根本性指导思想的一些内容(例如企业的经营管理哲学、管理理论、美学意识、价值观及管理思维方式等),以及企业精神文化层面中具有管理功能的企业风格、企业心理和企业道德等内容的总和。②

二、二层次说

企业文化二层次说认为企业文化包含两方面的内容。美国学者帕米拉·路易斯(Pamela Lewis)、斯蒂芬·古德曼(Stephen Goodman)和帕特西亚·范德特(Patricia Fandt)认为企业文化由两部分构成,并提出企业文化冰山说。③ 如图 3-1 所示,一是浅层的、看得见的文化,即显现层,主要指能被人们直接感受到的内容,包括企业的组织结构、制度规范、管理方式等。二是深层的、看不见的文化,即隐秘层,主要指隐藏在企业文化显现层之下的并决定显现层的形态、特征、性质及功能的企业管理的指导思想,主要包括企业的经营管理哲学、管理理论、价值观及管理思维方式等。

这种观点将企业文化分为意识形态和物质形态两个方面。意识形态方面就是我们通常所说的精神层次的文化,而物质形态方面就是行为文化与物质文化的叠加。但是,这种叠加并不是简单意义上的汇总,而是对这些外层文化的去粗取精。这种观点虽然新颖,但是没有深入探讨哪些物质形态属于企业文化的内容,而哪些不属于。另外,此观点并没有深入地探讨企业文化的本质性内容,只是简单地说明了一下,不易于后续研究者对企业文化内涵产生更深的认识。

---

① MARTIN,J. Organizational culture mapping the terrain[M]. Thousand Oaks,California: Sage Publications. Inc., 2002.
② 张宗源.企业文化概论[M].成都:四川大学出版社,1989.
③ 路易斯,古德曼,范德特.现代管理学[M].2版.大连:东北财经大学出版社,1998.

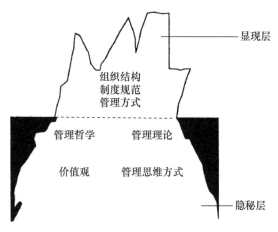

图 3-1　企业文化冰山示意

三、三层次说

美国著名管理学者沙因认为企业文化是由相互作用的三个层次组成的。他认为企业文化应分为基本假设、外显价值观和人造文化三部分。如表 3-2 所示，第一层次为人造文化，包括可见的典礼、仪式和物理建筑等；第二层次为外显价值观，包括企业的经营哲学、企业精神等；第三层次为基本假设，包括与环境的关系、现实及时空的本质、人类的本质、人类活动的本质及人际关系的本质五个方面。[①]

其他学者也给出了自己的观点，石伟将企业文化划分为三个层次，即物质文化、行为文化和精神文化[②]；张德将企业文化概括为符号层（建筑物、设备、名称、产品、技术等）、制度行为层和理念层三个层次[③]。

表 3-2　企业文化层次

层次	含义
人造文化	建立在价值观和基本假设基础上的可见的、可触知的、可听到的行为结果
外显价值观	有其内在价值的原则、哲学、目标和标准
基本假设	对于现实和人类本质的假设

经过上述三层次说观点的阐述，我们可以看出中外学者的观点各有千秋，但他们都坚信企业文化包含表层、中层和深层三方面的内容，且它们之间存在相互作用的关系。国内学者的观点大体相同，认为精神文化是企业文化的核心，其余的都是精神文化的外显，且提出将制度作为一种中层文化像桥梁一样连接深层与表层。沙因认为存在于企业中的基本假设是企业文化的本质，它决定了组织的价值观以及在此价值观下的组织行为。但是对于员工行为与外显价值观不相符的情况，沙因并没有给出详细的解说。

---

① SCHEIN, E H. The corporate culture survival guide: sense and nonsense about culture change[M]. San Francisco: Jossey-Bass Publishers, 1999.
② 石伟. 组织文化[M]. 上海：复旦大学出版社，2008.
③ 张德. 企业文化建设[M]. 北京：清华大学出版社，2009.

四、四层次说

国内最具代表性的观点是陈春花的四层次说,又称"同心圆说",如图 3-2 所示。她将企业文化划分为物质文化、行为文化、制度文化、精神文化四个层次。[1] 核心层的精神文化决定着其他层次文化的内容和表现,是企业在长期的生产经营活动和文化学习过程中沉淀的一种群体意识;制度文化是组织为了达到特定目的所制定的各种规范、制度;行为文化是企业全体员工行为活动表现出来的企业精神;物质文化是以物质形态所表现出的企业精神。

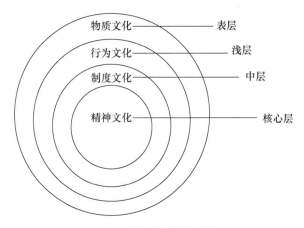

图 3-2 同心圆模型示意

企业是文化的载体,是一个动态的系统,它随环境的变化而变化;相应地,构成企业文化的核心理念、制度、行为、器物层,也随着环境的变化而变化。同心圆模型是一个静态模型,不能很好地表现出企业文化的动态性。由此,吴维库等提出陀螺模型,引导人们从动态的角度去看待和建设企业文化。[2] 如图 3-3 所示,该陀螺的支轴就是企业的核心价值观,也就是同心圆模型的核心层,而陀螺的惯性盘则是制度层、行为层和物质层。陀螺模型具有以下特点:第一,动态性。克服了同心圆模型的静态性,引导人们动态地看待和建设企业文化。第二,适应性。动态地建设企业文化可以增强企业对环境的适应性,即企业文化建设要随着环境的变化而调整。第三,匹配性。企业文化的轴心与惯性要匹配,即作为轴心的企业核心价值观要与其他层次相适应。第四,突出了核心价值观的重要地位。企业的精神文化是企业文化的灵魂,而企业精神文化中最重要的就是企业价值观方面的引领。第五,强调企业家在企业文化建设方面的重要作用。推动陀螺运转需要扭矩,推动企业运转的是企业家精神和素质。

吴维库等提出的陀螺模型虽然是一个动态模型,但也存在一些缺陷。一方面,这一模型没能表现出企业文化的不断丰富和提升;另一方面,没有表现出各层次内容的互动关系。许学锋在此基础上提出雷达模型。[3] 如图 3-4 所示,雷达模型由四部分内容构成:核心价值,位于模型的中心圆点;其他部分与陀螺模型的制度层、行为层和物质层相同。该模型主要具有以下特点:

---

[1] 陈春花.企业文化管理[M].广州:华南理工大学出版社,2007.
[2] 吴维库,富萍萍,刘军.以人为本的真正内涵是以价值观为本[J].清华大学学报(哲学社会科学版),2003(S1):54—61.
[3] 许学锋."雷达"模型——企业文化结构探讨[J].中外企业文化,2007(9):40—41.

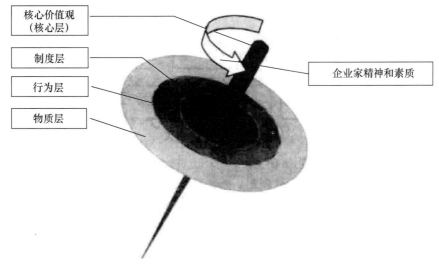

图 3-3 陀螺模型示意

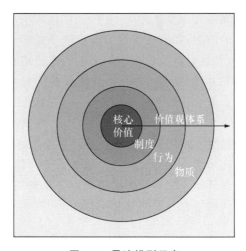

图 3-4 雷达模型示意

第一，从内容上看，用价值观体系涵盖了同心圆模型的核心层和陀螺模型中的核心价值观。企业的核心价值是有限的，构成企业文化丰富内容的基础是分类价值观。第二，从形式上看，价值观体系以核心价值为基点，形成一根动态扫描针，对其他部分构成的界面进行扫描，可及时发现与价值观不一致的方面；这根扫描针有个轴向朝外的箭头，表示基于核心价值的价值观体系是动态发展、无边界扩展、不断丰富的；价值观体系的不断丰富会带来企业文化的制度层、行为层和物质层的"厚度"不断扩展丰富；价值观体系在扫描过程中会得到制度层、行为层和物质层的反馈，包括信息反馈、检验反馈等。

上述四层次说观点表明国内学者将企业制度纳入企业文化的研究体系，认为制度文化在企业文化的建设过程中扮演着非常重要的角色，但是对于企业文化的核心的理解有些区别。有的学者认为精神文化是企业文化的本质，有的学者认为企业文化的核心是企业价值观，并认为由价值观决定的企业符号是企业文化建设的重要标志。

五、五层次说

五层次说认为企业文化可划分为五个层次。关于这一学说有三种代表性的观点。

第一种是中国学者于光远的观点，他认为：一是应当在企业的所有成员（包括领导者和一般员工）中树立起一种符合企业自身利益的核心价值观，进而采取一系列的措施和方法来激发全体成员的工作积极性，并促使他们视企业为家，为企业的繁荣昌盛而努力进取，从而达到提高企业的经营管理水平和取得良好经济效益的目的；二是企业家的管理文化与经营文化，特别是经营文化，是企业文化中内容最为丰富、作用最为重大的方面；三是努力提高企业普通员工的文化水平和素质，充分丰富企业广大员工的文化生活和修养；四是企业要关心社会上的文化事业。这里所说的"社会上"是指企业的外部，它包括艺术、科学（社会科学和自然科学）、教育、体育等领域；五是企业的领导者应认真地研究经济体制改革中出现的问题、国家有关企业经营的各种政策问题，以及宏观经济的问题，提高参与这些方面决策的意识。[①]

第二种是美国学者杰拉德·森特尔（Gerald Sentell）的观点，他认为企业文化结构的五个层次从里到外分别是基本假设、价值观、行为标准、行为模式、人为饰物和象征物。

第三种观点来自美国著名学者迪尔和肯尼迪，他们将企业文化划分为企业环境、价值观、英雄人物、礼仪和仪式、文化网络五个要素。

经过上述五层次说观点的阐述，我们可以看出国内外学者的观点有诸多相似之处。他们都将企业文化分为五个层次，且认为价值观是企业文化的重要组成部分。于光远主要侧重于自然科学、经济学、社会科学三方面的研究，并将企业社会责任纳入企业文化的研究体系；而有的国外学者认为基本假设是企业文化的本质内容，这一点在于光远的观点中没有涉及。另外，以上三种观点都强调人在企业文化形成过程中发挥的作用，并且都提出企业文化的形成必然要依托于一定的环境。于光远更多地强调企业文化是以企业内部全体成员高度认可的价值观为基础并结合内外部一定的环境提炼而得的。这个过程需要全体成员的努力，同时也需要高层管理者积极营造良好的外部环境。国外学者则更侧重于从组织成员行为的角度予以分析，指出成员行为对于企业文化的塑造有直接而重要的影响。

第四节　企业文化的维度

综合上述研究，本节将从企业文化的内容维度、组织维度、管理维度和功能维度，来探讨企业文化的维度。

一、企业文化的内容维度

国内外大量的文献中，普遍将企业文化所涵盖的内容分成精神文化、行为文化、制度文化和物质文化。本书认为任何一种企业文化必须包含的内容维度包括精神维度、制度维度、行为维度和物质维度。

（一）精神维度

精神维度是指企业在生产经营中形成的独具本企业特征的意识形态和文化观念。它包括

---

① 于光远.企业文化的"五层次说"[J].南方经济,1996(6):5—6.

企业管理哲学、经营理念、愿景、使命、价值观、企业精神及企业目标等。

1. 企业管理哲学与经营理念

企业管理哲学回答的是企业存在的终极目标、终极意义与存在价值。管理经营理念是企业创办人或高层管理者在企业意识形态和管理哲学的引导下，形成的对管理和经营本企业等基本问题的观点及根本看法。例如，稻盛和夫将自己的管理哲学和经营理念概括为"敬天爱人"。

2. 愿景

企业愿景是企业对未来发展美好图景的描述，是最终要达到的理想状态。许多知名公司的愿景都给人以振奋感和想象力。国内著名企业的愿景表达如下：

- 腾讯的愿景：用户为本，科技向善。
- 阿里巴巴的愿景：我们旨在构建未来的商务基础设施。我们的愿景是让客户相会、工作和生活在阿里巴巴。
- TCL 的愿景：成为全球领先的智能科技公司。
- 格力的愿景：缔造全球领先的空调企业，成就格力百年的世界品牌。
- 美的的愿景：科技尽善，生活尽美。
- 碧桂园的愿景：做全世界创造美好生活产品的高科技综合性企业。
- 新希望六和的愿景：农牧食品行业领导者。

3. 使命

企业使命是企业存在的根本目的和理由，回答了企业为什么存在的问题。使命陈述的思想最早源于彼得·德鲁克（Peter Drucker）的《管理：使命、责任、实践》。他认为，企业必须有明确界定的宗旨和使命，必须回答"本企业是个什么样的企业？""应该是个什么样的企业？""将来应该是什么样的企业？"这三个经典问题，并且认为管理就是界定企业的使命，并激励和组织人力资源去实现这个使命。弗雷德·戴维（Fred David）认为企业使命陈述包括九个要素：① 顾客，即企业的顾客是谁；② 产品和服务，即企业的产品和服务的项目是什么；③ 市场，即企业在哪些领域竞争；④ 技术，即企业的技术是不是最新的；⑤ 对生存、增长和盈利的关切；⑥ 哲学，即企业的基本理念、价值观、志向和道德倾向是什么；⑦ 自我认知，即企业最独特的能力和主要竞争优势是什么；⑧ 对企业形象的关切，即企业是否对社会和环境负责；⑨ 对雇员的关心，即企业是否视员工为宝贵财产，是否关心员工的生活和发展。国内一些著名的企业也提出了自己的使命陈述，例如：

- 腾讯的使命：用户为本，科技向善。
- 百度的使命：用科技让复杂的世界更简单。
- 阿里巴巴的使命：让天下没有难做的生意。
- 联想的使命：制造卓越企业。
- TCL 的使命：为用户创造价值，为员工创造机会，为股东创造效益，为社会承担责任。
- 格力的使命：弘扬工业精神，追求完美质量，提供专业服务，创造舒适环境。
- 美的的使命：联动人与万物，启迪美的世界。
- 碧桂园的使命：希望社会因我们的存在而变得更加美好。
- 新希望六和的使命：为耕者谋利，为食者造福。

4. 价值观

企业的价值观是企业对其所涉及的管理要素与对象的有用性及重要性的稳定判断和持久的主观立场。价值观包含两个方面：一是企业的核心价值观，它是长期稳定和不轻易改变的；二是随着外部环境的变化而不断调整的企业价值观。每个企业的价值观都会有差异，并呈现出鲜明的个性特征。国内一些著名企业的价值观表述如下：

- 腾讯的价值观：正直，进取，协作，创造。
- 百度的价值观：简单可依赖。
- 阿里巴巴的价值观：客户第一，员工第二，股东第三；因为信任，所以简单；唯一不变的是变化；今天最好的表现是明天最低的要求；此时此刻，非我莫属；认真生活，快乐工作。
- 联想的价值观：企业利益第一，求实，进取，以人为本。
- IBM的价值观：成就客户，创新为要，诚信负责。
- TCL的价值观：当责，创新，卓越。
- 格力的价值观：少说空话、多干实事，质量第一、顾客满意，忠诚友善、勤奋进取，诚信经营、多方共赢，爱岗敬业、开拓创新，遵纪守法、廉洁奉公。
- 美的的价值观：敢知未来（志存高远、务实奋进、包容共协、变革创新）。
- 海尔的价值观：是非观——以用户为是，以自己为非；发展观——创业精神和创新精神；利益观——人单合一双赢。
- 碧桂园的价值观：我们要做有良心、有社会责任感的阳光企业。
- 新希望六和的价值观：客户至上，挑战自我，奋斗者为根本。

同一家企业，其使命陈述和价值观的表达是存在明显差异的。以默克公司为例，默克公司是一家研究驱动型的医药产品和服务领域的领袖级企业，它通过发明、开发、生产以及销售各种类型的创新产品来增进人类及动物的健康。

使命表述：

我们的使命是为社会提供卓越的产品和服务——能够改善人们的生活质量以及满足客户需要的创新性产品及解决方案；为员工提供有意义的工作和取得进步的机会；为投资者提供高回报率。

价值观表述：

- 我们的事业就是维护和改善人类生活。衡量我们所有行为的标准是在达成这一目标方面取得的成就。我们最看重的是为因适当使用我们的产品和服务而受益的每个人提供服务的能力，这样我们就能够获得持续的客户满意。
- 我们承诺遵守最高的道德和诚实标准。我们对自己的客户负责，对默克公司的员工及其家庭负责，对我们赖以生存的环境负责，同时也对我们在全球范围内服务的所有社区负责。我们在履行职责时不会采取在专业上或道德上走捷径的做法。我们与社会任何一个部分之间的相互作用都必须反映出我们所声称的最高标准。
- 我们献身于最高水平的科学研究，并承诺用我们的研究改善人类和动物的健康及生活质量。我们致力于发现客户最关键的需要；同时集中所有资源来满足客户的这些需要。
- 我们希望获取利润，但只通过能够满足客户需要以及造福人类的工作来获得利润。我们承担责任的能力有赖于我们能否保持一种既能够对前沿研究进行投资，又能使研究结果得到有效利用的财务地位。
- 我们认识到,实现卓越——在满足社会和客户需要方面具有最强竞争力——的能力有赖于员工的诚实、知识、想象力、技能、多元化以及团队工作,我们极为重视这些品质。在这方面,我们致力于创造一种互相尊重、互相鼓励以及团队合作的工作环境,并且对员工及其家庭的需要做出及时的反应。

5. 企业精神

企业精神是企业在总结现有的行为方式、传统习惯和观念意识中所含有的积极因素,并经过提炼、倡导和培养而形成的员工整体精神风貌。它集中体现了企业全体员工在企业生产经营中的气质。

6. 企业目标

企业目标是企业全体成员共同追求的价值观的集中表现,具体反映了企业全体成员所追求的最高层次和理想抱负,是企业文化建设的出发点和归宿,是促使企业健康发展的有效保证,长远的企业目标可以是企业的战略目标。

企业文化的精神维度是企业文化的核心,是制度维度的意识形态基础,规范和形塑着行为维度,是物质维度的出发点。

(二)制度维度

企业文化的制度维度是企业广大员工认同并自觉遵从的由企业的领导体制、组织形态和经营管理形态构成的外显文化,是一种约束企业和员工行为的规范性文化。制度文化是企业领导者为了能够更清晰地向企业其他成员阐述其经营理念和思想,而以书面的形式表现出来的一种企业文化。企业制度体现了企业领导的精神意志(企业文化的精神维度),还会对员工的行为造成一定的影响。企业成员必须按照企业制度办事,他们的一言一行都会受到制度文化的制约,因而处于比企业行为文化更深的层次,属于中层文化。它是连接精神文化与行为文化的桥梁,在企业文化的建设中处于极其重要的地位。

(三)行为维度

企业文化的行为维度是指企业所倡导的符合企业文化精神维度与制度维度的行为模式和行动方案。企业所宣传的先进工作者、劳动模范、救死扶伤的利他行为等都是企业文化行为维度的表现形式,也是霍夫斯泰德所说的英雄行为。它也包括员工在生产经营、学习娱乐中产生的活动文化。它是在企业经营、教育宣传、人际交往、文娱体育等活动中产生的文化现象,是企业经营作风、精神面貌、人际关系的动态体现,也是企业理念的折射。

(四)物质维度

企业文化的物质维度是指企业从建立、成长、成熟到衰退的这一生命周期过程中所形成的实物文化。它是企业文化精神维度的外显表达,从某种程度上反映了企业的精神状态。它是企业文化的制度维度、行为维度在组织生产过程中作用于企业生产资料而产生的物化产品。它也包括企业的名称和象征物、企业身份识别系统、企业的标识、厂服、厂房等建筑物的建筑风格。它会直接地影响社会大众对企业的印象。

二、企业文化的组织维度

(一) 组织的界定

最初组织(Organization)一词主要用以说明生物的组合状态。之后,组织一词被引入社会科学,并被当成是多种要素组合的系统。本书结合理查德·达夫特(Richard Daft)的观点,将组织界定为具有明确的目标导向、精心设计的结构与协调的活动系统,它是由与外部环境保持密切联系的两个及两个以上的人组成的社会实体。[①]

(二) 组织结构要素

组织变量可以分为结构变量和情境变量两类要素。结构变量是描述组织内部特征的标尺,从而为测量比较组织奠定了基础。情境变量或权变变量,描述了影响组织结构和环境的权变因素。情境变量可以被理解为隐藏在组织结构和工作过程中的一系列相互重叠的因素。这些组织结构变量之间相互作用、相互调节,从而实现组织目标。

组织的结构变量包括正规化、专业化、职权层级和集中化。正规化是组织中书面文件的数量;专业化是指组织任务分解为各项独立任务的程度;职权层级描述了组织中的报告关系和每个组织管理者的管理幅度;集中化是指有权做出决策的层级高低。[②]

(三) 企业文化的组织层级维度

企业文化是在组织情境下发挥作用,也是在一定的组织结构中发挥作用。因此,需要研究当文化与组织理论整合后所形成的企业文化的组织层级维度。马丁将文化要素和组织的情境要素相结合,提出了组织文化研究的层次与视角框架。但是,他提出来的层次与视角框架,有别于达夫特的组织结构或情境变量,他将组织文化研究概括为三个视角,即和谐与一元同质的组织一体化文化、独立和冲突的组织差异化文化,以及多样性与演变的组织细分文化[③](见表3-3)。

表3-3 组织文化研究的层次与视角框架

分析层次与视角	一体化	差异化	细分
组织	整个组织范围内一致性观察;组织目标被吸收同化并保持一致性	整个组织范围内无一致性观念;组织目标被吸收同化并保持一致性;组织是亚文化的集群	关注具体问题,无组织范围内一致性观念;以具体问题驱动的文化导入模式
亚文化团体	团体亚文化之间无重要的区别;团体亚文化可以代表整个组织文化	亚文化之间的关系可以是迷人的、冲突的和彼此独立的	亚文化的边界是不确定的、上下波动的、模糊的,并且是相互重叠的
个体	作为某种文化的一员,自我统一,并持久不变	个体具有多种亚文化身份	个体具有零散的细分文化,无统一的中心

马丁认为组织文化的这三个视角可以整合在一起并形成互补(见表3-4)。

[①] 达夫特.组织理论与设计[M].11版.王凤彬,等译.北京:清华大学出版社,2014.
[②] 同上.
[③] MARTIN, J. Organizational culture mapping the terrain[M]. Thousand Oaks, California: Sage Publications, Inc., 2002.

表 3-4　组织文化三个视角的互补与整合

	分析层次与视角		
	一体化	差异化	细分
意见一致导向	整个组织范围内一致性观察	亚文化内保持一致性	无一致性观念
文化表征间的关系	一致	不一致	无明显的一致和不一致
容忍模糊性导向	排除	导向亚文化群体之外	承认和接受模糊性

因此，从组织角度出发，本书认为企业文化也存在三个层次：第一个层次是组织一体化文化；第二个层次是部门差异化文化；第三个层次是亚文化团体细分文化。据此，本书认为企业文化在不同的组织情境下，在组织的不同层次上，从不同视角看会呈现出不同的特征，因此本书将它们概念化为企业文化的组织层级维度。企业文化的组织层级维度包括和谐与一元同质的组织一体化维度、独立和冲突的组织差异化维度，以及多样性与演变的组织细分维度。每一个层级维度又和组织文化的内容维度相结合，即与精神、物质、行为和制度维度相结合，产生了不同类型的企业文化。

三、企业文化的管理维度

霍夫斯泰德指出企业文化有六个维度，即过程导向与结果导向（Process Orientated vs. Results Oriented）、员工导向与工作导向（Employee Orientated vs. Job Orientated）、开放体系与封闭体系（Open System vs. Close System）、宗教组织的与职业的（Parochial vs. Professional）、松散控制与严格控制（Loose Control vs. Tight Control）、规范与实用（Normative vs. Pragmatic）。本书认为这六个维度是企业文化引导组织运行时呈现的维度。我们把这六个维度概念化为企业文化的管理维度。

维度一关注是手段还是目的。在过程导向文化中，人们认为必须回避风险，在工作中要做出有效的努力，但每一天重复同样的工作。在结果导向文化中，人们不安于现状，每天要做出最大程度的努力，且每一天都要面临新的挑战。

彼得斯和沃特曼把强文化当作比弱文化更有效的文化，但是并没有提出文化强度的测量方法。为此，霍夫斯泰德开发出文化强度的测量方法。强文化被解释为一个同质化的文化。也就是说，在这类文化中所有的调查对象，几乎在所有的关键问题上都给出了相同的答案而不管这些问题的内容如何。弱文化是指异质化的文化。在这类文化中对一些关键问题，不同的人给出了不同的答案。其研究表明强文化和结果导向显著正相关。从某种程度上来说，霍夫斯泰德的研究证明了彼得斯和沃特曼的命题，即强文化的效果得到证明。

维度二度量的是关注人还是关注工作的完成，这两个关注是相互矛盾的。在员工导向的文化中，人们可以体会到：组织决策时能考虑到他们的个人问题，对员工的福利负责，重要的决策都是由群体和委员会做出的。在工作导向的文化中，人们背负着沉重的压力来完成工作，组织只对工作完成感兴趣，对员工个人及其家庭福利并没有兴趣。重要的决策倾向均是由个人做出的。管理层希望其组织是员工导向的，但是实际工作中他们想要的却是工作导向。

员工导向和工作导向这两个维度对应于著名的美国领导力风格模型，由罗伯特·布莱克（Robert Black）和简·莫顿（Jane Mouton）提出。该模型中将员工导向和工作导向看作是两个独立的维度。这似乎和霍夫斯泰德将这两个维度放在一起相互矛盾。但是布莱克和莫顿的模型是针对个人的,而霍夫斯泰德是以组织为比较单元的。一个人可能既可以采取工作导向或员工导向,也可能同时采取工作导向和员工导向。但是多数情况下,企业文化倾向于非此即彼。

在维度三中,实行开放体系的组织及其成员对新来者和外部人士持开放态度,大部分人将会融入组织,一些新来的员工几天之内就能很好地适应。实行封闭体系的组织及其成员都是自我封闭的,即便内部人士也是如此。只有少数人能融入这样的组织,新员工要更长的时间才能完全适应。

维度四测度的是员工的组织认同感。即员工的认同感大部分来自宗教组织还是来自其所做的工作。在宗教组织文化中,其成员认为组织的规范涉及他们在家中的行为,而不只是在工作中的行为。组织招聘员工时,既要考虑到员工的社会和家庭背景,也要考虑到其工作的胜任力。在职业文化中,人们认为私人生活是自己的事,组织雇用员工时应该仅仅以工作胜任力为基础。

维度五测度的是组织内部结构。在松散控制的组织中,员工认为没有人考虑成本,以及会议时间仅仅是一个大约的时间,并可以经常拿公司和工作的事开玩笑。而在严格控制的组织中,其工作环境是成本敏感的,要求员工准时参与,员工也很少拿工作和公司的事开玩笑。

维度六测度的是顾客导向的概念。实用组织强调满足顾客需求,认为结果比程序正确和重要,在商业伦理方面实用主义盛行。

企业文化的这六个管理维度与企业文化的四个内容维度进行结合,在每一个管理维度上都呈现出不同的精神、制度、行为与物质维度特征。

四、企业文化的功能维度

沙因认为企业文化对外引导组织适应外部世界,对内引导人们如何相处,形成内部整合。[①] 因此,企业文化的基本功能维度包括外部适应功能和内部整合功能。企业文化的其他功能维度,请参见本书第五章"企业文化的功能与作用"。

本 章 小 结

本章回顾了企业文化的内涵、要素、层次与维度,对国内外学者关于企业文化的界定以及企业文化所包含的要素进行了概述,并归纳了国内外学者对企业文化结构层次划分的不同观点。此外,本章介绍了企业文化的内容维度、组织维度、管理维度及功能维度。在经济全球化背景下,企业的管理经营方式发生了根本性变化,企业依靠自身的资源、传统的产品经营和资本运营来竞争的时代已经过去,企业间的竞争更多地表现为企业文化素质和实力的竞争。研究企业文化的内涵、结构等可以帮助管理者找出所在企业的企业文化建设中物质文化、制度文化等方面存在的问题及其原因,进一步完善企业文化,从而使企业获得持续、稳定的发展。

【复习思考题】

1. 企业文化的内涵是什么?

[①] 沙因.组织文化与领导力[M].4版.章凯,罗文豪,朱超威,等译.北京:中国人民大学出版社,2014.

2. 试阐释企业文化内容维度如何在其组织维度上呈现不同的精神、行为、制度和物质的特征?

3. 试阐释企业文化内容维度如何在其管理维度上呈现不同的精神、行为、制度和物质的特征?

4. 试阐释企业文化内容维度如何在其功能维度上呈现不同的精神、行为、制度和物质的特征?

5. 用本章理论讨论和分析下面案例。

案例分析

海底捞——餐饮业异军突起的一匹黑马

四川海底捞餐饮股份有限公司(以下简称海底捞)成立于1994年,是一家以经营川味火锅为主,融汇各地火锅特色于一体的大型跨省直营餐饮民营企业。历经二十多年的发展,海底捞已成为国际知名的餐饮企业,更树立了当前餐饮业的标杆,缔结了不可复制的神话。截止到2018年底,海底捞已在中国100多个城市,以及新加坡、美国、韩国、日本、加拿大、澳大利亚等国家经营466家直营门店,拥有超过3 600万名会员和超过69 900名员工。2019年陆续登陆马来西亚、越南、英国等市场。公司发展至今,已成为海内外瞩目的品牌企业。海底捞曾先后在四川、陕西、河南等省荣获"先进企业""消费者满意单位""名优火锅"等十几项称号和荣誉,创新的特色服务为其赢得了"五星级"火锅店的美名。2008—2012年,海底捞连续5年荣获大众点评网"最受欢迎10佳火锅店",连续5年获"中国餐饮百强企业"荣誉称号。2011年5月27日,"海底捞"商标荣获"中国驰名商标"。

海底捞是近年来餐饮业异军突起的一家火锅连锁直营企业,其顾客至上的服务理念赢得了市场广泛的认可,取得了巨大的发展,这与其独特的企业文化密不可分。

1. 物质文化

海底捞注重标识建设,其红色椭圆形的Logo(标志),象征企业是以火锅事业为基础发展起来的,又如一轮冉冉升起的太阳,生动且富有视觉冲击力。同时,海底捞也为员工提供了良好的住宿和工作环境。餐饮业大多包吃包住,但是很多餐饮从业人员住的是地下室,而海底捞给员工统一租房,员工宿舍设施齐全,租房离工作地点步行20分钟左右距离。此外,海底捞补贴政策与其他企业相比也要高得多,包括交通、餐饮、话费补贴等。

2. 行为文化

海底捞秉持"服务至上"的理念,为顾客提供优质服务。排队等餐通常是一件枯燥的事情,但是在海底捞,排队等餐的人几乎和用餐的人一样多,因为服务员会时不时地送上免费的饮料、水果和点心,等餐的顾客还可以享受美甲、娱乐等服务。海底捞细致的免费服务项目让顾客倍感贴心,全方位提升了顾客满意度,培育了大量忠实的老顾客。

3. 制度文化

(1)晋升制度:海底捞设置了管理、技术和后勤三个晋升体系,让员工有充分的发展空间。

(2)考核制度:海底捞的考核标准十分独特,海底捞董事长张勇认为,关键绩效评价指标(KPI)并非越细越好,在餐饮业,柔性指标起决定性作用。因此,海底捞的绩效考核体系只有员工满意度和顾客满意度两个指标。这就要求管理人员平时要关注顾客、关怀员工。这些考核一方面检验了管理人员的能力,另一方面直接影响到海底捞的品牌形象与利益,而且这些考核执行得非常严格,管理人员不合格会直接降级到服务员。

(3) 巡查制度:海底捞设有小区、大区经理,区域经理会定期对所管辖分店进行巡查,从第三方角度发现分店的问题,并予以解决;同时在巡查中汇总一些数据信息,为分店、区域乃至整个海底捞以后的改革发展提供依据。

(4) 反馈制度:海底捞拥有一套较为完善的反馈系统,顾客与员工的建议与评价可以直接传递给海底捞更高层次的管理层,这为海底捞及时发现企业发展中出现的问题,并根据问题进行变革调整提供了依据。海底捞还设立了员工建议机制,由专门的人员收集员工提出的建议,且要求以最快的速度给予反馈,如果员工的建议得以采纳,会发放实质性的物质奖励。

4. 精神文化

始终秉承"服务至上、顾客至上"的理念,以创新为核心,改变传统的标准化、单一化的服务,提倡个性化的特色服务,将用心服务作为基本理念,致力于为顾客提供"贴心、温心、舒心"的服务;在管理上,倡导双手改变命运的价值观,为员工创建公平公正的工作环境,实施人性化和亲情化的管理模式,提升员工价值。

(1) 使命:通过精心挑选的产品和创新的服务,创造欢乐火锅时光,向世界各国美食爱好者传递健康火锅饮食文化。

(2) 价值观:包括"一个中心",即双手改变命运;"两个基本点",即以顾客为中心,以"勤奋者"为本。

(3) 家文化:餐饮行业的竞争归根到底是服务的竞争,而服务取决于所雇用的员工。员工是企业生产经营活动的主要运作者,企业几乎所有的工作计划都要靠员工来落实,是企业最重要的人力资源,也是企业最直接的利益相关者。张勇提出"把员工当作家人"这一理念,全方面解决员工居住、子女教育等问题,把员工放到企业发展的核心位置,切实关注员工的需求与利益,为员工提供公平合理的报酬机制和良好的福利政策以及安全舒适的工作环境、晋升的机会,相信员工,尊重员工,让员工有尊严地工作和生活,如此一来,员工便更容易认同企业的价值观,从而形成强大的凝聚力。员工在行动上也会充分体现企业的价值观,为企业文化的建设提供强大的精神动力。

第四章　企业文化的生成机制

【学习目标】

- 理解企业文化的生成路径
- 理解企业文化生成的影响因素
- 了解企业文化各内容维度的生成机制
- 理解并购企业的企业文化生成机制

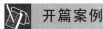 开篇案例

稻盛和夫"阿米巴"模式

稻盛和夫出生于日本鹿儿岛,1959 年创立京瓷集团,初期员工仅有 8 人,但因专注于陶瓷材料领域,加上稻盛和夫自身研发的企业经营方法,使得京瓷集团发展为跨国科技公司。据说有一天,某员工提出辞职,理由是除了需要工资来养活自己和家人,他还需要个人的发展机会。稻盛和夫经过长时间的思考,认为企业存在的终极理由是为员工的福祉而奋斗。1984 年适逢日本施行电信自由化,在稻盛和夫的主导下,京瓷集团与三菱商事、索尼等大型企业合资成立"第二电电"(DDI),即现今日本三大电信业之一的 KDDI。为了拯救申请破产保护的日本航空,稻盛和夫晚年出山,仅用了 424 天就让日本航空赚取了空前的利润。他之所以能够挽救日本航空,与他提出的"为日本航空员工的福祉而奋斗"的口号是分不开的。同时,他还用行动践行了"付出不亚于别人的努力"的勤奋理念,为日本航空的员工树立了典范。此外,稻盛和夫提出的"阿米巴"模式也是铸就这些经营成功的要素。

稻盛和夫的"阿米巴"模式,是将组织分成小的集团,通过与市场直接联系的独立核算制进行运营,培养具有管理意识的领导者,让全体员工参与经营管理,从而实现"全员参与"的经营方式。这也是京瓷集团自主创造的独特的经营管理模式。而蕴藏在"阿米巴"模式后的经营哲学是信任、敬天爱人与利他。成功实施"阿米巴"模式是建立在经营者与员工之间有充分信任的基础之上的,经营者要了无私心,以动机至善为做事的前提,真诚对待员工,完全信任员工。敬天爱人是指遵循客观规律,对员工有爱人之心。利他思想往往体现在经营者的无私奉献上,这要求经营者要以大义之名开展经营,为员工、公司、国家和社会奉献出最大的力量。正是这种富有哲学的企业文化成就了"阿米巴"模式。

以"阿米巴"模式为代表的企业文化的形成与稻盛和夫个人是分不开的。稻盛和夫痛惜第二次世界大战后日本选择聪明有才的人做领导者的潮流,由于这种选择标准忽略了个人的道

德规范和伦理,导致政界、商界丑闻频发,严重伤害了民众的感情,削弱了政府的公信力。他建议领导者的选拔标准是:德高于才,人格第一,勇气第二,能力第三。无比注重人才品性的他,将自己的观念融入企业,逐渐形成了富有个人品性特色的企业文化。而这种以人为中心的企业文化,也为稻盛和夫所领导的企业带来了不可替代的竞争力。

第一节　企业文化的生成机制类型

开篇案例表明,企业在创业初期,可能并没有想到企业文化的注入,考虑最多的是企业的生存。但是,企业在克服生存危机后,就面临着成长和扩张的压力。此时,企业必须直接面对竞争对手,既要面对复杂的外部环境和更多不确定性的要素,还要在内部进一步凝聚人心,且需突破管理幅度进行授权。面对内外部新危机的出现,企业创始人必须首先回答:拿什么来凝聚人心?如稻盛和夫一样思考企业之所以存在的终极理由。本章主要探讨企业文化的生成机制,包括企业文化的不同生成路径、影响因素,以及企业并购后形成的新企业文化的生成机制。

企业间的竞争再也不是单纯地压缩成本与争夺资源,面对新兴的人才资源,如何留住人才、发展人才愈发重要。与利用高薪留住人才相比,用优秀的企业文化留住人才、发展人才能产生更积极、持久的效果,因此,企业文化成为赢得世界人才战争的有效战略资源,是企业获取成功的关键资源。企业唯有发展能激励其在竞争中取胜的文化,才能立于不败之地。[1] 由此,本节探讨优秀且有效的企业文化的生成机制。理论上,企业文化的产生有自然演化和主动设计与构建两种方式。自然演化即企业文化的自发生成机制,是指企业创始人及高层管理者在与员工为实现企业的生存和发展而进行的互动中,逐渐形成企业所特有的管理理念、价值观体系、有效的组织行为和物化表征的过程。这一过程有可能是由高层发动的自上而下的企业文化生成、演化和发展机制,也可能是由员工发动的自下而上地将企业生产经营活动中,成功的、有效率且有效果的管理与生产实践在强化机制和锁入效应作用下,进行概括和抽象以形成独特的企业文化。

一、自上而下的生成机制

沙因认为企业创始人借助初级植入机制与次级勾勒、增强机制来创造和传递企业文化。[2] 管理学者对自上而下的企业文化生成机制的研究聚集于领导行为初步塑造、人力资源政策次级勾勒、激励政策以及企业文化象征物进一步强化这四个方面。[3] 同时也有管理学者提出领导风格外化论,该理论认为企业文化受企业领导者的思想、观念、风格、特点的影响巨大。其价

---

[1] MILLER, D., DRÖGE, C. Psychological and traditional determinants of structure[J]. Administrative science quarterly, 1986, 31(4):539—560.
[2] SCHEIN, E H. Organizational culture and leadership[M]. San Francisco:Jossey-Bass,1985.
[3] 黄河,吴能全. 组织文化形成途径——我国中小型民营企业的跨案例研究[J]. 管理世界,2009(S1):56—64.

值观、经营观逐渐被企业接受,演变为企业文化。①

本书认为,所谓自上而下的生成机制,是指企业文化生成始于企业的创始人或领导者。他们是企业文化的发源地。他们的核心价值观及个人特质在一开始就奠定了企业文化的基调,作为企业文化的基本元素,形成了企业文化的最初逻辑框架。在日常管理活动中,企业创始人和领导者不自觉地受其影响,用这个逻辑框架来选择企业发展方向,辨认外部环境的机遇和挑战,发挥内部的优势,克服自己的缺点,解聘与该文化逻辑要求不一致的员工,保留和鼓励与此文化逻辑要求一致的员工。这样,最终形成的企业文化将带有明显的领导者印记。自上而下的企业文化在生成过程中,存在诸多影响因素。

首先,沙因等的企业文化生成模型强调了企业创始人和领导者对企业文化的影响。他们认为,领导者的个人特质、领导行为和领导风格将对企业文化产生直接的影响。追随者会对领导者的行为、风格进行模仿。同时,在由领导者所主导的团体中,追随者也会迫于群体的压力,主动去适应团体中领导者的处事风格,进而让所有员工默默接受领导者所带来的文化,从而促进企业文化的形成。②

其次,领导者可以通过人力资源政策对企业文化的形成进行干预。例如,企业可以通过一开始招聘中的预社会化,选择与企业文化相符合的应聘者,减少后续带来的文化冲突,强化现有的企业文化。同时,企业提供培训的总量、培训与员工行为之间的关联将直接影响到员工是否认同企业价值观。③ 因此,领导者可以通过培训,将自己的价值观输入给员工,形成带有领导者自身价值观色彩的企业文化。

最后,领导者可以建立各种制度来进行奖惩,从而巩固企业文化。由于任何激励措施都带有一定的导向性,所以当其所传达的理念与企业所倡导的价值观一致时,就能传播并强化企业文化。④ 因此,领导者会制定与企业文化相匹配的规章制度,并且建立相应的奖惩机制,引导员工遵循制度,将其价值观灌输给员工。

提及自上而下的企业文化形成的案例,不得不说海尔集团。海尔集团的创始人张瑞敏在一开始就倡导以人为中心的企业文化,他认为企业的员工就是企业的主体;企业文化的功能应该是营造一种和谐宽松的氛围,使员工能够最大限度地发挥自己的创造力。海尔集团以人为本的企业文化,铸就了海尔人对企业的向心力和凝聚力,赢得了广大员工对企业的"真心"和"实意"。员工以厂为家的集体主义精神在海尔集团不仅没有萎缩,相反得到了发扬光大。海尔集团把教育和培训作为人力资源开发的主要手段,对员工进行全过程、全员性的教育培训来保持人力资源的质量优势,进而增强企业活力和竞争力,也做到了使用人才和培养人才的统一。海尔集团快速扩张的内在动力也正源于这一融入以人为本的企业文化的人力资源开发与管理。⑤

---

① 杨新华. 企业文化生成与演化机制[J]. 人才资源开发,2004(Z1):21—22.
② SCHEIN, E H. Organizational culture and leadership[M]. San Francisco:Jossey-Bass,1985.
③ HARRISON, J R., CARROLI, G R. Keeping the faith: A model of cultural transmission in formal organizations[J]. *Administrative science quarterly*, 36(4):552—582.
④ 曲庆. 企业文化内部传播的五种机制[J]. 科学学与科学技术管理,2007,28(8):118—120.
⑤ 张帆. 全方位塑造海尔理念[D]. 哈尔滨工程大学,2002.

二、自下而上的生成机制

自下而上的企业文化生成机制是指企业在创立初期,企业创始人或领导者并没有意识到要塑造企业文化或者不清楚建设什么样的企业文化,只是在企业为社会提供产品和服务的过程中,以及企业经营活动过程中,由领导者对员工的奖惩行为和成败事迹等一系列关键事件累积而形成的潜在氛围、做事方式、价值观体系,员工因此自发地形塑自己的行为,从而逐步形成企业的文化氛围。从领导角度来看,企业的创始人并不是强势的领导者,他的观点并没有在影响团队时发挥主导作用,而是团队中的每个人相互影响,最终经过多方博弈后,形成一种企业文化基因。到企业发展进入成熟期,经过总结和凝练才产生了成形的文化。这种自下而上的企业文化生成机制强调的是企业文化源于企业领导者和员工在企业管理实践中的互动和重复博弈,并不是完全排除了领导者的支持。根据阿尔伯特·班杜拉(Albert Bandura)的社会学习理论,企业成员了解和认同企业文化的过程既是一个试错的过程,也是一个观察学习的过程。企业文化的累积生成需要企业内外都具有良好的条件。累积生成的企业文化如果没有企业高层的有效持续推动,企业文化的特点可能不会特别鲜明,也可能具有向下发展的趋势,形成自流文化,企业文化的影响力会大大削弱。①

在自下而上的企业文化形成的案例中,丰田公司就是一个很好的例子。丰田文化,丰田人称之为 Toyota Way,源于 1935 年创始人丰田佐吉(Toyoda Sakichi)订立的五项经营原则,即挑战、持续改善、现地现物、尊重员工、团队合作,是丰田公司在长期经营管理实践中积淀而成、获得一致认同的价值观、理念、准则和做事方式等。它已经成为并将继续成为全球每一个丰田人的标准。②

自上而下和自下而上两种生成机制并不是相互矛盾的。两者可以同时存在于企业之中,这两种机制很大程度上是同时出现的。而企业文化的最终形态,则是这两种机制相互博弈的结果。

三、企业文化的自然演化机制

自然演化是指企业文化在员工的共同劳动过程中逐渐形成和发展变化的过程。企业员工在工作时,可能最初并不知道如何有效率地达成目标,为此他们会进行各种尝试。随着工作时间与工作经验的增加,他们会发现一种较为有效的工作方式,同时也清楚如何在企业中生存。而对于这些方面,企业员工会形成一个共同的价值观;这种共同的价值观伴随着更多的重复工作与工作场所中发生的事,逐渐形成企业文化。企业存续时间越长,这些员工间同质化的价值观将会越来越强。虽然企业员工的流动或工作中的偶然性发现会影响这种同质性,但是一旦新员工加入老团队,通过新员工本人的学习,以及其他员工做事方式对其的影响,这个团队将很快又变得同质化,这就是企业文化自然演化的结果。自然演化是一个企业文化得以形成和

---

① 杨新华. 企业文化生成与演化机制[J]. 人才资源开发,2004(Z1):21—22.
② 邵佩佩,李文晶. 丰田企业文化及对企业管理的启示[J]. 决策与信息,2015(24):129.

延续的主要原因。①

企业文化的自然演化存在两个重大风险：一是自然演化过程极其不稳定，忽快忽慢，可能不适应企业发展的要求；二是自然演化的方向不受控制，可能把企业引向错误的发展方向。②

四、强制演化机制

由于自然演化存在风险，因此在企业文化形成的过程中，领导者有必要使用相应的权力，去扶持、培育、塑造适合企业生存与发展的企业文化。领导者的这一行为就是强制演化。当企业领导者发现他们的理念、行为与环境不相适应时，他们就会致力于自己理念和行为的改变。在这种情况下，企业往往会通过倡导新的企业文化理念、调整公司战略、重新设计组织结构、重组业务流程等来打破企业文化的自然演化进程，强迫改变原有的企业文化，以适应新环境的要求。这一强行改变现有企业文化，以谋求在新的环境中更好地生存与发展的过程，就是强制演化。强制演化是企业文化得以变异与发展的主要原因。③

值得注意的是，这里的自然演化和强制演化与上文中所提到的自上而下和自下而上的企业文化生成机制是有区别的。这里的自然演化和强制演化更强调的是企业文化生成过程中的生成方式，或者是说，这里讨论的并非源头问题。

企业文化的自然演化强调员工的主导作用，它反映了企业员工在组织的分工协作中，通过个体和群体的学习来促进企业文化形成与发展的过程；企业文化的强制演化强调管理层的推动作用，它反映了企业管理层根据外部环境的变化，对企业文化生成机制做出适当调整的过程。这两种机制相辅相成，共同推动了企业文化从一种状态演化到另一种状态。正是由于这两种机制的存在，才使得企业在多变的环境中既能通过自然演化保持一致性，又能通过强制演化实现文化变异以适应环境的改变。④

五、精心设计生成

理论上，企业文化的生成还来自企业创始人的精心设计。在创办企业的同时，创始人便设计好了企业文化的内容维度，包括精神维度、制度维度、行为维度和物质维度。他们在企业开创初期就开始注入经营理念、价值观使命陈述，并在经营过程中，逐步落实企业制度，注意积累成功的故事来塑造与价值观一致的行为，用年会等关键事件来巩固企业的价值观和使命。在企业内外传播中，注意使用企业身份识别系统。例如，南京德锐企业管理咨询有限公司的董事长李祖滨在创办企业之初，就对企业文化进行了细致的设计，率先提出了企业的愿景、使命和价值观体系，并在员工的绩效考核中逐步落实。每年的年会上，他会带领所有合伙人和企业员工一起朗诵使命宣言，对优秀员工进行表彰。

---

① 邢以群，叶王海. 企业文化演化过程及其影响因素探析[J]. 浙江大学学报(人文社会科学版)，2006，36(2)：5—11.
② 王文奎. 企业文化的形成机制与建设方法[J]. 生产力研究，2003(5)：251—252.
③ 邢以群，叶王海. 企业文化演化过程及其影响因素探析[J]. 浙江大学学报(人文社会科学版)，2006，36(2)：5—11.
④ 唐蓉. 基于扎根理论的企业文化动态演化路径及动力传导机制研究——以福建晋江民营企业为例[D]. 厦门大学，2012.

第二节　企业文化生成的影响因素

一、企业文化萌芽期的影响因素

（一）企业领导者思想观念的变化

由于企业领导者拥有决策权，因此，当其思想观念发生变化时，也往往会带来企业文化的改变。企业领导者思想发生改变有两种情况：一种是领导者进行了更换，新任的领导者带来了新的思想，促进了企业文化的转变；另一种是现任领导者的思想观念发生了变化，而其会通过一些途径来确立现有思想观念下的企业文化。例如，中国很多民营企业都带有很浓重的家族特色，企业领导者在宗族文化观念的影响下，一般会祖护自己的亲属，从而形成了偏袒家族的企业文化。但是如果有一天，企业领导者的想法改变，他认为有必要一视同仁，公平对待每一位员工，那么他就会树立公平公正的思想观念，而这一观念的树立会使其对企业的规章制度进行相应的改革，以求公平公正的企业文化的生成。

（二）企业员工能力或需求的变化

共同的价值观是企业文化形成的基础，因此，企业员工的价值观的改变必然会带来企业文化的改变。随着企业的不断发展，员工的能力与需求一般也是不断提高的，这也导致员工的价值观不断地发生改变。例如，员工在刚进入企业时，可能会不习惯于企业的工作环境与企业的文化氛围，他们并不会十分忠于企业，此时员工的需求更多的是从自身的利益出发，同时，缺乏相应能力的员工也会因为挫败感而不热爱企业，此时员工更多地信奉"人人平等"。但随着能力的提升，员工不断收获成就感，企业员工会越来越信奉"能人至上"的企业文化，同时也更加渴望企业给予的挑战性任务。

（三）企业重大事件

企业遇到的重大事件很有可能改变企业的经营环境，使得企业必须重新考虑自己的战略、定位和经营观念等。例如，顾客的流失、企业经营业绩的下降、企业多元化经营的需要等。这些重大事件的发生，会使企业面临许多问题，领导者为了企业的生存与发展，会对企业原来的经营思路和经营行为进行反思，从而导致企业文化发生变化，生成新的企业文化，或者对原有企业文化进行调整。

（四）企业的发展

企业在创立初期，可能就是一个小的团队，在这个团队中，人人都可以接触到领导者，比如马云与他的"十八罗汉"。但随着企业的发展，企业的规模与经营范围会扩大，企业也必须设立相应的组织架构来对企业进行有效的管理，这将导致原来企业内人与人的关系发生变化，人与人之间的行为也会随之发生变化，从而使得企业文化发生相应的变化。同时，企业经营范围的扩大使得企业不得不考虑引进更多的人才，而这些人才可能会带来不同的观念，从而影响企业文化。例如，国内一家企业进驻海外市场后，必然会招募当地的一些员工进行管理，而这些外来的员工与中国本土的员工必然存在十分大的文化观念差异，而这些差异必然会使海外的分公司形成一种有别于本土企业的企业文化。

陈春花等基于文化主体维度，将企业文化生成的影响因素划分成社会、企业和个体三个不同层面，如表 4-1 所示。

表 4-1 企业文化生成的影响因素

主体维度	社会层面	企业层面	个体层面		
空间维度	民族文化	行业文化	领导者文化	特性群体亚文化	其他关键人物（如英雄）事件
	外来文化				
	地域文化	治理结构文化			
	宗教文化				
时间维度	文化传统	企业传统			

资料来源：陈春花，乐国林，李洁芳，等.企业文化[M].3 版.北京：机械工业出版社，2018.

二、企业文化的初步植入与深植机制

沙因认为企业创始人借助初级植入机制和次级勾勒与增强机制来传递和深植文化。初级植入机制创造出的团体氛围可视为企业文化的雏形，当次级勾勒与增强机制同初级植入机制一致时，企业文化的框架和内容就形成了，如表 4-2 所示。

表 4-2 企业文化的初步植入与深植机制

初级植入机制	次级勾勒与增强机制
领导者平时注意的、测量的、控制的是什么	组织设计及结构
领导者对关键事件及危机的反应方式如何	组织系统及程序
领导者分配资源所依循的标准	组织的典礼、仪式
细巧角色示范、教导及训练	空间、外观及建筑物之设计
领导者配置奖酬及地位所依循的标准	有关人物、事件的故事，传统，神话
领导者招募、甄选、拔擢、退休及调职所依循的标准	组织哲学、价值观及章程的正式陈述

资料来源：沙因.组织文化与领导[M].陈千玉，译.台北：五南图书出版公司，1996.

第三节 企业文化各内容维度的生成机制

一、精神维度的生成与注入

（一）理念及价值观

理念，即人类用自己的语言形式所归纳或者总结的对某种事物的观点、思想和信念。所谓的企业价值观实际上就是企业的信念，它是在企业确定发展方向后通过长期的奋斗在实践经验中慢慢形成的，并定义了企业员工的工作方向、行为方式和核心价值取向。企业文化的生成得益于企业理念及价值观的注入。[①]

无论该理念及价值观是源自最初的企业创始人，还是源自员工在日常工作中的累积，企业文化的基础就是共有的理念及价值观。如果没有形成同质化的理念及价值观，那么这个团体很有可能面临分裂的风险。

---

① 胡颢.华为企业文化建设研究[D].海南大学，2015.

(二) 注入方式

1. 企业创始人或领导者价值观的传递

企业的创始人或领导者的价值观很容易在一开始就为企业文化奠定基础,尤其是当企业的创始人或领导者比较强势时,其价值观更容易传递给企业员工,同时他们会更加强烈地反对那些他们认定的不合时宜的企业文化。

2. 企业愿景的传递

企业在创立之初,一般会确认企业愿景。企业愿景是企业关于未来发展描绘的一个蓝图。由于企业愿景会通过一定的文件固定下来,这样企业员工对此都会比较熟悉,同时也会慢慢接受企业愿景背后所传递的企业文化。等到企业员工普遍接受企业愿景时,企业理念及价值观也就注入完成了。

3. 典型人物或事迹的传递

典型人物或事迹能够起到榜样的作用,使企业员工明白企业所认可的价值观是什么。同时,典型人物或事迹本身所蕴含的理念也会感染企业员工,使他们慢慢接受典型人物或事迹背后的企业文化理念。这样,企业理念及价值观的注入就完成了。

(三) 精神文化

企业的精神文化,是用以指导企业开展生产经营活动的各种行为规范、群体意识和价值观,是以企业精神为核心的价值体系。[①] 企业的精神文化是企业的核心价值观。企业精神是企业广大员工在长期的生产经营活动中逐步形成的,并经过企业家有意识地概括、总结、提炼而得到确立的思想成果和精神力量;它是企业优良传统的结晶,是维系企业生存发展的精神支柱。[②] 企业精神就是赋予企业人格化的特征,它由企业的传统、经历、文化和企业领导者的管理哲学共同孕育,集中体现了一家企业独特的、鲜明的经营思想和个性风格,反映了企业的信念和追求,也是企业群体意识的集中体现。[③] 企业精神将全体员工凝聚在一起,使他们劲往一处使,共同实现企业的目标。总之,企业精神是一家企业最宝贵的竞争力优势和不可替代的精神财富。

二、制度维度的生成

(一) 企业制度

制度专指通过文字约束的形式来限制和规范企业员工各种行为的规范。企业制度由两部分组成,一部分为物的形式,一部分为企业价值观的体现,并且以强制执行的方式对企业员工进行约束。[④] 制度可以从宏观、中观和微观三个层次进行理解:宏观上作为社会体系的制度;中观上作为社会器官的制度,是一种社会架构;微观上作为游戏规则的制度。企业活动内部或者直接相关的制度,主要涉及微观和中观两个层次。在微观层次中,道格拉斯·诺斯(Douglass North),作为美国新制度经济学派的代表人物之一,他认为制度是一个社会的游戏规则,制度通过向人们提供一个日常生活的结构来减少不确定性。

[①] 杨海巍,邹莹. 试论企业文化的形成机制与建设[J]. 价值工程,2006(7):120—123.
[②] 黎群. 试论企业文化的形成机制与建设[J]. 北方交通大学学报,2001(5):64—68.
[③] 同上.
[④] 胡颢. 华为企业文化建设研究[D]. 海南大学,2015.

那么，企业文化为什么要进行制度化呢？一方面在于企业文化本身的特点。如果理念及价值观不加以规范，可能会导致领导者所倡导的价值观不能成为企业员工共有的价值观，也就无法形成适合企业的文化，最终使企业文化成为自流文化。另一方面在于制度的本性。制度具有约束性，更重要的是，制度具有普遍性。它能使企业中的大部分员工去遵守并接纳企业制度背后所蕴藏的企业文化。这将有助于企业员工形成共有的价值观，从而保障企业文化的特定形成方向。

(二) 企业制度的形成过程

首先，企业在制定相关制度时，这些制度必须与企业文化的精神相契合，不能在制度层面出现违反企业核心精神的规定。如果存在违反企业核心精神的制度，那么企业领导层应该将这些制度去除，保留和发展与企业核心精神相契合的制度。否则这些制度的执行不仅会让员工觉得企业虚伪，而且会形成对企业生存与发展不利的企业文化。

其次，企业制度的执行必须落实到位。制度的执行都是由人来完成的，而这就给予了执行人很大的灵活执行的空间。因此，企业领导层要统一好制度的执行，不能出现制度以外区别对待的情况，要让制度的执行牢牢扣住企业的核心精神。如果出现制度执行偏离的情况，企业高层应该及时制止，并且公布制度在执行时所依据的标准。

再次，企业要将相关活动制度化。企业需要将企业领导者带头示范、培养榜样和开展相关活动等制度化，通过具有明文规定的制度，保障企业稳定的制度形成路径。同时，保障企业活动的规范化、常规化，从而保证企业文化的牢固。

最后，要建立常态化的督查机制。为了保障企业的制度在执行过程中不会出现太大的偏差，企业需要建立常态化的督查机制，使得企业的领导层能够知道偏差的发生，并及时采取纠偏措施。这样，制度所保护的被企业认可的企业文化才能确保被员工正确地接受。同时，这种督查机制的建立，需要企业领导者向企业员工充分说明，以此来获得企业员工的支持。

(三) 制度文化

企业制度文化，又称企业文化的制度层，是指企业根据其核心价值观制定一套企业制度，并内化为员工自我认同、外化为自律行为的一种文化状态，具体表现为制度在企业中的执行情况和员工认同程度。

一方面，企业制度文化与企业制度相互区别。企业制度文化的实质就是在企业制度的制定和落实等各个环节中体现企业和员工的共同愿景，以使广大员工的自主性和创造性得到充分发挥。另一方面，企业制度文化与企业制度又相互联系。企业制度的制定与被认同是企业制度文化形成的条件之一，企业制度是企业制度文化的物质基础。而企业制度文化是企业制度落实与完善的主要动力，企业制度文化将企业制度与企业精神有机结合，促使对企业和员工都有利的行为规范或制度的形成。

三、行为维度的塑造

(一) 组织行为与行为文化

组织行为是指组织本身或者组织的个体、群体对内源性或外源性的刺激所做出的反应。组织行为是一种重要的组织现象，组织研究学者越来越重视对于这种现象的研究。在企业文化的发展过程中，组织行为塑造也会产生行为文化。从理论上看，企业行为文化是指企业员工在生产科研、经营管理、学习娱乐中产生的活动文化，它包括企业经营、教育宣传、人际关系活动、文娱体育活动中产生的各种文化现象,是企业经营作风、精神面貌、人际关系的动态体现,也是企业精神、企业价值观的有效折射。[①]

(二)组织行为的塑造[②]

伯尔赫斯·斯金纳(Burrhus Skinner)认为人或动物会根据周围环境采取适当的行动去达到某种目的,如果这种行为的后果对其有利,这种行为就会在以后重复出现;否则,这种行为就会逐渐减少甚至消失。因而,人们可以用这种正强化或负强化的办法来影响行为的后果,以不断完善和修正其行为。所谓强化,从其最基础的形式来讲,是指对一种行为的肯定或否定的后果(报酬或惩罚),它至少在一定程度上会决定这种行为在今后是否会重复发生。斯金纳根据强化的性质和目的,把强化分为正强化、负强化和自然消退。

1. 正强化

从管理的角度出发,正强化指的是奖励那些组织需要的行为,从而加强这种行为。正强化的方法包括奖金、对成绩的认可、表扬、改善工作条件和人际关系、提拔、安排挑战性的工作、给予学习和成长的机会等。

2. 负强化

负强化指的是预期增加或者已经增加了积极行为,为了巩固那些已经增加的积极行为,撤销原来那些惩罚或者与组织不相容的行为所带来的痛苦。负强化的方法包括撤销批评、处分、降级和恢复减少的奖金等。但凡能够削弱行为或降低反应频率的刺激或事件叫作惩罚。负强化不同于惩罚的概念,正强化与负强化都有加强行为的效用,惩罚是制止某种不当行为,这是惩罚与负强化的主要区别。

3. 自然消退

自然消退又称衰减,是指对原先可接受的某种行为强化的撤销。如果在一定时间内不予以强化,此行为就会自然减少并逐渐消退。例如,企业曾对员工加班加点完成生产定额给予奖励,后经研究认为这样不利于员工的身体健康和企业的长远利益,因此不再发放奖励,这样一来加班加点的员工将逐渐减少。

四、物质维度的生成

(一)物质表象

企业物质表象所蕴含的企业文化是通过生产资料、产品和服务、企业名称和企业象征物来体现的。

1. 生产资料

物质文化载体中的生产资料包括建筑物、机械工具、设备设施、原料燃料等。这些都是给企业带来直接生产力的实体,是企业进行生产经营活动的物质基础,标志着人类文明进化的程度,是社会进步程度的指示器。

2. 产品和服务

企业生产的产品和提供的服务是企业生产的经营成果。它代表着企业物质文化的首要内

[①] 龙继祥. 浅谈企业行为文化建设的作用与意义[J]. 中国科技纵横,2011(14):176—177.
[②] 钟力平. 斯金纳的强化理论及其应用[J]. 企业改革与管理,2008(2):70—71.

容。企业文化范畴中包括的产品文化可以被划分为三层内容:一是产品的整体形象,二是产品的质量文化,三是产品设计中的文化因素。

3. 企业名称和企业象征物

企业名称和企业象征物都是企业文化的可视性象征之一,彰显企业的文化个性。企业名称和企业象征物还作为一种文化、智慧、进步的结晶奉献给社会,以显示企业的文化风格。

(二) 物质文化

企业文化作为社会文化的一个子系统,其显著特点是以物质为载体,物质文化是其外部表现形式。优秀的企业文化是通过重视产品的开发、服务的质量、产品的信誉和企业生产环境、生活环境、文化设施等物质现象来体现的。企业文化不仅体现在产品服务及技术进步这些物质载体上,还通过厂区建设,包括生产环境的改造、生活设施、文化设施等多方面来体现企业的物质文化。[1]

1. 生产环境的改造

生产环境的好坏直接影响员工的情绪与心理。企业如果绿化好、厂容美、环境清洁整齐,不仅可以增强员工的自豪感和凝聚力,而且有利于提高员工的工作效率。因此,优秀的企业特别注重为员工创造优美的工作环境,并把它作为企业文化建设的重要内容,作为调动员工积极性的重要手段。

2. 文化设施建设

人有多种需要,不仅有物质需要,还有精神需要。在物质生活水平不断提高的今天,人们对精神需要的追求愈加强烈,求知、求美、求乐等心理迅速发展,构成企业文化建设中不可忽略的课题。建立和完善企业的文化设施,积极开展健康有益的文体活动,是许多优秀企业的重要物质文化内容。

第四节 并购企业的企业文化生成机制

企业并购是企业之间兼并和收购的统称,通常是指占优企业通过合法手段取得其他独立经营企业的所有权或控制权的一种手段。并购的目的一般有扩大经营规模、提高市场份额、提升行业地位等,但同时也面临金融风险、经营风险、管理风险等众多考验。[2] 企业并购中的企业文化生成机制与我们上文中讨论的是不同的。在上文中,企业文化的生成无论是自上而下,还是自下而上;无论是自然演化,还是强制演化,它们都是发生在同一家企业之中。在企业并购的情况下,企业将面对的是两种已经形成的文化进行融合的问题。这势必会带来一些与企业自身形成文化时不一样的问题,即企业的并购可能会带来企业文化的冲突。

一、企业文化冲突及类型

所谓文化冲突,是指不同文化因性质、特征、功能和力量释放过程等方面的差异而引起的相互冲撞和对抗的状态。企业文化冲突是企业文化发展过程中,不同特质的企业文化在相互接触、交流时产生的撞击、对抗和竞争。

---

[1] 胡颢. 华为企业文化建设研究[D]. 海南大学, 2015.
[2] 范征. 并购企业文化整合的过程、类型与方法[J]. 中国软科学, 2000(8):91—95.

(一)企业并购中文化冲突的表现

1. 思想观念的冲突

由于企业管理人员处在不同的企业文化环境中,对于对方的文化并不是很了解,因此会出现一味推崇自己企业的文化的情况,以展示优越感。

2. 企业形象的冲突

人们一开始总是关注两家并购企业领导者的不同之处,诸如他们的风格、品行、声誉等,甚至连最细微的差异也会引起人们的注意。

3. 经营方式的冲突

经营方式的冲突表现为双方的企业文化总是被贬低为不可取。"我们"高人一等,"他们"总是低人一等。美国航空公司对收购来的皮埃蒙特(Piedmont)和太平洋西南航空(PSA)公司不仅有一种居高临下的态度,还要求被收购的公司"完全照搬"母公司的政策、工作程序,而不是寻求各自的最佳工作方式。此举引起了被收购公司员工的强烈不满,对收购予以抵制。最终,美国航空公司不得不放弃了对这两家企业的收购。

(二)企业文化冲突的类型

1. 企业旧文化与新文化的冲突

企业旧文化与新文化的冲突是指企业的新思想、新观念与传统的思想和观念的冲突。例如,民营制造企业越来越多地引入现代管理思想,由此形成的新企业文化与原有的企业文化发生冲突,尤为明显的就是部分大学应届毕业生所持有的公平公正思想文化与民营企业袒护自己人的思想文化的冲突。

2. 企业主文化与亚文化的冲突

企业主文化与亚文化的冲突是指企业居于核心地位的、正统的文化与企业处于非核心地位的、非正统的文化之间的冲突,以及企业整体文化与企业亚文化的冲突。

3. 群体文化与个体文化的冲突

良好的或健全的企业文化总是一种使企业群体行为与企业个体行为、企业群体意识与企业个体意识、企业群体道德与企业个体道德大体上保持和谐一致的企业文化。但这不等于说优秀的企业文化从未有过企业群体与企业个体的冲突,也不等于说它们总是能够轻而易举地解决这两者间的冲突。

二、企业文化冲突的影响因素

(一)外部环境因素

企业是社会中的一部分,社会的变化会直接影响到企业的文化。"一方水土养一方人",每家企业的文化都会带有本地区、本民族与本国家的特色。就好比,即使同处于东方,日本的"菊与刀"的文化就与中国的儒家文化有着本质的区别。甚至,就算是在中国,北方的文化与南方的文化也有所区别。而这些区别就形成了企业独具特色的企业文化,同时也埋下了冲突的诱因。

(二)企业内部因素

世界上没有完全相同的企业组织,就像世界上没有完全相同的两片树叶一样。企业在各自的发展过程中会形成特有的组织架构,包括管理机制、行政结构、人事制度等。并购后不同企业的管理方式会引发双方企业员工的冲突。对于并购企业来说,并购的优越性和主导性,会促使其将管理机制强加于被并购企业,这不仅造成了被并购企业的强烈不满,也限制了更为优秀的管理机制的出现。作为被并购企业,之前的管理方式、组织架构被否定,但由于行为的惯性依然会采取之前的管理方式,这样也会导致双方的相互抱怨;如果这种负面情绪处理不当,就会引发激烈的文化冲突。[1]

三、企业文化整合

米歇尔·马克思(Mitchell Marks)和菲利普·莫维斯(Philip Mirvis)提出企业文化冲突一般会经历四个发展阶段:感知差异、放大差异、刻板印象、压制。[2] 卡尔维罗·奥伯格(Kalvero Oberg)认为文化冲突通常也要经历四个阶段:蜜月阶段、冲突阶段、适应阶段、稳定阶段。接下来,我们将阐述三种企业文化整合类型。

(一)吸收型

吸收型文化整合是一种被并购企业被并购企业完全吸收并融入对方文化的合并。这种形式的企业文化整合,将会使企业文化发生文化同化。强大的并购企业将自己的文化烙印在了被并购企业的身上。同化并不一定要采取公开的文化征服,有时潜移默化也能收到同样的效果。

(二)保留型

保留型文化整合是指两家企业在基础购并的同时仍可以比较独立地运作。其目的是维持已有子公司的自治与独立。这种模式在那些鼓励其业务经营单位发展多元化经营时尤为典型。成功的保留型文化整合的实现前提是,必须限制来自母公司的干涉,保护子公司的"边界"。这种形式的企业文化整合,将会使企业文化产生文化多样性。企业中新接纳的企业文化能够与现有的企业文化很好地并存,形成了多样性的企业文化。

(三)融合型

融合型文化整合是指并购企业和被并购企业都在收购者的意愿下进行最基本的改革。两者之间的协调并不在于重新确定事业领域,而在于重塑一家企业。这是所有企业组织形式中最高层次的文化整合,并且需要极大的投资及有创造力的管理方法。文化融合涉及两家企业相互一体化的进程,需要双方互动地做出一体化的决定,这通常会让双方得利,同时也要求双方做出一定的妥协或牺牲。在这样的情况下,两家企业的文化发生了融合,共同转化成了不同于两家企业原有文化的新的企业文化。

本 章 小 结

本章介绍了企业文化生成的五种机制和方式,包括自上而下、自下而上、自然演化、强制演

---

[1] 郭凤钧.企业并购中的文化冲突问题研究[D].中央民族大学,2013.
[2] MARKS M L., MIRVIS P H. Rebuilding after the merger: Dealing with survivor sickness[J]. *Organizational dynamics*,1992,21(2):18—32.

化和设计产生。同时,还介绍了企业文化生成的影响因素以及各内容维度的生成机制。最后简单阐述了企业并购后的企业文化的冲突类型、表现及企业文化整合类型。

【复习思考题】

1. 自上而下与自下而上的企业文化生成机制的本质区别在哪里?
2. 强制演化一定优于自然演化吗?请说明理由。
3. 试论述企业文化的生成过程。
4. 企业并购后的企业文化是怎么整合的?请分情况论述。

案例分析

德锐咨询的企业文化设计实践

南京德锐企业管理咨询有限公司(以下简称德锐)成立于2012年,是一家专注于人力资源管理领域,提供管理咨询、管理培训以及人才测评服务的管理咨询企业。公司自成立以来,连续七年销售额增幅保持在20%以上,并于2017年成为江苏省最大的人力资源管理咨询公司,可谓管理咨询界的一匹黑马。德锐之所以能实现如此快速卓越的发展,是因为其以特种兵精神为核心的企业文化,聚集了一批高质量的人才。德锐创始人李祖滨是南京大学毕业的MBA,他在创办德锐初期就着手设计其企业文化。在具体构建企业文化的过程中,李祖滨抓住了以下关键要素:

第一,凝练德锐的愿景与使命。想要成为基业长青的企业,从优秀迈向卓越,需要设立胆大的目标,同时也必须拥有利润之上的追求。企业存在的目的不只是竞争和盈利,还有追逐梦想。李祖滨认为,要把德锐打造成为卓越的企业,首先必须回答好以下问题:"企业所追逐的是什么?""企业要在什么领域成为世界上最优秀的?""什么是驱动企业发展的引擎?"由此,德锐得以凝练出自己的愿景与使命。其愿景是成为最具影响力的人力资源管理咨询企业,使命是把中国的人力资源管理提升到世界领先水平。在愿景与使命的感召下,德锐用务实的理想主义克服一道道阻碍,实现了业务的持续增长。

第二,界定德锐的企业价值观。为了成为人力资源管理咨询行业中的翘楚,德锐将真诚、专业、高效、共赢作为核心价值观,不断在专业上铸就优势,做精、做细、做强,成为人力资源管理咨询行业的长跑者。在德锐,每位员工都是全能型的,能有效面对各种管理问题的挑战。他们凭借深刻、敏锐的洞察分析能力,干练、精悍的实战经验,以及真诚、执着的服务精神,为企业破解难题、创造价值。在核心价值观的基础上,经过全员研讨,德锐列出了面向全体员工的提倡行为和反对行为清单,用切实可行的组织行为来描述、落实文化。比如,为了体现价值观中的专业理念,德锐在反对行为清单中明确列出"反对着装不职业""反对在汇报的前一刻仓促完成项目方案""反对内部未通过就仓促向客户汇报";在提倡行为清单中则列示了"去客户现场办公""第一时间回应客户疑问""为客户省钱"。此外,每月的交流会上,德锐设计了员工讲故事环节,每位员工都有机会分享身边同事的英雄行为与故事。先公后私、团队协作、专业高效、客户至上的行为是德锐提倡的英雄行为,也是交流会上的主题故事。

第三,设计德锐管理制度。德锐纪律严明的企业文化中也含有高激励元素,具体体现为有成长感的职位等级、345薪酬方案、合伙人计划等。此外,德锐还制定了愿景宣言,有自己的口号、标语、歌曲和故事。每次年终会议上,全体员工都要宣读愿景宣言。当员工晋升为合伙人时,要进行合伙人宣誓仪式。

第四,讲好德锐特种兵故事。每次年终会议上,德锐都会总结并宣讲本年度感动德锐的特种兵故事。德锐的特种兵精神内核为视工作如生命,时时刻刻都保持激情满满的工作状态。在德锐,李锐就是特种兵精神的绝佳诠释者,她是德锐最年轻的合伙人,一直以极高的专业素养和极强的拼搏精神为客户提供优质的咨询服务,致力于交出令客户满意的咨询方案。

资料来源:作者根据相关资料自行整理。

第五章　企业文化的功能与作用

【学习目标】

- 掌握企业文化的内部整合功能
- 掌握企业文化的外部适应功能
- 掌握企业文化的正向功能和负向功能

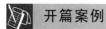
开篇案例

带不走的香格里拉酒店文化

香格里拉酒店被誉为华人企业的典范。曾经有一家酒店以高薪聘请了几位香格里拉酒店的高级管理人员,希望他们能运用之前的任职经验提高酒店的管理和服务水平。但几年过去后,酒店的经营并没有多大起色。为什么同样的人不能发挥同样的作用呢?原因在于,香格里拉酒店的经营管理经过长期锤炼已经磨合成为一个统一的整体,形成了强大的凝聚力。

这种经过长时期磨合而形成的凝聚力不是任何个人所能带走的。离开香格里拉酒店的人能带走的只是一些制度、方法等程序化的东西,但他们永远带不走香格里拉酒店的文化氛围,而一旦离开了这种具有凝聚力的文化氛围,这些制度、方法等程式化的东西也就失去了整合的作用。不仅如此,这种凝聚功能还表现在人才的网罗和聚集上。越来越多的跨国企业将发展重心移向中国,并迅速实现企业人才本地化,这一过程中,"最重要的不是金钱,而是企业文化"。如果单纯以金钱报酬为激励手段,只会造成员工没有归属感,为追求高薪酬而频繁跳槽。因此,企业不敢投资于员工的教育、培训。长此以往,形成高薪酬—高跳槽率的恶性循环,造成人才频频流失。同时,员工为了追求高薪酬而相互明争暗斗,导致员工之间关系不和谐,这对人才成长和企业发展都会造成消极影响。因此,企业应创造一个适宜于员工成长的企业文化以及相对灵活的工作环境,使员工有强烈的归属感,不仅给员工提供现有工作领域的培训,而且给予员工发展的机会,这样的企业才有可能在现代竞争激烈的环境中生存发展下去。

资料来源:作者根据相关资料整理。

企业文化是现代企业生存和成长的重要驱动因素,也是驱动企业可持续发展的核心竞争力之一,是企业的内生动力。在激烈残酷的市场竞争环境下,企业为了生存、成长和可持续发展采取了各种战略,如采用高于劳动力市场平均薪酬的战略性薪酬政策,吸引外部人才,留住现有员工。也有的企业采取严格的精益化生产方式、管理制度,购置了精良的设备,同时拥有充裕的资本,但是,最终企业绩效不佳,难以实现基业长青。根据马斯洛需求层次理论,人们在满足基本的生理需求之后,会追求安全、情感和归属、尊重和自我实现等需求的满足,高薪酬只能够留员工一时。大量的管理实践表明,企业想留住人心,不能只依靠诱人的薪酬、先进的生产设施、刚性的精益生产管理,还要构建优秀的企业文化。例如,日本著名企业家稻盛和夫用"敬天爱人"的经营哲学为企业注入愿景和核心价值观,并据此鼓舞员工,帮助员工实现自我价值,从而推动企业不断进步。他将此经营哲学运用到京都陶瓷、日本电报电话公司(NTT)的经营管理中,助力两家公司进入世界500强,并在80岁的高龄挽救了已经进入破产清算的日本航空公司。企业文化隐含在组织成员的潜意识之中,内化为一种自发的力量。它根植于企业内部情境,无法移植,且发挥着内部整合与外部适应的功能和作用。

第一节　企业文化的内部整合功能

内部整合功能是指企业文化在其文化共同体内部的文化功能,是企业文化的基本功能和主要功能,具体包括导向、凝聚、规范和激励。

一、导向功能

企业文化的导向功能是指它对企业整体及企业成员个体思想、行为的方向,所起的诱导和鉴定的作用。[①] 企业文化体现了企业内部人员共同的价值观、追求和利益,它能够对企业整体和每个成员的思想习惯和行为模式起到导向作用,使之能够符合企业的愿景、使命。企业文化中所包含的企业价值观和目标承载了企业在过去的经营管理中积累的经验和教训,能够为企业未来的发展和努力起到导向作用。

第一,确定企业的发展目标。实现企业的可持续发展,首先需要树立正确的目标和方向,确定企业发展目标的意义就在于指明企业发展的方向,并激发全体成员为之奋斗。一旦企业的发展目标和方向不正确,企业再努力也无法达成既定的目标。企业发展目标既能够让员工的思想习惯和行为模式达成一致,又能激发员工的责任心和积极进取的心态。惠普公司在成立仅半个世纪之后就成为世界十大信息企业之一,其一贯坚持的价值观是:企业发展资金以自筹为主,提倡改革与创新,强调集体协作精神,在此基础上,形成了"惠普模式"的企业文化——更加注重顾客、股东、公司员工的利益要求,重视领导才能及其他各种能激发惠普创造创新的因素。在"更高、更好"的企业文化推动下,惠普公司在20世纪90年代取得了空前的发展成果,时至今日,惠普公司依然是高科技行业的佼佼者。惠普公司的发展说明了企业文化的强大推动力。

第二,明确企业的价值取向。企业文化体系的形成意味着企业建立起了自身的价值系统和规范标准。当企业成员的价值取向、行为规范与企业文化体系相背离时,企业文化就会发挥自身的纠偏功能,使之回到企业文化规定的价值取向上来。管理理念好比是房子的地基,而流程是墙,运行层面是屋顶。企业的竞争最终是文化的竞争,这和造房子一样,没有牢固的地基,房子最终是要倒塌的。

第三,跟踪、引导员工的行为。企业文化管理模式主张把代表企业精神的企业价值观和崇高目标转化为具体的依据和准绳,使员工能够随时参照,并据此进行自我控制,使自己在企业

---

① 王水嫩.企业文化理论与实务[M].2版.北京:北京大学出版社,2015.

的生产经营活动中不致脱离企业的总体目标,与企业共同进步。通用汽车公司一度是美国最大的汽车制造供应商,但是在20世纪70年代,公司发生了严重的质量事故,装配线上的汽车出现了异乎寻常的不合格率,而且管理部门发现许多问题是一般汽车装配生产中不应出现的质量缺陷。当时通用汽车公司为了提高质量和劳动生产率,对汽车生产装配技术操作加强控制,制订和实施了装配改革计划,管理部门一度认为是这个计划的实施导致乱象丛生。但是,经过一系列的调查访谈之后,通用汽车公司解决了生产危机,并着手开展企业文化建设,确保在以后的生产活动中员工能够理解公司的计划安排,使个人目标统一于企业目标,从而实现共同发展。

二、凝聚功能

企业文化的凝聚功能是指当企业的价值观被企业员工一致认同后,它就会形成一种精神黏合力,从各个方面将其成员聚合起来,从而产生一种巨大的向心力和凝聚力。[①] 企业是由许多独立的个体组成的,每个人都有自己的思维方式、行为习惯和价值准则,如果不能把每个人的行为统一起来,企业内部就会是一盘散沙,无法持久发展。只有当个人价值观和企业价值观融为一体时,企业成员才会感觉到自己不仅仅是为了企业工作,更重要的是实现自身价值。这种员工与企业的和谐一致,需要靠企业文化的引导,使各种价值观凝聚为一个整体,形成价值观共识,为企业发展提供强大的精神动力。

企业凝聚力是指企业员工围绕经营目标的实现所愿意付诸行动的力量,是一种合力;它是由企业管理、企业环境、企业效益、企业精神、企业文化等各种因素合成的一种向心情感,是黏合剂,是磁场,是企业方方面面的工作和谐统一的结果,表现为员工对企业的经营目标和企业管理者的认同程度。企业凝聚力包括以下几个因素:员工对管理者工作的满意程度,员工对企业的认可度,企业对员工的认可度,员工间和谐程度,员工的工作态度即主动性、积极性、创造性发挥程度等。企业凝聚力是企业文化建设的重要组成部分,是企业发展的重要基础。企业凝聚力的高低,决定着员工的精神状态及员工工作的主动性、积极性、创造性,从而直接影响到他们能否很好地配合及高效率工作,进而影响到企业目标的实现。

影响企业凝聚力的因素是多种多样的。孟子曰:"天时不如地利,地利不如人和。"(《孟子·公孙丑下》)"人和"是企业能够取得成功的重要因素,也是企业凝聚力的重要来源。而优秀的企业文化能以强大的凝聚力、向心力,使企业成为一个协同统一、一致行动的整体。

第一,亲密情感凝聚。企业文化高度成熟的企业特别重视企业内部的情感投资,不断满足企业员工的情感需求,加强企业对员工的吸引力以及企业内部人际关系的吸引力。优秀的企业文化可以创造出良好的氛围,使员工对企业产生向心力和归属感,将精神寄托于企业,行动忠实于企业,把个人命运与企业命运紧密结合起来。基业长青企业的强大生命力也来自员工对企业的认可和贡献,他们为企业不遗余力地奉献,始终将自己视为企业忠实的一分子。

第二,价值观共识。企业文化为企业内部员工提供统一的行为规范与准则,建立起在企业价值观基础上的行为模式,从而把员工的行为吸引到实现企业目标的轨道上来。当一种价值观被企业员工共同认可后,它就会成为一种黏合剂,从各个方面将企业员工聚合起来,使之朝着统一的方向前进。企业文化以人为本,尊重人的感情,从而在企业中营造了一种团结友爱、

---

① 王水嫩.企业文化理论与实务[M].2版.北京:北京大学出版社,2015.

相互信任的和睦气氛,强化了团体意识,使企业员工之间形成了强大的凝聚力和向心力。共同的价值观形成了共同的目标和理想,员工把企业视为一个命运共同体,把本职工作看作实现共同目标的重要组成部分,企业内部步调一致,整齐划一。

第三,利益依存。企业最根本的目的是实现利益最大化,获得足够的发展资源。例如,企业为员工提供工作场所和劳动薪酬,满足其最基本的生理和生活需求。优秀的企业文化则能够满足员工的心理和安全需求。在多方面需求得以满足的情况之下,员工在为企业创造收益的同时,也获得了信任和尊重,从而进一步发挥潜能,不断努力实现自我价值。

企业文化的凝聚力可分为三个层次:首先是人际关系的情感联系层次,表现为情感关系;其次是人际关系的价值取向层次,它使企业成员互动关系建立在情感联系层次的基础之上,而且以价值取向为共同的活动基础,价值取向的一致性强化了企业内部的人际关系、增强了企业凝聚力;最后是目标内化层次,企业的目标被内化为个人的目标,内部凝聚力由此达到极强状态。从情感的相互适用到价值观的一致认同,再到企业目标内化为个人目标,这是建立共识的过程,也是企业凝聚力由弱变强的过程。企业文化通过亲密情感凝聚、价值观共识与利益依存来强化企业的凝聚力。[①]

三、规范功能

企业文化对企业员工的思想、心理和行为具有约束与规范作用,这一过程主要通过完善管理制度和道德规范来实现。企业文化的规范功能表现为企业文化企业员工的行为具有约束作用。从这个意义上来说,规范功能又称约束功能。企业文化的规范不仅有制度式的刚性规范,还有一种柔性规范,后者来源于企业的企业文化氛围、群体行为准则和道德规范。群体意识、社会舆论、共同的习俗和风尚等精神文化内容,会导致个体产生从众化的心理压力和动力,使企业成员产生心理共鸣,继而达到行为的自我控制。

第一,刚性规范。企业规章制度的规范作用最为明显。在企业文化的引导和约束下,员工能够自觉意识到什么事情可以做,什么事情不可以做;什么事情应该提倡,什么事情不应该提倡。管理者可以通过表扬、加薪、升职、惩罚、警告等措施规范员工的行为,以保证企业的健康发展。规章制度的刚性约束,并不是为了压制员工的积极性和打击员工的创造性,而是为了确保企业能够为员工创造良好的工作环境。

第二,柔性规范。企业内部的道德、价值观、风气等构成企业的柔性规范。在日本的企业中,越是年轻、资历浅的员工越要提前到达公司,把一些杂物整理好,对待年长、资历深的员工要特别尊重,并树立以下认知:自己初来公司就可以领到薪水是托了前辈们的福。对于这一切,公司并没有明文规定,但是员工心知肚明且必须要遵守,这些都是在长期工作中形成的规范,并为大家所接受和认可。企业柔性规范形成的自我管理机制很大程度上能够弥补单纯刚性规范带来的不足和偏颇。毕竟再完善、再科学的管理制度也是有缺陷的,唯有将刚性规范和柔性规范相结合,才能使企业臻于完善。

四、激励功能

从个体角度来讲,激励功能是指企业文化能激发员工的动机与潜能,使企业成员从内心产

---

① 王永嫩.企业文化理论与实务[M].2 版.北京:北京大学出版社,2015.

生一种高昂情绪和奋发进取的精神。① 现代企业文化管理理论认为,人的行为不仅取决于个体的心理与需求,而且取决于其所在组织的心理与需求,取决于其所在群体的文化因素。② 企业文化具有使企业成员从内心产生一种高昂情绪和奋发进取精神的效应。共同的价值观使每个员工都感到自己存在和行为的价值,自我价值的实现是对人的最高精神需求的一种满足,这种满足必将形成强大的激励。在以人为本的企业文化氛围中,领导者与员工、员工与员工之间互相关心,互相支持。当领导者对员工给予关心时,员工会感到被尊重,由此会振奋精神,努力工作。另外,企业精神和企业形象对企业员工具有极大的鼓舞作用,特别是当企业文化建设取得成功,并在社会上产生较大影响时,企业员工会产生强烈的荣誉感和自豪感,为此他们会加倍努力,用自己的实际行动去维护企业的荣誉和形象。

第一,物质激励。物质激励是企业内部激励的基本方式,主要包括为满足员工的需求发放一定数量的工资、福利、奖金等,以达到调动员工积极性的目的。物质需求是人类生存的基础。企业应该根据员工的具体情况,满足员工的合理物质需求。

第二,精神激励。企业文化的核心是树立共同价值观,在这种企业价值观指导下发生的一切行为,都是企业所期望的行为。员工达到了企业的要求,完成了上级交代的任务,企业在满足其物质需求的同时,崇高的价值观还带给员工精神上的满足感、成就感和荣誉感,使企业成员的精神需求得以满足,从而产生深刻持久的激励。

从行为的强化效果来看,企业文化的激励可以划分为正激励与负激励。前者是指通过奖励、表扬等形式鼓励某种行为,以达到强化这种行为的目的;后者是通过限制某种行为,抑或通过惩罚某种行为,以达到消除这种行为的目的。从激励作用于员工的内在机理来看,企业文化的激励可以划分为内激励与外激励,前者是源于员工的内心,由内在报酬即工作任务本身的刺激而引发的,即所谓的乐在其中;外激励是由外在报酬即外界的因素所引发的,如员工的贡献得到及时的肯定、赞赏和奖励,从而使员工产生极大的满足感和荣誉感。一般来看,优秀的企业文化都具有良好的激励功能。

从人力资源管理角度来讲,企业文化对人力资源管理具有激励和推动的作用,能够使企业人力资源管理产生"正相关"的自我调节机制,使企业人力资源管理得到进一步优化。③ 目前,学者们都非常关注协调企业文化与人力资源管理的关系,这种关系主要集中在企业文化如何影响人力资源激励机制,以及人力资源激励机制如何影响企业文化两个方面。有的学者认为企业文化和人力资源激励机制具有和谐共生的关系。一方面,两者都强调以人为本的核心价值观,而且企业文化是人力资源的重要组成部分,注重对人的潜能的激发;另一方面,企业需要对各种不同类型的人力资源管理模式进行提炼,找到普遍规律,并结合自身特征形成自己的风格,使员工能够从中切实获得自我价值实现的感受和体会,这样才能发挥出企业文化的强大激励作用,使企业真正拥有蓬勃的生命力。

在竞争日益激烈的市场环境下,企业文化对员工的激励,不应仅仅停留在精神层面,更不能只通过"口头号召"来激励员工对企业的忠诚与奉献。企业必须要有相应激励制度的支撑,形成制度的常态化建设,对企业员工的精神激励和物质激励要"两手抓"且"两手都要硬"。进

---

① 王水嫩.企业文化理论与实务[M].2版.北京:北京大学出版社,2015.
② 张仁德,霍洪喜.企业文化概论[M].2版.天津:南开大学出版社,2015.
③ 梅强,孙旭雅.企业文化提升中小企业人力资源管理绩效的路径分析[J].科技管理研究,2010,30(15):125—128.

一步地,企业应充分运用双激励机制的杠杆作用,增进企业员工的工作热情和团队精神,使企业员工的成就感在科学的管理活动中得到增强。[①]

第二节 外部适应功能

外部适应功能是指企业文化引导企业对外部环境中的机遇和挑战进行及时的反应、调整和应对时所起的作用,是企业文化的派生功能和辅助功能。在当今全球化与逆全球化并存的动荡环境下,企业文化提供的思考框架需要能及时对环境中的社会、文化、经济、政治、法律和技术等要素的变化以及市场的不确定性进行扫描,辨认出有利的机遇和不利的挑战,并提出应对措施。因此,企业文化外部适应功能的有效发挥在当今社会十分重要。

一、企业信誉信号的辐射功能

企业文化现象是企业现象,也是社会现象,它是在长期企业经营实践中与社会的交往中产生和发展起来的,不仅在企业内部有激励员工、规范员工等作用,而且会通过产品流通、业务往来、媒体宣传报道、文化交流等多种形式,融入社会交往,并不断地向本企业外的其他企业和不同形式的组织辐射。

第一,产品辐射。这是企业最常见和最基础的辐射功能。企业文化通过产品这种物质载体向社会展示其满足社会需求的功能。一方面,企业借助自己的产品把企业优秀的思想和文化精神传播到广大消费者之中,丰富了社会文化,促进了社会文明程度的提高。另一方面,人们通过使用产品和对产品的检测,得以了解该企业及其文化,正面评价会日益沉淀形成企业美誉度,深入更广大的消费者群体。

第二,员工辐射。企业文化作为一种思维模式和行为习惯,可以通过企业员工的共同价值观所体现的企业精神而影响社会公众。企业员工始终是企业生存的主体,他们在长期的生产经营活动中,会受到企业文化的影响,从自身体现出企业的道德和精神风貌。从某种意义上来说,员工是企业的化身和代言人,是企业的象征,会对其身边的朋友、家人、客户等产生影响,这就是员工的辐射作用。比如,海尔集团正是通过员工敬业的精神和优良的服务质量将"先卖信誉,后卖产品"的信念传递到每一个顾客的心中,树立起"将用户的烦恼减少到零"的良好企业形象。

二、在外部企业生态中快速获取合法性,节约交易成本

企业文化激励和约束着企业高层管理者在外部经营和内部管理中践行企业的价值观、经营理念、道德观、愿景和使命,使其遵循在此基础上构建的一整套的企业制度规范。因此,构建了系统企业文化的组织,其行为是可预测的,组织本身是值得依赖的,一定程度上可视为负责任的。在企业生态中,其企业文化的故事、管理理念易于快速传播,也容易获得同行的认同。因为同行有理由相信其外部交易行为是具有可预见性的。据此,企业在企业生态中获取了合法性。由于企业文化的对外宣传可聚拢人心,使得外部企业对所属企业的信誉和管理行为具有较高的认同度,因此在同外部同行和竞争对手的谈判过程中,企业的砍价能力得以有效提

---

① 朱传书. 企业组织文化与人力资源激励实证研究[J]. 河南社会科学,2016,24(11):55—61.

升；此外，在交易过程中，还可以节约不必要的谈判成本和防范成本。总体上来说，企业文化的构建可提升消费者对所属企业产品及管理行为的信任，有效降低企业的交易成本。

但是由于企业是追求利益的组织，可能会因为利益关系破坏与外界的联系。所以，作为经济产物的企业更加迫切地需要进行企业文化建设，借助健康、持续的发展观让企业在关心利益的同时，能够关心社会，缓和矛盾，协调组织和外界的联系。在瞬息万变的竞争环境中，企业需要时刻关注社会环境，协调自身的观念，跟上时代变化的步伐，确保企业的稳定发展。

三、形象塑造功能

企业形象是决定企业在竞争中生存和发展的关键因素之一，企业形象有三种表现形式：① 物质表现形式，包括办公设施设备、产品质量、办公环境、资金实力等。其中，最重要的是产品质量，它是树立企业形象的核心，是企业给人的第一印象。② 社会表现形式，包括企业员工队伍、员工素质、技术力量、经济效益、工作效率、公众关系、管理水平等，其中最重要的是员工素质。③ 精神表现形式，包括企业的信念、道德水准、宣传口号。企业形象要素彰显了企业内在的精神素质，体现于产品形象、环境形象、员工形象、企业家形象、公共关系形象、社会形象及总体形象之中。

企业形象就是企业对外交往的门面和窗口。企业文化的形象塑造功能主要体现在：优秀的企业文化通过组织与外界的接触，发挥向社会大众展示企业成功的管理风格、积极的精神风貌等方面的作用，从而为企业塑造良好的形象。企业文化是企业的无形资产，可以为企业带来美誉度和市场占有率。一般来说，基业长青的企业都具有优秀的企业文化，同时对外展现出良好的企业形象，吸引消费者。

四、外部战略性人才的选择工具

在动态环境下，企业为了实现组织变革以适应新的环境，需要引入外部的战略性资源，尤其是战略性人才。选择外部战略性人才的一个重要的标准，就是外部的战略性人才所持有的价值观体系必须和企业文化相一致，尤其必须与企业内部的价值观相一致。因此，企业文化中的价值观体系，包括愿景使命、核心价值观，成为企业用来筛选外部战略性人才的基本工具，以及聘用外部战略性人才的选择标准。同样，面对外部动荡的环境，现有高层管理者是否适应于动态环境的变革，企业文化对此也有相应要求。面对企业文化的压力，无法适应动态环境的高层管理者可能离职也可能更换。创造导向文化与聘任内部人士担当 CEO 的可能性之间呈显著负相关。创造导向的文化缓解了企业绩效和聘用外来者担任 CEO 之间的负向关系。创造导向的文化减弱了在任 CEO 领导下的企业绩效与聘用外来者来担任 CEO 可能性之间的负向关系。[①]

第三节 动态环境中企业文化的作用

企业文化是在管理层和员工的互动过程中形成的，需要长期积累以及一个稳定的外部环境。而这样的企业文化一旦形成，就有不易于改变的刚性。当外部环境不确定性高而无法分

---

① FIORDELISI, F. & RICCI, O. Corporate culture and CEO turnover [J]. *Journal of corporate finance*, 2014 (28): 66—82.

析的时候,企业需要进行变革和重组。此时企业文化的刚性,就由过去在稳定环境中所起的促进变革与创新的积极作用转变成阻碍变革与创新的消极作用。

一、刚性企业文化的消极作用

(一)阻碍变革与创新

企业文化像强力胶水,能够将公司上下紧紧粘在一起,这种保持企业文化一致性的工作方式促进了企业各方面的协调。① 然而,当企业面临新问题时,它们不再另想高招,而是寻找先例,遵照那些不知何时就已开始依循的惯例执行操作流程,回避工作方式的变革与创新。

企业文化作为一种制度的相对软约束,更加深入人心,极容易形成一种思维定式和行为习惯。这些定式和惯性成为企业变革的障碍,在企业环境急剧变化时表现得更为明显。刚性企业文化在稳定的环境中,可以为企业成员带来行为的高度一致,起到积极的作用,但是所形成的"惯性"又会束缚企业的手脚,使企业难以迅速应对变幻莫测的市场环境。

刚性企业文化被认为是企业实施变革项目失败的主要原因。研究表明,即使有企业变革需要的现成的工具、技术和战略,但只要基础性的企业文化没有改变,变革失败就不可避免。许多实证研究也证明了这一点。这些实证研究的结论表明,为了实现企业的可持续发展而实施企业文化变革,其成功主要依赖于企业文化中最根本的意识形态和价值观。

(二)削弱多样化管理效果

随着经济全球化的加快和跨国公司的大举扩张,跨国公司的人才本土化战略博弈愈演愈烈,由种族、国别、人种等方面的差异造成的文化冲突尤为突出。琼潘纳斯认为文化的分歧有七个层面,即普遍性与特殊性、细节的分析与整体的统一、个人主义与集体主义、内在倾向性与外在倾向性、时间的连续性与同步性、成就与硬性设定的社会地位、平等与等级。在这七个层面,各国之间存在较大的差异,例如日本、中国等亚洲国家更倾向于特殊性,而美国、加拿大等西方国家更倾向于普遍性②;又如日本企业强调集体主义,美国企业注重个人主义。因此,这些民族文化的差异会直接导致企业在跨国经营中面临各种不确定性因素,产生各种冲突。

由于刚性企业文化强调用同一种思维、共享的理念和价值观看待问题,面对具有多种文化价值体系的员工,以及复杂的政治、经济、文化环境时,单一的刚性企业文化无法吸收和共享不同的文化价值体系带来的各种视角,从而影响管理多样化员工的效率。

(三)阻碍并购成功

由于企业大都形成了各具特色的企业文化,这些文化有些可以互补,有些则是相互排斥的,因而企业间发生兼并和收购时,虽然企业必须考虑融资优势和产品协同性,但同时双方文化的兼容性也成为兼并或收购成功与否的一个重要影响因素。惠普公司在快速发展阶段,与康柏公司的合并在当时是全球IT产业最大的并购案,惠普公司具有极强的企业文化,主要体现在对员工的尊重与信任,以及以创新精神与团队精神为宗旨这两个重要方面,而康柏公司则主要侧重于企业的执行文化,强调专注。③ 合并之后,虽然惠普公司成立了专门的文化整合小

---

① LINNENLUECKE, M. K. & GRIFFIFITHS, A. Corporate sustainability and organizational culture [J]. *Journal of world business*, 2010(45):357—366.
② 袁清萍. 企业文化多样性下的冲突管理[J]. 学术界,2005(2):222—226.
③ 何昌勤.并购整合管理研究——惠普与康柏合并案例分析[D].江苏:东南大学,2004.

组,但一度出现了员工情绪的动荡不安、工作热情降低等负面现象,其中的部分原因是员工无法适应新的企业文化,引发心理冲突。

（四）扼杀新员工的异质化思维

当新员工进入企业时,他们会给企业带来新血液、新思想、新方法,但由于刚性企业文化具有稳定性、特殊性,会限制企业可能接受的价值观和行为方式的程度,在思想观念、行为习惯等方面有差异的新进成员就难以为企业群体所接受。在企业的强文化压力下,新进成员可能会放弃其个性差异而服从既定的企业文化。这样一来,刚性企业文化会"同化"新进成员的个性差异,淡化个体优势,削弱企业在市场竞争中具有的创新核心竞争力。[①]

二、柔性企业文化的积极作用

与有机式组织结构和扁平化组织结构相对应,知识创新型企业培育的是柔性的企业文化,强调对外部的动态环境进行密切的关注和扫描,对内部的员工多样性进行充分的杠杆和利用,从而提升企业对外部环境的适应能力,促进企业内部的知识创新。

（一）提升企业对外部环境的适应能力

在动态环境下,面对知识变革与创新,实行柔性文化的企业会积极地适应外部环境,从中寻找机遇,努力争取企业可以利用的机会;同时会密切关注外部环境中的危机,适时调整其战略方向,主动进行变革与创新。柔性企业文化在动态环境下推动企业适应外部环境。

（二）推动企业的知识创新

企业借助柔性文化在扫描外部机遇和危机的同时,还对企业内部的优势和劣势进行评估。在此基础之上,企业会利用各种各样的视角和多元化优势来开发新产品、培养新优势、解构弱势,为新战略提供企业内部的创造力,为知识创新培养新技能与结构性思维。

本 章 小 结

沙因认为企业文化之所以重要,是因为它力量强大、具有感召性并且常常以无意识力量的方式存在,同时也决定着我们的个体和群体行为、知觉方式、思维模式和价值观念。[②] 企业文化对内发挥着导向、凝聚、规范和激励的功能,对外则发挥着信号的辐射功能、形象塑造功能,帮助企业快速获取合法性,以及选拔外部战略性人才。当然,刚性企业文化在动态且充满不确定性的环境中,对企业变革也会产生阻碍作用。

【复习思考题】

1. 企业文化内部整合功能包括哪些方面?
2. 企业文化外部适应功能包括哪些方面?
3. 在动态环境中,企业文化具有哪些作用?
4. 用本章理论分析及讨论下面案例。

---

① 杨尧忠.企业文化的负面影响及其他[C].2008湖北企业文化高峰论坛论文集,2008:271—274.
② 沙因.组织文化与领导力[M].4版.章凯,罗文豪,朱超威,等译.北京:中国人民大学出版社,2014.

案例分析

同仁堂企业文化的核心价值观

中国著名百年老店同仁堂以"同心同德,仁术仁风"为企业管理信念;以弘扬中华医药文化,领导"绿色医药"潮流,提高人类生命与生活质量为企业使命;以高科技含量、高文化附加值、高市场占有率的绿色医药名牌产品为支柱;以打造具有强大国际竞争力的大型医药产品集团为企业目标。同仁堂门前的对联"同修仁德,济世养生",就是同仁堂的核心价值观,在这个核心价值观的引导下,员工遵照"同修仁德"的规范,为"济世养生"的目标努力,使企业作为中国著名的百年老店,在应对现代市场的企业竞争中,仍然具有很强的市场竞争力。

质量观

同仁堂文化质量观形成的原因大致有两个:一是同仁堂人的自律意识。历代同仁堂人恪守诚实敬业的药德,提出"修合无人见,存心有天知"的信条,制药过程严格依照配方,选用地道药材,从不偷工减料,以次充好。二是同仁堂的外在压力。这外在的压力就是皇权的压力,因为同仁堂古时是为皇宫内廷制药,故来不得半点马虎,稍有不慎就有可能招致杀身之祸。

历代同仁堂人坚持"配方独特、选料上乘、工艺精湛、疗效显著"四大制药特色,生产出了众多疗效显著的中成药。1989年,国家工商总局将全国第一个"中国驰名商标"称号授予了同仁堂,使同仁堂成为迄今为止全国中医药行业中唯一取得该称号的企业。同仁堂形成的以十大名药为代表的产品系列,赢得了国内外人士的广泛赞誉和青睐。

信誉观

若用一句话概括同仁堂的企业精神,那就是"同修仁德,济世养生"。同仁堂的创业者尊崇"可以养生、可以济世者,惟医药为最",把行医卖药作为一种济世养生、效力于社会的高尚事业来做。历代继业者,始终以"养生""济世"为己任,恪守诚实敬业的品德,对求医购药的八方来客,无论达官显贵,还是平民百姓,一律以诚相待,始终坚持童叟无欺,一视同仁。在市场经济的竞争环境中,同仁堂始终认为"诚实守信"是对一个企业最基本的职业道德要求,讲信誉是商业行为最根本的准则。

形象观

同仁堂历代传人都十分重视宣传自己,树立同仁堂形象。例如,古时利用朝廷会考机会,免费赠送"平安药",冬办粥厂夏施暑药,办"消防水会"等。如今的同仁堂不仅继承了原有的优良传统,而且增添了符合新时代特征的新内容,具体体现在五个方面的工作:第一,利用各种媒体进行同仁堂整体形象的宣传,提高企业的知名度和美誉度;第二,进行企业内部宣传,增强企业的凝聚力和向心力;第三,发挥同仁堂文化的作用,用同仁堂精神鼓舞员工,激发员工的积极性、主动性和创造性;第四,抓同仁堂企业识别系统的设计工作,树立同仁堂面向21世纪的新形象;第五,积极参与社会公益事业,向社会无私奉献一份爱心,提高企业的社会责任感。

资料来源:作者根据相关资料整理。

第六章 企业文化的建设与传播

【学习目标】

- 了解企业文化建设的概念与原则
- 掌握企业文化建设的步骤与心理机制
- 了解企业文化传播的概念、类型及特点
- 掌握企业文化传播的过程

 开篇案例

阿里巴巴集团的企业文化建设

自1999年阿里巴巴集团创立至今,依靠独有的企业价值观体系成功孕育出的具有生命力的企业文化,现已成为阿里巴巴集团及下属分、子公司发展的定海神针。马云曾经说过:"没有谁能够挖走我的团队,一直以来我们为阿里巴巴精心构建了一座坚不可摧的文化壁垒,因为企业文化建设的重中之重是员工管理。"在2007年集团年会上,对于业界提出"什么是支撑阿里巴巴不断发展壮大"的问题,马云回答表示,企业文化和价值观正是阿里巴巴集团保持快速稳健发展的关键因素。阿里巴巴集团最吸引人的地方就在于文化,创新的企业文化是打开阿里巴巴宝藏的金钥匙,它源于企业创始人的梦想——"让天下没有难做的生意"。集团企业文化的形成和发展主要经过"西湖论剑"到"独孤九剑"再到"六脉神剑"三个阶段的演变,其中有集团从创业开始直到现在都保留的内涵。其间马云创造了无数的经典名言,有了今天的"马云经典语录100条"。

第一阶段:湖畔花园创业时期(1999—2000)

当时集团没有明确的企业文化,只有"十八罗汉"在实践中总结出的口号,即"可信、亲切、简单",这六个字是阿里巴巴集团企业文化的雏形。当时阿里巴巴获得了史上最大规模的风险投资,由于马云超前的公司危机感,触发他在2000年发起了第一次"整风运动"。就在阿里巴巴集团举办第一届电子商务论坛"西湖论剑"的第二天,马云宣布阿里巴巴集团进入高危状态。

第二阶段:最艰难的发展时期(2001—2002)

这时期对阿里巴巴集团来说是企业文化形成的关键时期,关明生的加入带来了GE架构,慢慢总结出九条价值观"创新、激情、开放、教学相长、群策群力、质量、专注、服务与尊重、简易",这是阿里巴巴集团第一次将企业文化总结、提炼、固化为文字,后称为"独孤九剑"。

第三阶段:创业大厦时期(2003—2004)

创立初期,阿里巴巴集团在"客户、员工、股东"三者排序的问题上一直不是特别清晰,"独

孤九剑"时期集团并没有把客户放在首位,而是放在了第九位。2003年"非典"一疫使这个问题明朗化,阿里巴巴集团提高了对诚信的认识:"答应客户了,就必须遵守承诺。"最终明确了三者的排序:客户第一、员工第二、股东第三。在接下来的2004年,阿里巴巴集团的企业文化从"独孤九剑"发展到"六脉神剑",即"客户第一、团队合作、拥抱变化、诚信、激情、敬业",其中"客户第一"被设为企业文化的最高原则。

资料来源:付静.浅析阿里巴巴企业文化建设[J].现代经济信息,2017(13):461.

对于一家企业而言,想要实现企业管理的有效进行,保持企业的可持续发展,就必须实现企业管理制度和企业文化之间的有效融合,达到共生与双向互动。因此,企业管理者尤其是高层管理者,在构建企业文化前,必须明确管理制度和企业文化之间的关系,并对其进行深入剖析,才能使得企业文化建设成为企业提升核心竞争力的重要途径。企业文化涵盖了企业的物质文化、行为文化、制度文化和精神文化,不管是企业的外在表现,还是企业的内在精神,都是企业文化的构成部分。而企业管理制度本身就能体现出企业文化。其实,企业管理制度化过程是推动企业文化建设的重要手段,而如何让员工认同企业的文化,并将其作为自己工作行为的依循,是企业文化建设中的关键部分。企业文化一旦形成,员工的行动就会变成一种自愿的行为,无须施加外部监管。优秀企业文化的建设可以激发员工的"自律意识",从而降低企业的管理成本,更有助于企业的可持续发展。本章接下来探讨企业文化建设及之后的内外传播。

第一节 企业文化建设

一、企业文化建设的概念

企业文化建设是指企业文化理念的形成、企业文化理论体系的建立、企业文化的传播等全过程,也是将企业文化的理念、视觉、行为举止经过提炼、形象设计并形成文字规范、外化符号、制度安排的过程。企业文化建设是对企业文化的一种实践,重点在"建"字,在于执行力,是一种动态的过程管理。企业文化建设的目的是提升企业的自主创新能力、对外影响力及核心竞争力,以营造一个"企业充满生气、产品具有名气、领导很有正义、员工具有士气"的企业发展环境。

企业文化建设是紧紧围绕企业文化理论框架开展的,同时也是对企业文化理论的不断完善和发展。根据霍夫斯泰德提出的文化理论,即依据企业文化建设要素之间的关系和地位,可以将企业文化建设分为四个层次,这四个层次在作用和地位上各有区别,但并不是割裂的、孤立的,而是层层传导、相互影响、彼此关联、缺一不可的,共同构成了完整的企业文化建设架构。这种划分的方法也是当今企业文化建设研究中比较主流的一种分析方式。[①] 图6-1中,精神文化建设为企业文化建设的核心环节;制度文化建设与行为文化建设为企业文化建设的中间环节;物质文化建设为企业文化建设的表层。首先,精神文化建设主要指企业文化理念体系的形成、落实和完善,精神文化是企业意识形态的集合,包括企业精神、企业价值观、经营哲学及企业道德等内容。这一层次贯穿企业经营过程中的生产、营销、服务及管理等环节。制度文化建

---

① 黎群,金思宇.中央企业企业文化建设报告(2014—2015)[M].北京:中国经济出版社,2016.

设是以企业价值观为核心制定出规章制度、道德规范、领导体制及员工行为准则等,以此确保企业文化建设有章可循。例如,通过教育培训,给员工灌输企业理念,让每位员工都能对企业的愿景、核心价值观、宗旨等熟知,强化员工对企业的认同,提升员工的忠诚度,从而营造良好的企业氛围,形成独特的、有利的企业文化;制定明确的规章制度,指导和约束员工行为,违反者受到制裁和惩罚,而承担责任、努力工作者必将获得回报,使得员工长期保持干劲。行为文化是指企业经营者和员工在经营管理中的实践行动,该层次将理念和制度外化为行为表现和具体活动,包括企业家行为、企业模范人物行为、企业员工行为等。制度文化建设和行为文化建设在企业文化系统构建中起到了承上启下的作用,影响着企业文化系统作用力的强弱。而表层的物质文化是指企业文化的物质载体,是指企业生产管理中创造出来的以企业文化为理念的具体物质化表现,如生产设备、产品及企业名称与标语等。表层是我们最容易观察到的文化层次,如我们进入企业时的所见、所闻及所感,物质文化建设最能够直接反映出企业文化的内容。

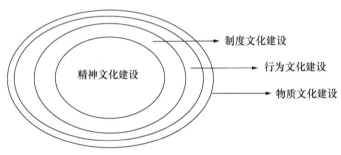

图 6-1　企业文化建设的层次划分

二、企业文化建设的原则[①]

根据企业文化独有的特征,为了保障企业文化建设切实有效,需要在建设过程中遵循一定的规律和原则,不断提升其建设水平。

(一)以人为本的原则

企业文化建设应该以人为中心。以人为本是形成优秀企业文化的基础。只有把员工视为管理的主要对象和企业的最重要资源,构建以人为中心的企业文化模式,充分反映员工的思想文化意识,调动企业全体人员的积极性和创造性,企业才能保有生命力,企业文化才能健康发展。该原则一方面强调对人的管理,强调"人"的重要性,将其有机地融合到实现企业的目标中去;另一方面强调员工不仅是企业的主体,还是企业的主人,企业要通过尊重和理解员工来凝聚人心、激发热情、开发潜能,极大地调动全体员工的积极性和创造性,使企业的管理更加科学,更有凝聚力。因此,企业文化的建设要从尊重员工、理解员工、信任员工、培养员工及成就员工出发,注重员工的职业生涯规划,形成吸引员工、留住员工、人尽其才的用人机制。从重视员工价值的角度出发去关注员工的需求,通过情感交流、人际沟通、群体活动、参与管理和智力开发等多种形式和手段,为员工创造良好的企业文化氛围,引导员工按照企业文化和未来社会个人发展的规律和要求不断提高自身素质,形成有活力、有知识、有技能的新型人力资源,

---

① 宋合利.浅析企业文化建设的原则[J].商场现代化,2007(24):311—312.

成为企业积极面向未来发展的核心竞争资源。

（二）重在领导的原则

企业文化在很大程度上表现为企业家（群体）文化，从一定意义上讲，企业文化是领导者理念的升华，领导者是企业文化的缔造者、倡导者和推行者。因此，企业文化建设要求企业领导者不仅应理念领先，更重要的是将领先的理念转化为企业的理念、机制、规则。所以，作为企业的领导者，首先应对影响企业文化的各因素有清晰的认识，对企业员工的工作水平和工作需求有基本的了解。其次，领导者应创造出符合员工基本期望和发展意愿的企业文化，制定出具有激励效果的企业文化机制以推进企业文化建设。这也是企业文化建设的关键。最后，领导者应依靠敏锐的洞察力对行业竞争和工作属性有准确的定位，了解企业内外的竞争环境，以建设出使企业更富有市场竞争力的企业文化。

具体来看，在企业文化建设中，领导者需要做到以下几点：第一，企业领导者的言论与行为会潜移默化地影响所有员工，所以一家企业想要建立一个优秀的企业文化，企业领导者就应该具备必要的优秀品质并且身体力行。企业领导者首先应该是企业文化的倡导者、培育者和践行者，甚至很多企业的企业文化都依托于企业领导者的品质塑造。第二，发挥楷模的引导作用。企业领导者一般都是企业内部的优秀楷模，如服务模范、创新先锋或销售冠军等。因而，领导者自身所具有的卓越能力，能够产生巨大的示范效应，激发员工群体的积极性和主动性。如果企业可以通过报纸杂志、网络平台等内部宣传渠道将领导者的事迹加以传播，在企业范围内引起共鸣，就能更大地发挥领导者的榜样作用。第三，领导者作为企业内部的权威人物，能够关注员工日常状态，及时纠正员工偏误，规范员工行为，使员工的行为尽可能地符合企业的规范要求和制度流程等。

（三）系统运作的原则

企业文化建设并非只是传播思想，而是从系统上传递企业精神，凝聚员工的向心力，唤醒企业灵魂。企业领导者为了促进企业发展，增强企业竞争优势，因地制宜地设置了改变企业精神面貌的目标，并把这种目标由表及里地传递给员工。因此，企业文化建设是一个系统的过程。领导者通过统一服装、传承故事、宣传口号、塑造工作环境、规划薪酬和企业制度等逐层传递给员工有关企业文化的系统信息，并在具体工作中使企业全体员工能够领悟企业文化的精髓，共同促进企业的发展。所以说，企业文化建设是一个渐进的过程，必须运用系统论的方法，搞好整体设计、分步推进、分层次落实，而且在此过程中需要确定总体目标和阶段性目标，包括管理层应该做什么、怎么做，执行层应该做什么、怎么做。只有上下齐心、协调运作，才能把企业文化建设的任务落到实处。

（四）讲究实效的原则

讲究实效是指切合企业当前的实际情况，符合企业定位，一切从实际出发，不搞形式主义，制订切实可行的方案，借助必要的载体建立并逐步完善规范的内部管控体系和有效的激励约束机制；以科学的态度，实事求是地进行文化塑造；在实施中起点要高，力求同国际接轨、同市场接轨，做到重点突出、稳步推进；要使物质、行为、制度和精神四大要素协调发展，真正使企业文化建设能够为企业的科学管理和企业发展目标的实现服务。

（五）突出特色、追求卓越的原则

企业文化建设的关键在于突出企业的鲜明个性，追求与众不同的特色、优势和差异性。在建设过程中,要根据企业的实际情况,重视挖掘和提炼,整理出具有本企业鲜明特色的文化内涵,走具有自身特色的企业文化建设道路。同时,要体现出先进的时代水平,要让全体员工都能欣赏本企业的企业文化模式,在这种先进卓越的企业文化中与企业产生共鸣。最终,人人都追求卓越,人人都创造出卓越的绩效。这也体现了牢固树立科学发展观、与时俱进的思想。

三、企业文化建设的步骤

(一)盘点(识别与诊断)

企业文化盘点是对企业现有文化的识别与诊断。常用的研究方法有访谈法、问卷调查法、分析法、实地调查法等。通过对企业的文化背景、经营背景进行深层次的调查、研究与分析,了解企业的发展历程,熟悉企业的业务特点,把握企业现有的文化状况,为企业文化的提炼与提升做好准备。

1. 识别现有文化

可以按照物质层→制度层→精神层的顺序进行识别,主要内容包括:① 物质环境,如环境绿化、建筑物、办公室、标志和宣传标语等;② 员工的仪容仪表、精神风貌、工作状态、工作氛围;③ 技术水平、产品与设备;④ 战略、组织及规章制度;⑤ 企业文化的口头描述及书面素材;⑥ 优良传统、榜样人物、模范事迹;⑦ 习俗、仪式、文体活动等。

2. 诊断现有文化

文化诊断需要根据企业的发展是否能适应现有竞争环境,以此确定是否改善企业文化来提升企业的竞争力。更重要的是,诊断现有的企业文化是否被员工接纳和认同,企业文化是否对员工的工作起到了积极的作用,以此确定当前的企业文化是否与员工的观念和行为存在差距。诊断的方法和原理是:首先把企业中层以上的管理者集中起来,然后由组织者把企业的理念逐句念出来,请大家把听到理念后所能想到的代表这种理念的人物、事件说出来或写出来。如果大部分人都能联想到代表人物或事件且事件相对集中,就说明企业文化得到了大家的认同。相反,如果大部分人不能说出或写出代表人物或事件,就说明企业文化和企业理念没有得到员工的认同,更谈不上对员工行为的指导作用了。① 企业文化诊断最为关键的是要进行优劣势分析及个性界定,从而为未来企业文化建设奠定坚实的基础。

在企业文化诊断过程中,需要注意以下几点:① 建立基于企业战略的企业文化发展模式。② 以战略为标杆,通过企业文化诊断评估和总结主要文化冲突的表征及其成因,明确企业文化的目前状态与理想状态之间的差距,为企业文化战略规划确定目标方向。③ 对企业文化进行诊断评估并确定文化个性及管理哲学取向,为企业文化理念整合定下基调。具体的诊断理论体系在本书第十三章会作进一步阐释。

(二)提炼与设计

1. 企业文化的提炼

企业文化首先要从历史中提炼,寻找沉淀一些支撑员工思想的理念和精神。这些理念和精神会包含在企业的起始期和成长期的一些事件中,把这些隐藏的理念和精神挖掘、总结、提炼成真正促进企业发展的深层次精神和理念,就形成了企业文化。

---

① 陈超.立足实际的企业文化建设流程分析[J].经济与管理,2003(8):44—45.

在此过程中需要注意以下三点：① 与企业战略发展相悖的文化元素应予以剔除。企业文化建设就是对原有企业文化进行扬弃与创新的过程。② 要审视现有企业文化，弄清楚哪些不符合企业未来发展的需要，哪些与企业未来的发展相一致，总原则是弘扬优秀的、剔除不良的。③ 为适应市场竞争应导入先进企业文化元素。本着适应未来竞争的要求，满足企业战略实施的需要，为企业引入新的文化元素，建设适应市场竞争、契合战略转变的新企业文化。

2. 企业文化的设计

企业文化建设还要从未来出发进行设计，企业文化的设计过程就是企业识别系统（Corporate Identity System，CIS）建设的过程，即理念识别→行为识别→视觉识别。CIS又称企业形象设计系统，是指将企业经营理念与精神文化，运用整体传达系统（尤其是视觉传达设计），传达给企业周围的关系或团体，并掌握其对企业产生的一致的认同与价值观。也就是，结合现代设计观念与企业管理理论的整体性运作，以刻画企业个性，突出企业精神，使消费者产生深刻的认同感，从而达到促销的目的。[①]

（1）理念识别系统（Mentality Identity System，MIS）是指以企业为主体的、得到社会普遍认同的、体现企业个性特征的，为促进并保持企业正常运作及长足发展而构建的明确反映企业经营意识的价值体系。企业的理念识别内容一般包括企业的经营信条、企业精神、企业风格、价值观等。它是企业生产经营过程中设计、科研、生产、营销、服务、管理等经营理念的识别系统；能帮助企业确立特色的经营理念；是企业对当前和未来一个时期内的经营目标、思想、营销方式和形态所做的总体规划和界定，属于企业文化的意识形态范畴。较之CIS的其他子系统，MIS是CIS的灵魂，可见其重要性。

（2）行为识别系统（Behavior Identity System，BIS）包括在MIS指导下的以企业为主体的各类活动识别。对内包括对员工的教育，以及工作环境、生产效率、研究发展等；对外包括市场调查、产品开发、公共关系、流通政策、股市对策、公益及文化活动等。它是企业形成实际经营理念与创造企业文化的准则。它以经营理念为基本出发点，对内建立完善的组织制度、管理规范、员工教育体系、行为规范和福利制度；对外开拓市场、开发产品，通过公益及文化活动、公共关系、营销活动等来传达企业理念，以获得社会公众对企业行为的识别认同。

（3）视觉识别系统（Visual Identity System，VIS）是指在MIS指导下的以企业为主体的各种器物识别。企业的视觉识别一般包括基本设计、关系应用、辅助应用三个部分。基本设计包括企业名称、品牌标志、企业形象、企业象征物等；关系应用包括办公器具、设备、招牌、旗帜、制服、展示陈列等；辅助应用包括样本使用法、物品使用规格及其他附加使用等。它是以标志、标准字、标准色为核心展开的完整的、系统的视觉表达体系。VIS是CIS中最具有传播力和感染力、最容易为社会大众所接受的表象识别，是提高企业知名度的最直接手段。

在企业文化建设中融入CIS，通过对企业文化的凝练，构建符合企业文化的理念识别系统、行为识别系统及视觉识别系统，将企业文化的内涵、理念、发展及宗旨等信息传递给员工甚至社会大众，有助于塑造富有特色的企业文化，提升企业的品牌知名度。

（三）落地

企业文化是指企业推崇并践行的思想和行为的结合，它包括两个方面的内容：一是思想，

---

① 陈春花，曹洲涛，李洁芳，等.企业文化：第2版[M].北京：机械工业出版社，2013.

二是由思想引发的行为。由思想引发相应行为的过程就是企业文化落地的过程。简单来说,企业文化落地就是企业的每位成员能够将企业的文化理念转化为实际行动:① 将企业愿景、使命、宗旨及精神等具有方向性的文化理念,融入企业发展的战略规划;② 将与经营、管理有关的通用类文化理念,融入企业的一切经营与管理活动、过程;③ 把个性类的文化理念融入企业全体成员的工作、任务。企业文化的落地是让企业文化经历从理念到行动、从抽象到具体的过程,引导和推动企业的健康、良性发展,并为企业的发展成果打上本企业个性特征的文化烙印。具体来看,企业文化落地需做到以下几点:

1. 领导者率先践行

企业文化反映了企业决策者的价值诉求、文化意识和领导格调。[①] 所以,企业领导者应率先学习企业文化知识、对企业文化形成深刻的认识和独到的见解,对建设自己企业的文化具有长远和深刻的思考。通过自己的领导魅力、管理行为及立足高远的想法来感染自己的员工,激发员工的潜力,从而推动企业的可持续发展。

2. 推行制度文化建设

要想将企业文化理念落到实处,就必须形成科学合理的规章制度来体现企业愿景、企业精神等企业文化理念,使员工在制度规范下工作,逐渐从被动遵守变成自发自律,这是企业文化建设中一项非常重要的任务。没有完善的规章制度,企业就无法有效地生产和经营。企业文化可以作为一种无形的约束力量,规范员工的行为意识,使其增强自我控制。

3. 营造氛围

首先需要设计、编写以及印刷《企业文化手册》,让员工对企业文化有清晰、准确的认识。其次要将企业文化融入员工的日常行为,比如通过举办文娱活动,让员工感受到企业团结友爱、生动活泼的文化特性;通过发行内刊,开办企业图书室,让员工感受到企业不断学习、积极进取的文化氛围。最后将企业文化外显于员工的人格特质和价值观之中,使企业文化真正落地。

4. 开展文化宣传活动

通过制作专题宣传片、设置宣传栏等行为,让员工与社会大众能够了解企业的发展状况、企业的产品和服务、企业文化理念,有助于树立良好的企业形象和品牌亲和力。

四、企业文化建设的心理机制

企业文化在组织内部所构建的心理环境,潜在地影响和制约了企业全体员工的行为、意识和情感等,具有凝聚、规范、协同、激励和导向等作用。企业领导者既是企业生产经营的中心,也是企业文化的倡导者和先行者,因而领导者应努力将自己的价值观转换为员工共同的价值观,使员工能够欣然接受领导者所倡导的行为准则。实现这些的关键在于领导者能否运用心理学规律,使全体员工适应企业文化在企业内部创造的心理环境。在塑造企业文化时应注意遵循以下几种心理机制。

(一)运用心理定式

心理定式是指对某一特定活动的准备状态、心理活动的反应内容及反应趋势会受前面那

---

① 陈文周.浅议企业文化落地的方法和途径[J].现代经济信息,2011(8):220.

些比较强烈的心理活动的影响。在对新员工、新干部的培训上,心理定式规律所发挥的作用十分突出。如何成为一名合格的新干部、新员工?他们应该具备什么样的思想、情感和作风?培训的目的不只在于提升业务能力,更重要的是把企业的经营哲学、战略目标、价值观念、行为准则、道德规范及企业的优良传统通过介绍、讨论、总结和实践,使员工加深理解和认识,最终形成与企业文化相协调的心理定式,对今后的员工行为起到指导和制约的作用。在企业的转型过程中,要让心理定式能够在企业文化建设中发挥其积极作用,首先就需要员工对企业文化有比较深入且清晰的了解。当组织进行变革时,领导者要做的一项重要工作就是打破传统的心理定式,建立新的心理定式。在利用心理定式效应发挥企业文化的作用时,需注意两点:一是明确哪些方面需要形成心理和行为定式,切忌机械地使企业文化走向僵化和反面;二是对形成心理和行为定式的内容,一定要做足量的训练,如果达不到相应的要求,所期望的心理和行为模式是不可能产生定式效应的。

（二）重视心理强化

强化可以分为正强化与负强化。其中,正强化是通过一定的奖励刺激主体,来保持和增加某种积极行为重复出现的频率;负强化又称消极强化,是利用强化物避免不良行为重复出现的可能性。简单地说,就是及时地对与企业文化相一致的思想和行为进行表扬或奖励,而对与企业文化相背离的思想和行为给予批评或惩罚,使奖励或惩罚尽量成为企业精神的载体,从而使企业员工的行为方向与企业的目标一致。[①] 在运用心理强化时,需注意五点:一是弄清强化的目标,即奖励什么、惩罚什么、不需要强化什么;二是重视制度落地的同时也要信守承诺;三是了解清楚情况,实事求是,公开公正;四是注意强化手段的多样性;五是强化也需要及时,以取得最优效果。

（三）利用从众心理

从众是指个体因受到群体的影响而放弃个人意见,与大家保持行为一致的社会心理行为。当少数人和多数人的意见不统一时,就可能会产生群体压力,在这种压力之下,少数人就会做出从众的选择。在企业文化建设中利用从众心理时,需注意两点:一是要善于利用沟通机会和舆论工具,大力宣传企业文化,主动积极地利用从众心理,促成全体员工在行动上相互影响而逐渐趋向一致。一旦这种行动一致的局面初步形成,就会对少数不合群员工形成一种群体压力,促使其与大多数员工趋于一致,从而实现企业文化建设所需要的舆论与行动的良性循环。二是善于运用榜样的力量。企业的榜样力量来自企业领导者的带头作用和先进人物的示范作用,发挥这两类人的榜样效应是企业文化建设的关键。

（四）培养认同心理

认同是指个体将自己和另一个对象视为等同,认为自己属于某个群体,从而产生彼此密不可分的整体性感觉。认同的程度高低不一。初步的认同处于认知层次,相对深入的认同则进入了情绪认同层次,完全的认同往往含有行动的成分。员工对企业产生认同后,会使员工与企业融为一体,休戚与共。因此,为了建设优秀的企业文化,企业领导者应把获得全体员工的认同当作一项关键任务。这就要求企业领导者办事公正,真诚坦率,善于沟通,关心员工,以使企业员工产生更高的认同感和更强的归属感。一旦员工对企业领导者产生较高的认同感,就会

---

① 陈劲.企业文化建设的心理机制研究[J].企业研究,2011(12):100.

心甘情愿地遵从企业倡导的价值观和行为。

（五）激发模仿心理

模仿是指个体按照与其他人行为相似的方式行动的倾向，它是一种人际互动现象。模仿是形成优秀企业文化的一个重要心理机制。企业中的模范与英雄人物，是企业文化的人格化代表。全体员工对他们由钦佩到模仿，构成了企业文化建设的一个重要途径。

（六）化解受挫心理

在企业运行过程中，难免会有企业成员之间、部门与部门之间，以及上下级之间的矛盾与摩擦。从企业成员个体而言，他们在碰到困难时难免会产生受挫心理。而如何化解企业成员产生的受挫心理也是企业文化建设中需要注意的。首先，领导者应具备良好的心理素质，能够应对和抵御各种风险，快速适应变化的环境，与员工保持良好的沟通；其次，企业应营造一种轻松的环境，使员工畅所欲言，提出对企业发展有益的批评和建议；最后，企业应加强对员工心理健康的培训。针对员工的不同特点，应实行不同的培训方式或咨询模式，使员工能够自觉抵制不良行为的发生。

企业文化建设与实施是一项全员参与的系统工程，单靠一个部门的力量是无法完成的，需要在企业内部跨部门成立统一的企业文化建设管理机构，明确各部门在企业文化建设与实施中的责任，执行统一的规划和部署，这是企业文化有效落地的重要保障。此外，企业文化建设既要切实满足员工的合理要求，与员工建立密切的互动沟通，又要适应环境的不断变化，不断地自我完善与更新，以促进企业的健康发展和基业长青。

第二节　企业文化传播

一、企业文化传播的概念

"传播"一词最早由泰勒引入到文化研究范畴，他认为传播隐含在任何一种文化形式和社会文化行为中，文化就是在不断向外传播的过程中逐渐碰撞与交融而形成的。传播是指人们为达到特定目的，依赖各种象征意义的符号，而进行的相互作用的信息交流及沟通活动。企业文化传播属于组织传播的范畴；组织传播是指围绕相应的既定目标，在组织成员中以及组织与外部环境之间所进行的信息传播活动，以实现组织关系的协调。所以，企业文化传播是一个传递过程，是企业将自身文化通过不同的途径和形式，经过某种媒介传输的一种活动过程。按照传播范围来划分，企业文化传播可以分为内部传播和外部传播。[①]

企业文化内部传播是指对企业内部员工进行文化培训、教育、宣传和灌输，使员工了解并认同企业价值观、企业使命和愿景等企业文化精神层内涵的过程。因为企业文化主要作用于企业内部员工，所以内部传播更具有现实意义。内部传播的对象主要是全体员工，目的是促使员工对企业文化精神层的认同，从而使员工形成统一的凝聚力，进而统一员工的思想和行动。企业文化内部传播既具有辅助企业文化形成的功能，又传承和发扬企业文化，从而激发员工战斗力的功能。企业文化的形成、发展、积累都与企业文化内部传播有密切的关系。企业文

---

① 陈瑶. 组织传播学视阈下链家的企业文化传播模式研究[D]. 成都理工大学，2018.

内部传播的渠道有五个：① 企业发展过程中的种种事迹、故事案例等，是内部传播的无形渠道；② 将企业文化用语录、标语、口号等形式表达出来，就称为内部传播的有形规划；③ 企业领导者对下属的要求及个人行为、作风等，构成内部传播的主要渠道；④ 企业文化培训规划、考核机制、激励机制的制定与实施，是内部传播的重要渠道；⑤ 企业举办的一系列活动、仪式、庆典等，是内部传播不可缺少的渠道。①

企业文化外部传播是指由企业领导者、公关部门或普通员工去宣扬企业的价值观等企业精神，其基本含义包括以下三个方面：

第一，企业文化外部传播是由主体将信息通过一定的渠道传达给客体，由此相互之间发生一定作用的过程。企业文化传播的主体是企业，可能是企业的高层领导者、公关部门或企业的普通员工，但并不是专门的信息传播机构，更不是其他企业或群体。

第二，企业文化外部传播是一个有计划的完整的行动过程。"有计划"是指整个传播活动必须围绕企业经营管理总目标有步骤、系统地开展和进行。它应该是企业有目的、高度自觉地培育企业文化的实践活动。"完整"是指传播过程必须基本符合传播学的"5W"模式，即谁(Who)、说什么(Says What)、通过什么渠道(Through Which Channel)、对谁说(To Whom)、产生什么效果(With What Effect)。②

第三，企业文化外部传播是一种文化信息的共享活动。它是指公众对企业文化信息的认同和理解。无论是语言文字，还是其他象征符号，只有当它具有一定的文化意义并能为双方所共享时，才能进入信息系统进行传播。③ 企业文化外部传播具有树立企业形象、提升品牌忠诚度和竞争力的功能，同时也有推动社会精神文明建设、促进社会文化进步的作用。企业文化外部传播是一种文化交流，不是单向的文化输出。全面准确地对外展示、传播本企业的文化，最终在社会公众心目中留下一个美好的印象，塑造良好的企业形象，对企业发展至关重要。企业文化外部传播的途径有企业文化的主动输出式传播、企业文化的示范传播，以及企业文化的交流合作。④

二、企业文化传播的类型

依据传播的载体，企业文化传播可以分为产品传播、人际传播与媒体传播。⑤

1. 产品传播

产品传播是指企业在生产、销售及售后整个过程中传播自己的企业文化。企业通常以畅销产品为主流载体，让顾客在认识和使用产品的过程中接收企业文化，并提升企业的品牌知名度。

2. 人际传播

人际传播是指通过个体之间的语言和行为等符号系统传播本企业的企业文化。其表现形式分为面对面传播和非面对面传播两种。前者指通过语言、动作和表情等媒介进行交流；后者指通过电话、邮件和微博等媒介进行交流。

---

① 曲庆.基于个人感知的企业文化内部传播渠道有效性实证研究[J].科学学与科学技术管理，2008(8):162—167.
② 陈致中，王肖莉.企业文化的传播机制分析——基于5W模式的视角[J].现代管理科学，2016(7):33—35.
③ 陈春花.企业文化管理[M].广州：华南理工大学出版社，2001.
④ 陈瑶.组织传播学视阈下链家的企业文化传播模式研究[D].成都理工大学，2018.
⑤ 霍洪喜.企业文化概论[M].天津：南开大学出版社，2001.

3. 媒体传播

媒体传播是指企业通过网络、报刊、广播和电视等大众媒介,向广大而不确定的社会大众进行文化信息传播的过程。媒体传播是商品市场中较为独特的传播手段,随着社会信息化进程的加快,网络传播已经成为其中最广泛的传播形式。

企业文化传播是将文化计划变成文化现实的过程。这一阶段是最为复杂和多变的阶段,也是最为关键的阶段。企业文化只有通过传播,才能从精神理念层面落实到具体实践层面,让企业员工对企业文化产生认同并渗透到其日常行为中,使企业文化落地生根;只有通过传播企业文化,将它所蕴含的先进价值理念、经营哲学、思维方式、行为模式向全社会广而告之,让大众了解接受,才能在社会中树立良好的企业形象,使企业赢得良好的口碑,进而促进企业取得良好的经济效益,实现企业的可持续发展。

三、企业文化传播的特点

(一) 企业文化传播的多元化

1. 传播途径的多元化

传播途径的多元化是指企业可以借助多种途径将符号信息进行有效的传达。

第一,传播媒介的多元化。企业将产品、服务、形象等内容进行传播,可以采用语言传播,如广告宣传、大众媒体报道等;也可以采用非语言传播,如公众号发布文章、开办企业内刊等。

第二,传播方式的多元化。企业文化的传播方式包括内部传播、外部传播、内外结合传播、单向式传播、双向式传播、多向式传播、沟通式传播、灌输式传播等。[①]

第三,传播载体的多元化。企业可运用的文化传播载体,包括企业故事、企业歌曲、电影、短片、文体活动等。

第四,传播手段的多元化。具体手段包括鼓励、渗透、倡导、讲解、教授、宣传、强化、实践等。丰富多样的传播手段更有助于企业文化的有效传播。

2. 传播对象的多元化

传播对象的多元化是指企业文化的传播对象范围广泛、类型复杂,远远超出一般传播的范围。企业文化传播对象包括企业内部全体员工,以及企业外部的股东、消费者、媒体、供货商和服务商等与企业具有直接或间接关系的人员。

(二) 企业文化传播的长期性

企业文化传播是一个持续的过程,这是由企业文化本身所具有的稳定性和连续性决定的。企业文化传播并不是一朝一夕、一蹴而就的,而是一个连续动态的过程。随着企业的发展及社会环境的变化,企业文化要不断地进行调整。所以,企业应该清楚地认识到企业文化传播的长期性。作为一种意识形态,企业文化的传播会产生各种各样的影响,其传播的目的不论是对内提升员工的凝聚力和向心力,还是对外提升企业的品牌知名度和社会形象,最终都是要落脚于实现企业的可持续发展。从员工的表面模仿性服从到行为的认同,再到真正内化为自身价值观的组成部分,进而在全体员工中形成良好习惯,演变为集体无意识,最终成为优良的企业文化传统,其间需要经历一个漫长而反复的过程。企业文化传播必须基于企业文化所处的阶段,

---

① 黎永泰,李文勇.试论企业文化传播的内涵和特点[J].企业科技与发展,2010,23(14):217—218.

要与该阶段的要求和目标相吻合。文化内容的持续演化性,决定了文化传播的长期性。在企业文化的形成过程中,如果不持之以恒地传播企业文化,就可能导致企业文化发展的"阶段性倒退"。

(三) 企业文化传播的整体性

企业文化是一个整体系统,企业的产品质量、服务水平、员工素质、管理成效等各个方面的优劣都会影响到企业文化传播的效果。在知识产品和文化形态多样化的时代,任何一种传播形式都不能充分发挥企业文化传播的最大效用。企业文化传播必须从全员传播和全能传播的新理念出发,坚持整体性原则,全面推行,统一协调。[①] 孤军奋战、抱残守缺式的企业文化传播,无论投入多大的人力、物力,都不可能产生好的传播效果。

第三节　企业文化传播的路径选择

企业文化能否传播成功,既取决于其是否符合企业发展的实际,又取决于其能否得到员工的认同并转化为员工的自觉行为,这就需要企业建立有效的传播机制,对员工有目的地进行引导,有效地进行教育,进而影响他们的行为。此外,企业还需要在公众心中树立良好的形象,赢得知名度、美誉度,因此就必须重视企业文化的内部传播和外部传播。

一、以详尽可能性模型为理论依据的路径设计

(一) 详尽可能性模型的概念

详尽可能性模型(Elaboration Likelihood Model,ELM)是由美国心理学家理查德·派蒂(Richard Petty)和约翰·卡乔鲍(John Cacioppo)于20世纪80年代提出的,是消费者信息处理领域最有影响的理论模型,也被广泛应用于传播学、管理学及市场营销学领域。该模型认为消费者在收到信息后,会通过两条路径进行信息处理,即中心路径和边缘路径。当其他个体通过中心路径或边缘路径进行加工时,是基于其认知信息加工的深度和"精化"程度。当个体认为信息是有帮助的、有价值的或有说服力的时候,他们倾向于认为信息是高质量的,因此会选择接收信息。[②] 经过对相关问题的深入分析和全面思考,最终会导致消费者态度的形成或改变。相比之下,通过边缘路径处理信息的人往往会花更少的时间和精力仔细检查相关信息或针对目标的争论,影响他们态度变化的因素是暂时的和短期的。企业声誉被认为是非常重要的信号,它会带给消费者值得信任或不信任的信息,进而影响消费者对企业产品的态度。[③]

根据这一模型,信息处理和态度改变的一个基本量纲是信息处理的深度和数量。ELM的基本原则是,不同的路径选择依赖于对传播信息进行精细加工的可能性。当精细加工的可能性较高时,中心路径特别有效;而当这种可能性较低时,边缘路径特别有效。消费者在形成对广告品牌的态度时,能够有意识地认真考虑广告提供的信息,他们在对广告产品或目标的信息

---

① 高俊良.加强企业文化传播塑造企业社会形象[J].思想政治工作研究,2008(9):11—14.
② ZHOU,T.,LU,Y.,WANG,B. Examining online consumers' initial trust building from an elaboration likelihood model perspective[J]. *Information system frontier*. 2016,18(2):265—275.
③ CHANG,Y T.,YU,H.,LU,H P. Persuasive messages, popularity cohesion, and message diffusion in social media marketing[J]. *Journal of business research*, 2015,68(4):777—782.

进行仔细思考、分析和归纳后,最终导致态度的形成或转变,这种劝导过程被称为态度改变的中心路径。与中心路径相对的,是态度改变的边缘路径。在边缘路径中,态度的形成和改变没有经过积极地考虑品牌的特点及其优缺点,劝导的影响是通过将品牌与广告中积极或消极的方面或技巧性暗示联系起来而产生的。

克里夫·桑福德(Clive Sanford)和阿诺·巴塔查尔吉(Anol Bhattacherjee)通过比较这两条路径的不同,提出这两条路径在三个维度上是不同的。第一,这两条路径被用来判断个体如何处理不同种类的信息。一方面,当知识水平较高的个体有很强的动机和能力对新信息进行加工处理时,个体更趋向于遵从中心路径。个体诉诸理性认知因素,进行一系列严肃的尝试,以合乎逻辑的方式来评价新的信息,最终做出理性的选择。另一方面,当动机和能力中有一个较弱时,个体便趋向于遵从边缘路径。个体把产品和对另一个事物的态度联系起来,而这种联系是基于情感因素而非基于对产品特性的理性认知,并据此决定新信息的可信性。例如,个体购买其崇拜的偶像在广告中推荐的某种饮料,这一行为的发生实际上与该饮料的特性毫无关系,起作用的是个体对偶像的喜爱。这是因为人们在对该饮料本身的特性不太了解的情况下,只能通过该信息的边缘因素(如产品包装、广告吸引力或信息的表达方式)来决定该信息的可信性。第二,使用中心路径的人比使用边缘路径的人花费更多的精力和时间。第三,中心路径的影响比边缘路径更稳定,从而在长期内改变态度。① 玛蒂娜·格尼尔(Martina Greiner)等认为中心路径是影响信任构建的主要来源。② 尽管这两条路径都很重要,因为它们与消费者态度的变化有关,但中心路径的影响力更大。ELM通常被应用于电视广告、印刷广告和口碑营销的研究。

(二)影响消费者态度形成路径的因素

1. 广告媒体

消费者越能控制广告展示步骤,就越可能遵循中心路径。例如,印刷广告比播放速度较快的电视广告和广播广告导致更高的认识详尽程度,广播媒体更可能使消费者以边缘路径形成态度。

2. 参与度或动机

消费者对广告内容越有兴趣,其参与度就越高,就越能产生总体的更详尽的认识,从而以中心路径形成态度。如果消费者不在意广告说了些什么,那么就可能以边缘路径形成态度。

3. 消费者的知识水平

知识丰富的人比缺乏知识的人可以产生更多的与信息相关的思想,将更倾向于以中心路径形成态度。如果消费者不太清楚广告说了些什么,那么就可能以边缘路径形成态度。

4. 理解程度

不管是因为其知识水平较低还是时间不允许,只要消费者无法理解广告的信息,他们就将倾向于从广告来源或其他周边暗示去理解广告,而不是通过广告本身去理解广告信息,即更可

---

① BHATTACHERJEE A., SANFORD C. Influence processes for information technology acceptance: an elaboration likelihood model [J]. *MIS quarterly*, 2006, 30(4): 805—825.

② GREINER M E., WANG H. Building consumer-to-consumer trust in e-finance marketplaces: An empirical analysis [J]. *International journal of electronic commerce*, 2010, 15(2): 105—136.

能以边缘路径形成态度。

5. 注意力集中与否

如果观看广告的环境或广告本身使消费者注意力分散,他们将很少产生与信息相关的思想,这将减少消费者遵循中心路径的可能性。

6. 情绪

如果广告引发消费者的积极情绪,使消费者心情舒畅,他们则一般不愿花精力去思考广告内容,这样就会产生较少的认知,态度形成更遵从边缘路径。

7. 认识的需要

一些人本身就愿意思考问题(也就是说他们认识问题的需要较强烈),他们经常产生与信息相关的思想,其态度形成更遵从中心路径。

(三)详尽可能性模型与企业文化

如果将企业文化作为商品信息,将员工和社会大众作为消费者置于详尽可能性模型之中,那么员工和社会大众对企业文化的处理能力就相当于消费者对商品信息的处理能力。所以,在企业文化传播过程中,员工和社会大众的信息处理能力将直接影响到企业文化传播渠道的选择和企业文化传播的效果,导致员工对企业文化的认识水平产生差异,也会导致领导者对信息的处理能力出现高低之分。因此,本章将员工和社会大众作为影响企业文化传播的重要因素,以详尽可能性模型的中心路径和边缘路径为基础,提供理想的企业文化传播路径。

二、内部传播路径

(一)自上而下传播

世界上所有成功的企业都必须有一个灵魂式的创始人,他是企业的掌舵者,是建立和引领企业文化的标杆,是企业价值准绳的起点。自上而下传播多指信息从高层向低层传播,一般发生在政策下达、布置任务、召开会议、确定目标等方面。以链家创始人左晖为例,他于2001年创立链家,一直坚持做难而正确的事,带领链家不断颠覆和突破。左晖是链家企业文化的创造者,由"左式"链家风格所构成的企业领导层是链家企业文化的内部传播者。"左式"链家风格不同于国内大部分民营企业,它低调务实又天性骄傲,能接受别人的建议,也能坚守自己的原则和底线,这正是继承了创始人左晖的性格色彩。企业领导者是企业文化的龙头,自身首先应当成为遵守企业价值准则的典范,成为这些价值准则的最充分的体现者,成为企业文化的化身,并通过自己的行动向全体成员灌输企业文化理念。由于企业领导者的权威性和感召力,员工会把这些准则当作最高规范,增强其遵守准则的自觉性。

(二)由表及里渗透

第一,口号传播。将企业的价值观、理念目标、规范制度等通过简短易记的口号进行视觉和听觉上的重复刺激,能够强化企业文化在员工心中的印象。企业可以将企业精神、企业宗旨等制成巨幅的色彩鲜明、创意独特的标语或标牌放置在醒目的地方,时刻提醒员工牢记企业的理念。企业内部也可以通过诵读口号等更为自觉的行为来灌输企业文化,长此以往,良好的企业文化氛围由此形成,同时增强了员工为企业奉献的使命感和荣誉感。

第二,教育培训。在"以人为本"的人才观指导下,企业不仅要为基层员工、部门主管等提供公平良好的发展平台和企业环境,还应通过培训体系、企业仪式、企业会议、考核机制等传播企业文化,培养有竞争力的员工。例如,可以把企业的经营哲学、战略目标、价值观、行为准则、道德规范及企业的优良传统,系统而详细地介绍给他们,让企业价值观成为员工价值观的一部分,使个性迥异的员工自觉地将企业价值观落实在其工作中的一言一行,对其今后的行为发挥引导和制约作用。针对企业新员工的培训,是传播企业文化的一个关键之举。

第三,制度贯彻。企业文化的传播与导入应融入制度建设,以各项管理制度为载体,系统地传播企业文化。在这一过程中,尤其应该让企业文化思想全面影响和指导各项管理工作,让企业文化传播体系具体地融入一体化管理制度建设,让员工亲身感受到,使所提炼、所倡导的企业文化思想真正深入员工内心,体现在员工的行为举止、管理的一招一式和产品与服务之上。①

(三)由点到面推进

第一,发挥榜样力量。发挥榜样的作用是传播企业文化的一种重要而有效的方法。将企业中的先进人物作为企业价值观的人格化,对其进行宣传、表彰,这样就为员工提供了有形的榜样。直接从员工中挑选出人来扮演这样的英雄角色,其他人就会努力效仿这些英雄人物的行为。他们向每个员工传送着:这就是你在这里为了成功所必须做到的一切。

第二,注重内部沟通。企业内部应提供各种各样的使内部成员之间、上下层之间能够很好沟通交流的载体,形成畅通的传播渠道,促进良好企业文化氛围的形成。企业内部沟通的途径多种多样,比如,通过下发文件、电视台报道、网站投放广告等方式将信息传递给员工,或是通过企业内部的媒体,宣扬企业精神,形成有利于企业文化传播的积极舆论和群体压力。

三、外部传播路径

(一)借助社会力量

借助社会力量传播,主要是借助一些社会公共话题、焦点问题,强调企业具有强烈的社会责任感。企业社会责任问题日益受到人们的关注,并成为企业伦理的重要内容。能否履行社会责任也成为社会对一家企业进行评价的重要标准,是评判企业社会形象的重要指标。企业在创造利润、对股东利益负责的同时,还要承担对员工、对社会和环境的责任,包括遵守商业道德、确保生产安全、保护劳动者合法权益等。企业通过强化勇于承担社会责任的形象获得社会的认同和好感,从而在社会中树立良好的形象。

(二)重视员工力量

企业员工是组成企业的细胞,是企业生产经营活动的主体。企业中的每个员工都是重要的一分子。任何一个员工,总会参与一定的社会活动。而在社会交往中,别人问的第一句话往往是"你在哪个单位工作?"此时,企业员工理所当然地成为本企业文化向外传播的一个窗口。因此,每个员工的素质及外在形象,实际上都是企业文化向外传播的一个载体。员工形象也代

---

① 向红.关于系统推进企业文化传播管理的探讨[J].有色金属设计,2008,35(4):13—16.

表着企业的形象。良好的员工形象对客户传递了一种信息,即优质的产品与卓越的服务,而这种信息传递的结果就是客户信任度的明显提升。通用电气前董事长兼 CEO 杰克·韦尔奇等世界杰出的企业领导者,都很重视企业员工的职业形象,将其视为公司的品牌。此外,员工的规范行为生动有力地展示了企业制度的规范性和管理的有序性。[①]

(三)利用企业传播媒介

根据媒介形态的基本特征和企业实际,可将企业传播常用的媒介分为传播技术类和自然物质类两类。[②] 传播技术类媒介指的是通过现代科学技术实现便捷、广泛传播的媒介,发明、使用这类媒介的主要目的即传播,包括报纸、书刊、电话、电报、广播、电视、互联网等。自然物质类媒介指的是企业中的物质空间、纪念碑之类的自然物或人工制品,具有传递信息、建立关系的作用,但是由于其多为非语言传播,往往被人忽略其媒介特性。在企业中,自然物质类媒介中的物质空间,实际上不仅是重要的传播场所,也是十分重要的传播媒介。空间以其特殊的方式传递了其建造者的意图,也在具体使用过程中被赋予了不同的意义。由于空间媒介不是通过语言表达,其传递方式往往被自然化、客观化,从而也更容易被人接受。

企业文化传播离不开媒介,它是广泛传播企业文化的有效手段。通过媒介传播企业文化信息,受众更广、影响更大、权威性更高。随着信息技术的发展,可利用的媒介形式和种类更加丰富,传递信息也更为便捷和迅速,企业应抓住这样的契机,了解传播媒介,把握各种媒介的特点,准确地策划出在何时、何事上运用何种媒介,使传播媒介为企业所用。

(四)企业文化外部传播与推广策略组合

企业文化推广策略组合是由其高管对企业文化推广所采取的具体行为构成的。这些构成要素包括企业网站主页、企业文化页面、人力资源、新闻等。

企业网站主页通常包括总裁的演讲和企业的历史、架构及获得的荣誉。大多数情况下,企业从总裁等高层开始推广自己的文化。因此,他们所做的演讲是所有股东理解企业所推广的价值观的最为直接的途径。

企业文化页面大多数是介绍企业的愿景、使命、经营哲学、核心价值观及社会责任等。它是用来表示企业是否重视企业文化的直接途径。多数情况下,社会责任意味着慈善活动行为。

人力资源包括雇佣哲学、员工培训计划、雇佣信息和校园实习计划。其中,员工培训计划不只是为了让员工了解企业的运行机制,更是将所推广的企业文化注入员工头脑。员工是企业推广企业文化的主要载体。通过员工培训,企业的使命、行为标准等可以清晰和隐性地传递给员工,使他们能够在履行自己工作职责的过程中,遵守这些行为规范。因此,员工培训也是企业文化推广的重要部分。一旦总裁把所要推广的企业文化制定好,他必须关注企业文化推广进度,并努力使员工拥抱这些文化。

新闻通常包括企业新闻和媒体曝光率。其中,企业新闻一般指报纸杂志和网站上刊登的有关企业的报道;媒体曝光率是指企业被媒体报道的次数,这代表了媒体对企业的印象。

---

① 张德.企业文化建设[M].北京:清华大学出版社,2009.
② 谢静.组织传播学[M].上海:复旦大学出版社,2014.

第四节 企业文化传播的效果与应用

一、企业文化传播的效果

(一) 企业文化传播效果的内涵

在传播学领域,传播效果指的是传播行为产生的有效行为结果,即传播者的传播行为实现其传播意图或传播目标的程度。从广义上来讲,它是传播行为所引起的客观结果,包括对他人和周围社会实际发生作用的一切影响和后果。因此,企业文化传播效果是指,企业文化传播行为在员工和作为个体和群体存在的社会大众身上引起的心理、态度和行为的变化,以及企业文化传播行为在社会中引起的社会影响,包括有意识的和无意识的、直接的和间接的、显的和潜在的。企业文化传播效果位于企业文化传播过程的最后阶段,是各种企业文化传播要素相互作用的集合效应,也是受众收到信息,作用在某些方面发生的具体变化。企业文化传播是通过不同的工具和途径,将已设计出的企业理念、核心价值观等有针对性、有计划性地呈现出来并为企业内部和外部所认知和认同。企业文化只有通过有效的传播,才能真正对企业的发展起到促进作用,其中的理念和价值观才能真正融入企业的经营管理。

(二) 企业文化传播效果的层次

对企业文化传播效果的研究可分为两个层次进行,即对企业文化传播效果产生的微观过程分析和宏观过程的考察。一般而言,在微观过程分析中,根据传播效果发生的逻辑顺序或表现阶段,可将传播效果分为认知层面的效果、心理和态度层面的效果、行动层面的效果三个层次。从认知到态度,再到行动,是一个效果积累、深化和扩大的过程。企业文化传播的社会效果也分为环境的认知效果、价值形成与维护效果、社会行为示范效果三个层次。正如作为企业文化外部传播支撑理论的议程设置理论所研究的,在企业文化的外部传播过程中报道什么、回避什么、提倡什么、反对什么,都影响到社会公众对企业的认知,在传播学中被称为视野制约效果,又称社会公众的价值判断。同时,一家企业对外传播企业文化的波及半径与它在社会中的地位和影响力有关,社会地位越高、影响力越大的企业,其企业文化传播范围越广,作为一种优势文化,它的价值观也越容易被认同。因此,它所倡导的价值观和行为模式在社会中会产生一种社会行为示范效果。它的优秀理念会被许多企业竞相学习,其表彰的优秀人物和事迹会得到广泛的学习和模仿。

(三) 企业文化传播效果的类型

传播效果的类型众多,除了内部传播效果与外部传播效果的划分,还可以基于时间长短,分为短期传播效果和长期传播效果;基于同传播者意图的关联,分为预期传播效果和非预期传播效果;基于效果的性质,可分为积极传播效果、消极传播效果等。彼得·戈尔丁(Peter Golding)对传播效果的分类能为我们理解企业文化传播效果分类提供一定的借鉴。他结合了时间与意图两种分类标准,将企业文化传播效果划分为四种可能的组合,即短期预期、短期非预期、长期预期及长期非预期。短期预期的企业文化传播效果是指,企业文化在个体身上引起的认知、态度和行为的变化。短期非预期的企业文化传播效果是指,个体接触到企业文化信息后所发生的、与企业意图无直接关系的模仿或学习行为,这些行为可能是有利于企业和社会的,如从中学习知识、领悟人生;也可能是不利于企业和社会的,如企业内刊上,揭露了某个员工行贿而不断高升、加薪的劣迹之后,有些员工错误地认为这也是一种谋求晋升的手段而以身试法等。长期预期的企业文化传播效果是指,与企业文化的传播目标和宗旨相符的效果的积累。如在企业形象、企业社会责任的履行等方面长期的、经常性的宣传与推广,使企业在知名度和美誉度等方面得到持续提升。长期非预期的企业文化传播效果是指,企业文化作为一种亚文化,在长期的传播活动中潜移默化地对社会大众和社会文化产生的影响,如影响了一部分年轻人的择业观、人生观或强化了马太效应对社会的影响等。[①]

(四) 企业文化传播效果的影响因素

任何一种有目的的传播活动都希望取得良好的传播效果,而传播效果的产生是一个十分复杂的社会过程,从发出信息到受众接收信息,其间存在许许多多的环节和因素,每个环节或因素都可能对传播效果的形成产生重要影响。接下来,从以下五个方面考察企业文化传播过程中的影响因素。

1. 企业文化传播主体与传播效果

纵然企业文化的传播效果受到多种因素和条件的制约,但在这一过程中居于最优越地位的无疑是作为企业文化传播主体的传播者。传播主体在企业文化的传播活动中是最主动的发起者和掌控者,因此其某些特点也会对传播效果产生重要影响。

如果考察企业文化的传播主体对企业文化传播效果的影响,就要考察包括企业中的企业文化传播工作者与企业授权行使企业文化传播工作的媒体组织和个人的性质,及其在信息的采集、筛选、加工中所起到的作用。企业文化的传播主体对企业文化传播效果产生的最直接的影响,在于其威信效应、信誉度及从众效应。威信效应是指企业文化传播主体个体或群体的权威性、可信性对受众的心理作用,以及由此产生的对企业文化传播效果的影响。传播学研究认为,当受众把传播者或信息来源视为具有高权威性和高可靠性时,这种认定就会转变为对信息内容的相信。而且,企业文化传播主体的威信的高低与受众影响的程度之间存在某种正向关系。在企业文化传播活动中,受众威信效应的产生主要取决于企业文化传播主体、企业文化传播机构或信息来源在受众心目中的威望和地位,而这种威望和地位不是靠权力获得的,而是由受众授予的。信誉度是指企业文化传播主体个体所具备的诚实、客观、公正等品德条件。从众效应是指作为受众群体中的个体在信息接收中所采取的与大多数人相一致的心理和行为的对策倾向。在信息接收中,从众效应常有以下表现:一是受众对已经有了定论的信息作品,几乎没有人会再提相反的意见;二是从众能够规范人们接受的行为模式,使之成为一种接受习惯;三是一致性的群体行为能够形成接受"流行";四是会对那些真正富有独创意义的信息作品加以拒绝,从而挫伤少数企业文化传播者探讨真理的积极性;五是一定程度上抑制了受众理解信息的个人主观能动性。因此,从众效应也是优点与缺点并存、有利与不利同在。随着时间的推移,受众对信息来源与内容的记忆会逐渐淡化,由信息来源主导的可行性效果趋于减弱或消失,内容本身的说服力则开始逐渐发挥出来。因此,除了考察企业文化传播者对传播效果的影响,传播内容的重要作用也不容忽视。[②]

---

① 马楠.刍议企业文化传播效果[J].吉林画报·新视界,2013(1):70—72.
② 同上.

2. 企业文化的传播内容与传播效果

传播内容是企业文化传播效果研究的一个重要领域。企业文化信息的主题是明确的还是含混的，观点在多大程度上与企业文化倡导的价值观一致，内容是典型的还是极不典型的、是真实的还是虚假的，这些都将直接影响到传播效果。企业文化的传播内容是否明确指向企业文化，能否强化企业文化的传播效果，既受采集、筛选信息的传播者的制约，也受内容的传播载体和传播技巧的制约。①

3. 企业文化的信息载体与传播效果

企业文化信息也就是企业文化的内容，它是通过语言、文字、声音、图形、画面、影像等载体传递的。这些信息载体或符号表征的意谓、功能和效果等特性，是影响传播效果的主要内容。人的视觉、听觉信息处理模式从人的视听感受角度为信息载体的选取提供了有益的参照。信息载体的选择，不仅要求企业就其不同的传播目标、效果诉求和媒介自身的优缺点来选取适合的媒介载体，还要求企业从文字、词汇、句法的选择，颜色的运用与搭配，声音的运用技巧，图形的视觉效果等多方面进行细致的考量。一个好的传播效果，必定来自对信息载体精确地选择与合理地运用，以及对各个细节的重视与整合。②

4. 企业文化的传播技巧与传播效果

企业文化的传播技巧是指在企业文化传播活动中为有效地达到预期效果而采取的，可以唤起受众注目、引起他们特定心理和行为反应的策略方法，包括内容提示法、说理法、诉求法等。常见的影响传播效果的传播技巧有"一面提示"和"两面提示"。"一面提示"是指企业向受众提示己方观点或于企业有利的判断材料；"两面提示"是指在提示己方观点的同时，也以某种方式提示与企业对立一方的观点或于企业不利的观点。传播技巧的选择通常离不开对传播对象的考量。"一面提示"和"两面提示"的选用就要基于企业文化传播受众的预设立场和受教育程度等因素。如对企业文化所持的原有态度为支持的受众，其受"一面提示"影响的传播效果大于"两面提示"，而对企业文化所持的原有态度为反对的受众，其受"两面提示"影响的传播效果大于"一面提示"。同时，"一面提示"更易为文化程度偏低的受众所接受，而文化程度高的受众则更易受"两面提示"的影响。

"明示结论"与"寓观点于材料之中"也是两种不同的传播技巧。"明示结论"适用于在企业文化信息比较复杂，且受众的文化程度较低与理解能力较低的场合。但易于受众理解的企业文化信息，也会有表述方法过于生硬、直白的缺点。而"寓观点于材料之中"适用于企业文化信息比较简单，或受众的文化程度较高和理解能力较强的情况，因为受众已经能够从文意中总结出企业所要传递的意图，再做明示的结论就会产生画蛇添足的负面效果。

其他传播技巧还有"诉诸理性"与"诉诸感性"。"诉诸理性"是通过冷静的、理性的、逻辑化的语言和表述方法摆出客观的事件和道理来影响受众；"诉诸感性"则是通过感情色彩浓烈的、煽情的、营造氛围的方式来影响受众。情感需求在人类的诸多心理需求中居第一位。因此，在多数情况下"诉诸感性"的传播效果要好于"诉诸理性"的传播效果。然而，两种方法的有效性还要因人、因事、因时而异。在企业文化的传播过程中，将两种传播技巧有机结合，达到"动之

---

① 马楠.刍议企业文化传播效果[J].吉林画报·新视界，2013(1)：70—72.
② 同上.

以情,晓之以理"会收到更好的效果。①

5. 企业文化的传播对象与传播效果

企业文化的传播对象,无论是内部传播中的企业员工,还是外部传播中的消费者、社会公众、媒体、政府、商业伙伴等,都不是完全被动的企业文化信息的接收者。相反,受众的属性对传播效果起到重要的制约作用。作为个体的受众,其性格、年龄、受教育程度、兴趣、立场等个人属性,以及人际传播网络、群体归属、成长经历等社会属性都影响着最终的传播效果。根据传播学中的受众分析学理论,在企业文化传播的过程中,影响传播效果的受众,即对象因素不仅包括目标受众本身,还包括这一过程中的意见领袖,也就是把关人,以及受众所归属的群体和群体规范。在影响企业文化传播效果的受众个体因素中,内在化的群体规范和可说服性的个性因素尤为重要。

第一,内在化的群体规范。企业文化是一种亚文化,而作为个体存在的企业文化传播受众在现实生活中受到多种文化因素的影响,大至民族文化、意识形态,小至家规、校规、企业文化,其中一部分必定被他们内化为个体的一部分,形成一定的惯性反应模式。这部分内在化的群体规范影响到受众对企业文化信息的"选择性接触",也影响到他们对企业文化的认同。对于一家企业来说,它无法去挑选传播受众的属性,只能在传播前期和过程中,对受众属性进行深入了解,以期选取目标受众能够理解和接受的内容,采用更易于被目标受众认同的方式,有的放矢地进行企业文化传播;内部传播方面,则可通过员工入职前的一系列价值观、社会经历的考察,来考核员工与企业文化的契合程度,尽量挑选在价值取向上与企业保持一致的员工。这样的员工也更容易理解、内化企业文化。

第二,可说服性的个性因素。无论是员工还是作为个体的社会公众,都具有不同程度的自信心和可说服性的个性。人的可说服性分为高、中、低三个层次。可说服性又与自信心程度呈负相关,并受到每个个体的求知欲、性格、习惯等因素的影响。企业文化传播既是一个具体的传播过程,也是一个宏观的、综合的过程。影响传播效果的因素有很多,探求影响因素是一个未尽之旅。如何对传播效果进行评价,以及采用哪些方法,也是重要的课题。②

二、企业文化传播的应用——以微信公众号为例

(一)微信公众号

微信作为一种为智能终端提供即时通信服务的免费应用程序,在短短数年内成长为连接人与人、人与服务、人与商业的重要平台。根据《2017 微信数据报告》显示,截至 2017 年 9 月,微信在全球已拥有 9.02 亿日登录用户,350 万个月活跃公众号,7.97 亿公众号粉丝。根据企鹅智酷发布的《2016 年微信影响力报告》显示,超过九成微信用户每天会使用微信,八成用户借助微信开展工作,六成以上用户每天打开微信超过 10 次,半数用户每天使用微信超过 1 小时,这些数据都表明微信已经渗透到了大多数人的日常生活和工作中。

微信公众号是微信应用程序中使用率排名前三的一项功能,它分为订阅号、服务号和企业号(企业微信)。订阅号是一种为媒体和个人更好地与读者沟通而提供的新的传播方式;服务号为企业和组织提供更强大的业务服务与用户管理能力,是帮助企业快速实现推广的服务平

---

① 马楠.刍议企业文化传播效果[J].吉林画报·新视界,2013(1):70—72.
② 同上.

台;企业号为企业和组织提供移动应用入口,帮助企业建立与员工、上下游供应链及企业应用间的连接。《2016年微信影响力报告》统计显示:39.8%的用户每天都会用到公众号,公众号日提交超70万条群发信息;72.7%的公众号运营方为企业和组织机构,企业号账号数量已达65万;84.7%的运营方使用公众账号的主要用途是发布信息,获取信息是用户关注公众号的第一需求。可见,微信公众号是运营方发布信息、用户接收信息的重要渠道。①

（二）微信公众号在企业文化传播中的优势

企业文化传播的构成要素主要包括人、企业文化本身、传播媒介、传播环境、信息反馈和传播效果。其中人、企业文化本身、传播环境这三个要素一般比较稳定,为了提升信息反馈和传播效果,传播媒介就成为企业文化传播中的关键一环。特别是在信息技术高速发展的当今社会,越来越多的表达工具和信息载体被纳入传播媒介,微信公众号就是其一。

使用微信公众号传播企业文化具有四大优势：一是传播范围广。微信公众号发布信息属于点对面、一对多的发散式传播,用户可以把信息转发他人或者分享到朋友圈,从而不断增加传播路线,最终形成网状传播,最大限度地扩大传播范围,覆盖相关人群。二是传播速度快。微信公众号推送的信息能够即时到达用户,在最短时间内被用户关注和阅读,这与讲究时效性的企业文化的传播非常契合。三是传播形式丰富。微信公众号的传播内容可以编辑为文字、图片、音乐、视频等多种形式,能够更加直观地展现企业文化的核心要素,增强传播内容的趣味性和观赏性。四是传播成本低。微信是一款免费的应用程序,微信公众号即使申请认证也只需要每年缴纳300元,相比电视和其他网络媒介而言成本要低很多,并且可以持续推送不同的内容,非常符合企业文化传播的需求。②

本 章 小 结

本章第一节介绍了企业文化建设的概念、原则、步骤和心理机制。第二节介绍了企业文化传播的概念、类型、特点。第三节介绍了内部传播和外部传播的路径。第四节讨论了企业文化传播效果的内涵层次、类型及影响因素,并以微信公众号为例分析了企业文化传播理论的应用。企业管理者根据本章提出的企业文化建设与传播的理论框架可以有效地做好本企业的企业文化建设,并在企业文化的内部与外部传播过程中积极地传播企业的形象。

【复习思考题】

1. 什么是企业文化建设？它有何重要意义？
2. 企业文化建设的主要步骤是什么？
3. 如何运用心理机制帮助企业顺利开展企业文化建设？
4. 什么是企业文化传播？它有哪些类型？
5. 如何进行企业文化传播？
6. 用本章理论分析、讨论下面案例。

---

① 彭茹.企业文化类微信公众平台对内传播研究[D].郑州大学,2019.
② 同上。

案例分析

海尔集团的企业文化战略

国内实施企业文化战略成功的企业当首推海尔集团。2004年是海尔集团创业20周年,集团于当年已实现全球营业额突破1 000亿元,是创业初期的29 000多倍,成为中国第一个千亿级规模的自主品牌。海尔集团跻身世界品牌百强,实现了三大跨越,即从制造产品到制造需求、从制造需求到制定标准、从投资建厂到兴建国际合作工厂。三大跨越得益于其不断创新和不断提升文化竞争力。

海尔集团董事局主席张瑞敏认为企业的活动都受到企业的群众意识,即企业经营理念的制约。企业经营理念决定了企业的发展方向。从1984年开始,张瑞敏开始注意继承我国的优良传统文化,借鉴欧美跨国公司及日本企业的经营管理科学,结合海尔集团的实际,有意识地收集、提炼和归纳企业经营的新思想、新理念,从而形成了既有世界最新管理思想又有中国传统文化色彩的独特的海尔理念体系。海尔文化好比三个同心圆的三个层次,最里面的层次,是企业文化的观念层,它包括企业的理念和目标;中间的层次,是企业的制度、规范层;外面的层次是企业文化的物质层,包括厂容厂貌、工作服饰、文体活动等指标。观念层是企业文化的核心,影响和决定制度、规范层,而制度、规范层又保证了企业战略目标的实现。海尔的品牌意识、用人理念、市场理念和技术创新理念构成其观念层的主要内容。

一、品牌意识

海尔集团树立了强烈的品牌意识,即有质量才有品牌、有市场才有品牌。"用户永远是对的"这一理念促进了海尔品牌的创立和发展。之后海尔集团相继树立了"有创新才有自主品牌"的意识,认识到"在否定别人之前先否定自己""参与全球竞争才会有世界名牌""国门之内无名牌",争创世界品牌。

1. 有缺陷的产品就是废品

海尔集团是最后搭上生产冰箱的末班车的,张瑞敏决定把创名牌冰箱作为突破口。他发现冰箱有质量问题后,经检查仓库里还有76台不合格的冰箱。于是,张瑞敏召集全体员工查看这76台冰箱,流着眼泪抡起锤砸了这些不合格的冰箱。这一砸,砸醒了全体员工,使"生产不合格的产品就是不合格的员工"的观念一下子就树立起来了;这一砸,也砸出了员工的责任心,"要干就干最好的"变成了全体员工的心愿和行动;这一砸,砸出了"精细化、零缺陷"的质量意识,使质量管理有了坚实的基础,也砸出了中国冰箱历史上的第一块金牌。从此,"有缺陷的产品就是废品"成为海尔集团第一个理念。

2. 先卖信誉后卖产品

张瑞敏提出了"先卖信誉后卖产品"的品牌理念。一家企业的产品,仅仅有知名度和信誉度是远远不够的,还必须要有美誉度,能随时满足用户的各种要求,使消费者有口皆碑。福州市有位用户购买的海尔冰箱出了故障,给青岛厂部打电话,指望能在半个月内来人维修。但是令这位用户想不到的是,维修人员连夜乘飞机第二天就赶到了用户家。用户半信半疑,坐飞机来修冰箱,来回的差旅费与冰箱售价差不多,这样做合算吗?海尔维修人员说:"我们卖的是信誉而不是产品。"用户感动地在维修单上写下了这样的话:"我要告诉所有的人,我买的是海尔冰箱。"正是这种优质服务,赋予了海尔品牌商业价值的文化内涵,树立了海尔集团的良好美誉,扩大了海尔产品的市场占有份额。

    3. 不断否定自己

    海尔人认为在市场竞争中,与其让别人打倒自己的产品,不如先打倒自己。不断地否定自己的过去观念,才能在市场上立于不败之地。在技术创新方面,他们坚持与中国科学院化学研究所、北京航空航天大学联合进行技术开发,并与多个国家和地区的大企业技术研究中心建立了合作关系,在海外设立了信息站与设计分部。海尔集团推出新产品的速度惊人,科研成果申报量也十分可观。

二、用人理念

    海尔集团打造可以创造世界名牌的人。海尔集团认为,优秀的产品是优秀的人制造出来的。只有发挥员工的积极性、创造性,才能创出知名品牌,才能使企业保持旺盛的生命力和竞争力。海尔集团为每一个员工提供公平展示才能和平等竞争的舞台,因为海尔集团深刻认识到在企业的发展壮大中人是最根本的,第一是人,第二是人,第三还是人,并提出了"人人是人才""赛马不相马"等论断,把每个员工都视为企业发展的可用之才。张瑞敏指出,作为一个企业领导者,可以不知道下属的短处,但不能不知道他的长处,要用人之长,并给他们发挥才能的条件,"你能翻多大跟头,我就给你搭多大的舞台"。人人尊重知识、尊重人才,人人学习知识、争当人才,是推动海尔集团不断创新、在竞争中获胜的源泉。

    1. 每一个员工都是企业这条大河的活水源头

    海尔人认为:"如果把企业比作一条大河,每个员工都是这条大河的源头。员工的积极性应像喷泉一样,喷涌而出,而不是靠压或抽出来的。"小河是市场、用户。员工有活力,必然会生产出高质量的产品,提供优质的服务,用户必然愿意买企业的产品,涓涓小河必然汇入大河。从这个角度来说,员工的工资是用户给的,不是企业给的,只有为用户服务,才能得到这个回报。他们要求每个员工除了达到"日清日高"的工作目标,一年内还需有三条合理化建议被采纳。为此,他们设立了"合理化建议奖",鼓励员工对企业生产经营管理提出意见和建议,发挥员工的主人翁作用,大大激发了员工的积极性。

    2. 创立"赛马不相马"的机制,搭建"人人是人才"的舞台

    为适应集团快速发展对人才的需要,海尔集团建立了一整套完善的人才培养、使用制度,这是一个有利于每个人最大限度地发挥自己特长的机制,使每个人都能找到适合于发挥自己价值的位置。这个机制的形象比喻就是"赛马不相马",即给每一个人相同的竞争机会,给所有人参赛的机会,每个人都有权力参加竞赛,关键看个人的能力。海尔集团对全体员工实行"三工并存,动态转换"的制度。其中,"三工并存"即在全体员工合同制的基础上,将所有员工分为优秀员工、合格员工和试用员工三个等级,实行差别待遇;"动态转换"即根据工作绩效,"三工"之间进行动态转换。集团为管理人员、专业人员、工人三类人员,分别设计了三种职业生涯,每一种都有升迁的方向。其中,对管理人员实行"在位要受控,升迁靠竞争,届满要轮岗"的制度,把传统的对管理人员"相马"式的考察委任制改为"赛马"式的竞争聘任制;打破年龄、资历、学历等界限,公开空缺岗的任职条件、工作目标和招聘程序,推行平等竞争,把一流的人才选拔到管理岗位上来。

三、市场理念

    1. 只有疲软的产品,没有疲软的市场

    海尔集团认为,企业面临产品积压,表面上看是供过于求,实际上是用户的潜在需求没有

得到满足。因此,集团提出"只有疲软的产品,没有疲软的市场"的理念,这意味着不应消极地等着市场复苏,而应不断开发出满足用户多种需求的产品来保持市场销售的旺势。如国内市场上海尔集团的"小王子"冰箱一度非常火爆,其设计灵感来自设计人员发现小朋友喜欢在白色的冰箱门上贴卡通画纸。根据用户需求,集团推出一系列"画王子"冰箱,迎合了相当多用户的消费心理,市场销量非常好。

2. 创造市场,引导消费

海尔集团认为,市场永远不会现成地送给你,你也不可能完全适应和达到市场的要求,不如索性想方设法地去创造一个新的市场。实施"标新立异"的市场销售战略,不断捕捉比竞争对手更好的市场切入点,在现有的市场争取更多的份额,去创造新的市场,开拓新天地。海尔集团的诸多理念,如"只有淡季的思想,没有淡季的市场""用户的难题就是我们的课题"等,都要求集团应在"标新立异"思路的启发下,千方百计地开创新的市场,超前发现消费者需求市场并提前占领市场,取得市场竞争的主动权。

3. 先难后易,创国际市场

德国冰箱被称为世界第一,德国对冰箱的质量要求极其严格,海尔集团选择德国作为突破口,用了整整两年的时间,倒逼自身不断提高产品质量,最终通过了德国的质量认证。目前,海尔集团品牌产品已先后进入美、德、法、日等经济发达国家(地区)。这样,在大规模出口发达国家(地区)的影响下,出口发展中国家的市场问题也迎刃而解,客户主动找上门来,争夺海尔产品的经销权。由于坚持"先难后易"的原则,海尔产品的出口区域多为发达国家(地区),因而在东南亚出现金融危机的情况下,海尔集团遭受的影响比较小。

四、技术创新理念

海尔集团体会到,技术创新最重要的是要有市场效果;追求最大的市场满意度,是检验技术创新成功与否的唯一标准。在指导思想上,海尔集团始终坚持把市场作为创新的起落点,凡是市场需要的必须做好,凡是对手能做到的必须做得更好,形成了独有的技术与市场结合的成功经验。此外,整合科技资源,集聚国内外优秀人才为我所用,是海尔集团不断提升创新能力、打造世界名牌的重要途径。海尔集团在整合企业内外部技术资源的基础上,建立了海外技术网络、国内技术创新网络和高科技研发公司。

资料来源:陆明芳.论企业文化在企业发展中的战略地位——兼论海尔企业文化[J].新西部(理论版),2011(10):71—72.

第七章 企业文化的演化

【学习目标】

- 了解企业文化的演化路径及影响机制、演化结果
- 深入学习企业生命周期,了解企业在生命周期的不同阶段所呈现的不同特征
- 理解中西方企业文化的类型

 开篇案例

通用电气的企业文化演化

杰克·韦尔奇(Jack Welch)于1981年接任通用电气(GE)总裁职位,当时GE内部大多数员工自我满足、漠视危机的现象严重。韦尔奇对公司总部员工奉行"阳奉阴违"的处世哲学十分不满。这种官僚主义的行为方式与韦尔奇内心深处对GE文化的愿景形成强烈的反差。他认为这样的文化不利于形成员工的良性凝聚功能,健康的激励功能更谈不上,行业排名第11位的状况也与韦尔奇"数一数二"的战略目标有一定的距离。当时很多大公司的目标是随着GNP(国民生产总值)一同成长,而韦尔奇希望GE不仅仅是随着GNP一同成长,更要成为"拉动GNP的火车头,而不是跟着跑的最后一节车厢"。他希望创建一种环境,鼓励人们按照事情的本来面目看待事情,要按照事情自身的方式,而不是自己主观愿望的方式来处理事情。创造一个不断学习、具有无限文化底蕴的企业成为韦尔奇的理想。显然,依靠目前这支团队是无法完成这一使命的。基于对现状的不满意,韦尔奇一上台便进行大刀阔斧的改革。他用"温水煮青蛙"的故事让大家明白了危机意识,被丢进滚烫热水中的青蛙尚且可以立即跳出免于一死,而待在不断加热的冷水中的青蛙却只能是在麻木中等死。韦尔奇意识到,如果当时的GE不变革,将无异于等死的青蛙;企业文化功能的缺失,随着危机的到来必定使GE"死于安逸"。

GE企业文化的演化过程伴随着韦尔奇基于价值判断和心理满足的自我实现过程。他希望GE能够成为"世界上最具竞争力的企业"。他的目标是将一种小公司所拥有的拼劲注入GE这样的大公司,使其摆脱传统企业的保守思维,变得更有活力、更灵活且适应性更强,形成一种追求高质量和卓越的氛围。在这种氛围里,所有员工都感到向自己的极限挑战是一件很愉快的事情。韦尔奇在发现常人不能看到的机会上天赋异禀,其个人的经历和已有的智识起着关键的作用。在GE企业文化的演化过程中,韦尔奇有效、适时地运用其战略视野,并内化为GE的企业文化,造就了优秀的GE文化。他首先把"掌握自己的命运"解释为"世界在不断变化,我们也必须不断变革"。我们拥有的就是认清自己命运的能力,认清形势,认清自我,从而改变自我,掌握命运;应努力使GE人感到GE是自己的事业,是实现自身价值、理想的场

所,并以此心态来经营企业。他认为管理的关键并不是找出更好地控制员工的方式,而是使组织结构比较流畅,可以快速地适应市场动态,并在企业内积极推进,给予员工更多的权力而非责任,让员工与上级实现良性互动。他积极推行"解决问题"计划,将"自由辩论"的好处惠及全体员工。在每年 GE 的培训中,员工可以自由辩论,直接面对总裁,以培养其自信、坦率的品质和面对现实的勇气,为其灌输一种全新的价值观。主管必须采取行动,解决员工提出的问题,并相应地将全体员工划分为若干有权力确定企业问题和解决方案的目标小组。通过改革,韦尔奇创造了"精简、迅捷、自信"的 GE 新文化,也创造了 GE 奇迹,使 GE 的市场价值从 1981 年的 120 亿美元猛增到 1998 年的 3 000 亿美元。

基于其心中理想组织的构想,韦尔奇导演了 GE 文化变革的"三幕戏",重建了 GE 的企业文化。韦尔奇依靠其极强大的洞察力、想象力、创造力和崇高的威望,不断推进 GE 企业文化的发展,使企业文化体系成功演化。

资料来源:康慧,李志强.通用电气企业文化演化初探[J].中北大学学报(社会科学版),2008(4):22—25.

开篇案例表明:企业文化的成功塑造,会推动企业经营绩效的提高和改善。同时,企业文化内容会在各个维度上得到巩固。但是随着时间的推移,企业文化所发挥作用的内外环境会发生变化。当外部出现了新的机遇和挑战、内部出现了企业一体化文化的刚性时,企业管理者和员工无法自觉地适应内外环境的变化。因此,有效的企业文化应该在企业经营的不同阶段,随着企业生命周期进行演化。高层管理者应在企业文化的演化过程中,逐步注入新的理念、愿景和价值观引导企业文化的演化,以适应企业的新战略选择及企业自身的发展状况。接下来,第一节会详细介绍企业文化的演化路径。

第一节 企业文化的演化路径

一、企业文化的演化路径类型

(一) 周期演化路径

国外学者的研究指出,企业文化是一个复杂的演化系统,这个系统在企业中表现为一个复杂的自组织过程;企业文化变革是通过系统内外信息流动机制的建立来达成的。[①] 那么,信息流动机制是如何实现的呢?有学者指出,企业文化在企业不同的生命周期具有不同的特征。如果价值观等内容不能稳定,那么企业文化如何去推动企业发展?更何况企业文化是在企业成员相互作用的过程中形成的、为大多数成员所认同并被用来教育新成员的一套价值体系。把企业文化的演化路径与企业发展周期相联系不符合企业文化的形成规律,企业可以快速成长,但企业文化无法快速形成和发展,只能依据企业文化的演化规律逐步完善。[②]

(二) 文化改造演化路径

有学者提出,企业文化的塑造也可以通过文化改造的方式来进行,比如"Z 理论"。该理论

---

① 张党珠,顾赛宇.国有企业从企业文化到新商业文明的演进——以 Y 企业为例[J].现代管理科学,2019(4):61—63.
② 王少杰.企业文化演化路径及对绩效影响的实地研究——基于工商人类学视角的分析[J].山西财经大学学报,2015,37(7):71—84.

通过改造文化的思路在美国企业文化和日本企业文化之外寻求第三种企业文化。改造路径类理论影响广泛,但在实际生活中很难找到成功的案例。由于企业文化具有民族性、地域性等特征,因而企业很难轻易地将其他企业的优秀企业文化融入自己的企业,形成难以替代的竞争优势。构建企业文化的目标是使员工形成符合企业价值观的行为文化,而员工行为文化的形成需要长期的演化,通过简单的改造很难完成这一演化目标,大到国家文化小到企业文化,改造之法很难推行。

（三）竞争性演化路径

在奎因的竞争性文化价值模型中,按照内部与外部、灵活自由与稳定控制两个维度,可分为团体文化、发展文化、理性文化、层次文化,但是很少有企业文化单独属于其中的某种特定文化。这种企业文化演化路径模式是理论工作者基于对自己掌握的现有企业文化的归纳分析而得到的,对在不同民族、地区的企业文化演化难以有前瞻性的指导意义。

（四）梯度演化路径

曼弗雷德·马丁(Manfred Martin)把企业分为七个等级,不同等级的企业具有自身独有的企业文化特征:保证生存,渡过难关;家长制;技术统治与刚性管理;创造与革新;热情与信任;想象力强,有远见卓识;全球意识。[①] 沙因将文化分为CEO文化、工程师文化及运营者文化,这三种文化在企业中逐级演进而成。[②] 但是这些泛化的列举式分析,对企业文化建设的实践指导意义极其有限。

（五）洋葱结构型路径

霍夫斯泰德认为,影响企业文化演化的因素有价值观、仪式、英雄和符号,四者以价值观为核心形成外扩的四个同心圆。其中,外面的三层是企业文化"实践活动"的范畴,是可见的;最里层的"价值观"是核心,是不可见的。[③] 该理论适合分析成功的企业文化案例,但很难指导企业文化实践,因为该理论所指向的这四个层次在我国企业文化建设实践中体现为一些形式化的东西。

（六）整体演化路径

约翰·康贝尔(John Conbere)等指出,企业文化由制度、理念、个性、背景四个层面构成,这四个层面构成了既有交叉、又有各自独立空间的有机整体,它们相互作用,从而引起了企业文化的发展。该观点赋予企业文化动态的视角,在企业文化研究领域产生了重要的影响。[④]

（七）"点—线—面"演化路径

本土企业的文化演化路径为"文化点—文化线—文化面"。[⑤] 这种企业文化演化路径理论

[①] 马丁,波尔纳.重塑管理S形象[M].何妙生,等译.北京:中国经济出版社,2004.
[②] SCHEIN,E H. Culture: The missing concept in organization studies[J]. *Administrative science quarterly*,1996,41(2):229—240.
[③] HOFSTEDE, G., NEUIJEV, B., et al. Measuring organizational cultures: a qualitative and quantitative study across twenty cases[J]. *Administrative science quarterly*,1990,35(2):286—316.
[④] CONBERE J P., HEORHIADI A. Cultural influences and conflict in organizational change in new entrepreneurial organizations in Ukraine[J]. *International journal of conflict management*,2006,17(3):226—241.
[⑤] 王少杰,刘善仕.中国企业文化的演化模式探讨[J].管理世界,2013(2):184—185.

更契合事物演化规律,能从更为一般的意义来判断企业文化的演化路径,对企业文化建设具有一般性的指导意义。相比较前述各种理论而言,它的普适性、可实施性更好。此外,该理论涵盖了梯度演化理论、周期演化理论、竞争性演化理论及文化改造演化理论。由此,本书认为,"文化点—文化线—文化面"这样的逻辑演化路径,能够更准确地描绘中国企业的企业文化演化进程,便于指导企业文化实践。

二、影响企业文化演化路径的因素

(一) 二要素理论

迈克尔·茨威尔(Michael Zwell)把企业文化分为外显文化和内隐文化,企业文化的演化受二者的共同影响。这两种要素也被称为有形文化和无形文化,或物质文化和观念文化。[1]

(二) 三要素理论

Z理论的创始人大内指出,一家企业的文化由其传统和风气构成。此外,企业文化还包括一家企业的价值观。[2] 英国学者阿伦·威廉(Allan William)等提出的企业文化"睡莲图"理论认为,企业文化由企业成员的行为、态度和价值观构成。[3] 美国学者帕梅拉·列维斯(Pamela Lewis)等提出的企业文化"冰山"理论认为,企业文化表面上看得见的东西是具体行为,而支持这些具体行为的是深层次的东西,是企业员工灵魂深处的看不见的观念、共有价值观、宗旨和行为标准。[4]

(三) 四要素理论

霍夫斯泰德认为,影响企业文化演化路径的因素有价值观、仪式、英雄和符号。[5] 有学者认为,影响企业文化演化路径的要素在于企业文化的柔性、刚性、友好性、一致性等特点。

(四) 五要素理论

迪尔认为,影响企业文化演化的因素包括价值观、企业环境、英雄、仪式、文化网络等五个要素。丹尼森提出的学习型组织理论认为,学习型组织必须具备自我超越、改善心智模式、建立共同愿景、开展团队学习、系统思考五项核心能力,由此构建学习型组织文化。[6]

(五) 七要素理论

理查德·帕斯卡尔(Richard Pascal)等提出了企业文化发展的"7S"模型:① 战略(Strategy),是指企业为谋求自身生存和发展所做的规划及决策;② 结构(Structure),是指企业内部的组织方式;③ 制度(Systems),即信息和决策在企业内部传递的程序和企业制度;④ 员工

---

[1] 茨威尔. 创造基于能力的企业文化[M]. 王申英,唐伟,何卫,等译. 北京:华夏出版社,2003.
[2] 大内. Z理论:美国企业界怎样迎接日本的挑战[M]. 北京:中国社会科学出版社,1984.
[3] WILLIAM, A., DOBSON, P., WALTERS, M. Changing culture[J]. *Institute of personel management*, 1989(5):138—214.
[4] LEWIS, P A S., GOODMAN, S H., FANDT, P. Management challenges in 21st century[M]. California:West Publishing Company,1995.
[5] HOFSTEDE, G., NEUIJEN, B., et al. Measuring organizational cultures:a qualitative and quantitative study across twenty cases[J]. *Administrative science quarterly*, 1990,35(2):286—316.
[6] DENISON D R. Corporate culture and organizational effectiveness[M]. New York:John Wiley & Sons,1990.

(Staff),其核心是企业中那些最重要的工作人员;⑤ 风格(Style),是指负有重要责任的管理者为了实现企业的目标而采取的行为方式;⑥ 技能(Skills),是指整个企业有别于竞争对手的特殊才能;⑦ 共同价值观(Shared Values)。①

(六)八要素理论

彼得斯和沃特曼认为,影响企业文化演化的因素有:乐于采取行动;接近顾客;自主和企业家精神;发挥人的因素;领导者身体力行,以价值为动力;发挥优势,扬长避短;组织结构简单,公司总部精干;宽严相济,张弛结合。② 新西兰学者克尔·英克森(Kerr Inksons)等提出的K理论认为,企业成功具有普遍意义的8个"K"(Key,关键)要素,分别是全体职工、企业目标、顾客意识、外界联系、简化的控制、不断创新、企业文化、核心人物。

第二节 企业文化的演化过程

企业文化的整个演化过程,既有内容的演化,又有形式的演化。其中,企业文化内容的演化过程表现为企业管理者和员工思维方式、行为方式的同质化(Homogenization)过程;企业文化形式的演化过程表现为企业文化逐步显性化的过程。③ 企业文化的演化按其演化动力来源的不同可分为自然演化和强制演化。其中,自然演化的动力来自内部,表现为企业员工对企业文化的影响过程;强制演化的动力来自企业危机或外界压力,表现为企业上层对企业文化的革新过程。④ 第四章探讨了企业文化生成机制中的自然演化生成和强制演化生成,本节则继续从企业文化的演化发展角度来进一步探讨企业文化的自然演化和强制演化。

一、自然演化

自然演化(Natural Evolution)是指企业文化在员工的共同劳动过程中逐渐形成和发展变化的过程。⑤ 企业员工在进行一项企业分派的任务时,他们一开始并不知道哪一种完成任务的方法是最有效的,为此他们会做许多尝试。但随着尝试次数的增多,企业员工就会发现完成任务的最有效方法,接着,通过他们的人际社会网络,更多的员工会知晓、掌握这种方法,形成一种既定的完成某项任务的方法选择的认知。共同的经验和假设前提,导致一种集体层面的重复的行为模式,我们把它称为企业惯例。⑥ 这种共同的经历、共同的工作体验、共同的价值取向,以知识的形式存储于企业员工身上,我们可将其称为企业文化。⑦ 随着企业的不断成长,这些方面的同质性会越来越强。虽然企业员工的变动或者员工出人意料的行为方式会影响企业内的同质性,但不可否认的是,新员工也无法阻挡企业内现有团队对其的影响。两者

---

① 帕斯卡尔,阿索斯.日本企业的管理艺术[M].陈今森,等译.南宁:广西民族出版社,1984.
② 彼得斯,沃特曼.追求卓越:探索成功企业的特质[M].胡玮珊,译.北京:中信出版社,2009.
③ 陈亭楠.现代企业文化[M].北京:企业管理出版社,2003.
④ 同上.
⑤ 邢以群,叶王海.企业文化演化过程及其影响因素探析[J].浙江大学学报(人文社会科学版),2006(2):5—11.
⑥ BECKER, M C. Organizational routines: a review of the literature[J]. Industrial and corporate change, 2004, 13 (4):643—678.
⑦ 邢以群,叶王海.企业文化演化过程及其影响因素探析[J].浙江大学学报(人文社会科学版),2006(2):5—11.

相互交织的影响,会在企业内形成新的同质化行为,使团队再次变得同质化,这就是企业文化自然演化的结果。

自然演化是企业文化得以形成和传承的主要原因。企业文化的生成、维系、传承呈现了运动中的企业文化的基本面貌。对这几个阶段的研究可归为企业文化自然演化视角。这种自然演化还可以借助企业的发展阶段来认识。企业文化演化的性质依赖于企业所处的成长阶段。自然演化分为一般演化和特殊演化。如果企业持续取得成功,并且创始人或创始家族已经掌控企业很长时间,企业文化就会通过持续同化企业发展历史中那些最有效的元素而缓慢地演化。一般演化包括多元化、复杂化、更高水平的分化和整合以及向新的更高级形式的创造性合成。特殊演化包含了企业的特定组成部分对其所处特殊环境的适应,因此会创造出相应的亚文化,最终影响到企业的核心文化。一般演化与特殊演化作用在不同行业中的企业,发展出了与众不同的行业文化。[①]

二、强制演化

由于企业间竞争机制的存在,企业会通过和环境的动态交互过程,反思自己的思维方式、行为准则、价值观等。当企业管理层发现他们的理念、行为与环境不相适应时,他们就会致力于改变自己的理念和行为。在这种情况下,企业往往会通过倡导新的文化理念、调整企业战略、重新设计组织结构、重组业务流程等来打破企业文化的自然演化进程,强迫改变原有的企业文化,以适应新环境的要求。这一由上而下强制改变原有企业文化以适应环境变化的过程就是企业文化的强制演化过程。强制演化是企业文化得以变异和发展的主要原因。[②]

演化理论认为,系统的演化过程,既有随机性又有系统性。系统的演化过程既有一定的不确定性,又在很大程度上具有因果性。企业文化的演化过程也一样,由于系统内部成员之间的差异性和易变性,导致系统的选择结果具有不确定性,然而通过筛选机制生存下来的特征具有一定的惯性,也就是说企业文化具有稳定性和遗传性。[③] 企业文化的自然演化过程强调的是员工发挥主导作用,在完成企业所分配的任务时,企业员工通过个体和社会网络进行学习,从而形成了企业文化,这是一种自下而上的机制。企业文化的强制演化过程强调的是,在外部环境发生变化的情况下,企业管理层根据企业的切实需求,采用必要的手段,例如制定相应的制度使企业文化的演化路径发生变化,这是一种自上而下的机制。值得注意的是,这两种演化机制并不是矛盾的,而是相辅相成的,共同促进企业文化的演化过程。自然演化保证了企业文化内在的一致性,强制演化则保证了企业能够应对变化的外部环境。

分析企业文化的自然演化和强制演化过程,可以看到企业文化的演化受到多种因素的影响,从企业文化演化影响因素的主客体角度,大致可归结为作为企业文化主体的企业领导者和企业员工的变化,以及作为企业文化客体的企业长期渐变因素(企业的发展)和企业突变因素(企业关键事件)等四个影响因素。企业文化主客体的变化导致企业文化的演化。[④]

1. 企业领导者思想观念的变化对企业文化的影响

由于企业领导者拥有决策权,因此,当企业领导者的思想观念发生改变时,也往往会带来

---

① 邢以群,叶王海.企业文化演化过程及其影响因素探析[J].浙江大学学报(人文社会科学版),2006(2):5—11.
② 同上.
③ 同上.
④ 同上.

企业文化的改变。企业领导者思想发生改变会有两种情况：一是领导者进行了更换，新任领导带来了新的思想，促进了企业文化的转变；二是现任领导者的思想观念发生了变化，他会通过一些途径确立现有思想观念下的企业文化。例如，中国很多的民营企业都带有很浓重的家族特色，企业领导者在宗族文化的观念下，一般会袒护自己的亲属，从而形成了偏袒家族的企业文化。但如果有一天，企业领导者的想法改变，他认为有必要一视同仁，公平对待每一位员工，那么他就会树立公平公正的思想观念，而这一观念的树立，就会驱使他对企业的规章制度进行相应的改革，以求形成公平公正的企业文化。

2. 企业员工素质或需求的改变对企业文化的影响

共同价值观是企业文化形成的基础，因此，企业员工价值观的改变，必然会带来企业文化的改变。例如，在员工刚进入企业时，他们可能不太习惯于企业的工作环境与文化氛围，对企业的忠诚度不高，而缺乏相应能力的员工也会因为挫败感而不热爱企业。此时，员工更多信奉的是"人人平等"，其需求更多的是从自身的利益出发。但随着自我能力的提升，员工的成就感越来越强，他们越来越信奉"能人至上"的企业文化，同时也更加渴望承担挑战性任务。

3. 企业的发展对企业文化的影响

企业在创立初期，可能就是一个小的团队，在这个团队中，人人都可以接触到领导，比如马云与他的"十八罗汉"。但随着企业的发展，企业的规模与经营范围不断扩大，企业也必须设立相应的组织架构来进行有效的管理，这就导致原来的人际关系发生变化，人与人之间的行为也发生了变化，从而使得企业文化也发生了变化。同时，企业经营范围的扩大使得企业不得不考虑引进更多的人才，而这些人才可能带来不同的观念，从而影响企业文化。例如，一家企业进驻海外市场后，必然会招募当地的一些员工进行管理，而这些员工与中国本土的员工可能存在十分大的文化差异，这些差异必然会使海外的分公司形成一种有别于本土企业的企业文化。

4. 企业突变因素对企业文化的影响

企业突变因素是指在企业发展过程中出现了意想不到的突发事件。这些突发事件打断了企业原先预期的发展路径并改变了原有企业文化的演化路径，导致企业不得不进行战略重构并据此重塑企业文化的内容和结构。因此，这些突发因素对企业文化的影响是深刻而全面的，并有可能产生新的企业文化。这些突发事件有可能是重大意外成就，也可能是严重的危机事件。例如，企业在研发过程中，获得了意外的副产品方面的成功。获取这些成果的组织内外要素就被企业文化吸收，并产生锁入效应和路径依赖，从而调整了原有企业文化中的企业意识形态演化方向。或者，企业出现重大的危机事件，导致经营无法维系，不得不重构组织的成长战略，并相应地调整企业文化中的价值观体系。

第三节　企业文化的演化结果

不同企业的企业文化存在显著的差别，这种差异事实上反映了相关企业的历史文化特征及其演化的路径依赖性。企业文化演化是各种历史和现实因素共同作用的结果，它以集体行为的模式来推进，具有累积性和路径依赖性。企业文化演化在很大程度上是无意识活动及对新奇适应的结果，而非意识的产物，当前的企业文化是由以往累积的各种因素所决定的，并且会影响到它以后的演化行为。①

所有的复杂适应系统都可以在稳定区域、不稳定区域和混沌边缘这三个区域中的任何一个中运行。张艺军提出在特定的初始状态和随机涨落的环境条件下,企业文化演化有三种可能的结果:一是稳定状态,表现为某种文化类型占据主导地位,系统创新能力不足;二是混沌边缘状态,表现为文化系统进入混沌边界,系统处于相对稳定状态,自组织过程开始滋生,具有创意的行为模式开始涌现;三是不稳定状态,表现为文化系统进入混沌无序状态。企业文化遗传的异质性与演化的路径依赖及主观选择使企业文化演化呈现多样性的特征。②

企业文化演化的最后,将会形成不同的企业文化。为把握不同类型的企业文化,我们从西方企业文化和中国企业文化两个角度分别论述。

一、西方企业文化的类型

1. 迪尔和肯尼迪的分类

迪尔和肯尼迪在《企业文化:现代企业的精神支柱》一书中指出,企业文化的类型取决于市场的两种因素:其一是企业经营活动的风险水平;其二是企业及其员工工作绩效的反馈速度。由市场环境决定的四种文化类型是:

(1) 强悍型文化。此类文化形成于风险高、反馈快的企业,如建筑、美容、广告、影视、出版、体育运动等。此类文化的特征包括:一是崇尚个人明星;二是机遇扮演着重要的角色;三是把仪式变成迷信。

(2) 工作、娱乐并重型文化。此类文化形成于风险极低、反馈极快的企业,如房地产经纪公司、计算机公司、汽车批发商、大众消费公司等。这些企业生产和销售的好坏很快就能知道,但真正的风险并不高。此类文化的特征包括:一是注重工作数量;二是崇尚优胜群体;三是着迷于更有刺激性的活动。

(3) 赌注型文化。此类文化形成于风险高、反馈慢的企业,如石油开采、航空航天方面的企业,往往一个项目就得投资几百万美元甚至几亿美元,需要几年的时间来开发、研究和试验,才能判断其是否可行。此类企业文化的特征包括:一是崇尚创造美好的未来;二是权威、技术能力、逻辑和条理性扮演重要的角色;三是以企业例行会议为主要仪式,不同层级的人员严格按指定的位置坐好,只有高级主管人员才能发言,决策自上而下进行,不能容忍不成熟的行为。

(4) 按部就班型文化。此类文化形成于风险低、反馈慢的企业,如银行、保险公司、金融服务组织、公共事业公司以及受到严格控制的药剂品公司等。这类企业所进行的任何一笔交易都不太可能使企业破产,而这里的员工几乎得不到任何反馈。此类文化的特征是:一是崇尚过程和细节。严格按程序办事而不过问其在现实世界中的意义。二是小事扮演重要的角色。一个电话、一段新闻摘录、一份上级主管的近期备忘录都能小题大做。三是仪式体现严格的等级观念,连办公设施也严格按照一个人的层级升迁而及时调整。

2. 罗宾斯和卡尔特的分类③

罗宾斯和卡尔特提出了企业文化的"七维图",这七个维度分别是创新和甘冒风险、注重细

---

① 张艺军.企业文化演化的复杂性研究[J].科技创业月刊,2008(11):118—119.
② 同上.
③ 张晓娟.企业文化的分类研究[J].科技情报开发与经济,2007(18):218—219.

节、以结果为中心、以人为中心、以团队为中心、进攻性和求稳。

在这七个维度中,一般有一个维度占主导地位,从而形成一家企业的个性。据此,企业文化可相应分为不同的类型:一是创新型企业文化。鼓励员工甘冒风险。二是以质量为中心的企业文化。极其注重细节,视质量为生命,严格控制各个过程,严密注意细微处。三是以结果为中心的企业文化。注重事情的结果,效果是评判事物好坏的重要标准。这类企业多属于服务业或零售业,也可称为以顾客为中心的企业文化。四是以人为本的企业文化。把员工看得最重要,员工被视为家庭成员,这类企业信奉人的创造性。五是以团队为中心的企业文化。强调团队观念,企业的运作基本围绕团队进行。这类企业一般是规模较小的企业或大企业的分支机构。六是进攻型企业文化。重视企业的积极进取,如微软和可口可乐公司,就以"进攻性极强"而著称。七是保守型企业文化。强调平稳发展,不愿冒险,不破规矩,不犯错误。

3. 科特和赫斯科特的分类[①]

科特和赫斯科特根据企业文化与企业经营绩效的关联性对企业文化进行了分类。

(1) 强力型企业文化。在这种文化下,企业文化与企业经营绩效相联系,并且几乎所有的管理者都共享一套基本一致的价值观和经营方法,而企业的新成员也会很快接受这些观念和行为方法。在这种文化中,新任高级管理者如果背弃了企业的价值观和行为规范,不仅他的上级会纠正其失误,他的下级也会纠正他。

(2) 战略配合型企业文化。这种企业文化并非某种确定的文化,它与企业经营绩效相关联,与企业环境、企业经营策略相适应。企业文化的适应性越强,企业的经营绩效也越好;相反,企业文化的适应性越弱,企业的经营绩效也越差。也就是说,这种文化要求企业的价值观、行为方式必须比其竞争者更适应自身所处市场的变化,才能够获得更好的经营绩效。

(3) 灵活适应型企业文化。它能够使企业适应市场环境变化,并且领先于其他企业的企业文化。它将在较长的时间内与企业的经营绩效相联系。在这种企业文化中,企业员工被倡导在生活和工作中具有信心和信赖感、不畏风险、注重行为方式等。这种企业文化鼓励和强调那种有助于企业适应市场变化莫测的经营环境的集体观念的文化。

(4) 病态型企业文化。这种企业文化存在于那些经营绩效曾经很好但目前正处于衰退期的企业,表现为尽管企业文化与市场经营环境已经严重不匹配,但企业管理者仍然骄傲自满,因循守旧,固守着旧有但过时的价值观;即使当企业经营绩效遭受巨大损失时,他们依然不敢采取措施进行改革,因为害怕承担改革失败的风险。

4. 梅泽正和上野征洋的分类

日本的梅泽正和上野征洋把企业文化分为自我革新型文化、重视分析型文化、重视同感型文化、重视管理型文化。他们以行动基本方向为横坐标、对环境的态度为纵坐标,把四类企业文化分别置于不同的象限中(见图7-1)。① 自我革新型:适应市场变化,重视竞争与挑战,不断自我变革。② 重视分析型:重视企业发展的各种因素,生产效率、管理效率被立为大政方针。③ 重视同感型:重视市场地位的稳定和顾客满意度,回避风险、重视安稳。④ 重视管理型:注重企业内部规范,以及与竞争对手之间关系的协调,回避风险、重视安稳。

---

① 马璨.关于企业文化分类的思考[J].科技情报开发与经济,2007(16):194—195.

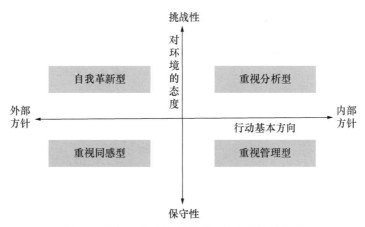

图 7-1　梅泽正和上野征洋关于企业文化的分类

资料来源：张德.企业文化建设[M].清华大学出版社，2003.

5. 艾博斯的分类

艾博斯把企业文化分为合法型文化、有效型文化、传统型文化、实用主义型文化。具体如表 7-1 所示。

表 7-1　艾博斯的企业文化分类

特征	类型			
	合法型文化	有效型文化	传统型文化	实用主义型文化
组织价值观	环境的规范和价值观	对绩效的需求	成员的价值观、信仰和传统	成员的(自我)利益
效度基础	信念	适当的绩效	亲和性	心理和法律的契约
焦点	外部支持、合法性	产出、专业知识、计划、控制	信用传统、长期的承诺	成就、奖励和贡献的公平分配
个人服从的基础	识别以及一致产生的信念的压力	社会的和管理的指令	内部化	结果的计算
行动的协调	名义调整	共同的目的	表演和联络的行为	内部锁定利益和战略行动
特征集合	公共机构环境、绩效难以知道	结构化地相互依赖的集体、被监督、绩效容易知道	有稳定成员关系、长期历史和密集交流的集体	通常是出于共同的利益或目的而将个人集合起来的小型混合团体

资料来源：沙因.企业文化生存与变革指南[M].马红宇，唐汉瑛，等译.杭州：浙江人民出版社，2017.

6. 格莱泽和斯马雷的分类

格莱泽与斯马雷把企业文化分为鲨鱼型文化、夏神鱼型文化、海豚型文化。鲨鱼型企业文化是君主式领导，其表现为：领导者追求权力甚至滥用权力；缺乏同情心，用脑决策，理性、冷酷无情、心胸狭隘；集权、重业绩，强调服从和忠诚，与下属疏远、无视下属的要求。夏神鱼型企业文化是社会工作者型，其表现为：领导者重人缘，不讲等级制度；渴望忠诚，热心且幽默，与下属保持友好的关系；缺乏主见和自信，容易过度在乎下属的感受；缺乏明确的计划和目标，用心决策，过度依赖直觉。海豚型企业文化最符合人性，它将男性和女性的优势有机地结合起来，用脑和心来领导,以自信、宽容来运作,刚柔并济、理性与感性并重。

7. 布莱克和莫顿的管理方格理论

布莱克和莫顿提出了管理方格论,它在横纵坐标上分别划分九个等级,从而产生了81种不同的领导类型。其中横轴代表关心生产的程度,纵轴代表关心人的程度,布莱克和莫顿主要阐述了其中五种具有代表性的类型。

贫乏型:领导者既不重视生产,也不关心人。这类企业会很快走向衰败,最终退出历史的舞台。权威型:权威型又称任务型。领导者只重视生产而不重视下属的发展和士气。此类多见于生产密集型企业,讲究的是企业的低成本生产与利润最大化。俱乐部型:领导者只注重支持和关怀下属而不关心任务绩效。中庸型:领导者维持足够的任务效率和令人满意的士气。团队型:领导者通过协调提高任务绩效。这类文化是理想的企业文化,由于充分关心人,故形成了良好的人际关系,组织成员间同心同德,亲密合作,有力地促进工作任务的完成。

8. 基于竞争性文化价值模型的企业文化类型

企业有两种内部导向型文化。一种是合作导向型文化,在竞争性文化价值模型中被称为宗族文化。这种文化聚焦于员工,试图开发人的胜任力,通过培养企业内的一致性意见来强化企业文化。其背后的逻辑是,人的归属感可以引导员工培养对企业的积极态度。这种文化的目的是开发合作流程,通过达成一致意见来实现团结,鼓励员工广泛参与。例如,明晰和强化企业的价值观、规范和预期,开发员工技能,构建跨职能工作组,通过实施服务项目提升员工的留职率,培养团队工作精神和授权决策。另一种内部导向型文化是控制导向型文化,也被称为层级文化。其组织结构是由控制机制驱动;组织目的是通过内部流程的改善、效率的提升、质量的提高来创造价值。比如,广泛使用系统和技术、统计流程控制和其他质量控制流程。实行这种文化的企业广泛使用了标准程序,强调规则,强化一致性落实。

企业还有两种外部导向型文化。一种是竞争导向型文化,也被称为市场型文化。这种文化聚焦于组织外部效力。其方式是提升竞争力和竞争优势;强调组织效果、快速反应和顾客聚焦。实行这种文化的企业通常把顾客和利益相关者放在优先地位。判断企业是否成功的指标是市场份额、收入、预算目标的实现程度和利润率的增长。另一种外部导向型文化是创新导向型文化,也被称为灵活的文化。这种文化通过产品和服务的创新在市场上创造将来的机遇。实行这种文化的企业鼓励创业和持续不断地变革。例如,允许自由思想和自由行动,允许打破规则、越过障碍。这是此类企业文化的共同特征。这些企业通常创新性地将产品线延伸,寻求新流程的根本突破,创新分销和物流渠道,从而重新定义行业和开发新技术。

二、中国企业文化的类型

1. 按企业性质分类

根据目前企业的所有制性质,可分为国有企业文化、民营企业文化、合资企业文化。国有企业文化是中国市场经济体制改革后独具特色的企业文化类型。其呈现出典型的政治责任感和较强的社会责任感,政策性、计划性、全局意识和奉献意识较强,面临着转型和不断更新、改造的艰巨任务。[1]

民营企业文化以家庭为导向。其在文化身份和外部组织体系上都有很强的"家庭文化"标

---

[1] 王成荣,周建波.企业文化学[M].北京:经济管理出版社,2002.

志。同时,中国民营企业的历史实际上是老板从"无"到"有"的历史,老板在中国民营企业中占据了重要的地位,甚至形成了"老板文化"。它实行的是"人治",而不是现代企业的"法治"。所以说民营企业的文化体现的是一种老板意志。此外,民营企业文化带有浓郁的地域文化特质。中国民营企业中最具代表性的现象是"浙江现象",其背后有一个具有区域特色的企业家群体——浙江商人。[①]

合资企业文化的形成受合资双方文化背景和经营管理方式的影响。这种文化强调科学和理性,具有创新、追求卓越的特点。但合资企业文化会受到企业内部传统文化的影响,两种文化很容易形成文化冲突。例如,西方管理强调严密的组织结构和控制手段,崇尚自我,从而建立强有力的管理体制。而中国管理虽然也强调严密的组织结构和控制手段,但是结构和手段本身运营弹性大,情理交融。[②]

2. 按发育状态分类

依据发育状态,可以把企业文化分为成长型企业文化、成熟型企业文化和衰退型企业文化。成长型企业文化是一种年轻的充满活力的企业文化。企业文化的发育状态一般是和企业的发展状态相适应的。[③] 在企业初创时期,企业经营迅速发展及资本迅速膨胀,企业中各种文化相互抗衡,表现出新文化不断上升的态势,在内外经营环境的作用下,企业被注入了很多新的观念、意识和精神,如勇于创新、竞争和积极开拓进取等。此时,企业的盈利状况呈现出一种向好的趋势,所以,新文化对员工具有很大的吸引力和感召力。但是,由于成长型文化所面对的外部市场环境急剧变化,企业内部的结构、制度及经营模式尚未成形,因此这种文化是不稳定的,如果不善于引导和培育,就会出现偏差。

成熟型企业文化是一种个性突出且相对稳定的企业文化。[④] 一般来讲,企业发展进入成熟期,经营规模稳定,人员流动率降低,内部管理运作状态良好,企业与社会公众的关系也调试到了正常状态,与之相适应的企业文化也进入稳定阶段;并且经过企业成长期文化的冲突和整合,个性特征也越来越鲜明,企业的主导文化已经深入人心,形成了诸多非正式规则和浓厚的文化氛围。此时,企业的规章制度井然有序,政令通畅无阻,企业文化的发展进入了黄金时期。但是成熟型企业文化具有某种惯性和惰性,往往会阻碍企业文化的进步。

衰退型企业文化是一种不合时宜、阻碍企业进步的企业文化。[⑤] 企业文化从成长到成熟再到衰退,表明衰退型企业文化已不适应企业进一步发展的需要,亟须全面变革和更新。当企业发展到一定的阶段,市场发生渐变或突变,传统的经营方式和管理方式将面临越来越大的挑战,而与传统的市场及经济管理方式相适应的企业文化自然会成为衰退型企业文化。这种文化如果不能随着企业环境的变化积极地进行变革,就可能成为企业发展的最大障碍,或成为导致企业走下坡路直至被市场淘汰的根本原因。

3. 按内容特质分类

依据内容特质,企业文化可以分为知识型企业文化、创新型企业文化、竞争型企业文化等。知识型企业文化是指企业在发展过程中按照知识管理的要求所形成的一种"社会亚文化"。这

---

① 鲁亮.中国民营企业文化建设[J].福建质量管理,2019(3):243—244.
② 黄美玉.中外合资企业的文化冲突与管理[J].现代管理科学,2005(12):52—53.
③ 王成荣,周建波.企业文化学[M].北京:经济管理出版社,2002.
④ 同上.
⑤ 同上.

种企业文化的特点是营造了鼓励知识积累、共享、学习与应用、创新的企业文化环境,在企业全体员工中逐步形成"自觉合作"与"自觉交流",不断提升企业、部门、个人的知识总量和知识质量。[1]

创新型企业文化即企业在其技术创新及创新管理活动中所创造和形成的具有本企业特色的、以鼓励技术创新为主体和核心内容的企业文化。具体来说,它包括鼓励创新的价值观、准则、制度规范和物质环境等。创新型企业文化是企业建立的一种有利于激发、培育和鼓励技术创新的文化环境或组织氛围。它能唤起组织成员从事技术创新活动的不可估计的能量、热情、主动性和责任感,使他们更有效地从事知识创造活动,提高企业对外界环境变动导致的创新需求的反应速度,并减少企业在创新过程中可能发生的部门间摩擦。[2]

竞争型企业文化的特点有:敢于争先,争创一流企业;敢冒风险,追求变革,不断开拓市场;以观念更新为先导。其包括具有科学性、民主性、经济性和有效性的经营思想和战略思想,以及效率、效益等观念。企业文化建设应着眼于科技创新、抗风险能力及企业产品的市场竞争。[3]

第四节 企业生命周期与企业文化的演化特征

一、企业生命周期

企业生命周期理论最早由美国管理学家伊查克·爱迪思(Ichak Adizes)博士于1989年提出。该理论主要从企业生命周期的各个阶段分析企业成长与老化的本质及特征,其核心是通过"内耗能"转化为"外向能",引发企业管理创新从企业内部到外部的扩散。爱迪思在其名著《企业生命周期》(*Enterprise Life Cycles*)中提到,企业的成长与老化同生物体一样,主要都是通过灵活性与自我控制能力这两大因素之间的关系来表现的。企业年轻时充满了灵活性,但控制力却不一定总是很强。企业老化时,可控性增强了,但灵活性却减弱了,这一情形就像婴儿和老年人之间存在的差别一样。企业的生命周期类似于我们每个人的生命,是指企业诞生、成长、成熟、衰退甚至死亡的过程。虽然不同企业的生命周期有长短之分,但每家企业在生命周期的不同阶段所表现出来的特征却具有某些共性。了解这些共性,便于企业了解自己所处的生命周期阶段,从而完善自己的生存状态,尽可能地延长自己的寿命。[4]

企业生命周期包括创业期、成长期、成熟期和衰退期四个阶段。在每个生命周期阶段,企业都会遇到困难甚至面临死亡的危机。企业应在每个阶段采用各种不同战略,自我完善更新,以保证基业长青。[5]

1. 创业期

创业期是企业创立和诞生的时期,相当于生物体的生长发育期。这一阶段的企业颇具活力,充满创新和冒险精神,凝聚力较强,但生存能力较弱。这一阶段的主要特征是:企业资本实

---

[1] 王壮.多维度知识型企业文化模型构建——知识管理视角的分析[J].图书情报知识,2009(3):113—116.
[2] 甄珍,付东普.创新型企业文化构建的案例研究[J].管理案例研究与评论,2012,5(3):157—166.
[3] 吴樟生.竞争型企业文化建设要点[J].化工管理,2006(3):55—56.
[4] 郭振华.企业生命周期及其战略选择[J].企业改革与管理,2017(1):7,28.
[5] 同上.

力不足,资产配置单一;生产批量小、试制费用高,产品尚未被市场接受;生产成本和销售费用较高,销售额增长缓慢,企业在财务上往往表现为亏损。[①] 在这一阶段,企业的焦点放在吸引资金上,同时控制生产设备,调整产品的市场定位,重点开发市场。在实际生活中,创业是十分容易失败的,所以在创业期,企业最大的目标就是在这一艰苦的环境中生存下来。

2. 成长期

成长期是企业由小到大、由弱到强的时期。这一阶段的企业已经具备了相对完善的经营体系和管理模式,组织活力、创造力和凝聚力不减,仍然具备一定的冒险精神。这一阶段的主要特征是:企业的有形资产已具有一定规模,技术、品牌、商誉等无形资产急剧增加,且增加速度远远快于有形资产;生产能力已初具雏形,产品销量不断攀升,盈利水平渐强,市场占有率进一步提高。[②] 在这一阶段,企业将自身的重心放在了资金的筹集和削减成本方面,同时进行规范化与规模化生产,积极开拓新的市场并扩大自己的市场占有率,提升自己的市场地位。

3. 成熟期

成熟期是企业成长速度趋缓但利润急增的收获时期。这一阶段的企业已经具备了自身独特的经营模式和企业文化,日常各项管理工作按照一套成熟的运作模式重复运行。这一阶段的主要特征是:企业资产达到一定规模后保持相对稳定,各种无形资产在资产配置中占有相当份额,资产结构趋于科学合理;企业树立了良好形象,市场占有率提高,盈利水平达到高峰。[③] 在这一阶段,鉴于日趋饱和的市场,企业将重点放在稳定市场份额上;同时,结合自身的特点和市场的需求,在稳定中追求变革和创新。在成熟期后期,由于原有业务已经不能获得所期望的成长空间和绩效,追求持续成长的企业一般会在原有业务领域之外寻求新的增长点,将已获取的丰厚利润和自身优势资源投入到新的业务领域,开展多元化经营,以获取新的成长空间。[④] 这一转变是企业的再次发展,转变成功能够使企业的生命周期得以延长;如不能实现成功转变,企业会进入衰退期。

4. 衰退期

正如人的生命终将进入老年期,企业最后也会进入衰退期。这一阶段的企业一般会出现两种结局,一是在激烈的市场竞争中残酷出局,二是科学转型迎来第二次生命。这一阶段的主要特征是:企业虽有一定资本但资产负债率高;生产规模虽大但历史包袱沉重;产品品种虽全但利润空间狭小甚至出现严重亏损;规章制度虽多但组织矛盾突出,机构臃肿、效率低下。[⑤] 在这一阶段,企业需要根据自己的实际情况,重新对自己进行整体的审视,同时分析内外部环境,对企业进行改革。如果没有推行改革或者改革失败,那么企业将就此退出市场。

二、企业文化的发展周期

企业生命周期理论是从企业发展过程中的现象总结出来的,它反映了企业发展的规律;而企业文化是贯穿企业发展的主线,是企业的灵魂,是企业发展的精神动力。企业生命周期与企

---

① 邬嫒.国有企业生命周期探究[J].中国市场,2019(18):72—73.
② 同上.
③ 同上.
④ 同上.
⑤ 同上.

业文化具有某种必然联系,早已成为许多学者的共识。① 罗长武指出,企业生命周期和企业文化具有交互作用,并提出了企业生命周期与企业文化相互作用的模式。他指出,企业处于生命周期的不同阶段,相应地,企业内外部环境就会发生变化,企业的战略也会发生变化。② 内外部环境的变化会促使企业高层管理者仔细思考现有的文化是否仍能满足企业生存与发展的需求,从而对企业文化进行变革,使得变革后的企业文化能够适应企业所处的环境。所以,不难看出,企业的生命周期会影响企业对现有文化的选择,也就是说,企业文化与企业发展一样,呈现出周期性。

企业本身就是文化的产物,只有在文化环境中,才有真正意义上的企业;也只有在企业文化的语境中,才能理解企业这个概念。企业文化是指以个人平等观念为前提,以个人私欲为原动力,以维护所有者权益和交换秩序的法律规范为竞赛规则,以竞争自由、价格机制为运转机制的经济文化。显然,企业文化是社会文化的一部分。从另一个角度,也可以理解为,文化中产生了企业,企业又在微观环境中生成了相应的企业理论,当然也包括企业生命周期理论。而这些理论的产生反过来又丰富和发展了文化,进一步形塑了企业文化。显然,企业文化与企业生命周期理论具有紧密的联系。从这一角度来看,企业文化生命周期是企业文化与企业生命周期理论内涵的外延。企业文化的曲线模型与企业文化生命周期如图7-2所示。

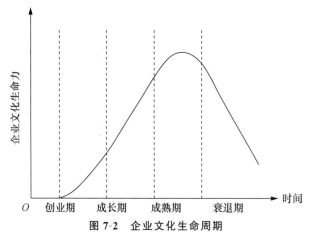

图 7-2　企业文化生命周期

资料来源:吴晓鸥,陆莹.基于企业生命周期的企业文化建设研究[J].现代商业,2015(5):175—176.

1. 创业期

创业期的企业文化是指企业在创业时期所展现的企业文化。其形成是通过吸取企业所处环境中的文化精髓,并与企业高层管理者的价值观及创业理念进行融合。③

2. 成长期

随着企业创业的成功及企业的不断发展,企业逐步形成了一套属于自己的理论体系和企业文化。此阶段也是企业精神文化逐渐形成的过程。企业文化在对内在文化和外在文化的不断吸收、创新、融合中,逐步成形。成长期的文化发展是一个量变的过程。④

---

① 闫卫,魏涛.企业文化生命周期[J].管理观察,2009(6):89—91.
② 罗长武.基于企业生命周期的企业文化研究[D].福州大学,2005.
③ 闫卫,魏涛.企业文化生命周期[J].管理观察,2009(6):89—91.
④ 同上.

3. 成熟期

企业文化通过不断的积累,加上企业外部环境的不断变化,当企业文化达到一定的量变时就会产生质变,此时的企业文化理念到达了另一个高度,企业文化体系已相当完善。此阶段是企业文化精神层面成熟的阶段,能最大限度地影响员工行为规范和群体意识。①

4. 衰退期

企业文化进入成熟期后,已经达到了一定的高度。当企业太过于追求安稳时,就会导致企业文化的腐化。企业文化腐化表现为企业文化的倒退,文化影响力明显不足,企业高层管理者的执行力明显下降等。此时企业文化就进入了衰退期。此阶段表现为组织结构僵化,工作效率低下,企业文化不能适应环境的变化。②

三、企业生命周期与企业文化生命周期的共同演化及特征

1. 企业创业期的文化形成

企业的创业期包括孕育期、婴儿期和学步期。对应于企业生命周期的演进,在企业的早期,企业文化也处于萌芽的状态。在企业的创业阶段,企业首先面临的是生存问题,此时企业最需要的是抓住有限的机会,赢得生存的基础。与此同时,企业没有完整的制度,没有授权,企业领导者是唯一能够调控企业的人,是企业得以生存的关键。相应地,这一阶段企业文化产生的直接来源就是企业创始人和创业家族的创业意识、经营思想、管理风格及胆识品质等,企业文化在一定程度上反映了创始人的人生哲学。因此,此时的企业文化主要体现为创始人的思想和观念,从形态来看,即企业文化的朴素观念形态。③ 其孕育需要创始人具有一种超前意识,能对未来的需求做出确认,并且能为满足这一需求承担风险。作为催生一家企业的重要力量,这时的创业精神仍属于创始人个人,并没有得到组织成员的一致认同。因此,这还算不上是真正意义上的企业文化。一旦创始人经受住了风险的考验,企业就诞生并进入婴儿期。这一时期的企业文化并未像企业自身发展那样迅速,原因在于企业要面对的是生存与死亡的问题。这时的企业像婴儿一样脆弱,需要大量的资金来满足其发展的需要,否则企业将会夭折在摇篮中。为了生存,企业不得不全神贯注于执行功能,即着眼于眼前利益。企业忙于满足市场的需求,提高销售量,抢占市场份额,获得利润,加速资金周转。因此,企业没有时间也没有精力关注自身的长期发展,企业文化在这一时期得不到重视,因此发展缓慢。④

如果企业通过努力克服了在婴儿期所承担的各种风险,它将顺利地向学步期过渡。在这一时期,顾客开始反复向企业订货,企业的货源充足,资金周转顺利,暂时摆脱了生存威胁,于是逐步把注意力转向企业的长期发展,企业的远景目标被提上议事日程。⑤

在企业的创业期,企业的创始人创造该企业的文化。⑥ 创始人的个人信念和价值观会被灌输给其雇用的员工,如果企业因此取得了成功,这些信念和价值观就会为大家所共享,且会被认为是正确的,最终深入所有员工内心。在这一阶段,企业文化是企业的首要资产,但它需

---

① 闫卫,魏涛.企业文化生命周期[J].管理观察,2009(6):89—91.
② 同上.
③ 易开刚.基于企业生命周期的企业文化演化及其启示[J].科技进步与对策,2006(12):42—44.
④ 麻斐.企业生命周期的文化演进[J].企业改革与管理,2005(1):46—47.
⑤ 同上.
⑥ 沙因.企业文化生存与变革指南[M].马红宇,唐汉瑛,等译.杭州:浙江人民出版社,2017.

要在实践中被反复地检验。如果企业文化得到了实践的验证或者企业取得了成功,企业文化就会变得更加强大。而如果企业失败了,创始人可能会被赶出企业,他们的理念也很有可能遭到挑战甚至被遗弃。

企业在创业期可能需要丢掉很多东西,而这些东西是因为与创始人的信念、价值观和世界观不符,所以才会被丢掉。如果创始人清楚这一点,那么他们只会雇用那些与自己理念相一致的员工。而如果创始人在选人标准上不清晰,就会有一些员工发现他们与企业文化相冲突,他们要么适应企业现有的文化,要么选择离开。

处于创业期并取得成功的企业,其成员之所以坚持他们的文化假设主要有以下两个方面的原因:第一,这些文化假设本来就是他们的,否则他们也不会加入这个企业,并且他们自己的经验已经证明了这些假设的正确性。第二,这些文化假设同样也反映了企业创始人的意志,由于掌控了企业的所有权,此时他们仍然拥有权力。

总的来说,创业期的企业不但能够根据企业外部环境的变化来调整自己的经营策略,具有高度的灵活性和创新性,而且企业内部人际关系也很和谐。依据奎因的文化分类,创业期的企业应建立强调人际关系和谐、追求共同目标、注重参与和个性自由的宗族型企业文化。这种企业文化更强调家庭的概念,企业中讲求员工间的互帮互助和人际和谐。在这种文化氛围中,创始人扮演家庭中家长的角色,创始人的创业意识、经营思想、领导风格乃至行事方式都可能是宗族型企业文化的核心体现。① 综上,创业期的企业文化管理目标是,创始人要不断审视并强化其文化管理意识,致力于将创始人文化转化为员工认同的企业理念,逐步建立起企业文化和制度。②

2. 企业成熟期的文化机制

在成熟期,企业的主要业务已经稳定,绩效也保持在较高和较稳定的水平上,企业开始出现大量的盈余资金;企业管理走上了正规化的轨道,各项制度比较完善,企业文化建设也有了较好的基础。此时,企业在文化建设方面面临的最大问题,是如何让企业文化从理念转变为让每个员工都遵从的信念,从而约束员工的行为。③

处于发展中期或成熟期的企业会遇到一系列的文化问题,它们与企业创业期所遇到的文化问题很不相同。文化变革意味着企业会丢弃或替换一些高度分化亚文化系统中的价值观和假设。这些价值观和假设可能在某些方面有效而在另一些方面无效。

在企业的成熟期,文化是必要的黏合剂。那些最重要的文化元素已经植入企业管理制度和主要的工作流程。企业在其发展早期习得的文化观念已经深入人心,并且大体上已经无形地存在于企业内部。唯一可能被人们意识到的文化元素就是企业的信条,占主导地位的价值观、口号、章程及关于企业发展使命和诉求的公开声明。在企业创业期,是领导者创造文化,而在成熟期是文化成就领导者,只有那些与企业现有文化模式相匹配的管理者才会被提拔至高层管理者职位。

在企业的成熟期,企业从关注外部环境到关注内部因素的转变日趋明显。企业逐渐减少

---

① 张洁梅,荆梦阳. 基于企业生命周期理论的企业文化再造研究——以胖东来商贸集团为例[J]. 学术论坛,2015,38(11):123—128.
② 张晓娟. 企业文化的分类研究[J]. 科技情报开发与经济,2007(18):218—219.
③ 黄赞. 基于生命周期理论的中国家族企业文化建设研究[D]. 湘潭大学,2012.

对外部顾客需求的关注,开始优先考虑自身的需求。这时的企业经过一定时期的发展,各方面日趋完善,随着企业规模的逐渐扩大,创始人渐渐无法对企业的各个方面进行亲历亲为的管理,创始人的角色要逐渐向管理者的角色转变,同时企业本身也要求管理系统化、制度化,在这种情况下加强组织建设及建立完善的规章制度、行为规范和道德准则等显得尤为重要。可以看到,随着企业进入成熟期,企业文化由幼稚期的外层物质文化上升到中层制度文化。①

在企业成熟期,解读并让人们更好地认识企业文化变得更加困难,因为此时文化已经完全渗透到员工的日常工作和生活中,在这一阶段,提高文化意识甚至可能引发效率下降,除非企业需要应对外部危机或解决特别的难题。管理者会认为讨论企业文化是件枯燥和无关紧要的事情,对于那些各方面都已经发展得相对完善的大企业尤其如此。此外,如果企业试图进行地域扩张、兼并和收购、合资或引进新技术,那么它就必须做一次详细的文化评估以确定现有的文化与将要引入的新文化之间是否相容。

同样在这个阶段,文化也可能受到一些强大力量的影响而出现扩散和分化。这个时候,企业内部已经出现各种强势的亚文化,原来那种高度整合的企业文化在新的大规模、部分分化和跨区域的企业中可能会难以为继。随着企业逐渐成熟,人们也越来越难以确定是否应该对其内部的各种亚文化进行整合。

如果需要改变现有文化中的部分元素,那么企业将实施文化变革。不同于在年轻的成长型企业中所进行的文化演变,文化变革需要一些新的方法,主要是通过并行学习系统规划和管理文化变革。

在一个精心管理的文化变革项目中,实际的变革活动会随着情境的变化而变化,但是几乎所有这样的项目都涉及"并行学习系统"的创建,在这个系统中可以学习并验证一些新的文化假设。当高层管理者接收到足够的证伪性信息,并意识到必须进行文化变革时,这一变革过程也就开始了。高层管理者也必须认识到,如果确实需要改变现有企业文化的部分元素,就需要一个临时性的并行学习系统,因为对企业中的任何成员来说,学习一些新的未经检验的行为而放弃共享的文化假设往往太过痛苦;而并行学习系统的核心思想是,企业必须让自己脱离主流并接受新的思维方式,这样才能客观地认识到现有文化的优势和劣势,进而评估这些文化元素将会怎样促进或阻碍即将开展的文化变革。

3. 企业的中期危机和潜在衰退期的文化机制

经历了创业期和成熟期后,企业可以通过努力进入鼎盛时期——盛年期,获得利润和销量的双增长,前一阶段制定的规章制度、行为规范和道德准则等均得到良好的执行,而且目标明确。然而在这个时期,组织内部只是被动地遵守规章制度、行为规范和道德准则等,而不是主动认同,离达成共识还有一定距离。因此,内层精神文化还没有真正形成。②

企业的不断成长,带来了文化的不断分化和原有工作熟悉性的丧失,除了涉及企业文化核心元素的亚文化,其他原本构成企业优势的亚文化也逐渐丧失其意义。涉及企业文化核心元素的强有力的文化仍然是一个优势,但其文化中所有元素是否还具有整体优势却已经是个问题。可以确定的是,每种亚文化的核心元素仍然很强势。但是,随着企业的运作越来越依赖于具有不同亚文化的部门在其所处发展环境中的有效性,整体企业文化的优势这一概念变得不

---

① 麻斐.企业生命周期的文化演进[J].企业改革与管理,2005(1):46—47.
② 同上.

再有意义。如果环境有所改变,一些原本是企业优势的共享理念反而可能成为企业发展的障碍:第一,市场的饱和或行业产能的过剩,导致企业的成长陷入困境。第二,专利权的过期改变了企业发展的外部经济条件。第三,市场上产品同质化现象的加剧使所有的生产商不得不进行价格竞争。第四,技术创新使得原有的产品面临淘汰,而那些有助于企业发展的适应性创新却可能得不到企业核心文化的重视。第五,新任领导者不认同或不重视在企业创建过程中形成的核心理念,这可能是因为拥护原有核心文化的领导者的离开,并且未能找到相同价值观理念的接班人,或者是因为董事会想要改变企业现有的核心文化,有意引进不同价值观的外来者。上面几种情况可能是企业文化发展的障碍。

企业发生衰退往往是因为当市场竞争加剧,或者需求发生变化时,企业未能及时采取应对措施,导致业务萎缩、业绩滑坡、利润大幅降低,导致其生存难以为继。实际上,处于衰退期的企业与创业期的企业类似,生存问题又成为企业关心的首要问题。在企业经营状况不佳的情况下,如果企业在前期建立的共同信念不能得到更有效、更持续的贯彻,企业内部就有可能人心涣散,企业文化就会面临蜕变、衰亡的威胁。[①] 从经营实践来看,当企业进入衰退期,其经营者首先考虑的往往是筹集资金、更新设备、开拓市场、处理存货,有的还要通过裁减人员以减轻负担,无心无暇也无力顾及企业文化的进一步建设。到衰退期后期,企业可能会靠提高价格来获取利润,经营全靠惯例,内部争斗严重;此时如果不对企业进行改造,企业就可能死亡。为了避免死亡,实现第二次跳跃,企业需要创造一种创新的文化。[②]

本 章 小 结

本章根据企业生命周期阶段理论和企业文化理论,细致地描述了企业文化在企业成长过程中各时期的发展,论述了企业文化与企业生命周期之间的匹配适应关系,更注重企业内部不同成长阶段与企业文化的相互作用,为企业文化变革与再造提供借鉴与参考。企业的发展具有生命周期性,在不同的生命周期阶段具有不同的文化特征。企业应在不同生命周期阶段构建与之匹配、适应自身发展的企业文化,不断稳固企业在行业内的地位,促进企业健康、稳定地发展。管理者应该注重对企业文化的良好管理,及时对企业文化演化进行监控、调整,从而使企业文化适应企业新的发展战略,促进企业的可持续发展。

【复习思考题】

1. 企业文化演化机制包括哪些?
2. 根据企业生命周期理论,画出企业文化模型图,并简单进行阐述。
3. 企业成熟期的文化机制是怎样的?在企业成熟期,企业文化会出现哪些问题?
4. 请论述西方企业文化的类型。
5. 请简述中国企业文化的类型。
6. 用本章理论分析、讨论下面案例。

[①] 温建芳,裴雪. 基于生命周期的企业持续成长驱动力的演进[J]. 科技情报开发与经济,2008(1):177—179.
[②] 张晓娟. 企业文化的分类研究[J]. 科技情报开发与经济,2007(18):218—219.

案例分析

华为的文化演化

一、公司背景

华为技术有限公司(以下简称"华为")成立于1987年,是一家全球知名的民营电子产品制造商,主营业务是生产和销售通信设备(如手机、电脑等),拥有全球领先的技术和一流的信息资源。华为之所以取得如今的成就,是因为它始终把持续创新当作企业的核心理念,为消费者提供一流的产品和服务,并致力于构建一个通信全连接的信息社会。目前,华为在全球有超过10亿的用户,覆盖了170多个国家和地区,同时华为公司全面通过了英国电信、法国电信、沃达丰等运营商的严格认证,这表明华为的管理已和国际接轨,并日趋成熟。

二、华为的知识创新历程和企业文化塑造历程

自1987年成立以来,华为适时地抓住机遇、直面挑战,在世界通信行业的发展浪潮中快速地发展起来。研究其企业快速发展的内在因素时,我们发现,是华为独有的企业文化造就了它。根据企业文化生命周期理论,可以将华为的企业文化塑造历程划分为初创期、成长期、成熟期三个阶段。

(一)初创期——知识引进和模仿创造阶段(1988—1999)

1. 知识引进和模仿创造的过程

1987年,华为在改革开放的前沿——深圳成立。其最初的主要业务是代理香港康力电子有限公司的HAX交换机。当时它没有充足的资金引进先进的技术,没有自己的科研团队,更别提安排员工学习深造了。因此,当时华为的员工并未掌握核心技术与技能,华为前期的知识积累主要来自向外部企业学习。华为也曾经研发过数字交换机,但是效果并不好。与众多的小型初创企业一样,它们与先进企业之间的知识差距很大,国外先进企业的核心隐性知识一般很难被挖掘出来。此时,华为只能将学习重点放在企业外部存在的公共显性知识。

伴随着自身经营情况的改变,华为在自主创新方面的能力不断增强,并进一步改进了企业的经营管理体制。华为不断地引进、消化和吸收国内外典型的创新型企业的技术知识和管理经营理念。其间,华为缩小了与竞争企业在设计、制造能力方面的差距,培养了大批相关技术人才,为之后走上自主研发之路奠定了扎实的技术基础和人力资源基础。

2. 初创期的企业文化建设

(1)物质文化。

在华为企业文化的初创期,其物质文化主要体现为员工激励。1990年,华为提出"员工持股"的概念,并通过这种方式实现了企业内部的融资。对于普通员工来说,收入的增加是最简单、最原始却也是最有效的激励政策,能够增强员工的归属感、忠诚度和稳定性。也就是在这个阶段,华为将市场拓展到中国主要城市,年销售额达到15亿元,并于2000年在瑞典设立了研发中心,当年其海外市场销售额达到1亿美元,完成了"农村包围城市"的战略任务。

(2)制度文化。

华为的企业文化最初并没有通过制度规定下来,主要是一些员工的自发意识以及领导者

灌输的思想观念，没有经过统一整理、归类总结，也没有科学依据和强有力的理论支持。到了1995年，华为开始提出关于企业文化的大讨论并且出台了《华为公司基本法》。这部基本法是华为企业文化的源头，它规范了华为的研发生产、服务质量、员工思想，尤其是员工思想。该法规定：华为员工必须拥有超强的团队意识，既尊重个体差异，又追求团队合作共赢，时时刻刻把企业共同目标放在首位；还要求员工必须要有强烈的爱国精神，谨记努力奋斗不只是为了个人发展，更是为了企业、为了国家、为了社会。这些文化在长期的实践过程中不断完善，逐渐提炼成以客户为中心、以奋斗者为本的企业文化核心内涵，深入员工工作的方方面面，并传承下去。

(3) 精神文化。

这一阶段，华为的精神文化集中体现为"床垫文化"。在华为初创时期，企业条件非常艰苦，员工就在办公桌下面放一张床垫，如果加班晚了，晚上就在办公室休息，于是就形成了华为独有的"床垫文化"。

(二) 成长期——企业内自主创造阶段(2000—2002)

1. 企业内自主创造的过程

这一阶段，华为已经基本完成了在企业文化、组织架构、管理制度等方面的建设，并且完成了基础设施建设，为其知识创新提供了良好的技术平台，便利了员工之间高效的知识共享。依托良好的经营管理体制及技术平台，员工的学习水平不断提高，企业内部知识创新形成了螺旋上升的良性循环。华为结合自身情况和规律、经验，总结出一套独有的管理办法，用以指导未来的工作。同时，为了引入新知识，华为在世界各地都设立了研发部门，与多家国际大公司保持着良好的合作关系，在众多领域都有出色的表现，尤其是在下一代网络(NGN)、光网络、3G全系列设备、ADSL宽带等方面。然而，此时的华为仍是以企业内部知识创新为主，企业价值观尚未在中高层有机地生成。

2. 成长期的企业文化建设

(1) 物质文化。

物质文化在这一阶段体现为华为标志的变化。商标是一家企业走出去的第一张名片，是企业身上扯不掉的标签。设计师从华为的企业文化中获得灵感，从而设计了由"HUAWEI"和图标构成的企业商标，传达了华为的核心理念，即在知识创新中实现自身价值、在合作中实现共赢，表明了华为积极开拓、进取的精神。如果说标志的改变是物质文化一个比较表层的方面，企业文化的变化则更能代表物质文化的提升。2002年前后，华为曾面临很大的危机，内部大量人员离职，但很多人离开后的发展远不如留下来的人。根本原因在于华为内部像工作坊这样的组织设计，为华为员工提供了学习、交流的平台，使其能力得到不断提升，这就是组织平台的力量，也是物质文化的力量。

(2) 制度文化。

军事文化是华为在制度文化方面的一大体现。众所周知，华为CEO任正非是军人出身，后来转业后创立了华为。作为企业领导者，他的军人气质决定了军事文化必将对华为文化造成极大的影响。例如，任正非把军队中的军衔制度带到了华为，改造成为工号文化。华为的每一个员工都被分配了专属的工号，这个工号就是员工身份的象征。除此之外，任正非还将军事文化融入了企业的管理模式，用军事理念来管理企业，以此增强员工的战斗力和凝聚力，让华为逐渐成长为一家充满"狼性"的跨国企业。

(3) 精神文化。

华为在企业文化发展中期的精神文化主要体现为狼性文化。狼性文化强调忍耐、团结、攻击、锲而不舍。华为人将这种狼性精神充分融入日常工作;他们高度团结、配合默契、进攻果断,使得竞争对手毫无还手之力,从而快速抢占市场份额,获得先机。

(三)成熟期——向内外互动式创造过渡的阶段(2004年至今)

1. 向内外互动式创造过渡的过程

在这一阶段,华为不再像初创期那样,完全照搬国内外的先进技术,而是充分整合和利用各方面资源,进行自主研发。也是从这个时候开始,华为的专利申请量一直在国内居于榜首,并且所申请的绝大部分都是发明专利。华为不仅为多所一流工科院校的优秀学子提供各种形式的资金资助,还与各大高校、科研院所建立了长期的合作关系,利用它们的信息渠道及时掌握国内外的先进技术潮流和动态,保证自身能与国内外先进的技术接轨。同时,华为与技术实力雄厚的大公司结成战略联盟,与之形成研发优势互补,谋求共赢。华为还充分利用全球各地的资源,建立了跨区域研发机构,加快了华为的国际化进程。

2. 成熟期的企业文化建设

在企业文化的成熟期,华为主要形成了后制度文化和精神文化。

(1) 后制度文化。

第一,服务文化。任正非曾说过:"客户是华为的唯一支柱,也是华为生存的唯一理由,我们要自始至终服务于客户。"可见,服务文化在华为企业文化中的重要地位。华为的服务文化要求员工主动去解决客户的问题,满足其对产品的需求,而不只是买卖主义式地完成销售任务。

第二,沟通文化。华为在很早就确立了"沟通第一"的原则,主要内容为积极响应用户问题,以及谨慎承诺与答复。华为工程师一般英文都很普通,交流并不是很顺畅,但是可以通过快速响应用户问题、积极询问、及时答复的方式来获取客户的信任感。但是快速响应不代表随意回答,因为客户更注重的是响应的准确性。当遇到较为复杂的问题时,通常采取先避而不答的方法,先不回答,承诺答复时间后与项目组共同讨论、协同作战,充分准备后再去答复客户。

第三,质量文化。华为质量文化的核心是站在客户的角度评估质量。首先,华为通过让员工去学习中外各管理大师的质量理念,提高员工的知识理论水平,用理论丰富员工的思想。然后再付诸行动,将这种质量理念嵌入工作,融入质量把控的每一个环节:发现问题、分析问题、解决问题,并将经验共享给其他员工,避免类似问题的再次发生。

(2) 精神文化。

精神文化主要体现为华为核心价值观的确立。华为在初创期的思想较为繁杂,直到1998年制定了《华为公司基本法》,华为混乱的核心价值观才得以理顺并确立下来。随着华为的不断发展和壮大,其企业文化也随之不断完善,最终确立了企业文化的核心价值观,即以客户为中心、以奋斗者为本的自我批判和长期坚持艰苦奋斗的价值观。华为一步步踏实地走到今天的成熟阶段,成为国际化企业,得益于其企业文化的以下四点特质:

第一,求真务实、胸怀大志。这集中表现在华为的管理者身上,今天华为的成功,离不开任正非的远大的追求和不凡的胆识,以及博大的胸怀和成熟的价值观。显然,他的领导风格和个人魅力影响了企业员工,塑造了高效严密、具有高度凝聚力的团队。

第二,尊重个性、集体奋斗。华为为员工提供发挥个人能力的平台,鼓励个人创新。这是因为华为通过总结前人经验,发现具有重大突破的发明和创新举措往往都是个人行为,这就要求企业推崇知识、尊重人才、弘扬个性,而不是搞个人崇拜。同时由于当今社会对知识创新型企业的研发能力、技术的要求越来越高,个人能力往往不能满足时代需求,还需要依靠团队的力量,紧密合作,团结协作,不断克服新的困难,接受新的挑战,达到 $1+1>2$ 的效果。

第三,通过利益驱动机制,激活企业活力。既然企业的最终目的都是盈利,那么就必须解决企业为谁谋利的问题,才能使企业实现长远的发展。因此,企业应让客户、合作伙伴及员工形成利益共同体,借助利益驱动机制,不断地激活企业的活力。

第四,具有鲜明的民族特色。任何国家和地区的企业身上都会散发其独特的气质,在我国企业身上则集中表现为民族精神。华为要求每一个员工不仅要敬岗爱业,还要热爱自己的国家和本民族文化。

资料来源:作者根据相关资料改写而成。

第八章 企业文化与管理体系的融合

【学习目标】

- 了解企业文化与企业组织结构的内在联系
- 掌握企业文化与企业战略的匹配关系
- 深入掌握人力资源管理的内容及其与企业文化的融合

 开篇案例

腾讯的企业文化与员工关系部

腾讯在2012年调整组织架构时,其人力资源管理体系便体现出与传统人力资源管理体系的不同之处。腾讯人力资源管理体系以其独特的战略性及灵活性使原有的业务系统成功升级为七大事业群制:企业发展事业群、互动娱乐事业群、移动互联网事业群、微信事业群、网络媒体事业群、社交网络事业群、技术工程事业群。显然,腾讯人力资源管理体系已不再是被动匹配的角色,而是具有强烈的战略意义。也就是说,腾讯人力资源管理体系已经不是传统的人力资源管理体系,而是具有战略性与系统性特征的战略人力资源管理体系。在腾讯,由于年轻员工较多,仅靠领导者自上而下的命令或制度来管理员工,效果并不显著,因此,除了提供管理平台,腾讯还通过企业文化管理员工。

2013年,腾讯将企业文化部与员工关系中心合并为企业文化与员工关系部,在职能划分上直接隶属于卓越中心或专家中心(Center of Excellence or Center of Expertise,COE),而非人力资源管理部。腾讯组织结构的调整意味着,企业对于企业文化与人力资源管理之间关系的认识已经从之前的单向作用观点逐渐转变为双向作用的观点。企业文化与员工关系部主要承接企业活力战略,且目前主要聚焦于强化员工职业化和沟通等战略的实施。同时,企业文化与员工关系部还起到"咨询师"的作用。例如,策划整个企业层面的大型文化活动;负责企业文化理念的宣传及氛围营造;诊断、分析并提炼出企业文化的价值等。一方面,腾讯企业文化与员工关系部打造的与企业战略、人力资源管理相契合的竞争文化,有利于腾讯管理效率的提升。另一方面,企业文化与员工关系部也是建设、落实企业文化的有效途径。腾讯的企业文化经历了从"家"文化向职业竞争文化的变革过程;在这一过程中,腾讯的企业文化逐渐从"不契合"过渡到"契合"。企业文化与员工关系部牵头进行了这次变革,实现了战略人力资源管理系统内文化、招聘、薪酬福利、培训等模块的协调统一。

资料来源:黄攸立,荣闪闪,刘志迎.战略人力资源管理与组织战略、企业文化的内外部契合——以腾讯COE为例[J].中国人力资源开发,2018,35(2):72—80.

第一节 企业文化与企业战略

一、企业战略的概念及模型

(一) 企业战略管理思想的发展历程

企业战略管理思想起源于20世纪30年代至40年代,逐渐形成于20世纪60年代至70年代,在20世纪80年代至90年代逐渐发展成熟,至今仍在不断发展。

1. 企业战略管理思想的萌芽时期

20世纪30年代前,随着企业管理理论的发展成熟和生产实践的不断进步,原有的企业管理理论已不适用于现有的管理实践,企业战略管理思想由此产生,但此时的企业战略管理思想尚未形成系统化的理论。美国管理学家切斯特·巴纳德(Chester Barnard)首次提出了"企业战略"这个名词,他认为企业管理者在做出任何决策之前,都应该考虑到企业战略。第二次世界大战后,西方发达国家经济进入复苏时期,企业的规模和范围不断扩大,这在一定程度上促进了企业战略管理思想的发展。

2. 企业战略管理思想的形成时期

20世纪60年代,钱德勒首次提出企业战略管理的定义。他认为,企业战略是为实现企业的基本目标和长期计划,对企业资源进行管理所选择的方法;同时,他认为企业战略应随着环境的变化而变化。然而,在同一时期内,另一位著名管理学者伊戈尔·安索夫(Igor Ansoff)对于企业战略管理的定义有所区别。他认为,企业战略既是企业适应外部环境的过程,也是企业内部结构化的过程,目的是追求自身的生存和发展。据此,他提出了"战略四要素",包括产品与市场范围、增长向量、协同效应和竞争优势。

3. 企业战略管理思想的成熟时期

1980年,迈克尔·波特(Michael Porter)将经济学引入战略管理理论,构建了基于市场结构的竞争战略理论。他认为竞争战略包括成本领先战略、差异化战略、集中化战略,并由此提出了五力模型。20世纪90年代以后,另一种关于企业战略的理论产生,这是一种基于资源的企业战略理论,让企业管理者基于自身的资源和能力而不是根据企业的外部环境制定企业的战略。随后,哈佛大学商学院的亚当·布兰登勃格(Adam Brandenburger)和耶鲁大学管理学院的拜瑞·内勒巴夫(Barry Nalebuff)提出了竞争合作的新理念,让更多的企业意识到合作的重要性,有效地克服了企业之间过度强调竞争的问题。

4. 企业战略管理思想的新发展

20世纪90年代以来,企业战略管理思想发生了质的变化。首先,企业的战略管理强调战略主动性,它强调企业为了获取核心竞争力,不仅仅是整合自身的能力和资源,更重要的是去寻找、发现新的能力和资源,从而主动适应环境的变化。其次,企业的战略制定不再是高层管理者的一言堂,更多的员工,尤其是一线员工开始参与到企业战略的制定中。最后,随着全球化的发展,行业之间的界限日益模糊,越来越多的企业强调竞争与合作并存。

(二) 企业战略的层次

企业战略是一个有层次的体系,主要有公司层战略、业务层战略、职能层战略三个层次。

1. 公司层战略

公司层战略也称总体战略,主要包括多元化战略和国际化战略等形式。公司层战略位于企业战略管理的最高端,是根据企业总部的战略目标,结合自身条件确定可以进入的市场与行业,统筹与协调各类多元化的经营业务,使其相互补充、全面发展,以达到利润最大化。

2. 业务层战略

业务层战略也称竞争战略。经营单位仅存在于一个行业或一个市场,其主要目的是通过市场占有率和盈利水平的动态平衡,使企业能够建立和维持竞争优势,从而获得高于行业平均水平的收益。业务层战略是对公司层战略进行具体细化,以确定自身的细分市场与目标客户,形成适合本业务单位创造利润价值的战略。

3. 职能层战略

职能层战略又称职能战略,是企业内部各职能部门(如投资、财务、人力等)所制定的战略。其目的是将公司层或者业务层战略的目标和要求,分解到各部门的执行层面,使各部门的职能活动目标清晰,统一服务于上一层级战略,主要包括生产战略、客户服务战略、营销战略、人力资源管理战略、企业文化战略等。[①]

(三) 战略管理过程

1. 战略环境分析

战略环境分析首先是对企业的外部环境进行分析,分析目前企业所处的宏观环境、市场及行业环境,总结出企业外部环境存在的机会与威胁。之后,对企业的内部环境进行分析,分析企业目前具备的资源、能力及核心专长,总结出企业内部环境所具有的优势与劣势。

2. 战略选择

马丁等认为战略的本质就是解决问题的方案,所以要对具体问题进行具体分析,这样才能找到最优的解决方案,并且认为企业所处的环境决定了企业所选择的战略。企业必须对环境进行评估,以搭配运用合适的方案。[②] 因此,企业需要对其外部环境和内部环境进行分析,运用SWOT矩阵分析工具,分析出企业面临的机会与威胁、优势与劣势,然后充分利用机会与优势、消除威胁与劣势,最终制定出企业的战略目标,选择适合企业发展的战略方向。

马丁等按照商业环境的不可预测性(企业能否预测商业环境未来发展的变化)、可塑性(企业是否能够独立或者以合作的方式重塑商业环境)、环境严苛性(企业能否在商业环境中生存)这三个维度,概括出商业环境的五种类型,并且针对每一类商业环境,提出了相对应的战略方案:① 经典型——能够预测,但无法改变;② 适应型——无法预测,也无法改变;③ 愿景型——能够预测,也能够改变;④ 塑造型——不能预测,但能够改变;⑤ 重塑型——企业资源严重受限(见图8-1)。

---

① 蓝海林等.企业战略管理[M].北京:中国人民大学出版社,2015.
② 里维斯,汉拿斯,辛哈.战略的本质:复杂商业环境中的最优竞争战略[M].王喆,韩阳,译.北京:中信出版社,2016.

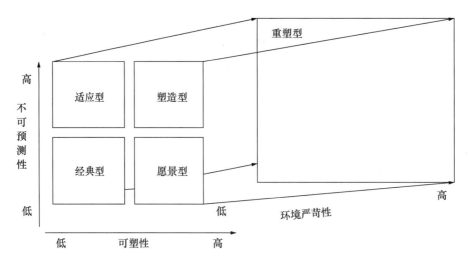

图 8-1 战略模型组合：五类商业环境及其战略方案

资料来源：里维斯,汉拿斯,辛哈.战略的本质：复杂商业环境中的最优竞争战略[M].王喆,韩阳,译.北京：中信出版社,2016.

3. 战略实施的保障条件和对策措施

在战略实施阶段,将战略目标百分之百地落地实施是关键,所以企业战略管理者需要对战略目标逐一进行分解,制定与战略目标相对应的实施策略,明确相应的条件与措施,调动企业全方位的资源进行保障,确保战略目标达成。

二、企业文化与企业战略

（一）企业文化与企业战略的理论渊源

企业文化与企业战略是两个看似泾渭分明的概念,但是这两个概念之间其实有着十分密切的联系和深远的渊源。现代经营战略理论由美国管理学者安索夫于 20 世纪 60 年代提出,其后经过学术界与业界精英们的演绎,其科学性得到了淋漓尽致的发挥,并建立起一套与之相适应的工具、方法,给企业管理带来了革命性变化。现代经营战略的理论与方法,使人们认识到管理中战略知识的重要性。

现代经营战略理论有三点局限性：第一,经营战略理论很少谈及价值观与信念问题。经营战略计划主要是依据既定的、明确的信息实施的,忽视了企业愿景和价值体系的创造。第二,经营战略理论的实施前提是自上而下的管理过程,比较重视高层管理者所拥有的、既存的、明确知识的加工处理,却忽视了高层以外的企业成员所掌握的大量隐含知识的作用。第三,经营战略理论中广泛运用竞争力的概念,但对人文精神的知识,即竞争力的源泉这一层含义却没有涉及。对人文精神力量的忽视,使经营战略理论往往陷入工具理论的困境。20 世纪 80 年代,一些过于追求战略分析科学化、计量化的欧美企业开始失去活力和竞争力,人们开始由科学主义管理转向人本主义管理,企业文化理论从此抬头,提醒人们在看待、解决管理问题时,不应仅仅看到战略计划、组织结构等一些硬件方面,还要看到价值观、作风、人员、制度、技能等一些软件问题。

顺应这一趋势,彼德斯和沃特曼等以超越"人的理性的局限性"为前提建立了企业文化理论,在工具理性自身的局限中发现了人的思维和行为的非理性色彩。他们提出了企业中人的基本需要的新理论,即人需要生活得有意义;人需要对自己有一定的节制;人需要积极强化,以便能在一定意义上把自己看作胜利者;在相当大的程度上,是人的态度和信念塑造了行为和行动,而不是行为和行动塑造了其态度和信念。

哈佛大学商学院曾经就企业文化落地方面的问题对业界著名人士展开了调研,但同一个问题在一部分人看来属于企业文化范畴,而在另一部分人看来却属于战略范畴,由此得出,两者之间并没有明确的界限,并且存在重合。

(二)企业文化对企业战略的影响

(1)企业文化是企业战略制定并取得成功的重要条件。企业战略的制定要求企业组织各方面力量,在正确分析企业的宏观环境、行业环境以及内部资源条件、现行战略的基础上,着手制订战略方案,然后结合企业实际情况,确定适合自身的企业战略。这个过程中,企业必须考虑自身的企业文化,其制定的战略必须要有文化的支持,最终才能取得成功。企业文化必须具有鲜明的个性和特色,形成企业员工的共同价值观,而在此基础上制定的战略才能助力企业在市场竞争中击败对手,促进企业的可持续发展。

(2)企业文化决定着企业战略实施的成败和整个企业的兴衰。企业战略的实施需要完善的信息支持系统、组织支持系统和文化支持系统。前两者都是企业的硬件,而文化支持系统则是企业的软件,软件往往比硬件更为关键和重要。企业制定出战略以后,必须将战略的构想转化为战略的行动。企业管理者只有调动各种积极因素才能使战略获得成功。而统一的价值观和良好的文化氛围,无疑会有利于战略的推进。

(3)企业文化是战略控制的"软性黏合剂"。战略控制是检查和评价企业战略实施后的企业绩效,通过将既定的战略目标和企业绩效标准相比较,发现差距、分析原因并纠正偏差。从企业战略控制的实际效果来看,属于企业文化的共同价值观、信念及行为规范等这些"软性黏合剂"更为有效。它们可以形成企业员工的自觉行动,达到自我控制和自我协调。它不是依靠对员工的激励和监督来实行战略控制,而是基于员工对企业的依附感和信任感来实现的。

(4)企业文化是企业维持战略优势的重要条件。企业文化是企业在长期的生产经营活动中逐步形成的。一个优秀的企业文化体现了企业的历史积累,其他企业是很难模仿和复制的。正是这种难以模仿性和难以复制性,才使得企业在很长的时期内维持自己的战略优势,在市场竞争中立于不败之地。从以上分析可以看出,企业文化是企业战略的基石,它为企业战略的制定、实施和控制提供了强大的思考框架,是企业维持既有战略优势的重要条件。

(三)企业文化与企业战略的匹配关系

企业文化是企业战略形成的前提。首先,企业文化是起主导作用的,企业要以人为本,应实行人性化的管理而不是单独的管理。因此,企业文化的形成优先于战略,通过既定的企业文化进行组织结构与战略设计。如果企业文化出色,那么企业战略就高效。企业战略与企业文化之间既相辅相成,又相互约束。企业文化对企业战略的重要性在于:在战略实施的过程中,文化需要与战略进行匹配。为此,战略制定者与战略实施者的责任是无法截然分开的。面对选定的战略,在实施过程中对起阻碍力量的企业文化进行有效的变革,是企业最高水平的管理技能得以验证的最优方法。在战略实施过程中,应重点强调文化同战略的匹配,因为一家企业已有的企业文化很难满足企业在其发展过程中所选取的不同战略的需求,所以在面对变化的外部环境时,从自身内部资源和能力出发进行的匹配也应有所差异。

1. 与战略模型相匹配的企业文化及其他管理要素

本部分介绍马丁等根据其开发出来的战略模型所提出的相匹配的企业文化的特征,以及组织管理的其他要素(见表8-1)。

表8-1 与五种战略模型相匹配的企业文化及其他管理要素

关键元素	方法				
	经典型	适应型	愿景型	塑造型	重塑型
核心理念或必要条件	做大	求快	抢先	协调	求存
环境类型	可预测,不具备可塑性	不可预测,不具备可塑性	可预测,具备可塑性	不可预测,具备可塑性	环境严苛
适用行业	公共事业、汽车、石油、天然气	半导体、纺织、零售	不针对特定行业;打破旧格局,创造新产业	部分软件领域,如智能手机软件	2008—2009年金融危机期间的金融机构
特征	低增长、高度集中、行业成熟、监管法规稳定	增长不稳定、集中度有限、新兴行业、高科技变革	高增长潜力、无直接竞争者、监管法规有限	碎片化、无主导企业、平台化、监管法规有塑造空间	低增长、面临衰退及其他危机、融资能力有限、现金流为负
做法	分析、规划、执行	变化、选择、推广	设想、构建、坚持	吸引、协调、发展	应对、节约、增长
成功标准	规模、市场份额	周期、新产品活力	率先进入市场、新用户的客户满意度	外部生态环境发展、利润率、新产品活力指数	节约成本、现金流
相关方法	经验曲线、波士顿矩阵、五力模型	时基竞争、智时优势、适应性优势	蓝海战略、创新者窘境	网络、外部生态环境、平台	转型、变革
重要案例	雷富礼领导下的宝洁公司	钱德拉塞卡兰领导下的塔塔咨询服务公司	贝佐斯领导下的亚马逊	乔布斯领导下的苹果公司	美国运通公司、本默切领导下的美国国际集团
主要陷阱	过度运用	盲目地为无法被规划的事制定规则	愿景错误	过度管理企业的生态环境	没有第二阶段

资料来源:里维斯,汉拿斯,辛哈. 战略的本质:复杂商业环境中的最优竞争战略[M]. 王喆,韩阳,译. 北京:中信出版社,2016.

(1) 经典型企业文化。经典型企业文化追求与静态优势相关的卓越目标。经典型企业文化必须对所追求的这种思想提供支持。因此,这种企业文化必须对卓越目标进行分析,界定不同成员的责任,并以此规范组织行为,促使组织成员一起大力追求并实现已经界定明晰的目标,对成功实现目标者予以奖赏与回报。据此,这种企业文化强调个体对组织目标的接受与共享。经典型企业文化注重分析,并以目标为导向,重视规划及一以贯之的执行;有时候看上去很不人性,且官僚作风严重。完善的经典型企业文化能够塑造一种工作环境,这样的工作环境能为个人成功提供许多机会,并能够让员工对企业目标有一种贡献感和归属感。

(2) 适应型企业文化。适应型企业理解并根据市场信号行动,即进行试验的能力,从根本上说,是由其企业文化决定的。适应型企业文化是一种以外部为导向、以方法为中心的文化。

这种企业文化鼓励角度多样性,分享不同意见,为新想法的产生即快速学习创造有益的情境,而不是单向地进行命令的整合。经典型企业以目标为导向,拥有井然有序的文化,而适应型企业需要开放、轻松的文化以鼓励新想法的产生,通过允许建设性建议的存在,以及对认知多样性的推崇,激发了员工的挑战精神。

(3) 愿景型企业文化。愿景型企业文化强调清晰的方向感和一定程度的灵活性。这样既能保证企业发展的速度,也能帮助企业克服其间遇到的困难。最重要的是,这种文化鼓励员工追求其他人可能尚未发觉的事情。这种文化将精力放在愿景的实现上,并点燃个人的激情和创造力,使其以愿景来引领自己的行为。因此,愿景相当于企业文化的北极星。

(4) 塑造型企业文化。塑造型企业文化必须向外看,对外在各方面持接纳的态度,催化而非控制利益相关者的交流,鼓励合作而非竞争。企业必须极力减少对员工的干预,超越企业边界建立合作关系。开放和谦虚有助于培养信任,而信任是生态系统参与者之间建立长期成功互动的关键。最重要的是塑造型企业文化鼓励尊重员工。

(5) 重塑型企业文化。企业在重塑阶段需要在两种截然不同的文化重点之间不断转换,首先,企业必须从内部由上而下致力于开展工作,把重心放在执行上。接着,企业必须对思维模式做一个全然不同甚至往往截然相反的转换,注重企业外部工作,并与将要实施的新战略保持一致。转变文化中心是非常困难的,但非常必要。在文化转型和重塑过程中,危机下的企业需要执行严谨的、以行动为中心的生存法则,并设计开放的奖励制度,但拒绝冒险规划。不可否认,文化转型和重塑给企业带来了高度不确定性,甚至不得不裁员以实施新战略、新文化。因此,企业应该尽可能地透明决策,减少企业因决策带来的恐惧和争执,帮助在裁员中保住饭碗的员工远离内疚或怨恨情绪。此外,裁员决策常常在企业中滋生悲观文化、工作的不安全感、低落的士气等,导致员工迷失目标或难以保持先前的业绩。要缓解这些悲观情绪,企业领导者可通过庆祝微小的成功来提升士气,从而保持员工对于更大、更长远的企业目标的专注。同时,企业领导者要率先垂范,形塑自己的新文化身份,并以该身份建立信心,促进整个企业文化的改变,以便企业在经过一段焦虑期和对短期目标的关注之后,转向一个更加开放、更加关注长期发展的新战略。这意味着企业要创建一种新的、更愿意承担风险的文化。同任何文化转型一样,企业文化转型任务艰巨,需要企业领导者用一个新愿景激励员工朝着长远目标努力。此外,企业领导者需要吸纳新战略所需的建设性意见,明确界定新的战略目标。

2. 企业文化类型与战略模型的匹配——国内学者观点

国内学者认为企业文化存在下列几种类型,即权力导向型、角色导向型、任务导向型和人员导向型。

(1) 权力导向型。在这种企业文化下,企业管理者往往拥有绝对的控制权,其组织结构往往是比较传统的。在实行这种企业文化的企业中,权力有时会被滥用,导致一些腐败现象。这种企业文化一般适用于家族企业或者刚刚起步的小企业。

(2) 角色导向型。这种企业文化比较重视责任心和忠诚度,在管理方面注重公平性、理性、稳定和秩序。在实行这种文化的企业中权力是有限制的,基本掌握在高层管理者手中。这种企业文化适用于稳定性强的环境,在动荡的环境中会来不及反应。

(3) 任务导向型。这种企业文化把达成目标当作最重要的任务,对于员工的评估都是根据目标的完成程度。在实行这种企业文化的企业中,权力是根据个人能力进行分配的,且重视效率。

(4) 人员导向型。这种企业文化不同于其他三种,它更加人性化,强调为员工提供服务,激励员工的目标与企业目标相一致,共同发展。

企业需要结合自身发展情况及现有的资源去适应企业内外部环境,这就要求企业能够在管理组织内部的同时,有效地选择和实施战略来适应环境。

(1) 防御型战略。此战略是在整个市场之中寻求一个狭窄又稳定的细分市场。企业常采用竞争性定价或提供高质量产品等活动来阻止竞争对手进入其领域,在市场中维持稳定的地位。在该战略下,由生产与成本控制专家组成高层管理团队,注重成本和效率、集中控制和正式沟通。

(2) 开拓型战略。此战略通过不断寻找新的产品、新的服务或新的市场来探索新的商业机会。通过开发机械化程度很低和例外性的多种技术与标准技术来避免长期陷于单一的技术过程。在该战略下,由市场、研究开发方面的专家组成高层管理团队,注重产出结果、分权控制和非正式沟通。①

(3) 分析型战略。此战略处于以上两个战略之间,结合了两者的特点,在寻求新的商品和新的市场的同时,也保持原有的市场。在该战略下,新产品应用研究小组和产品经理之间实施分权。

(4) 反应型战略。反应型战略其实严格来说不算是战略,原因是这种战略仅仅是一种针对市场的风险性及机遇采取的随机行为。使用该战略意味着,企业一方面没有进行未来的战略规划,另一方面也没有清晰给出企业的发展目标,所有经营活动都只是迎合现阶段的需求。②

根据以上企业文化与企业战略的描述,最终得出了两者之间的匹配关系(见表8-2)。

表8-2　企业文化与企业战略的匹配关系

组织战略	企业文化
反应型战略	权力导向型
防御型战略	角色导向型
开拓型战略(分析型战略)	任务导向型
分析型战略(开拓型战略)	人员导向型

资料来源:刘洪.组织结构变革的复杂适应系统观[J].南开管理评论,2004(3):51—56.

三、企业文化与企业战略的协同管理

要实现企业文化和企业战略的协同管理,必须要保证两者高度的一致性。实质上,这与企业战略的稳定性和企业文化的适应性有着紧密的联系。企业战略的稳定性是指企业在实施新战略的过程中,需要改变企业结构、价值观等;企业文化的适应性可以将企业变化与企业文化是否一致充分体现出来。

(一) 企业文化与企业使命的协同

当企业实施一个新战略时,企业的组织要素会发生很大的改变,但这些变化与企业的原有文化具有潜在一致性。基于此,企业处于较为有利的发展地位,可以借助原有文化来实施新战

---

① 丁敏.人力资源战略与企业战略、企业文化的匹配初探[J].经济问题探索,2006(3):129—133.
② 张海峰.组织战略视角下的商业银行组织结构分析[J].中央财经大学学报,2006(4):45—50.

略,进而实现两者之间的有效协同。具体应做到两点:第一,在企业进行重大改革的过程中,必须要对企业的基本使命进行深入分析,因为企业使命是企业文化的重要内容。企业战略管理者必须要认识到,企业目标和战略可以改变,但是很难对企业基本使命进行变更,其与原有企业之间的联系是极为紧密的。第二,企业需要对现有的奖惩机制进行调整,在具体调整过程中,要与奖惩措施结合在一起,这也是企业文化的重要内容。①

(二)企业文化与企业组织结构的协同

在企业实施新战略时,企业组织要素的变化也同样显著,新战略和原有文化之间的矛盾较为显著,在实施过程中遇到的阻碍性因素较多,所以企业必须要结合企业组织结构来进行协同管理。其一,企业要对这些出现的变化进行深入分析,结合经营业务需求,实施配套可行的文化管理,进而实现两者之间的协同;其二,企业在变革与企业组织结构联系较为紧密的因素时,也要结合组织结构,以此来进行管理,这对于实现协同也有帮助。②

(三)企业文化重塑与战略重构的协同

如前所述,在企业实施新战略时,企业组织要素的变化较为显著,而且与企业原有文化之间形成了极大的差异。基于此,很难实现原有文化和战略的一致性,所以必须要重新制定战略,也可以对企业文化进行调整,进而实现企业文化和企业战略之间的协同。实现企业文化和企业战略之间的协同,具体应做到:第一,对于企业高层管理者来说,必须要树立改革的信心、决心和勇气,引导企业全体员工充分认识到改革的重要性,顺应时代的发展趋势。③ 第二,企业要不断创新、与时俱进,形成新的企业文化。比如可以招聘一系列文化意识较强的员工,或者注重对与新文化相符合的企业内部员工的培养和队伍建设。高层管理者也要发挥模范带头作用,树立全新的思维模式和价值观等,与企业新文化建设保持高度的一致和平衡,并积极引导企业员工,尽早完成文化重塑任务。第三,对于奖励机制,也要进行适度改变,将新文化意识浓厚的下属单位或个人,作为企业奖励的侧重点,将变革信心充分激发出来,进而积极创新企业文化。

(四)企业文化与企业战略的融合

1. 企业文化与企业战略制定

企业文化的起点来自企业家个人的使命、愿景和价值观。当企业家选择通过建立企业的途径来实现个人抱负时,其使命就是企业的终极目标,是企业存在的根本意义和价值,体现了企业对社会的根本态度。愿景是一个个明确易懂、可操作、可共享并且激发员工不懈努力的任务。企业的价值观包括企业对经济、文化、社会和政治的价值取向。企业的使命与愿景能够鼓舞人心,指引企业前进的方向。企业战略是企业文化的重要组成部分,是企业文化的一种反映,有什么样的企业文化便会产生什么样的企业战略。企业通过实施战略管理来实现使命和达成愿景。企业战略是企业宗旨和核心价值观的反映,具有深刻的企业文化烙印。优秀的企业文化可以指导企业形成有效的企业战略并成为推动企业实现战略的驱动力。所以,当企

---

① 姜清琳.企业战略管理与企业文化的"互动性"探析[J].全国商情(经济理论研究),2015(23):30—31.
② 郭净,刘兢轶.要素协同视角下企业创新的内生性发展策略——对河北省科技型中小企业的调研[J].经济研究参考,2015(64):72—79.
③ 王慧,戚晶晶.企业间知识协同的影响因素概念模型研究[J].河南工程学院学报(社会科学版),2014,29(4):10—16.

家明确了使命、愿景和价值观时,企业的战略意图便逐渐形成,成为战略制定的一项重要依据。

2. 企业文化与企业战略选择

企业家根据自己的使命、愿景和价值观形成自己的战略意图,同时使用 SWOT 分析工具制订出各种战略的备选方案。当他们从备选方案中选择适合企业的战略并加以实施时,就需要考虑各种战略类型,如公司层战略、竞争战略等。公司层战略是企业通过多业务活动的集成和协同,创造价值和实现企业使命、愿景和战略目标的行动总路线。竞争战略是在企业总体战略的制约下,指导和管理具体战略经营单位的计划和行动。竞争战略是企业较为关键的战略,波特提出了成本领先战略、差异化战略和集中化战略三种竞争战略。其中,成本领先战略要求坚决地建立起高效且具有规模的生产设施,在经验的基础上全力降低成本,最大限度地降低研究与开发、服务、推销、广告等方面的成本;差异化战略是对企业提供的产品或服务实行差异化,确立起全产业范围内企业独有的一些特质;集中化战略是在一个狭窄的利基细分市场上集中使用成本领先战略和差异化战略,如主攻某个特殊的顾客群、某产品线的一个细分区段或某一地区市场。

因此,企业文化首先影响企业战略的制定和选择。企业文化和企业战略的选择是一个动态平衡、相互影响的过程。企业在选择战略时不可避免地要受到企业文化的影响。在落实战略的过程中,企业文化要处理好内部权力关系。新战略的实施需要相应地调整企业内部的权力关系和利益分配原则,否则将失去有效落实的权力基础和所需要的各种资源。企业所选择的战略,需要与目前的企业文化和未来预期的企业文化相互包容和相互促进,如此一来,该战略才能被成功地实施。

第二节 企业文化与组织结构

一、组织结构

(一)组织结构的概念

现代企业主要面临两个问题:一是如何组织与协调各部门的有效衔接,确保企业日常运行的稳定高效;二是如何策划与选择企业长远发展的战略,并筹措与分配资源来实现企业的组织战略。解决第一个问题主要依赖于维持企业正常运行的中层管理者,而解决第二个问题需要高层管理者发挥敏锐的洞察力与战略决策功能。这样,为解决企业面临的两个问题,不论采用什么形式,都必须使内部组织结构具有解决不同性质问题的不同管理层。

组织结构是指"根据不同的标准将人们分配到影响不同社会角色之间关系的社会岗位"[①]。第一层含义是专业的分工,人们在组织中被分配与社会角色对应的任务或工作;第二层含义是组织分等级,对每一个员工的职位,组织均按规章对就职者的行为方式做出规定。组织结构的概念有广义和狭义之分。狭义的组织结构是指为了实现组织目标,在组织理论的指导下,经过组织设计所形成的组织内部各个部门、各个层次之间固定的排列方式,即组织内部的构成方式。广义的组织结构,除了包含狭义的组织结构内容,还包括组织之间的关系类型,如专业化协作、经济联合体、企业集团等。通俗点说,组织结构(组织架构)是一个组织是否能

---

① 德鲁克.管理:使命、责任、实务[M].王永贵,译.北京:机械工业出版社,2006.

实现内部高效运转、是否能够取得良好绩效的先决条件。组织结构通常表现为一个组织的人力资源、职权、职责、工作内容、目标、工作关系等要素的组合形式,是组织在"软"层面的基本形态,其本质是实现某一组织的各种目标的一种手段。现代管理学之父彼得·德鲁克(Peter Drucker)指出:

(1) 组织结构不是"自发演变"的。在一个组织中,自发演变的只有混乱、摩擦和不良绩效,组织结构设计需要思考、分析和系统地研究。

(2) 设计组织结构并不是第一步,而是最后一步。第一步是对组织结构的基本构成单位进行识别。其中,组织结构的基本构成单位是指那些必须包含在最后的结构之中,并承担整个组织的"结构负荷"的业务活动。并且,基本构成单位是由它们所做贡献的种类来决定的。

(3) 战略决定结构。组织结构是实现某一组织的各种目标的一种手段,为了确保效率和合理性,必须使组织结构与战略相适应,即战略决定结构。战略就是对"我们的业务是什么、应该是什么和将来会是什么"这些问题的解答,它决定了组织结构的宗旨,并因此决定了在某一组织中哪些是最关键的活动。有效的组织结构,就是使这些关键活动能够正常开展并取得杰出绩效的组织设计。因此,有关组织结构的任何工作,都必须从目标和战略出发。

(4) 日常的经营管理、创新和高层管理这三种不同的工作必须组合在同一组织结构之中。组织结构必须一方面以任务为中心,另一方面以人为中心;并且既有一条权力的轴线,又有一条责任的轴线。[①]

(二) 组织结构的类型

现代企业在近一个世纪的成长过程中先后出现了一些基本的组织结构形式,以及它们的一些"变种"或"变种混合而成的模型形式"。由于企业所处的外部经济、技术和制度环境的变化和组织结构的调整,企业组织结构进一步朝复杂化方向发展成为必然的趋势。

1. H 型组织结构

H 型组织结构(Holding Company Structure),也称控股公司,是一种由多个法人实体集合而成的母子体制,母子之间主要靠产权纽带来连接。采用此种组织结构的目的是获得规模经济和规避竞争。美国的标准石油公司是典型的 H 型组织结构,其创立了被称为功能性控股公司形式的管理组织结构。它一方面利用各子公司执行不同的经济职能,另一方面通过委员会和职能部门协调并控制子公司的活动。但是,该组织结构在美国很少有企业效仿。虽然 H 型组织结构也是一种多部门结构,但总部的指挥、协调和控制能力是相对有效甚至是缺失的,这集中表现在控股公司总部难以有效地协调子公司的经营管理活动,更奢谈在控股公司内部有效地做出资源分配和绩效评估。在这种情况下,控股公司更加类似于专司投资组合的投资公司(如共同基金),且其成本也相对较高。

2. U 型组织结构

U 型组织结构(United Structure),也称一元组织结构。19 世纪末 20 世纪初,西方大企业普遍采用的是一种按职能划分部门的纵向一体化的职能结构,即 U 型组织结构。作为企业组织的一种基本管理结构形式,其产生于现代企业发展的早期阶段。U 型组织结构是以高层集权为特征的一种组织结构,主要有直线结构、职能结构和直线—职能结构。

---

① HUGH W. The structuring of organizational structure: a note[J]. *Administrative science quarterly*, 1981(26): 470.

第一,直线结构,即下属部门只接受一个上级领导的任命,各级部门负责人对所属部门的一切问题负责;其结构相对单一,责任分明,但是不适用于经营管理较为复杂的企业,因为直线结构要求负责人掌握各种技能和知识,对诸多事宜亲自处理,相应地增加了部门负责人的工作压力。

第二,职能结构。各级行政单位除了主管负责人,还相应地设立一些职能机构。如在厂长下面设立职能机构和人员,协助厂长从事职能管理工作。此种组织结构适用于生产技术较为复杂的企业,可充分发挥职能机构的专业管理作用,但是同时也阻碍了必要的统一指挥和集中领导;同时,中层管理者之间可能会出现争抢功劳、推诿过错的现象,而当各层级领导之间发生冲突时,下级就无法从事正常的工作,势必影响工作的进程。因此,此种组织结构在现代企业中很少采用。

第三,直线—职能结构。此种组织结构建立在直线结构与职能结构的基础之上,也可以说是取两者之长补两者之短,结合了两种结构的优点,也被称为生产区域结构和直线参谋结构。此种结构可以保证统一指挥和发挥专业职能机构的作用。因此,直线—职能结构是 U 型组织结构中最为理想化的组织结构,是大多数现代企业采用的一种组织结构。

3. M 型组织结构

M 型组织结构(Multi-division Structure),又称事业部制组织结构或多部门结构,有时也会被称为产品部式结构或战略经营单位。该组织结构由美国通用汽车公司前总裁阿尔弗雷德·斯隆(Alfred Sloan)于 1924 年创立,因此也有"斯隆模型"之称,其是一种高层集权下的分权管理体制。当时,通用汽车公司合并收购了许多小公司,企业规模急剧扩大,产品种类和经营项目增多,但内部管理却适应不了这种急剧的发展而显得混乱不堪。时任通用汽车公司总裁的斯隆参考了杜邦化学公司的经验,以事业部制的形式于 1924 年完成了对原有组织的改组,使通用汽车公司的整合与发展获得了较大成功,成为实行事业部制的典型。

(三)影响组织结构的因素

组织结构主要表现为集权和分权。影响集权和分权的主要因素有管理层级、管理幅度、组织因素、环境因素、领导者与员工因素。企业发展到一定程度时,管理面越宽,职级设置越简单,其组织结构形式就相对扁平化。反之,管理面越狭窄,职级设置越复杂,其组织结构形式就偏向于集权化。组织因素可细分为:第一,组织体量大小;第二,管理工作本质及特征;第三,管理权责及决策的关键性;第四,管理技能发展水平。这四个方面对企业的集权和分权都有一定的影响。环境因素可细分为:第一,企业外部环境是否复杂;第二,企业各部门所处境况的区别是否较大。这两点会对组织结构形式产生较大影响。领导者与员工因素可细分为:第一,领导者的综合素养、喜好及性格特点;第二,员工的综合素养、对工作的熟练度及自律性;第三,领导者与员工之间的相处状态等。这三点也会对组织结构形式产生较大影响。

二、企业文化与组织结构的关系

即使将企业战略与企业文化匹配起来,也并不是企业发展的充分条件。一家可塑的企业必须有一个优于其他企业、能够更有效地实现分享和具备应变能力的组织结构,并与相应的企业文化和企业战略结合起来,形成独特的竞争优势。

（一）企业组织结构与企业文化的动态联系

1. 企业创业期

在企业成立之初，企业的组织结构相对简单，管理者直接参与到企业的各项活动之中，进行必要的指导。在企业逐渐稳定，开始逐步发展适合自身的组织结构和职能部门时，企业所面临的创业环境压力增大，企业的组织结构趋向扁平化。在企业创业期，领导者与员工共同工作，打造良好的工作环境，激发员工的工作热情。此时，企业文化的价值取向为"齐心协力，共同发展"。由此，创业期间所形成的组织结构也就塑造了此期间的企业文化。

2. 企业发展期

经历了创业期的探索，企业基本上确定了自己的组织结构和行政体系，企业文化也愈发清晰，同时由于企业生产经营规模的不断扩大和企业间竞争的日益激烈，为了适应新的环境，企业的组织结构必然要做出相应的调整。根据企业的特点，职能型组织结构、事业部制组织结构和矩阵式组织结构逐渐得到应用，与此同时，企业文化也处于一个成长期，在企业发展中逐渐找准定位，并不断固化，为最终形成全局性的整体文化进行探索。因此，这一时期是企业组织结构与企业文化的调整磨合期。

3. 企业转型期

伴随着内外部环境的剧烈变化及新技术的出现，企业为了生存发展，必然要转型以寻求新的成长机会，这对企业而言是一个变革；而在变革中，企业的组织结构和企业文化势必会发生变化，组织结构的变化是显性的，企业文化的变化是隐性的，因此，我们需要研究在这一时期的动态环境里二者的关系。目前，大多数生产性企业所采用的职能型的横向部门和层级制的纵向划分这样一种组织结构存在明显弊端，因此有必要进行组织变革，而组织变革不是一条只通向成功的无风险道路，其成功取决于组织变革在"软着陆"和"硬着陆"两种模式中的平衡。组织变革的模式选择与企业外部环境变化的程度和趋势、企业文化、领导者的权力及企业发展阶段都有关联。拥有开放的企业文化及柔性管理模式的企业，可以使组织变革更加平滑有效。通过企业文化的构建把组织变革的思路转变为全体员工的认识，并通过一些制度文化来保证其顺利进行，就可以调动员工的积极性，并把员工的个人目标调整到与企业满足顾客需求的最终目标相一致，顺利完成变革。企业变革时，往往从结构变革入手，之后进行文化变革，并使组织结构与企业文化相互融合，完成由表及里、从外到内的变革过程。换言之，企业应通过结构变革来"触发变革"，通过文化变革来"深化变革"，通过组织结构与企业文化的融合来"固化变革"，从而完成一个循环上升的变革过程。

（二）企业文化与组织结构的关系分析

组织结构影响企业文化的形成。在强调等级制的组织结构设计下，很难形成崇尚公平、自由参与的企业文化。在进行组织设计时，应考虑企业想要形成什么样的文化宗旨，并进行适合这种文化发展的组织设计。

1. 组织结构决定企业文化

企业通常从战略意图出发来确定其经营目标和任务，进而设计有利于实现目标、完成任务的组织结构。随着内外部环境的变化和企业战略的调整，组织结构会发生一定的变化，企业文化也会相应地进行调整。通常，在企业的创业期，企业没有什么固有的传统，规模也很小，尚不存在任何亚文化，企业的价值观很大程度上取决于创始人对组织的设想。在企业进入成长阶段后,占主导地位的企业文化将形成,这时的企业文化具有相对稳定和持久的特征。因此,企业文化是在特定的组织结构中逐步形成的,企业的组织结构决定了企业文化。

2. 企业文化反作用于组织结构

企业文化作为组织系统中的一个重要变量,对组织结构的结构性维度具有一定的影响力。强有力的企业文化可以在无须使用书面文件的情况下规范员工的行为,企业文化越强,管理者就越不需要规章制度来引导员工的行为。企业文化一经形成,便会渗透到企业的各个部门,对企业决策的制定和执行发挥先导性的作用,因为在不同企业文化的影响下,管理者对结构设计的倾向将会有所不同。而且,经过一定的积累,企业文化会进入一个稳定阶段。当为适应环境变化进行组织变革时,企业文化的这种稳定性会产生巨大的阻力,这时需要先对企业文化进行变革,排除阻力,然后才能对组织结构进行调整。因此,企业文化是组织结构的保护带,没有企业文化的转型,企业组织结构的真正转型是很难实现的。企业文化是在一定的组织结构中产生的,它随着组织结构的变化而变化。同时,企业文化又对企业活动具有先导性影响,组织结构必须适应企业文化的发展要求。只有当企业文化与组织结构相互协调、相互匹配时,才能建立起科学合理的组织结构,使企业文化发挥出凝聚力和激发力,企业才能成为一个高效运行、竞争力强的有效组织。

3. 不同类型的企业文化对组织设计的影响

企业文化应该有助于强化企业在竞争环境中有效运营所需要的组织战略和组织设计。如果企业外部环境要求企业具有灵活性和应变能力,那么企业文化就应该鼓励对环境的调整和适应;如果企业文化与战略结构环境之间保持正确的关系,就会有助于提高企业绩效。接下来将从竞争环境要求灵活性和稳定性的程度,以及战略焦点是集中在企业的内部还是外部两个维度来考察各种类型的文化对组织结构设计的影响。根据这两个维度,企业文化被分为适应型文化、使命型文化、团体型文化和行政机构型文化四种(见图8-2)。

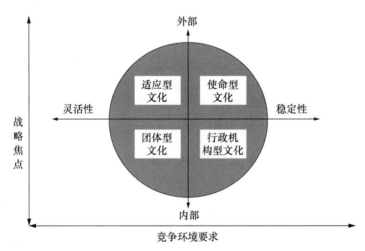

图 8-2 企业文化与战略的匹配

资料来源:达夫特.组织理论与设计[M].11版.王凤彬,张秀萍,石云鸣,等译.北京:清华大学出版社,2014.

(1)适应型文化。它是以战略焦点集中于外部环境为特征的,强调通过提高灵活性和变革来满足顾客的需要。适应型文化倡导、支持企业培养探索和解释环境的能力,并借此将环境中的信号转换为相应要采取的反应行动。这样的反应行动内化为企业的一种行为规则和信念。然而,这种文化类型的企业不仅要对环境变化做出快速反应,而且要积极地创新和变革。很多网络公司会培养适应型文化,其他如电子、化妆品行业的公司也会培养这种文化,因为它们需要快速反应以满足顾客的需要。为此,企业要鼓励解放思想、团队合作,提升其对外部环境的适应能力,从而实现企业的可持续发展。

(2) 使命型文化。使命型文化适合那些关注外部环境中特定顾客的需要但无须做出快速反应和调试的企业。使命型文化的特征是强调企业对其宗旨和目标有明确的认识,并且注重通过销量、盈利能力和市场份额目标的达成,来促进企业宗旨和目标的实现。换句话来说,每个员工对一个特定领域的绩效负责。同时,企业也允诺对取得了预期成果的员工给予一定的奖励。管理者通过设定和沟通企业预期的未来状态,来引导员工的行为。因为所面临的环境是既定的,管理者可以将企业目标转化成可衡量的目标,并根据这些目标实现的情况,评价员工的绩效水平。适应型文化代表了强势竞争和利益导向的行为。例如百威英博啤酒集团就拥有一种使命型文化,其核心价值观强调敬业、雄心和进取。管理者让销售人员时刻关注销售量和利益达成。那些能够完成销售目标的销售人员,能够获得丰厚的奖赏。奖金和晋升主要是基于具体表现,而不是论资排辈,管理者从不吝啬于给予销售业绩出色的员工特殊的待遇和奖赏。

(3) 团体型文化。其关注焦点是企业成员的介入和参与,以及对外部环境迅速变化做出反应。这种文化更强调满足员工的需要是取得高绩效的关键。介入和参与会使人产生责任感和主人公意识,使员工对企业做出最大的承诺和贡献。团体型文化很重要的价值观就是照顾好员工,确保他们拥有其所需要的东西,以提高他们的满意度和工作效率。

(4) 行政机构型文化,也被称为官僚层级文化。这种文化更多地关注企业内部,强调企业内部行为的一致性,更注重业务经营的方式方法。它通过仪式、见证物、英雄人物事迹来促进员工之间通力合作和遵守既定的政策、惯例。在实行这种文化的企业中,个人参与度在某种意义上来说是比较低的,取而代之的是对企业行为一致性和合作的强调。这类企业依靠高度的整合能力和绩效而取得成功。

目前,由于对灵活性需求愈发地强调,大多数管理者开始逐渐远离行政机构型文化。但是,有企业喜欢行政机构型文化的循规蹈矩和可预知性,也有企业因为其太多的规则限制而感到压抑,因此更倾向于其他类型的企业文化。重要的是企业文化和组织结构的设计要同组织的战略相匹配。[①]

三、企业文化与组织结构调整

战略实施是对所制定战略的实施与执行,把战略制定阶段所确定的战略意图转化为具体的组织行动,保障预定目标的实现。新战略的实施常常要求一家企业在组织结构、经营过程、能力建设、资源配置、企业文化等方面做出相应的变化和采取相应的行动。企业战略决定组织结构,组织结构要遵循企业战略,与企业战略相匹配,以提高企业的经营效率,实现利润的增长。因此,战略实施的第一步就是构建组织结构,对组织结构的基本单位即任务需求和人员需求进行有效识别和分析。其中,任务需求决定了职务说明,包括工作内容、工作职责和工作关

---

① 达夫特.组织理论与设计[M].11版.王凤彬,张秀萍,石云鸣,等译.北京:清华大学出版社,2014.

系,即从需求入手对原有的工作状况进行调查诊断,以此作为工作设计的依据之一。人员需求分析主要为四个方面,分别是知识、技能、行为和态度,该分析一方面会对职务说明产生影响,另一方面能决定人员的招聘、选拔和评估的工作规范。据此构建出组织结构的雏形,对职务说明和工作规范进行匹配,将员工的行为和企业绩效建立密切关联,从而促进企业目标的实现。

第三节 企业文化与人力资源管理体系

一、企业人力资源管理概要

(一)企业人力资源管理的定义

人力资源具有稀有性、价值性、不可重复性和排他性,是企业竞争优势的重要因素。人力资源管理是指企业的一系列人力资源政策及相应的管理活动。这些活动主要包括企业人力资源战略的制定、员工的招募与选拔、培训与开发、绩效管理、薪酬管理、员工流动管理、员工关系管理、员工安全与健康管理等,即企业运用现代管理方法,对人力资源的获取(选人)、开发(育人)、保持(留人)和利用(用人)等方面所进行的计划、组织、指挥、控制和协调等一系列活动,最终实现企业发展目标的一种管理行为。

人力资源管理的最终目标是促进企业目标的实现。关于人力资源管理体系的目标有以下规定:企业的目标最终将通过其最有价值的资源——它的员工来实现;为提高员工个人和企业整体的绩效,人们应把促进企业的成功当作自己的义务;制定与企业绩效紧密相连,具有连贯性的人力资源方针和制度,是企业有效利用资源和实现商业目标的必要前提;应努力寻求人力资源管理政策与商业目标之间的匹配和统一;当企业文化先进时,人力资源管理政策应起支持作用;当企业文化僵化时,人力资源管理政策应促使其改进;创造理想的企业环境,鼓励员工创新,培养积极向上的作风;人力资源管理政策应为合作、创新和全面质量管理的完善提供合适的环境;创立反应灵敏、适应性强的组织体系,从而帮助企业实现竞争环境下的具体目标;增强员工上班时间和工作内容的灵活性,提供相对完善的工作和组织条件,为员工充分发挥其潜力提供所需要的各种支持;维护和完善员工队伍,不断改进产品和服务。

(二)企业人力资源管理的内容概览

1. 工作岗位分析

工作岗位分析是指系统地分析确认工作任务、职责、生产活动整体流程,以及未来完成这些任务所需要的知识、技能和行为,以便为组织结构设计等管理活动提供有关任务及人力资源需求等方面信息所进行的一系列信息收集、分析和综合的过程。它是人力资源管理各项管理功能发挥作用的基础。其内容包括:第一,对工作内容的分析。它指对产品(或服务)实现全过程及重要的辅助过程的分析,涉及工作步骤、工作流程、工作规划、工作环境、工作设备、辅助手段等相关内容的分析,从而编制出工作说明书。第二,对岗位、部门和组织结构的分析。由于工作的复杂性、多样性和劳动分工,形成了不同的岗位、部门和组织结构,上下级之间需要用命令链和报告关系来形成层级。命令链影响组织结构的层级关系;行业和业务特征影响岗位、部门和组织结构的设置。对岗位、部门和组织结构的分析包括对岗位名称、岗位内容、部门名称、部门职能、工作量等内容的分析。第三,对员工的分析,包括性别、年龄、爱好、知识和技能等方面,通过分析有助于了解和掌握员工的知识结构、兴趣爱好和职业倾向等内容。基于此形成一份工作说明书,具体规定每一个岗位所需的知识技能及性格特点,以便将员工安排到最合适的工作岗位上,实现人岗匹配最优的目标。

2. 人力资源规划

狭义的人力资源规划是指企业从战略规划和发展目标出发,根据其内外部环境的变化,预测企业未来发展对人力资源的需求,并评估企业内外人力资源的供给状况,从而确保为满足这种需要提供人力资源的活动过程。广义的人力资源规划是指企业所有各类人力资源规划的总称。按时间长短可分为长期(五年以上)计划、短期(一年及以内)计划,以及介于两者之间的中期计划;按内容可分为战略发展规划、组织人事规划、制度建设规划、员工开发规划等。

3. 员工招聘与选拔

员工招聘与选拔是指根据人力资源规划和工作岗位分析的要求为企业招聘、选拔需要的人力资源并将其安排到一定的岗位上。招聘就是企业采取一些科学的方法寻找、吸引应聘者,并从中选出企业需要的人员予以录用的过程,包括征召、测评、甄选和录用等几个阶段。招聘主要分为外部招聘和内部招聘;外部招聘的目的是更换新鲜血液;内部招聘的目的是给予员工合适的机会,起到激励的作用。招聘的过程主要包括招聘准备、招聘实施和招聘评估。选拔是根据人力资源规划和工作岗位分析的要求,寻求、吸引那些既有能力又有兴趣到本企业任职的人员,为企业实现其战略意图寻找人才,从而实现组织结构的最优配置,确保组织战略的有效实施。选拔的程序主要包括对空缺职位编写详尽的职务说明书、根据职务说明书确定选拔标准、确定选拔渠道、确定选拔的方法(简历筛选、推荐信核查、笔试、面试等)。

4. 培训与开发

培训是促进员工学习与工作有关的知识、技能和行为的有计划的人力资源管理活动,包括正式的企业培训和非正式的学习。培训是为员工赋予完成当前任务所需要的知识、技能和行为的组织学习活动,而开发是为员工赋予完成未来工作所需的知识、技能和行为的组织学习活动。培训与开发的作用主要是通过向员工传授技能、方法,使员工能够适应外部环境的变化;强化企业文化,使员工明确企业发展战略,能够对组织有更高的认同感,实现个人价值。

5. 绩效管理

所谓绩效管理是指管理者在与员工就目标内容与目标实现方式达成共识的基础上,通过激励和帮助员工取得优异绩效从而实现企业目标的管理方法。绩效管理的目的在于通过激发员工的工作热情与提高员工的能力和素质,达到改善企业绩效的效果。绩效管理所涵盖的内容很多,主要包括确定有效的目标、对实现目标的过程进行监控、对绩效进行评价等。绩效管理既要关注员工的工作过程,也要关注员工的工作结果。过程导向是关注员工的素质,结果导向是关注员工的绩效。只有过程和结果相结合的绩效管理才比较客观和公正的。

6. 薪酬管理

薪酬管理是指企业针对所有员工所提供的服务来确定他们应当得到的薪酬总额及薪酬结构和薪酬形式的过程。在这个过程中,企业就薪酬水平、薪酬结构及特殊员工群体的薪酬做出决策。作为一种持续的组织过程,企业还要持续不断地制订薪酬计划,拟订薪酬预算,就薪酬管理问题与员工进行沟通,同时在对薪酬体系的有效性做出评价后不断予以完善。企业的薪酬管理系统一般要同时达成公平性、有效性和合法性三大目标。薪酬管理的内容有:① 薪酬目标的管理,即薪酬应该怎样支持企业的战略,又该如何满足员工的需要;② 薪酬水平的管理,即薪酬要满足内部一致性和外部竞争性的要求,并根据员工绩效、能力特征和行为态度进行动态调整,包括分别确定管理团队、技术团队和营销团队的薪酬水平,跨国公司各子公司和外派员工的薪酬水平,稀缺人才的薪酬水平等;③ 薪酬体系的管理,不仅包括基础工资、绩效工资、期权期股的管理,还包括为员工提供个人成长机会、工作成就感、良好的职业预期和就业能力的管理;④ 薪酬结构的管理,即划分合理的薪酬等级,确定合理的级差,确定合理的工资宽带;⑤ 薪酬制度的管理,即薪酬决策应在多大程度上向所有员工公开和透明化,谁负责设计和管理薪酬制度,薪酬管理的预算、审计和控制体系又该如何建立和设计。

7. 劳动关系管理

劳动关系管理包括传统的签合同、解决劳动纠纷等内容。因为劳动关系管理是对人的管理,而对人的管理是一个思想交流的过程,因此在这一过程中的基础环节是信息传递与交流。通过规范化、制度化的管理,使劳动关系双方(企业与员工)的行为得到规范,权益得到保障,维护稳定和谐的劳动关系,促使企业经营稳定运行。企业劳动关系主要是指企业所有者、经营管理者、普通员工和工会组织之间在企业的生产经营活动中形成的各种权责利关系,包括所有者与全体员工的关系、经营管理者与普通员工的关系、经营管理者与工会组织的关系和工会组织与员工的关系。

8. 人力资源管理的五才模型

赵曙明教授对上述人力资源管理的各项职能进行概括,提出了人力资源管理的五才模型。该模型将上述人力资源管理的基本功能与企业的人才开发战略结合在一起(见表8-3)。

表8-3 五才模型

	求才	用才	育才	激才	留才
目标	吸收和寻求优秀人才	充分发挥人才优势,恰当地使用人	通过培训教育,进一步开发人才的潜力	通过各种激励措施,充分调动人才的积极性	珍惜人才,留住所需人才
条件	建立和完善劳动力市场	尊重和信任员工	建立员工培训及教育体系	建立良好的激励机制	树立人才是企业之本的意识
方法	人力资源规划,统一的选才标准,双向选择机制	关心人,大胆地使用人,创造人尽其才的环境,发挥个人、集体两个优势	员工职业生涯开发、组织开发	目标管理配套考核、评估与奖励机制	企业内部的文化与组织环境,企业外部的监督,约束与仲裁机制
关键	依靠良好的企业形象吸引人	树立"以人为中心"的管理思想	形成"经营即教育"的管理哲学	产生企业文化的凝聚力作用	最大限度地满足员工需要

资料来源:赵曙明.人力资源管理与开发[M].北京:中国人事出版社,1998.

二、企业文化与企业人力资源管理的关系

1. 两者都是以人为中心

人力资源管理通过具体的人力资源管理实践,调整、规范、激励员工行为,其方法、手段和结果都是外显性的。企业文化则通过一种潜移默化的方式,引导、激励员工,从而为企业目标服务,而这一方法与结果都是隐性的。两者都是基于对人的管理。企业中真正的资源不是来自某一环节或某一部门,主要是来自人,所以企业将管理的视角置于激发员工的潜力、满足员

工的需求、实现员工的自我价值上,以实现员工与企业的共同进步。人力资源管理通过制度化的"硬"管理方式发挥作用,企业文化则以潜移默化的"软"管理方式施加影响,两者的结合是企业发展的保障。人力资源管理通过具体的职能来实现人本管理,企业文化则是通过更高层次的手段来体现人本管理。

2. 两者相辅相成、相互促进

企业文化是企业在长期发展中逐渐形成的,并能获得员工的认可和理解。在企业管理实践中,这种无形的精神力量往往依赖于人力资源管理的具体活动。人力资源管理制度为企业文化建设提供了有效的保障。两者的有机结合和深度整合是有效管理协同的前提。与传统的企业文化价值体系相比,现代企业文化价值体系更加关注企业内部人才的长期需求并注重全面的、系统的人力资源管理制度,也就是说现代企业文化价值体系更强调系统和战略性的人力资源管理。

3. 企业文化与企业人力资源管理战略的匹配

(1) 人力资源管理类型。美国康奈尔大学的学者将企业人力资源管理战略分为四种:① 引诱式人力资源管理战略,即用丰厚的薪酬来吸引和培养人才,从而形成一支稳定、高素质的员工队伍。常用的薪酬制度包括利润分享计划、激励政策、绩效奖励、附加福利等。由于工资较高,劳动力成本必然会增加。为了控制劳动力成本,企业在实施高薪战略时,往往需要严格控制员工数量,以较低的招聘和培训成本吸引高度专业化的员工。在管理上,采用严格科学的纯效益交换管理模式。② 投资式人力资源管理战略。这种战略主要是通过聘用数量较多的员工,形成一个备用人才库,储备多种专业技能人才,以提高企业的灵活性。这种战略注重员工的培训和开发,注意培育良好的劳动关系。管理人员担负了较重的责任,确保员工得到所需的资源、培训和支持。采取该战略的企业的目标是与员工建立长期的工作关系,故企业十分重视员工,视员工为投资对象,使员工感到有稳定的工作保障。③ 参与式人力资源管理战略。这种战略注重员工参与;员工在工作中享有较大的自主权,而管理人员的工作主要是为员工提供咨询和帮助;企业注重团队建设和授权,在培训中也强调对员工技能的培养。④ 战略式人力资源管理战略。[1] 其定义为使企业能够实现其战略目标的人力资源部署和管理行为,包括:把人力资源作为获得竞争优势的首要资源;强调通过人力资源规划、人力资源政策和具体的人力资源活动来配置人力资源,以获得竞争优势;强调人力资源配置需要纵向匹配企业战略、横向匹配企业内的各种活动,以获得竞争优势;强调所有的人力资源活动都是为了实现企业目标。[2]

(2) 企业文化类型。奎因认为,企业文化可以根据两个轴向分成发展式、市场式、家族式和官僚式四大类。发展式企业文化的特点是强调创新和成长,组织结构较松散,运作上相当非正式化。市场式企业文化的特点是强调工作导向和目标的实现,重视按时完成各项生产经营目标。家族式企业文化的特点是强调企业内部的人际关系;企业像一个大家庭,员工像家庭成员,相互帮助和关照,其中最受重视的价值是忠诚和传统。官僚式企业文化的特点是强调企业内部的规章制度,认为凡事皆有章可循,重视企业的结构、层次和职权以及企业的稳定性和

---

[1] WRIGHT, P M. & MCMAHAN, G C. Theoretical perspectives for strategic human resource management[J]. *Journal of management*, 1992(18): 295—320.

[2] 黄攸立,荣闪闪,刘志迎. 战略人力资源管理与组织战略、企业文化的内外部契合——以腾讯COE为例[J]. 中国人力资源开发, 2018, 35(2): 72—80.

持久性。四类企业文化与人力资源管理战略的匹配如表 8-4 所示。

表 8-4 人力资源管理战略与企业文化的匹配

人力资源管理战略	企业文化
引诱式	官僚式企业文化(低成本、低价格战略)
投资式	发展式企业文化(独创性战略)
参与式	家族式企业文化(高质量产品战略)
战略式	1. 为企业发现符合企业文化需求的人才,丰富企业人力资本,增强企业文化向心力 2. 从物质、精神、行为及制度四个层面对企业文化的培训进行指导 3. 从企业发展战略出发,关注企业发展绩效,向组织创新提出合理性建议 4. 根据企业发展趋势指定员工的薪酬层次,并通过薪酬调整来提升员工对企业文化的认同 5. 通过企业沟通目标、沟通方法和沟通工具来增强员工对企业和企业愿景的认同感,从而融洽企业成员之间的关系

资料来源:黄攸立,荣闪闪,刘志迎.战略人力资源管理与组织战略、企业文化的内外部契合——以腾讯 COE 为例[J].中国人力资源开发,2018,35(2):72—80.

三、企业文化与企业人力资源管理具体活动的融合

(一) 企业文化与人力资源招聘的融合

每家企业都有适合于自身的企业文化及招聘策略。但是,由于每家企业的性质及体制不同,因而所面临的招聘对象也会有所不同。例如,海底捞这样众所周知的餐饮连锁企业,基于其闻名的贴心服务,其招聘对象更多的是要有通情达理、谦逊有礼、笑脸待人的态度。而对于一些 IT 企业来说,其招聘对象更多的是要有严谨的逻辑思考能力,同时还要有不断进取的奋斗、奉献及创新精神。因此,不同的企业文化所选择的招聘对象是不同的。[①] 如前文所述,一般情况下企业招聘分为内部招聘和外部招聘两种形式:内部招聘一般来说面对的风险是比较低的,同时对于企业内部员工来说还有一定的激励作用;外部招聘涵盖了校园招聘、现场招聘及网络招聘等形式,可以从企业外部选拔更多适宜本企业的人才,为企业注入更多的新鲜血液与活力,从而使企业在未来的发展规划里有更多的可能性。这两种形式各有千秋,对于具有不同企业文化的企业来说,其选择的招聘形式也会有所不同。以 IT 行业为例,由于企业需要更多有想象力、创造力及缜密的逻辑思维能力的人才,因而该类企业更多地会选择外部招聘的形式。而对于一些内部结构相对稳定的国有企业来说,它们更多地会以内部招聘为主,以激发员工们的活力。[②] 企业文化可以影响招聘策略的制定,而招聘策略的合理运用也是确保招聘有效进行的基本保障。因此,企业根据自身的企业文化来制定科学、合理的招聘策略是至关重要的。招聘策略一般包括招聘计划和策略、招聘的人员策略、招聘的地点策略与招聘的时间策略

---

① 黄攸立,荣闪闪,刘志迎.战略人力资源管理与组织战略、企业文化的内外部契合——以腾讯 COE 为例[J].中国人力资源开发,2018,35(2):72—80.
② 王艳红.企业招聘与企业文化的匹配探析[J].现代商业,2014(26):82—83.

四个方面。企业文化与组织结构不同,招聘策略的设定也相应不同。企业在制定招聘策略时要深思熟虑,严格把控每一关。

(二) 企业文化与人力资源培训的融合

企业文化对人力资源培训具有深刻的影响。企业价值观逐渐成为企业人力资源培训的指南,在企业人力资源培训中发挥着潜移默化的作用。第一,企业文化对人力资源培训具有关键的导向作用和感召力。企业文化可以发挥教育、指导作用并融合到培训的各个方面。企业文化应成为人力资源培训的指导思想,对员工的培训应以企业文化为核心,以有效提高培训的效率。第二,企业文化也可以发挥凝聚和协调的作用。团队协作能力的培养也是人力资源培训的重要组成部分。此时,为了达成此目标,有必要帮助员工树立企业的共同价值观和深刻理解企业文化。所有员工共享相同的价值观,以便他们的工作行为可以同步。第三,企业文化对人力资源培训具有关系协调作用。企业文化不仅可以规范员工之间、员工与各部门之间的关系,而且有助于在内部形成和谐良好的人际关系,为人力资源的开发和管理创造良好的氛围。

人力资源培训对企业文化具有反作用。人力资源培训在无形中塑造了良好的文化,为企业文化建设提供了重要的组织保障;人力资源培训促使员工更加广泛地接受和认同企业文化,同时促使企业文化从自发状态走向自主状态,进一步强化和推广企业文化。人力资源培训对企业文化的影响主要体现在文化整合或变革上。企业需要根据内外部环境及时地更新自身的理念,这时候培训可以发挥非常重要的作用。培训将进一步削弱员工的抵触心理,使他们能够认同自己的角色,引导自己的行为。总的来说,企业应通过各种人力资源培训项目促进企业文化变革和融合。

(三) 企业文化与人力资源绩效管理的融合

企业文化引导着人力资源绩效管理的方向。只有将企业文化与人力资源绩效管理体系相匹配,才能充分发挥人力资源绩效管理的作用。此外,员工的行为在一定程度上可以反映员工的价值观,企业文化在员工的行为中起着引导作用。所以,企业文化建设是人力资源绩效管理的基础工作,强调公平和信任的企业文化是有效的人力资源绩效管理的基础。人力资源绩效管理的核心目的是调动员工为企业积极地服务,激发员工的潜力,提高其服务能力,在提升个人绩效的同时助推企业绩效,强化员工的价值取向并将其最终固化为企业文化。因此,推进人力资源绩效管理的工作过程就是企业文化建设的过程。[①] 人力资源绩效管理的最终目标是形成、促进和维护企业共同理念、价值观和行为准则,这也是企业文化的重要组成部分。因此,人力资源绩效管理是企业文化建设的重要工具。

企业文化对员工具有引领作用,引导员工的行为动机趋向企业发展目标,增强员工的凝聚力和向心力,号召全体员工共同为企业目标奋斗。人力资源绩效管理是企业管理体系的一部分,而企业管理体系又是企业文化的重要内容,企业文化在人力资源绩效管理中也起着主导作用。企业文化不仅引导着企业领导者和员工的行为,而且制约着他们的行为。道德规范、规章制度是企业文化的内容。企业领导者和员工一旦在追求绩效的过程中违反了道德标准,就会受到道德甚至纪律和法律的谴责和惩罚。在相同企业文化的影响下,员工的行为目标会逐渐趋于一致,进而增强凝聚力,促进企业目标的实现。企业目标的实现离不开人力资源绩效管

---

① 付美静.企业文化与人力资源培训的关联性分析及阐述[J].商场现代化,2016(22):66—67.

理,企业文化的凝聚功能使人力资源绩效管理工作更加容易开展。企业文化和人力资源绩效管理充分融合有助于企业全面掌握员工的工作规划情况,便于企业根据企业生产经营效率及时对员工权益进行调整和补偿,让员工感受到企业对他们的关注和关心,从而产生一种归属感。与强制性的规章制度相比,企业文化相对宽松,员工长期沉浸在这样的环境中,会自然而然地、自觉地根据企业文化要求规范自己的行为,从而增强企业凝聚力。

企业文化所倡导的理念转化为可操作的管理过程,可以促进和加强制度建设。随着企业运行机制的稳定,员工的主观能动性能得到充分发挥,有利于员工更高效地完成工作。员工了解、同意并遵守制度规定的内容后,企业文化建设得到进一步强化。

（四）企业文化与人力资源薪酬管理的融合

传统的薪酬管理比较注重定性的管理,现在则注重定量的衡量;传统的薪酬管理将企业的薪酬水平同最佳企业标杆进行比较,现在则更多地考虑如何实现薪酬与企业内在需求、战略需求和企业文化的匹配。[①] 企业文化影响到人员配置、绩效考核和薪酬制定,人力资源管理体系与企业文化的结合将提升企业的竞争力。与薪酬管理相协同的核心企业文化价值是薪酬的内部公平与外部公平。

企业文化是企业在经营活动中所遵循的价值观。作为企业内部成员共享的核心价值理念,企业文化被推广到企业的各个方面。它具有凝聚功能、引导功能、激励功能和约束功能,决定着企业意识形态、价值观、目标和制度的生成和发展。不同的企业文化必然孕育出不同的理念和制度。所有这些差异都会导致企业构建不同的薪酬体系和分配机制,即决定企业薪酬体系的设计。企业的薪酬制度必须与其企业文化相适应。因此,企业设计薪酬制度必须以企业文化为基础。一方面,有什么样的企业文化,就会有什么样的薪酬制度与之适应,薪酬制度必须服从和体现企业文化。另一方面,薪酬制度对企业文化也起到了一定的作用,产生了一定的影响,强化了企业文化的特征,促进了企业文化的变革。企业文化所体现的核心价值观体现了企业作为营利性组织存在的意义,也决定了企业的战略选择。同样,薪酬体系也通过其内部维度传达企业的核心价值。如果企业强调绩效文化,那么可变薪酬在总薪酬中所占的比例应较高;如果企业鼓励创新思维,那么应在考核要素中增加工作创新的考核权重。

第四节　企业文化与管理体系的整合框架

战略实施需要进行流程设计和规划,包括人员流程、战略流程和运营流程三个核心流程,其中人员流程主要指的是在战略实施过程中的人力因素,战略流程为企业的发展指明了方向,运营流程则是为人员实施战略做出方向性的指导。战略实施成功的关键在于有效地整合这三个流程,从而调整企业的运行机制。调整企业运行机制需要对人员流程中员工的知识结构、价值观、技能和技术、行为和态度进行重塑与重构。重塑人员流程后,需要进一步对战略和运营进行流程再造。它们在新的运行机制下,在生产过程中形成了新的企业文化,新的企业文化也会反过来对生产过程产生新的影响。

总之,企业文化对战略实施的影响表现在实施过程中,即战略实施过程中的每一个环节都

---

① 马小龙.企业文化建设与绩效管理研究[J].人力资源,2019(4):79—80.

会受到企业文化的影响,可以细分为企业文化对战略共识的影响、企业文化对战略协同的影响、企业文化对战略控制的影响,以及企业文化对流程的影响。这些影响的结果都会积聚到一起,最后决定战略实施的效果,整体体现为企业文化对战略实施的影响。企业文化是企业在长期发展过程中形成的价值观、经营思想、群体意识、行为规范等的综合体,是在企业的核心价值体系基础上形成的,具有延续性的共同认知系统和习惯性的行为方式。这种共同认知系统和习惯性的行为方式使企业员工彼此之间能够达成共识,使得每一个员工知道企业提倡什么、反对什么,怎么做才能符合企业管理的内在规范要求,怎么做可能会违背企业管理的宗旨和目标。优秀的企业文化是企业员工行为的依据,是企业管理成功的关键。企业文化属于社会意识形态领域,它通过影响人的内心和思想激发人的积极情绪,并使其外在表现为某种主动性和调和性。企业借此实现管理人才的目标。所以,企业文化融入企业管理体系的每个环节中,具有重要的作用与意义。企业文化与管理体系的融合模型如图 8-3 所示。

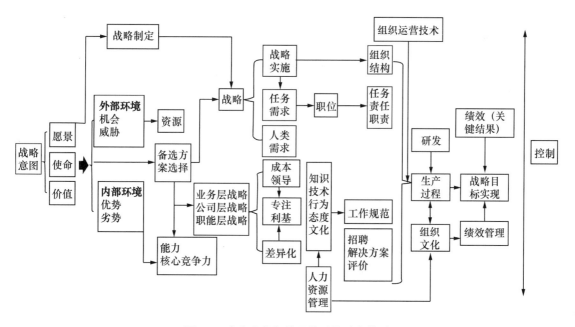

图 8-3　企业文化与管理体系的融合模型

本 章 小 结

企业文化与企业战略是相互促进、相互作用的。企业管理者应该充分认识到,在制定企业战略的同时,必须考虑到要建立一个与之相适应的企业文化,并抓住每一个可以促成变革或有利于形成新文化的机会,同时要不断从心理上和态度上使员工理解企业战略,最终使企业战略与员工的价值观达成一致,从而建立与企业战略目标相一致的企业文化,为企业实现战略目标服务。与五种商业环境及战略相一致,企业文化呈现出经典型、适应型、愿景型、塑造型和重塑型五种形态,并且对战略的制定和实施产生重要的影响。企业文化影响着人力资源管理体系中的人力资源规划、工作分析、培训与开发、绩效管理、薪酬管理、组织结构。由此,不同的人力资源管理要求塑造不同类型的企业文化,如引诱式、投资式、参与式和战略式人力资源管理分别与官僚式、发展式、家族式及具体的招聘、培训等文化一致。企业文化是确保战略制定、选择和落实,组织结构设计,生产流程和运行机制的重构和再造与人力资源管理体系实现内部一致性的共享管理系统平台,也是促进企业管理体系协同与融合的有效管理工具。

【复习思考题】

1. 企业文化对企业战略有哪些影响?
2. 企业文化与企业战略类型之间存在怎样的匹配关系?
3. 企业文化与人力资源管理各职能之间是如何融合的?
4. 用本章理论分析、讨论下面的案例:

案例分析

海尔集团企业文化的成功整合

1999年起,海尔集团开始实施国际化战略,全面向世界500强企业冲刺。在对18家企业的兼并中,海尔集团对青岛红星电器公司(以下简称"红星")的兼并是最成功的一次,并且海尔集团没有投入一分钱,首次用自己的品牌、管理和企业文化等无形资产,使红星扭亏为盈,并且成为海尔洗衣机本部的重要组成部分。

由于经营不善,红星机构臃肿,产品质量大幅度下降,市场销量从全国第二位跌至第七位。许多员工对公司的管理有意见。在技术方面,红星不重视新产品开发,生产的产品品种单一,经营风险较大,虽连换四任经理,但均无起色,而且销量每况愈下,至1995年6月当月亏损已达750万元。兼并初期,海尔集团具有品牌优势和较好的管理模式;红星虽有年生产100万台洗衣机的能力,但没有名牌效应,要发展就必须借海尔集团的品牌和管理优势。海尔集团于1994年引进了意大利滚筒洗衣机技术,1995年初推出了20世纪90年代先进的欧洲式滚筒洗衣机。但是,海尔集团没有亚洲式的波轮洗衣机,要体现自己的市场细分化原则,就必须设法生产波轮洗衣机,以满足各个消费层次的需求。如果决定生产波轮洗衣机,那么兼并显然比立项投资能更快一些抢占市场。红星是当时国内生产亚洲式波轮洗衣机的三大厂商之一,拥有日本90年代的最新技术,尽管当时经营状况很差,但设备硬件还比较好。但是红星机构臃肿,产品单一,负债率高,市场信誉不好,要改变这一切,困难很多,风险也很高。海尔集团之后采取了一系列企业文化的整合措施。

一、统一企业文化,无形盘活有形

1995年7月4日,在青岛市政府的支持下,红星整体划归海尔集团(连同所有的债务)。海尔集团对红星的改造分两步走:第一步,在海尔企业文化中心的指导下,教育原红星员工接受海尔集团的企业文化,从原咨询认证中心派出质量控制人员。第二步,提高工作效率,海尔集团派出质量保证体系审核小组检查工厂的所有环节。

海尔集团认为盘活资产的关键在于盘活人,要"以无形资产盘活有形资产"。张瑞敏相信他找到了改变原红星员工观念的捷径:大力宣传海尔集团的企业文化及行为规范,当然,最大的困难是让他们认识并统一到海尔集团企业文化的目标上来。在给新员工做过几次介绍海尔集团企业文化的讲话之后，企业文化中心主任认为，对兼并企业的重要工作是"你告诉他们什么是对的，什么是错的"，下一步就是找出好的和坏的行为例子，并将其转化为故事，这样员工们就能记住并展开讨论。

二、"范萍事件"与海尔集团企业文化的推进

海尔集团在管理上有个"80/20"原则，即企业中出现的任何一个过错，管理者都要承担80%的责任。兼并后的一周内，海尔集团对红星的方方面面进行了初步梳理。红星的不少干部深有感触地说，企业要发展，关键在于人，人的问题关键在于干部，红星干部的问题关键在于从来没有动真格的。

1995年7月12日，已经更名的海尔洗衣机有限总公司公布了一项处理决定：质检员范萍由于责任心不强，造成选择开关插头插错和漏检，被罚款50元。这时的洗衣机产品开箱不合格率和返修率与第一家电名牌的要求还有很大的差距。海尔集团管理者认为这绝不是范萍一个人造成的，主要是管理上的漏洞使"范萍事件"由"偶然"变为"必然"。海尔集团要求掌握全局的管理干部承担责任，先检查管理上的问题，即范萍的上级要负责任，只有这样才能使"范萍们"的错误减少。

在此之前，该厂从未因产品质量出问题追究产品责任人上级领导的责任，其他工作也一样。多数工人认为这样做很公平，因为"领导就必须承担领导责任"。海尔洗衣机有限总公司分管质量的负责人触动很大，决定自罚300元，并做了书面检查；同时制定措施，对洗衣机的质量管理体系进行整改。这样一来，没有采用简单撤换管理人员的办法，而代以公开监督、披露信息的办法，促使海尔集团的全方位优化（Overall Every Control and Clear，OEC）管理模式在红星建立起来。

三、管理体系与企业文化的融合

在海尔集团全新理念的指导下，红星的一切工作都围绕市场展开：

首先，建立健全质量保障体系，设置行之有效的奖惩制度，使产品走向市场有了可靠的保证。

其次，建立高效的运作机制，全面调整内部机构。包括：撤销原来的34个处室，成立销售部、财务部、制造部、技术质量部、综合部和科研所，实行"5部1所"管理；按照"公开竞争、择优上岗"的原则，将中层干部由105人减至45人。尽管精简干部这一工作难度很大，但集团内部还是按海尔集团企业文化模式调整了基层管理班子。

再次，改革干部制度，变"相马"式的干部提拔制度为"赛马"式的竞争制度。公开招聘、选拔一流人才，充实各部门的干部岗位。崭新的用人观念调动了干部的积极性，给企业人才市场注入了活力，也使洗衣机营销系统寻找到新的启动点。

最后，调整销售战略，重塑市场信誉。根据国内市场和消费者的需求，海尔集团克服种种困难，扩大产量，将过去单纯面向国际市场的全自动洗衣机也投放到国内市场，并冠以朗朗上口的"小神童"新品牌；新开发了一种适销对路、大容量的气泡双桶洗衣机，起名为"小神泡"。两个新品牌产品投放全国市场后，一炮打响，供不应求，重新赢得了失去的洗衣机市场。

海尔集团扭转了原红星营销人员在开拓市场方面的被动思想，指出"只有淡季思想，没有淡季市场，越是淡季越应该做工作，越是淡季做工作越能收到效果"，转变营销人员在夏季前后的洗衣机销售淡季常常待在企业轧账并囤积产品的旧习惯。公司临时筹措出差资金，发动营

销人员在淡季走向全国各地市场，强大的"淡季攻势"果然使沉寂的洗衣机市场红火了起来。最成功的例子是"小小神童"洗衣机的研制开发。每年的6月至9月是洗衣机销售的淡季。但是夏天人们不是不需要用洗衣机洗衣服，而是现售的洗衣机容量太大，多数为5公斤型，换下一件衬衣扔到功能为5公斤的洗衣机里，要浪费很多水，所以不会选择用洗衣机洗。针对这一点，海尔集团开发了一款"小小神童"洗衣机，1.5公斤容量，3个水位，最小水位可以洗两双袜子。这种洗衣机一经开发，就开拓了一个淡季洗衣机市场，当其他洗衣机产销量下降时，"小小神童"产品销量却直线上升。

第九章　企业文化与企业绩效

【学习目标】

- 学习企业文化与企业经营绩效之间的关系
- 了解基业长青的企业背后的文化基因
- 了解企业文化与企业可持续发展之间的关系
- 了解企业文化推广策略与企业创新绩效之间的关系

开篇案例

内蒙古S公司的企业文化与企业绩效

内蒙古S环保材料股份有限公司(以下简称"S公司")位于内蒙古鄂尔多斯市蒙西高新技术工业园区,是一家大型环保材料制造企业。从公司筹建到2010年第一条聚乙烯醇(PVA)生产线启动,只有S公司的开创者知道创业的艰辛。在经营初期,公司生产技术还不够成熟,产品的质量和销售量都成为S公司生存与发展的关键因素。与此同时,公司内部的业务流程极不规范,业务审批都是通过电话进行,导致客户服务滞后,员工工作效率极低。

在困难时期,S公司的"白杨树精神"激励着每一位员工,他们不抛弃、不放弃,迎难而上,S公司终于在创立的两年后开始扭亏为盈。2011年,S公司积极建设科学的业务制度,充分利用企业办公OA平台进行业务的规范管理,公司业务实行固定流程,提高了员工的办事效率,提升了客户满意度,使得产品年产量由最初的11万吨提高到了2011年的23万吨,年销售量由最初的10.2万吨增加到了2011年的21.3万吨,更是在2014年实现了39.6万吨的优秀销售业绩,促进了市场份额的增长。2014年,S公司已经对全国市场进行片区化管理,同时打开了国际市场,将产品销往世界各地。在S公司追求企业目标、实现企业绩效的过程中,是"白杨树精神"给予了员工力量,用一种不抛弃、不放弃的精神鼓励每一位员工,支撑着S公司的发展。在这个过程中,S公司形成了统一的企业目标,深化了企业的使命和愿景,优化了企业的管理制度,规范了员工的行为,树立了企业的良好形象,创造了良好的企业经营绩效。

在众多企业集聚的产业园中,只有S公司的企业标识最醒目,红色与橙色渐变的"S"造型独特且极具空间感,树立在园区的品牌标识诠释着S公司的品牌形象。S公司在其生产经营中积极建设适合本公司的企业文化,在公司成长上升期完善了企业文化的符号层,拥有独特的标识、品牌主张和目标。

企业文化是一种具有品牌效应的无形资产,能通过对人的管理影响生产、销售等,从而影响企业效益。S公司的企业文化对其经营绩效产生了重要作用。其企业文化中明确的愿景目标以及注重双赢、客户至上的价值取向指引企业员工树立统一的目标、一致行动,并起到凝聚人心的作用。它就像一根纽带,把员工和企业的追求紧紧维系在一起,使每个员工产生归属感和荣誉感,激发员工的积极性和创造性,进而促进企业经营绩效的不断增长,甚至在企业面临危机的时候帮助企业走出困境。

资料来源:屈燕妮,周鸿.企业文化案例[M].北京:经济管理出版社,2017.

伴随企业文化研究的深入,企业文化理念得到了更广泛的传播,企业文化相关著作备受欢迎与关注,企业文化对企业经营绩效的影响愈加受到重视。不少学者认为企业文化是企业的核心竞争力,是企业基业长青的秘诀;也有学者认为企业文化是一把"双刃剑",当企业所面临的环境发生变化时,文化难以改变的刚性会成为一种阻碍文化变革和企业变革的要素。当前,市场竞争环境日益激烈,企业面临的环境具有较大的不确定性,企业文化对企业绩效的影响到底是积极的还是消极的?如果是积极的,那么什么样的企业文化能促进企业绩效?鉴于此,本章将对以往学者的研究进行回顾,并就企业文化与企业绩效之间的关系进行探讨。

第一节 企业文化与企业经营绩效

国内外企业文化与企业绩效的研究可以分为两类,一类是理论研究,另一类是实证研究。早期学者们主要是对企业文化的基本理论进行研究,到了20世纪90年代,以企业文化基本理论为基础,围绕企业文化与企业绩效的关系研究日益深入,主要表现在企业文化的量化、企业绩效测量指标的选取、企业文化与企业绩效两者的关系三个方面。大内和维金斯从理论层面对具有相同背景的企业的局部企业文化进行了阐述,认为局部企业文化特别是那些有独特性的文化更容易对企业绩效产生影响。[①] 这项研究虽然是在理论层面上通过案例研究得出结论,但在一定程度上为其他学者的研究奠定了基础。科特和赫斯克特是最早进行企业文化与企业绩效关系实证研究的国外学者,其合著的《企业文化与经营业绩》是研究企业文化与经营绩效关系的经典之作,对后人的研究产生了极其重要的影响。本节将对科特及其后续研究者的相关研究进行介绍。

一、企业文化对企业经营绩效的作用路径

企业文化通过三种渠道为企业经营绩效带来好处:

第一,企业文化通过促进企业内部的合作与控制来提高效率。企业文化有助于员工互动并增进彼此的合作,可以提高信息共享的效率。例如,错误管理文化可以促进处理错误的过程中的协调与沟通,从而提升企业经营绩效。如果没有控制制度,企业就不可能成就任何成果。激励性薪酬合同与契约是传统的控制制度,但是,并不能把一切都写入这类契约。当传统控制制度不能规制员工时,企业文化就扮演了一个引导员工的互补角色。

第二,企业文化通过落实传统的激励制度,激励员工对共同的目标做出承诺。企业文化和企业战略紧密地结合在一起。比如如果企业文化聚焦于以创新为基础的竞争,而不是聚焦于

[①] WILKINS, A., OUCHI, W G. Efficient cultures: Exploring the relationship between culture and organizational performance[J]. *Administrative science quarterly*, 1983(8):468—481.

价格竞争,则意味着企业要吸纳不同的文化。因为只有不同的文化才能吸引不同类型的员工,制定不同类型的制度规范来实现这种目标。

第三,企业文化能够培养员工对企业的承诺,强化他们与企业之间的纽带。例如,企业文化能够影响员工做事的先后顺序,鼓励他们来保护消费者利益,而不是仅仅去追求效率。

二、企业文化与企业经营绩效的研究

(一)科特的相关研究成果

科特和赫斯克特发现,凡是关于企业文化的著作,都会涉及企业文化与企业经营绩效之间的关系,可是这些著作的观点并不一致。他们把企业文化划分为强力型、策略合理型和灵活适应型三类,同时采用"理论观点与公司实际对照"的方法,分别加以验证。

(二)强力型企业文化

1. 强力型企业文化与企业经营绩效

在这种文化中,几乎每一个管理者都具有一系列基本一致的共同价值观和经营方法。企业新成员们也会很快接受这些观念、方法。在这种文化中,如果新任高级经理背弃了企业的价值观和行为规范,不仅他的老板会纠正他的失误,他的下级同事也会纠正他。人们通常可以通过其特有的"风格"一窥具有强力型企业文化的企业。这些企业常常将其主要价值观通过规则或职责规范公之于众,敦促企业所有管理人员遵从这些规定。此外,即便新的总经理到任,强力型企业文化也不会随之改变,因为它已扎根于企业了。

这种文化对企业经营绩效的影响表现在两方面:一方面,强力型企业文化使企业员工方向明确、目标一致。企业成员的共同价值观和行为方式驱使他们为企业出力,这种自愿工作或献身企业的心态极大地调动了企业员工的工作积极性,使员工有自我实现感,有助于企业经营绩效的提升。另一方面,强力型企业文化提供了必要的企业组织结构和管理机制,从而避免了企业对那些阻碍企业活力的管理者的依赖。

2. 验证

根据强力型文化的定义,企业文化可分为两类:强文化和弱文化。所谓强文化,就是一致性和牢固性都很高的企业文化。反之,则为弱文化。科特、赫斯克特经实证分析之后发现:强文化与长期经营绩效之间的确存在一种正相关关系,但这种相关关系十分脆弱,有10家强文化企业虽然曾经有过经营绩效辉煌的历史,但在1977—1988年的经营绩效并不是很好。

科特等的研究表明,存在拥有强文化但经营绩效并不理想,或者拥有弱文化但经营绩效卓越的例子。前者是因为强文化本身既可以是积极进取和职能完善的,也可以是功能紊乱的,而官僚气十足的企业文化无疑会对经营绩效产生负面的影响。后者的存在可能是因为早些年的企业合并使得这些企业的文化变得脆弱,但其垄断优势使得它们表现出卓越的绩效。以上说明,强力型企业文化并不完善,但它阐释了企业文化中价值观念和企业规范在激励、管理企业员工中的某种作用。

(三)策略合理型企业文化

1. 策略合理型企业文化与企业经营绩效

策略合理型企业文化提出:企业中不存在抽象的好的企业文化内涵,也不存在任何放诸四海皆准、适应所有企业的"克敌制胜"的企业文化。如果要想让企业文化对企业经营绩效产生正面影响,企业就得团结企业员工,调动他们的积极性。即没有最好的企业文化典范,只有最适合本企业的才是最好的。这一观点与其他类型企业的发展过程相吻合,弥补了强力型企业文化存在的主要缺陷。

2. 验证

该理论认为与企业经营绩效相关联的企业文化必须是与企业环境、企业经营策略相适应的文化,文化适应性越强,经营绩效越好;文化适应性越弱,经营绩效越差。科特和赫斯克特从原来选定的207家企业中挑选出22家企业分成对照的两组,一组经营绩效良好,另一组经营绩效不佳。该实证发现:无论企业经营绩效好坏,企业文化的影响都是深刻的、不容忽视的;22家企业的企业文化强弱程度基本相同,然而因各自的适应性不同,最终经营绩效也有所不同;企业文化如果不能适应市场环境的不断演变,就会损害企业的长期经营绩效。

该实证结果表明,在为适应环境变化做出努力的过程中,强弱程度相同的企业文化可能因为适应性不同分化成两个绩效状况大相径庭的企业类群,即随着经营环境的变化,企业文化的适应性可能会损害企业的长期经营绩效,反过来又会削弱企业文化的适应性。这种理论存在合理的成分,提出的观点(有关适应、协调)极有见地,特别在阐释企业中短期经营绩效提升中的差异方面尤为有用。该理论对于那些实行多样化经营的企业发展尤为有益。同时,它也引起了一些学者的批评。他们指出这一理论似乎是一种静态分析。他们质疑,当企业行业环境出现变化时,分析是否依然有效。虽然如此,这种文化模式的贡献在于它指出了企业采取与企业文化运作的市场环境相适应的经营方式的重要性。

(四)灵活适应型企业文化

1. 灵活适应型企业文化与企业经营绩效

在企业文化研究领域中,还存在第三种理论——直接讨论企业文化灵活适应问题的理论。其基本观点为,只有那些能够使企业适应市场经营环境变化并在这一适应过程中领先于其他企业的企业文化,才会在较长时期与企业经营绩效相互联系。在市场环境适应度高的企业中,管理者们以满足股东、顾客及员工的需求为宗旨,通过他们的领导才能和领导艺术,倡导企业经营策略和战术的转变。这种文化通常都是由少数几个人创立的,其核心价值观注重各种变革动因的需求,并在创立者和继承者有意识地维护下不断传播、完善;他们聘用和提拔思想与这种价值观一致的人才,利用规章制度保证和强化企业文化的适应性,并对反对意见慎重考虑,防止自大情绪和保守心态的滋生。总之,该理论认为企业文化中某些特定具体的价值观和行为方式可以推动一个企业及其企业文化的变革。

2. 验证

科特、赫斯克特在进行实证研究之后得出的结论是:与绩效不佳的企业相比较,经营绩效优异的企业更为积极主动。在经营绩效优异的企业中,企业文化促进企业改革的例证要比在经营绩效不佳的企业中的多得多。

这一理论也遭到许多人的批评,批评者们指出,该理论无法解释一家企业文化缺乏冒险精神或集体主义精神的企业为什么会在相当长的一段时期保持企业经营绩效的提升。更麻烦的是,他们提出的这一理论似乎遗漏了许多重要的中心问题:为什么要去冒险?革新行为的动力何在?这一理论对此(需要解决的实际问题)要么避而不答,要么含糊其词。该理论的许多支持者并没有认识到这些问题的重要性。他们似乎假定只要企业文化提倡改革、反对内部纷争,就具有适应能力,就会促进企业长期经营绩效的增长。

科特等的研究充分考虑到企业环境改变对企业文化造成的影响并衡量了时间因素所带来的影响,揭示了企业文化在企业经营管理中的作用,说明了企业文化对企业长期经营绩效具有重大的影响。那些既具有强文化,同时又能主动适应外部环境的企业,其经营绩效是最好的;具有明显文化特征的企业比无明显文化特征的企业在诸如企业收益、企业规模、股票价格等方面更具增长性。虽然人们在提及这些理论学说中的任何一种观点时,都将其作为在众多观点中相对的某种选择,但这三种理论观点本身并不存在根本上的冲突。科特等所进行的研究表明,由这三种理论观点结合生成的模式要比其中任何一种理论模式都更强大,更具说服力。

(五) 其他学者的相关研究成果

其他学者也取得了一些研究成果,主要分为以下三类:

(1) 从企业文化的维度、特征及构成要素等视角来研究企业文化与企业经营绩效之间的关系。罗纳尔·赫克(Ronald Heck)和乔治·马库利德(George Marcoulide)把企业文化划分为组织价值体系、社会文化系统及个人信念三个维度,通过结构方程建模方法来创建企业文化与企业经营绩效的研究模型,通过对26个组织中的392组样本展开分析,研究得出了企业文化和企业经营绩效之间呈现正相关关系。[①] 这一研究成果除了为企业管理者的决策行为提供了依据,其所运用的建模方式也为后续研究提供了有价值的参考。法哈尔·沙赫扎德(Fakhar Shahzad)等通过对巴基斯坦软件公司的调查,指出企业创新绩效受到企业文化的影响,其中文化的灵活性和企业气氛这两个构成要素是影响创造力和创新绩效的相对重要因素。[②] 王佳发现企业文化"灵活性"与"关注外部"两个维度与企业绩效之间存在显著的正相关关系;企业文化的"稳定性"和"关注内部"两个维度与企业绩效之间存在负相关关系。[③]

(2) 将企业文化作为一个整体,研究不同的企业文化类型或者某一特定类型的企业文化对企业绩效的影响。较多研究都证实企业文化对企业绩效具有促进作用,如卢美月和张文贤依据弹性、创新、内向、外向这四个企业文化特征的强弱程度将文化划分为四种不同的文化类型,即支持型文化、官僚型文化、效率型文化、创新型文化。研究结果表明,不同的文化类型在对企业绩效影响上呈现的差异并不大,但是总体而言,企业文化正向影响着企业绩效。[④] 贾建锋、闫佳祺、王男通过对302份问卷进行实证研究,得出结论:在高成就维度调节作用下,灵活型企业文化、市场型企业文化、宗族型企业文化、层次型企业文化对企业绩效的影响更为显著。[⑤] 朱兵等研究发现支持型企业文化和创新型企业文化对企业创新绩效有显著的直接影响。[⑥] 彭玲等指出服务外包企业文化对企业绩效有显著的影响。灵活性越强的企业,其企业绩效越高;稳定性越强的企业,其企业绩效越低。如果一家企业越偏向于关注内部,则其企业绩效越低;如果一家企业越偏向于关注外部,则其企业绩效越高。[⑦] 也有些研究表明企业文化

---

① MARCOULIDES, G A., HECK, R H. Organizational culture and performance: proposing and testing a model[J]. Organization science, 1993(5): 209—225.
② SHAHZAD F., XIU G Y., SHAHBAZ M. Organizational culture and innovation performance in Pakistan's software industry[J]. Technology in society, 2017(51): 66—73.
③ 王佳. 企业文化与企业绩效关系的实证研究[D]. 吉林大学, 2007.
④ 卢美月, 张文贤. 企业文化与组织绩效关系研究[J]. 南开管理评论, 2006(6): 26—30.
⑤ 贾建锋, 闫佳祺, 王男. 高管胜任特征与企业文化的匹配对企业绩效的影响[J]. 管理评论, 2016, 28(7): 188—199.
⑥ 朱兵, 王文平, 王为东, 等. 企业文化、组织学习对创新绩效的影响[J]. 软科学, 2010, 24(1): 65—69.
⑦ 彭玲, 鲍升华. 服务外包企业文化与企业绩效关系的实证研究[J]. 湖北社会科学, 2010(11): 88—91.

与企业绩效的关系也可能是负相关的或者不相关的。陈明和周健明研究发现:创新型企业文化对知识转移绩效有显著的正向影响,但是支持型企业文化对知识转移绩效的影响没有得到证实。①

(3) 基于企业文化对企业绩效关系的作用机理进行研究。企业文化是以人为本的软性管理,企业中"人"的积极性的发挥影响着企业的绩效水平。因此,企业文化对企业绩效的影响机制离不开"人"这一根本要素。所以,大多数研究认为企业文化是通过对员工的心理与行为等层面的作用来影响企业的发展,最终成为企业的核心竞争力。李宁和杨蕙馨采用心理契约理论与博弈论对企业文化与企业绩效的关系进行分析,通过心理活动过程与各方在组织活动中的博弈论证了企业文化对企业绩效存在促进作用。②朱兵等研究发现支持型企业文化通过利用式学习和探索式学习对企业创新绩效产生了显著的正向影响;创新型企业文化则通过探索式学习对企业创新绩效产生了显著的正向影响。③

第二节 企业文化与企业可持续发展之间的关系

成功的企业极其相似,失败的企业却各有各的败象。而这些成功企业的相似之处就是它们成功的 DNA 或称文化基因。企业文化是企业的灵魂,是无形生产力,所有优秀企业的背后都有先进的企业文化做支撑;《追求卓越》和《基业长青》这两本书也揭示了一个重要的道理:百年企业、百年品牌,是由文化铸就的。

关于优秀企业文化的共同特点,学术界和业界有许多不同的看法:有人认为是规范、诚信、专业、创新、共赢;也有人总结为坚守"以人为本"的价值观念、追求崇高的企业发展目标、崇尚求新求变的创新精神、倡导不断学习的进取意识、坚持诚实守信的经营理念、重视企业文化理念与企业具体经营管理实践相融合;有学者以美国文化为例,将其概括为价值观体系凸显战略性和人文性、英雄人物作为榜样具有激励性、价值观转换管理系统具有应用性、注重企业文化的适应性和稳定性;还有学者结合中国传统价值观,概括出卓越企业应该具有相互尊重、相互信任、崇尚理性、止于至善、追求理想五种企业精神。综上,优秀企业文化有以下特征:

(1) 造钟而非报时。"造钟而非报时"这一观点来自《基业长青》。张洪瑞是信誉楼的创始人,他在一次企业家交流过程中问大家:"如果有这样一个人,无论什么时候,他都能准确地报告时间,你们说这个人怎么样?"在座的有人说:"这个人了不起,他一定是个神人。"张洪瑞说:"即便他是个神人,但他总有不在的时候,到那时我们向谁去问时间?所以,做一个准确无误的报时人,不如做一名造钟师,把钟造好了,离开你大家照样可以知道时间。企业的高层领导,应该是一名造钟师。""造钟师"最重要的就是"做企业"。"做企业"的关键就是要确立"以人为本"的用人观,着眼于全员素质的提高和人力资源的有效配置与储备,不依靠"能人",而是发挥团队优势,让平常人创造出不平常的业绩。同时,还要重视机制、体制、战略三方面的建设。④

---

① 陈明,周健明.企业文化、知识整合机制对企业间知识转移绩效的影响研究[J].科学学研究,2009,27(4):580—587.
② 李宁,杨蕙馨.企业文化与绩效[J].商业研究,2006(3):206—209.
③ 朱兵,王文平,王为东,等.企业文化、组织学习对创新绩效的影响[J]. 软科学,2010,24(1):65—69.
④ 丛龙峰,胡宇萌.基业长青的企业文化[J].中国人力资源开发,2014(4):12—19.

(2) 以人为本。西方经济学家认为,经济资源包括资本、劳动力、土地、企业家才能和技术、信息等。"人"是经济资源中一种不可或缺的资源。应视员工为合伙人,尊重他们,给予他们尊严,视他们为提高生产力的主要来源。这种视员工为伙伴的观念为越来越多的企业所接受,IBM公司在全世界拥有"蓝色巨人"的美誉,该公司有三大信条,其中尊重个人被列为首位。越来越多的企业认识到:在新的信息时代,企业能否获得成功,将取决于其管理者能否很好地开发和培养人才资源。企业为了自身的发展,以及缓解员工的自我需求与企业需求的矛盾,把"以人为本"的价值观放在首要的位置。他们努力做到尊重员工,真心实意地帮助员工,在集体福利事业、员工技能教育、文化娱乐等方面承担起越来越多的社会责任;把企业每个员工都作为有思想、有感情的人来看待,尊重其人格,充分发挥他们的创造力,增强每个成员为实现企业目标而需要的通力合作精神。①

(3) 追求创新。创新型企业文化建设越来越成为创新型企业持续创新的一个重要因素。不同的企业根据自身的条件和需要建立了企业文化体系并提出了口号。3M公司的核心企业文化就是创新。与很多中小型企业相比,3M公司十分注重创造力和创新精神,能够始终把创新作为企业发展的核心竞争要素。3M公司对"错误"具有很高的包容度,他们认为每一个"错误"本身都含有成功的影子。一方面,公司每年会把销售额的7%投入到新产品的开发项目中;另一方面,管理层也在公司环境和创新方式上给予员工最大限度的自由。最重要的是,3M公司始终注重营造创新的内外部环境。3M公司除了拥有非常利于创新的宽松环境,还有更为具体的规定保障员工切实体验到这种氛围。著名的"15%自由时间"的规定正是由3M公司最早提出的。这个规定赋予公司所有员工进行创新的权利,员工们可以利用工作时间的15%来对自己感兴趣的主题进行发明创造。只要员工有了创新的灵感,就可以直接去同相关部门进行沟通,讨论这个想法是否真的可行。一年的企业靠的是机遇,十年的企业靠的是管理,百年的企业靠的是文化。一家企业的核心竞争力,首先是企业文化的竞争力。作为企业发展不可或缺的精神动力和道德规范,企业文化对企业的发展具有极强的引领性、规范性、凝聚性和激励性。企业要更大、更强、更久,必然要有符合实际、特色鲜明、不断创新、卓越一流的企业文化。②

(4) 精益。精益就是精益求精,正如老子所说:"天下大事,必作于细。"(《道德经·第六十三章》)能实现基业长青的企业,无一不是抱持精益求精的态度。瑞士手表得以誉满天下、畅销世界、铸就经典,靠的就是制表匠们对每一个零件、每一道工序都精心打磨、专心雕琢的精益精神。③ 精益生产既是一种以最大限度地减少企业生产所占用的资源、降低企业管理和运营成本为主要目标的生产方式,又是一种理念、一种文化。实施精益生产就是追求完美、追求卓越,就是精益求精、尽善尽美,为实现精益价值目标而不断努力。精益文化最重要的功能价值,就是用整体优化的理念,通过精益化管理来科学、合理地组织与配置企业生产过程中产生价值的一切劳动和资源,以简化为手段,以尽善尽美为最终目标,不断增强企业的市场竞争力,提高企业的经济效益。在精益文化的氛围中,精益理念能够引导人们站在系统的层面上去考虑问题,可以有效避免人们用一种静态的、局部的眼光来看待问题,因而精益文化的价值功能所带来的

---

① 陆月娟.以人为本·追求卓越——漫谈美国企业文化的主流价值崇尚[J].学理论,2012(31):72—73.
② 张萌.3M公司核心企业文化探析及其启示[J].山西科技,2019,34(4):76—78.
③ 本刊编辑部.工匠精神,行业生存的基石[J].城市开发,2017(11):1.

将是一种协调与平衡。

（5）止于至善。企业对用户、对社会有一种良知，有一种责任感，以卓越的产品和服务满足用户和社会的需要。自觉维护社区公众利益，保护自然生态环境，这才是企业的"至善"德性。建构止于至善的企业精神，需要借鉴中西方两种传统文化的长处，按照市场经济的要求进行综合创新。其实，中国文化从"德性"观点出发来"止于至善"，与西方文化从"法治"观点出发来"止于至善"并不矛盾。尤其是在现代市场经济、知识经济的条件下，"德治"与"法治"应该并重。因为在激烈的市场竞争环境下，企业只有以卓越的产品和服务满足用户的需要，自觉维护社区公众利益，保护自然生态环境，保持企业应有的"德性"，才能获得顾客的认同，才能实现可持续发展。以伪劣产品和服务蒙骗用户，损害社区公众利益，污染自然生态环境，这就是失去了"德性"，失去了企业良知，失去了企业存在的根本理由，企业就会解体。企业满足了顾客、用户的需要并且获得了合理的利润报酬，维护了社区公众利益，保护了自然生态环境，从而获得了美誉，就是"止于至善"。①

与上述研究相一致，杰恩·巴尼（Jay Barney）指出企业文化能够导致可持续的竞争优势，因此能够使企业获得可持续的财务绩效。他的论点聚焦于企业文化的三个方面，即有附加价值、稀缺性和难以模仿。② 正是企业文化这三个特性使得企业具有可持续的竞争优势。从这个角度来说，企业文化就是企业的核心竞争力。但是，并不是所有的文献都发现了企业文化和企业绩效之间的正相关关系。例如，有文献研究认为企业文化与企业的投资回报率有正向关系；而有些研究则表明，企业文化同企业盈利率和成长都没有关系。③

第三节　企业文化推广与企业价值、创新绩效

一项针对北美1 461位总裁和财务总监的调查表明，90%以上的高层管理者认为，企业文化是他们公司非常重要的因素，并且78%的人认为企业文化是影响企业价值的最重要的三个到五个因素之一。④ 但是，企业文化与企业绩效之间的关系，不能简单地理解成简单的相关关系。它很可能随着企业战略和环境的变化而发生变化。

学者通过研究企业文化推广水平（Corporate Culture Promotion）与企业绩效之间的关系，发现如果言行不一致，话语就毫无价值；如果不做营销，让行为得不到市场的理解，那么行为也将被市场低估。因此，企业文化推广要通过语言和行动来进行测度。该研究用下列因素来度量企业文化的推广强度，如CEO的演讲、文化网页、员工行为、社会责任、容易获取的员工培训计划、公司新闻和媒体曝光。⑤

该研究表明强有力的企业文化推广，对企业价值有负面影响，而对创新绩效有积极影响。企业文化推广对企业价值的负面影响表明资本市场并不认同企业文化推广，并且认为它是可以回避的支出，企业可以转而进行其他投资，从而使股东受益。企业文化推广与创新绩效之间

---

① 王兴尚.论卓越企业的精神特征[J].西北农林科技大学学报（社会科学版），2001(4)：8—12.
② BARNEY, J. Organizational culture: can it be a source of sustained competitive advantage? [J]. Academy management review. 1986, 11 (3): 656—665.
③ ZHAO,H., TENG, H., WU, Q. The effect of corporate culture on firm performance: evidence from China[J]. China journal of accounting research, 2018, 11(1):1—19.
④ 同上.
⑤ 同上.

的显著正相关关系似乎和前面的研究结论相一致,那就是企业文化推动了合作,并最终提升了创新。而在中国一些不发达省份的中小企业,被证明其企业文化推广对企业绩效和企业价值均存在负面影响。

文化网页指标被用来测量企业文化推广对企业绩效的影响。文化网页与企业文化推广直接相关,因为文化网页主要用来培育企业文化。一般用文化网页上的关键词汇数量来代表企业文化推广的强度。文化网页的字数越多,表明企业花了更大的力气去进行企业文化推广。

并不是所有的企业文化都能带来积极的结果,有的企业因为其企业文化遇到了很多的困难。比如,韩国的三星公司决定改变其刚性的企业文化去培养可以相互融合的产品和利润,而不再仅关注业务的增长,因为它已经持续几年获得很低的利润。同样,文化冲突是导致并购失败的主要因素,如果两种文化无法融合,就会导致人才流失,无法从并购的协同效应中获得盈利。当环境变化较快,强文化很可能成为变革的障碍导致更低的组织绩效。[①]

整体来看,推广企业文化能够激励员工努力为企业目标而奋斗,因此能够提升企业价值和财务绩效。但是股东认为企业文化推广降低了企业价值,因为它被视为可以回避的支出。

企业绩效是通过企业价值、财务绩效和创新绩效来进行测度的。财务绩效是通过资产回报率来计算的。创新绩效是通过获得专利的数量,取对数求得的。总而言之,企业文化推广和企业价值之间存在负相关关系;企业文化推广和企业创新绩效之间存在正相关关系;企业文化推广与财务绩效之间没有显著关系。[②]

第四节 企业文化、领导者与创新绩效之间的关系

一、企业文化与领导者

领导者作为企业价值观与使命的制定者,对企业文化具有重大的影响。许多成功企业价值观的推动归功于领导者。首先,他们制定了行为的标准,激励企业员工,打造企业的特色,使之成为对外宣传的一种象征。例如,现在我们想到苹果公司,就马上联想到创新;想到海底捞,就马上浮现出服务。其次,企业领导者要经常设想如何面对未来,适应千变万化的市场情况而稳步前进;从长期战略方面考虑,确定企业未来发展方向和目标的过程必然带来企业文化的相应改变。再次,构建企业文化需要领导者的指导和参与,由领导者的性格、气质、能力等方面决定的领导行为引领着企业文化建设的方向;没有领导者的倡导、参与和指导,难以形成一个良好的企业文化。最后,领导者通过沟通和行动塑造企业文化,传达企业的价值观与愿景。

二、企业文化与创新绩效

企业文化是企业中所有员工共同拥有的核心价值观。它作为一种基本假设和信念,会对员工的行为产生深刻而久远的影响,从而影响企业的生产经营活动。因此,企业文化可以提高员工创新行为的积极性,从而提升企业生产、技术、服务的创新效率和效益,最终提升企业的创

---

① ZHAO,H.,TENG,H.,WU,Q. The effect of corporate culture on firm performance: evidence from China[J]. *China journal of accounting research*,2018,11(1):1—19.

② 同上.

新绩效。沙赫扎德等研究发现企业文化与创新绩效之间存在显著的正相关关系。[①] 学者用外部导向、组织氛围、柔性、变革支持、员工授权和团队工作来测度企业文化。通过实证研究发现,企业文化会影响企业创新绩效。其中,柔性、变革支持和组织氛围与创新绩效显著正相关。

三、企业文化、领导者与创新绩效

随着企业竞争的日趋白热化,越来越多的企业发现仅仅依靠高效率、高质量已经不足以保持市场优势,当前复杂多变的竞争环境使得创新成为企业生存和发展的不竭源泉和动力。企业为生存和发展,越来越依靠创新以提升核心竞争力。然而,企业创新的复杂性需要企业投入大量的实践和精力,整合内外部资源和动员内部成员。此外,领导者的冒险精神、战略眼光、指挥能力对企业的创新具有至关重要的作用。在影响企业未来发展是否成功的诸多因素中,领导者被视为最为关键的因素。领导者能创设有利于组织创新的工作环境,构建创新氛围,激发下属的创新想法和行为。企业文化作为共享的价值观体系,影响着企业创新的意愿以及对创新理念的认同,并可以将员工创新这一行为引导成为企业的行为标准和基本价值观,从而提高创新绩效。

企业创新绩效的研究已经大量存在,普遍认为企业创新即企业接受一种新的思想或行为。针对企业创新绩效的研究主要集中在两个层次:一是个体对企业创新绩效的影响,主要包括领导者采用的领导方式等;二是团队层面的研究,主要包括企业的创新氛围、企业的创新文化、跨企业的知识整合等。现有研究已经证实了领导风格与创新相关变量之间的联系,如王飞绒等通过实证研究发现交易型领导和变革型领导风格相结合能更好地激发企业成员的创新能力。[②] 唐永泰通过实证研究发现交易型领导的权变奖励、例外管理可以影响员工的创新行为与创新绩效。[③] 但是,对于领导风格对创新绩效的作用机制研究还比较少。学者们认为领导通常是通过工作满意度、心理授权、团队效能、组织学习等中介变量作用于创新绩效。企业文化作为中介变量的研究暂时还很少。企业文化是企业在当今经济全球化和技术日新月异的环境中,获得可持续发展的关键机制之一。研究表明,创新是企业价值创造的主要驱动力。企业文化推广创新能够提升创造力,其方式包括新产品开发以及利用新技术等。许多企业文化能培养员工之间的规范,这些规范可以促进创新过程。此外,企业文化可以促进员工之间的合作和协调,进而提高信息分享的效率,创新绩效也相应得到提高。

本 章 小 结

不同类型的企业文化会对企业绩效产生不同的影响。科特等分析了强力型、策略合理型和灵活适应型三类企业文化对企业绩效的影响。企业文化的适应性可能会损害企业的长期经营绩效,反过来又会削弱企业文化的适应性,因而企业要采取与企业文化运作的市场环境相适应的经营方式。企业文化能够导致可持续的竞争优势,使企业获得可持续的财务绩效。但是

[①] SHAHZAD F., XIU G Y., SHAHBAZ M. Organizational culture and innovation performance in Pakistan's software industry[J]. Technology in society, 2017,(51):66—73.

[②] 王飞绒,陈文兵. 领导风格与企业创新绩效关系的实证研究——基于组织学习的中介作用[J]. 科学学研究, 2012,30(6):943—949.

[③] 唐永泰. 转换型领导、交易型领导与员工创新行为之间的关系[J]. 创新与管理,2008,5(1):53—81.

经学者研究发现,企业文化推广与企业价值之间呈负相关,与企业创新绩效呈正相关,与企业财务绩效之间没有显著相关性。

【复习思考题】

1. 简要说明企业文化的类型。
2. 企业文化与企业经营绩效存在什么关系?
3. 是否所有企业文化都对企业绩效有积极的推动作用?

第十章　中国的企业文化理论与实践

【学习目标】

- 了解中国企业文化理论与实践的发展阶段及其特征
- 掌握中国企业文化的理念层特征
- 掌握中国企业文化的制度层特征
- 掌握中国企业文化的行为层特征
- 总结中国企业文化建设的独特思路

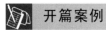 开篇案例

老侯食品的企业文化实践

江苏老侯珍禽食品有限公司(以下简称"老侯食品")是一家有着悠久历史的老字号企业。改革开放以来,老侯绝艺第67代传人侯泉声在整理家谱时偶尔发现家族祖祖辈辈从事珍禽野味蒸饪职业。为了传承家族事业,他毅然从央企辞职,潜心研究家谱中制作珍禽野味的配方与工艺,于20世纪末创立老侯食品,先后推出"老侯珍禽野味礼品""老侯鸭肉休闲食品世家"两大系列产品近百个品种,开创了珍禽野味礼品新行业,为我国的特禽养殖加工行业做出了一定贡献,受到各级政府的重视和表彰。他个人先后被评为"全国创业之星""江苏省关爱员工优秀民营企业家"等。企业主打产品"老侯野鸭"被授予"江苏省名牌产品"称号。"老侯"商标被评为江苏省著名商标。老侯食品成长为江苏省农业产业化重点龙头企业。鉴于侯泉声在挖掘家族制作珍禽绝艺方面取得的突出成就,在上海世博会联合国千年目标发展公益主题活动中,侯泉声被组委会授予"中国民族文化保护与传承贡献奖"。

老侯食品骄人业绩的取得源于董事长侯泉声所开创的"商贤"文化。该企业的规模虽然不大,是典型的中小型企业,但它的身世和成长过程具有一定的传奇性,尤其是侯泉声用儒家文化作为基石打造的企业文化颇为独特。创立初期,老侯食品的企业文化建设主要以员工技能培训和素质教育为主,一条"您的满意,我的追求"口号使用了十余年。侯泉声在经营接二连三遭受挫折的情况下,开始回归中国传统文化,先是由儒涉佛,后又由佛及道,最终重新回归儒家。经过痛定思痛的反思,他认识到,之所以企业经营屡屡受挫,是因为自身不够优秀,没能打造出一支优秀的运营团队。找到根源以后,侯泉声对症下药,开始在老侯食品导入传统文化。

首先,他从小事做起,带头打扫办公楼、厂区花园、洗手间。被董事长亲自刷洗抽水马桶行为感动的员工们纷纷拿起工具,做起业余保洁员来。他顺势而为,及时成立企业的志工组织。与此同时,侯泉声还在关爱员工上狠下功夫:遇到老员工过生日,他亲自为他们操办生日茶会;

每到春节,他都会率领企业高管到困难员工家中拜年,为他们送去慰问金和礼品;遇到员工的直系亲属生病住院,只要他有空,都会前往看望。最令人感动的是,重阳节这一天,侯泉声为了弘扬孝道文化,将员工父母请到公司会议室,同企业高管及他们的子女一起为老人们洗脚。一系列实实在在而又独具创意的关爱员工之举的推出,使员工们真切感受到企业管理层对他们发自内心的关爱。有了良好的群众基础,侯泉声逐步在老侯食品全面践行中国传统文化,从言教、境教、身教三个方面开展具有企业特色的幸福企业建设。

在言教方面,老侯食品把《弟子规》作为主要读物,各个部门员工每天上岗前都要诵读一遍,每周周末董事长和总经理都要带领中层干部以解读《弟子规》作为切入点,结合工作中的实际问题,用儒家文化的理念给予剖析,达到化解难题、统一思想的目的。

在境教方面,老侯食品除了在企业的每一个工作场所悬挂传统文化的警言名句,还在企业食堂推行诵读"餐前感恩词"活动。我们在调查中发现,一篇不足一百字的"餐前感恩词"对员工心灵的洗涤作用十分巨大。老侯食品总经理张乃成告诉我们,许多员工常常对他说,每次诵读"餐前感恩词",他们都受到一次深刻教育,不仅不敢浪费一粒粮食,而且在工作中也慢慢养成节约的好习惯。他自己每每在诵读"餐前感恩词"时,全身上下都会涌起一种神圣的庄严感。

在身教方面,老侯食品的管理层,从董事长到中层干部,都从中国传统文化中获益良多。其中,《孟子·离娄上》的"行有不得,反求诸己"对他们启发最大。侯泉声亲自垂范,严格按《弟子规》中的要求规范自己的言行,学会用欣赏的眼光看待下属,通过肯定、赞美让下属增强自信心;遇到问题,他总是从自身找原因,不随便斥责下属,他的人格魅力赢得了每一个员工的尊敬,为企业上下带来了满满的正能量。企业的向心力得以聚拢,大家拧成一股绳,紧紧团结在他周围,共同克服经营管理过程中的一个又一个难题。老侯食品经过长期经营实践,不断提炼,将儒家思想体现在公司的经营理念、愿景、使命和价值观中。

本书至此系统介绍了西方企业文化理论体系。但是,这一体系应用在中国企业中,效果未能达到预期,因为中国的国体、社会文化都与西方不同。例如,本章开篇案例中的侯氏集团文化,就被打上深深的中国传统文化印记。因此,中国的企业文化理论和实践一定有自己独有的特征和演化路径。接下来,本章将详细介绍中国企业文化理论在萌芽和探索实践的不同阶段的表现,概括出中国企业文化的理念层、制度层、行为层特征,总结出中国企业文化建设的独特思路。据此,本章试图构建带有中国文化表征的本土企业文化理论。为简化讨论,本书将其称为企业文化C(China)理论。在经济出现逆全球化的今天,中国企业如要在中华民族复兴的伟业中发挥引领作用,就必须总结提炼自中华人民共和国成立以来企业文化理论与实践的特征和发展趋势,为未来构建与完善引领世界的企业文化C理论打下基础。

第一节 中国企业文化理论与实践探索的不同阶段

本书第二章第二节介绍了企业文化理论在中国的传播与发展,本节侧重于中国企业文化实践,试图给读者介绍一个清晰的理论探索与实践的演化路径。中华人民共和国成立七十多年来,中国经济飞速发展的载体是中国的企业,其发展不光凭借科技,也依靠管理。而管理既有制度管理的"硬手段",也有文化管理的"软手段",从根本上看还是要归功于国家的推动、号召和指引。例如,国家"十三五"规划纲要提出要建立有文化特色的现代企业制度,强调了企业文化的重要作用。现有的中国企业以软性约束而非硬性制度的手段使员工遵循特定的行为模式,从而增强企业的向心力、凝聚力。同时,它们对外塑造品牌,塑造企业与众不同、独树一帜的外显化标志,提升企业形象,增强企业竞争力。"内聚人心、外塑形象"的企业文化是企业在竞争中保持持久竞争优势的重要保障。① 本节探讨中华人民共和国成立以来企业文化发展的不同阶段,作为提炼企业文化 C 理论的基础性工作。

一、学习苏联时期(1949—1956)

中华人民共和国成立后,在苏联的帮助下,长春第一汽车制造厂、第一重型机器厂、武汉钢铁厂等一大批工业企业相继出现,极大地提高了中国的工业生产力。与此同时,被称为"马钢宪法"的企业管理模式也得以从苏联引进。它是苏联马格尼托格尔斯克钢铁工厂在管理实践中总结出的一套以意识形态和马克思管理两重性原理为指导,以泰勒制和福特制为管理方式的管理实践经验②,是中华人民共和国成立初期大部分企业所遵循的企业管理信条。主要内容包括:实行一长制、专家治厂、科层管理、劳动竞赛、经济核算等,强调执行的企业文化环境,并以科学的企业文化主张指导企业实践。由此,中国企业造就了一批如鞍山钢铁厂的孟泰、青岛国棉六厂的郝建秀、齐齐哈尔第二机床厂的马恒昌等基层企业英雄人物,提高了企业的生产力和凝聚力。③

二、自我探索时期(1957—1965)

1958 年,中国人民大学工业经济系编写了全国工业经济的第一本教材《工业企业管理》,其所传达的科学管理思想为企业文化探索指引了方向。1960 年,中苏外交关系恶化,苏联援助中国的项目中断。至此,"马钢宪法"开始动摇,苏联式的企业经营模式也遭受冲击。同年,毛泽东主席提出:对企业的管理,采取集中领导和群众运动相结合,干部参加劳动,工人参加管理,不断改革不合理的规章制度,工人群众、领导干部和技术人员三结合。据此,理论上初步形成了"两参一改三结合"的企业管理思想。实践中,中共鞍山市委经辽宁省委向党中央递交《鞍山市委关于工业战线上的技术革新和技术革命运动开展情况的报告》,与毛泽东主席的想法契合,于是"鞍钢宪法"应运而生。其具体内容包括:在指导思想方面,坚持政治挂帅,提倡群众性技术革命;在企业责任制方面,取消一长制,采取党委领导下的厂长责任制;在企业经营组织形式方面,实行"两参一改三结合"。④ 自此,中国企业文化实践逐渐从一味照搬模仿苏联模式向探索适用于自身发展模式的方向转变,科学管理、民主管理逐渐生根发芽,企业文化探索朝民主化、科学化、本土化方向不断发展完善。同时,企业开始将文化建设工作与思想政治工作挂钩,并赋予企业员工管理权,推动民主企业文化的探索和发展,出现了鞍钢模式和大庆模式等典型代表。同一时期,中国科学院经济研究所和其他院校共同编写了《中国社会主义国营工业企业管理》,对厂长责任制、职工代表大会制、"两参一改三结合"及"比学赶帮"的群众运动等企

---

① 刘刚,殷建瓴,刘静.中国企业文化 70 年:实践发展与理论构建[J].经济管理,2019,41(10):194—208.
② 李翔宇,刘茜雯.马钢宪法探析[J].广西师范大学学报(哲学社会科学版),2015,51(5):185—195.
③ 刘刚,殷建瓴,刘静.中国企业文化 70 年:实践发展与理论构建[J].经济管理,2019,41(10):194—208.
④ 戴茂林.鞍钢宪法研究[J].中共党史研究,1999(6):38—43.

业文化建设活动进行了详细阐述,成为中国企业管理学的奠基作之一。①

三、停滞时期(1966—1978)

1966年"文化大革命"开始,我国企业管理和企业文化实践受到冲击,《工业七十条》被视为"复辟资本主义的黑纲领"。有效的管理经验、理论和实践受到质疑,规章制度和组织架构被打乱,管理人员被下放,设施与物资也遭到不同程度的破坏,企业管理和文化实践遭到破坏和中断。在这个时期,企业文化建设没有取得大的发展。②

四、西方企业文化理论的全面引入与初步重构阶段(1979—1991)

该时期我国企业文化理论发展的主要特点有:首先,政府引导。《企业管理现代化纲要》的颁布,将国家倡导的价值观与企业文化建设相融合,对企业文化建设加以引导。其次,西方先进企业文化著作得以系统引进、出版,典型代表是企业文化理论"四重奏",即《Z理论:美国企业界怎样迎接日本的挑战》(1982)、《企业文化:企业生存的习俗与礼仪》(1982)、《日本企业管理艺术》(1981)和《追求卓越》(1982)。最后,自我构建的一些理论开始出现,例如:《经济管理》杂志相继刊登《关于我国企业文化的思考》(程国定,1989)和《企业文化开创了管理思想的新时代》(梁勇,1989)等。

五、系统完善与自主创新期(1992年至今)

这一时期,我国企业文化理论的发展出现了新的特点。第一,政府积极推动了企业文化的理论系统完善和自主创新。党的十四大报告中首次出现企业文化的字眼,这标志着企业文化建设已经上升到国家战略高度。第二,企业文化理论出现了系统化的特征和自主创新的萌芽。这一时期发表了许多有代表性的企业文化研究成果,如表10-1所示。与此同时,以企业文化为核心主题的期刊开始出现,例如《东方企业文化》《中外企业文化》《现代企业文化》等。第三,本土企业系统地学习和完善了西方的理论,构建了自己的企业文化体系。例如,《华为基本法》提出了狼性企业文化。企业文化理论与实践朝着精益化、专业化的方向发展。

表10-1 改革开放以来代表性较强的企业文化相关论文

论文	作者	发表期刊及时间(期)
中美日欧企业文化比较及跨文化管理	赵曙明、毛智勇	管理世界,1993(6)
注意避免企业文化建设的误区	韩岫岚	中国工业经济,1996(7)
企业文化的改造与创新	陈春花	北京大学学报(哲学社会科学版),1999(3)
企业文化管理初探	黎永泰	管理世界,2001(4)
企业文化创新的成功之路	魏杰、王波	管理世界,2001(2)
企业文化与核心竞争力	刘光明	经济管理,2002(17)

---

① 黄群慧.改革开放四十年中国企业管理学的发展——情境、历程、经验与使命[J].管理世界,2018,34(10):86—94.
② 刘刚,殷建瓴,刘静.中国企业文化70年:实践发展与理论构建[J].经济管理,2019,41(10):194—208.

(续表)

论文	作者	发表期刊及时间(期)
企业文化与企业竞争力——一个基于价值创造和价值实现的分析视角	吴照云、王宇露	中国工业经济,2003(12)
企业文化与领导风格的协同性实证研究	陈维政、忻榕、王安逸	管理世界,2004(2)
企业文化的刚性特征:分析与测度	陈传明、张敏	管理世界,2005(6)
企业文化与组织绩效关系研究	卢美月、张文贤	南开管理评论,2006(6)
企业文化测量模型研究——基于 Dension 模型的改进及实证	王国顺、张仕璟、邵留国	中国软科学,2006(3)
企业文化与组合创新的关系研究	孙爱英、李垣、任峰	科研管理,2006(2)
企业文化、智力资本与组织绩效关系研究	朱瑜、王雁飞、蓝海林	科学学研究,2007(5)
企业文化和企业绩效的关系研究——一致性和均衡性的观点	张勉、李海、魏钧	科学学与科学技术管理,2007(8)
中国企业文化概念范畴的本土构建	徐尚昆	管理评论,2012(6)

资料来源:刘刚,殷建瓴,刘静.中国企业文化70年:实践发展与理论构建[J].经济管理,2019,41(10):194—208.

六、企业文化 C 理论构建期(2005 年至今)

事实上,中国本土企业文化的构建,一直伴随着企业文化理论引入、完善与发展的整个过程。第一,构建本土企业文化理论的基础是要对中国的企业文化理论、实践及其发展演化进行总结概括。这个时期的学术成果总结、概括了过去企业文化建设的经验教训。第二,本土企业文化理论研究取得了一系列丰硕成果,形成了独特的理论系统,标志着企业文化的中国理论的形成。典型代表是 2006 年曾仕强的《中道管理》和成中英的《C 理论:中国管理哲学》。他们将中国传统文化中优秀的理念引入企业文化理论的构建,完成了管理理论的自我系统创新。随后,徐尚昆的《中国企业文化概念范畴的本土构建》(2012)、苏东水和苏宗伟的《中国管理学术思想史》(2013)、黎红雷的《企业儒学》(2017)等著作,以及创刊于 2019 年的《中国文化与管理》,都试图构建中国文化视角下的中国本土理论系统,创立中国管理理论,并推动了企业文化 C 理论的兴起和发展。第三,这些中国企业文化研究成果也走出国门,有关中国文化与中国管理情境下的企业文化研究在众多国际顶级期刊上发表,对中国乃至世界的企业文化建设实践产生了持续、深远的影响。

第二节 企业文化理论的学习与自我探索期的特征

一、企业文化自主实践出现了科学与民主的文化理念萌芽

中华人民共和国成立初期,在初步引入"马钢宪法"和苏联模式的基础上,我国企业效仿苏联企业,开始了企业文化实践。"马钢宪法"在企业文化层面具有一定科学性,如专家治厂和科层制的管理原则就充分体现了关注责任制的企业文化。随着中苏外交关系恶化,以"马钢宪法"为核心的企业文化受到冲击,过分关注科学的文化无法为企业提供生产力发展环境和管理改进土壤。我国企业被迫进行自我探索创新,提出了"鞍钢宪法",从科学和民主两方面入手,双管齐下,构建了"既重参与、又讲创新"的企业文化氛围,形成科学与民主兼顾的企业文化理念元素。在科学方面,倡导群众性技术革命。"鞍钢宪法"提倡全员创新,特别是基层群众创新,强调工人群众、领导干部和技术人员的三结合。这一管理原则激发了员工的生产积极性,营造了创新文化氛围,为群众性创新奠定了基础。在民主方面,鼓励群众运动,推行"两参一改三结合",重点关注基层员工的作用。

二、企业文化与思想政治工作紧密结合

1956年社会主义三大改造完成后,在计划经济体制下,企业文化工作很大程度上受到政治属性的影响,无论企业规模、效益如何,"听党话、跟党走"是贯穿企业文化的根本价值判断和追求。因此,该时期企业文化工作重点在于坚持党的领导和思想政治方针。

三、企业文化制度层强调聚焦企业内部、关注执行

改革开放前,计划经济占据主导地位,企业的经营自主性和开放度较低,组织架构相对封闭,企业更多关注如何自上而下地完成计划生产指标,对外部利益相关者关注不够。这塑造了关注企业内部、执行性较强的企业文化特征,大庆精神便是最具代表性的企业文化之一。该阶段,企业对工人在岗时应遵守的行为准则做出明确规定,强调工人的在岗责任意识、工作积极意识和忠诚意识。此外,企业通过构建"重执行""重管理"的企业文化,不断强化执行绩效。

四、重视英雄行为——基层劳模的示范作用

这段时期涌现出一大批具有时代特点和典型示范效应的劳模,即企业文化的英雄行为要素,他们的行为成为企业文化要塑造的典型组织行为。这些劳模大都出身基层,或是经过艰苦奋斗、苦心钻研,最终攻克技术难关,帮助企业实现生产力的提升;或是默默无闻、无私奉献、踏踏实实地投身于本职工作,在平凡的工作岗位上做出了不平凡的业绩。这些来自基层的劳模之所以能够成为企业的英雄人物和精神支柱,是因为他们具有感召力和催人奋进的精神力量,能够有效地激发同样身处平凡岗位的广大基层员工,成为企业提升员工凝聚力、向心力的关键突破口。国家和社会十分注重对企业典型英雄人物的宣传,从而加强企业文化的传播。

第三节　企业文化理论的系统完善与自主创新期的特征

一、企业家精神成为企业文化理念层的核心内容

改革开放后,英雄人物的来源发生了根本性转变,企业家代替基层劳模成为英雄人物最重要的来源。虽然同基层劳模一样,许多企业家出身草根,但其价值的发挥并不源于他们曾经在基层工作中的所作所为,而是源于他们在经营决策层面所表现出来的企业家精神。改革开放后,企业家与企业家精神对企业文化的建设与升华至关重要,甚至在很大程度上企业家精神本身就代表着企业文化。

二、独具特色的中国企业价值观

这段时期,企业提出了自己的价值观体系,来强调企业重视什么、追求什么。2017年,京

东发布《京东人事与组织效率铁律十四条》,以严苛"铁律"的方式制定员工行为准则和管理原则。其中,第一条就强调京东的价值观原则,即"价值观第一,能力第二",充分体现京东对企业文化中价值观建设的重视。①

此外,阿里巴巴也提出了自己的价值观体系,确立了独特的价值观管理原则,其内容包括:第一,创立初期确立基本的价值观原则,并成为解决矛盾、开会和对待顾客的原则;第二,当组织变得较大时形成系统的组织价值观,其系统的价值观被称为"独孤九剑",即群策群力、教学相长、质量、简易、激情、开放、创新、专注、服务与尊重;第三,当组织壮大时进行员工的价值观考核;第四,在成长的过程中发展价值观;第五,分享成果,不让"雷锋"吃亏。阿里巴巴价值观考核的内容指标见表10-2;据此,阿里巴巴构建了自己的价值观领导事业部模型,见图10-1。

表 10-2 阿里巴巴的核心价值观指标

六脉神剑		项目	
理念	解释	描述	分值
客户第一	客户是衣食父母	尊重他人,随时随地维护阿里巴巴形象	1
		微笑面对投诉和受到的委屈,积极主动地在工作中为客户解决问题	2
		与客户交流过程中,即使不是自己的责任,也不推诿	3
		站在客户的立场思考问题,在坚持原则的基础上,最终达到客户和公司都满意	4
		具有超前服务意识,防患于未然	5
团队合作	共享共担,以小我完成大我	积极融入团队,乐于接受同事的帮助,配合团队完成工作	1
		决策前,积极发表建设性意见,充分参与团队讨论,决策后,无论个人是否有异议,必须从言行上完全予以支持	2
		积极主动分享业务知识和经验;主动给予同事必要的帮助;善于利用团队的力量解决问题和困难	3
		善于和不同类型的同事合作,不将个人喜好带入工作,充分体现"对事不对人"的原则	4
		有主人翁意识,积极正面地影响团队,改善团队士气和氛围	5
拥抱变化	突破自我,迎接变化	适应公司的日常变化,不抱怨	1
		面对变化,理性对待,充分沟通,诚意配合	2
		对变化产生的困难和挫折,能自我调整,并正面影响和带动同事	3
		在工作中有前瞻意识,建立新方法、新思路	4
		创造变化,并带来绩效突破性地提高	5
诚信	诚实正直,信守承诺	诚实正直,表里如一	1
		通过正确的渠道和流程,准确表达自己的观点,表达批评意见的同时能提出相应建议,直言有讳	2
		不传播未经证实的消息,不背后不负责任地议论事和人,并能正面引导,对于任何意见和反馈"有则改之,无则加勉"	3
		勇于承认错误,敢于承担责任,并及时改正	4
		对损害公司利益的不诚信行为正确有效地制止	5

---

① 刘刚,殷建瓴,刘静.中国企业文化70年:实践发展与理论构建[J].经济管理,2019,41(10):194—208.

(续表)

六脉神剑		项目	
理念	解释	描述	分值
激情	永不言弃,乐观向上	喜欢自己的工作,认同阿里巴巴企业文化	1
		热爱阿里巴巴,顾全大局,不计较个人得失	2
		以积极乐观的心态面对日常工作,碰到困难和挫折的时候永不放弃,不断自我激励,努力提升业绩	3
		始终以乐观主义的精神和必胜的信念,影响并带动同事和团队	4
		不断设定更高的目标,今天的最好表现是明天的最低要求	5
敬业	用专业的态度和平常的心态做非凡的事情	今天的事不推到明天,上班时间只做与工作有关的事情	1
		遵循必要的工作流程,没有因工作失职而造成的重复错误	2
		持续学习,自我完善,做事情充分体现以结果为导向	3
		能根据轻重缓急来正确安排工作优先级,做正确的事	4
		遵循但不拘泥于工作流程,化繁为简,用较小的投入获得较大的工作成果	5

资料来源:陈春花,刘祯.阿里巴巴:用价值观领导"非正式经济事业"[J].管理学报,2013,10(1):22—29.

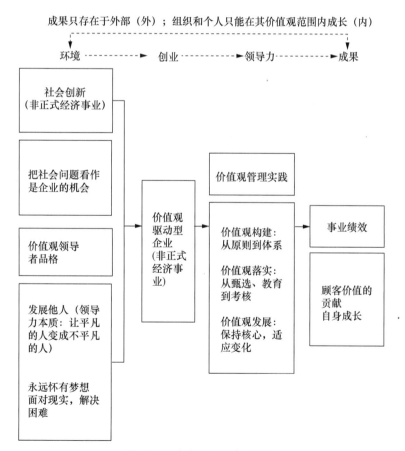

图 10-1 价值观领导事业模型

资料来源:陈春花,刘祯.阿里巴巴:用价值观领导"非正式经济事业"[J].管理学报,2013,10(1):22—29.

三、企业家成为英雄人物

这段时期的企业家,不畏艰险、迎难而上,发挥才智提出各种各样的企业文化来增强企业的凝聚力、向心力,把企业"拧成一股绳",成为名副其实的企业英雄。例如,2004年,面对市场巨额亏损,TCL掌舵人李东升写出《鹰的重生》一文以昭世人,带领TCL渡过痛苦的变革过程,最终实现鹰的蜕变。

当企业对文化"说不清、道不明"之时,企业家根据自己的理解,积极地探索企业文化的有效实践。他们往往会将最显性的企业文化建设措施作为核心或重要目标。例如,对浙江海盐衬衫厂厂长步鑫生而言,企业文化就是"纪律"和"集体"。他打破"大锅饭"式的企业生产方式,提出"管理上从严、生产上抓紧、经营上搞活、生活上关心"的管理理念,制定《安全文明生产管理试行条例》。同时,他重视文化凝聚力建设,组织创作《海盐衬衫总厂工人之歌》,还带头设计工厂的厂标,组织全体员工佩戴。

企业家在勇于开展企业文化管理实践的同时,及时归纳其经验形成理论创新成果。随着改革开放的不断深入,关于如何理解企业文化、进行企业文化建设的相关研究及书籍数量与日俱增,企业界对企业文化概念的理解也逐步深入。例如,1998年诞生的《华为基本法》作为中国改革开放后第一部成文的"企业宪法",将华为过去的成功经验加以总结、概括、提炼,在继承原有文化的同时将统一的企业价值观和文化DNA注入每个员工,通过企业立法的形式,将文化管理与制度管理有机结合起来。

例如,长虹在经营的大大小小16个方面建立严格的管理制度,在正确约束员工行为的同时,不忘关注员工的个人需求;根植于军工文化,在管理实践中时刻坚持以人为本,逐步形成涵盖"太极拳理论""投石子理论""外圆内方理论"等内容的天人合一思想。①

四、企业文化理论的系统化和体系化

(一)理论的系统化和体系化

企业文化理论建设日益成为一项系统工程。在原有碎片化的企业文化建设基础上,企业逐步整合各个关键要素,企业文化系统化程度大幅提高。系统化的理论也走向了课堂,改革开放后,越来越多的高校开始开设与企业文化相关的课程,如企业文化管理、传统文化与企业管理、中国社会与商业文化等。截至2019年7月,在39所985院校中,已有38所开设企业文化相关必修、选修课程。②

(二)强调人员导向的经营文化理念和关注任务导向的执行文化并举

改革开放后,企业从国家政策的"执行者"变为自负盈亏的"经营者",企业文化的关注点也随即发生转变。企业文化不能简单局限于促进决策落实,更要内聚人心、外塑品牌,在生产经营的方方面面发挥积极作用。海尔就通过文化灌输的方式达到"内聚人心"的经营境界。它采取"激活休克鱼"的扩张战略,在兼并完成后立刻开始文化输出和企业改造,逐步灌输"争第一""信誉优先""客户永远是对的"等经营理念,从而实现组织内部文化和外部文化传播的统一。

---

① 刘刚,殷建筑,刘静.中国企业文化70年:实践发展与理论构建[J].经济管理,2019,41(10):194—208.
② 同上.

物联网时代,张瑞敏提出"人单合一"的企业管理模式,实现任务导向和人员导向的融合和平衡。①

企业家首先力求内部文化的统一性。例如,吉利汽车在全球化浪潮中关注内部文化的统一性建设,总裁李书福坚持"各美其美,美人之美,美美与共,天下大同"的文化管理原则,在充分尊重被收购企业平等权利的基础上加强文化传递和输出,将"以人为尊"的经营理念根植于吉利汽车与其合作伙伴的文化管理之中。同时,企业家也关注外部经营中文化传播的一致性。例如,作为国有企业,华润集团在实践过程中充分重视企业文化品牌的建设和发展,始终推崇忠诚文化,同时注入人本精神的内涵,强调"一切以人为本、人口驱动增长、尊重人文精神、改善人们生活"。②

第四节 企业文化 C 理论的结构及特征

企业文化理论研究在中国持续发展,呈现出不断回归中国文化传统的趋势,用中国文化来理解当代中国的管理实践成为构建本土理论的有效方法。③ 一方面,企业实践表明企业文化建设不能仅仅依靠西方的理论框架和实践经验。如果一味"西体中用",则不利于中国企业文化本土化理论创新。另一方面,中国企业要扎根于中国传统文化,从深厚的历史文化底蕴和丰富的本土化经营管理实践中汲取有效的理论元素,从而系统构建具有中国特色的原创理论。本节根据中国企业文化理论构建过程中具有代表性的论著和最新研究成果,总结出中国的企业文化理论——企业文化 C 理论的具体特征,包括理念层、制度层、行为层方面的独特表征。

一、企业文化 C 理论的理念来源及特征

理念,用中国传统文化的语言来表达,就是"心",心即本体,是形而上的"体",即核心的价值观。而"体"的功能,是"器"。对一个人来说,"心"即自己的核心价值观,它回答了以下三个问题:我是谁?我从哪里来?又往哪里去?它指导着我们的行动,而由我们行动带来的效果和发挥的社会功能,即为"器"。对一个企业来说,企业的"心",即企业的核心理念,是对企业之所以存在于世间的终极意义的界定,它回答的问题是:我们是谁?我们要往哪里去?我们如何去?其中,"我们是谁?"是为了明确企业存在的终极目标和存在的意义,即使命;"我们要往哪里去?"是为了界定实现企业长期目标后的状态,即愿景;"我们如何去?"蕴含了对"是"与"非"判断后的方法论选择,是为了界定企业价值观的问题。愿景、使命和价值观构成了企业文化的核心,即企业经营理念。接下来,我们探讨企业文化 C 理论的理念来源及特征。

中西方企业文化理论是在不同的社会文化情境下发挥作用的。在西方社会文化情境下产生的企业文化理论即使再成熟,也可能无法在与其迥异的中国社会文化情境下发挥出它应有的效果。以美国为代表的西方科学管理体系将人视为企业谋求利益的工具,忽视了人性,企业管理者认为人是具备绝对理性的"经济人"。为避免因忽视人性所带来的危害,美国在 20 世纪

---

① 刘刚,殷建瓴,刘静.中国企业文化 70 年:实践发展与理论构建[J].经济管理,2019,41(10):194—208.
② 同上.
③ 徐淑英,吕力.中国本土管理研究的理论与实践问题:对徐淑英的访谈[J]. 管理学报,2015,12(3):313—321.

70年代开始学习日本的人本导向的企业文化。① 反观中国传统文化中的哲学思想,它是以开拓人文和实现人性为重点的个人、社会和国家管理思想体系,是自成一套卓然独立的人文主义的管理体系。② 例如,儒家。这种思想体系认为人具有极大的可塑性,可以不断地发展自己、完善自己;据此管理者应该发挥人性、开拓人力,形成自觉的自内而外、自外而内的激励和控制行为,来实现价值目标。③ 因此,要想探析企业文化C理论的理念要素,我们必须仔细审视中国哲学,尤其是儒家和道家,在企业文化理论形成过程中所发挥的作用,系统总结和构建企业文化C理论的理念层。

(一) 儒家思想及其在企业文化C理论中的理念层特征

1. 儒家思想的主要内容

儒家创始人孔子、孟子,主张道德、仁爱精神,提出"修身、齐家、治国、平天下",推崇积极入世(有为)地治理国家。儒家的终极用功所在是"内圣外王"基础上的"修己安人"。第一,儒家强调仁爱。为此儒家突出两个价值:① "己欲立而立人,己欲达而达人",是指要发展自己的人格,但不能把自己作为关系网络的中心,自私自利地发展自己,而同时要发展周围的人,并把圆圈逐渐扩大。"己欲立而立人,己欲达而达人"是忠道,是人与人之间相处的积极原则。② "己所不欲,勿施于人"。"己所不欲,勿施于人"是恕道,是人与人之间相处的消极原则,忠恕之道合体体现的就是儒家的基本价值——仁爱。

第二,在社会伦理方面,以仁爱为基础,儒家构建了仁、义、礼、智、信,作为处理社会伦理的基本关系准则,即"五常"。五常是指五种恒常不变的、处理社会人际关系的基本准则。

第三,儒家既关注个人与群体的关系,也重视人与自然的关系。儒家强调:个人与群体之间应建立一种健康的互动关系;人与自然则应保持一种和谐的关系,以达到天人合一的最高境界。

第四,"理"是宇宙万物的起源,即世间万事万物的存在变化都有自身的道理,都遵循着一定的"理"。这里的"理"就是事物的规律和联系。由北宋程颢、程颐、朱熹等发展出来的儒学流派——程朱理学,把"理"上升到世界本原的哲学高度,认为人应该揭示每一种事物的"理",认识这些"理",遵循这些"理"。程朱理学是孔孟思想系统化、哲学化的结果。它作为儒学的发展和延伸,依然体现了"仁爱"的核心观念。④

第五,"理"全在人心,应该向内去求,强调:心即理,知行合一,致良知。这就是儒家发展到明代形成的阳明心学的三大命题。明代王阳明将儒家思想推向了心学阶段。心即理,是阳明心学的逻辑起点。阳明心学的创始人王阳明认为,"理"全在人心,应该向内去求。知行合一中的"知"是指"心之本体"——人的固有道德意识,即"良知",也就是孟子说的"是非之心",指先天所具有的判断是非、选择善恶的道德标准。知与行都是内心的道德标准生发出来的,知是行的主导,行是知的体现,正所谓一念发动处即是行。所以,知行是一回事,即知行合一。⑤ 王阳明认为,心(良知)之发动而为"意"(意识),意之所在便是物(事)。如果知(良知)行(做出的事)不一,就是因为意识出了问题。所以,我们就需要致良知。虽然王阳明的"心学"是唯心主义,

---

① 成中英. C理论:中国管理哲学[M]. 北京:中国人民大学出版社,2006.
② 同上.
③ 同上.
④ 于广跃. 浅谈程朱理学的意义与发展[J]. 东方企业文化,2010,(18):249.
⑤ 王守仁. 王阳明全集[M]. 上海:上海古籍出版社,1992.

但是其精华部分"致良知""知行合一"仍可为当今时代所学习。"良知"语出《孟子·尽心上》："人之所不学而能也,其良能也,所不虑而知者,其良知也。"它是指一种天赋的道德意识。阳明心学传承了儒家文化明德、至善的核心宗旨,体现了儒家哲学的新发展。

2. 儒家思想在企业文化 C 理论中的理念层特征

传承两千多年的中国传统文化积淀于中华民族的思维中,具有很强的渗透力和潜移默化性,必然会影响到中国企业文化理念。[①] 儒家价值观的核心是"仁",不同层次的儒家价值观具有不同"仁"的表现,分别为"克己复礼""仁者爱人"和"仁民爱物"三个层次。根据"仁"的三个层次,企业文化理念层中的儒家价值观可分为道德性、他向性和社会性三个维度。

(1) 道德性——修己为基础。它是指企业领导者注重自身的道德修养和行为。在个人品行上表现为自爱、自律、诚信、正直、不断学习和遵循社会规范,即"克己复礼"。为满足道德性的需要,企业领导者必须"修己"。儒家领导者要求企业和企业成员在发展过程中首先做到"修己",不断学习和反省以提高道德和理想修养,保持勤俭朴素与慎独廉洁的生活、工作和经营态度,谋求企业和个人利益时要符合法律和道德规范。

(2) 他向性——组织内部的"安人"。企业领导者在人际关系上保持爱人之心和帮助别人,互惠互利,"己欲达而达人""己所不欲,勿施于人",即"仁者爱人"。在组织管理中,管理者要让组织内部的员工心安,做到"安人"。儒家领导者要求企业在处理与利益相关者关系时能够"安人",以互惠、互敬、公平原则进行企业与员工、企业与企业之间的往来活动,关心员工、客户、供应商、合作伙伴等利益相关者的诉求与发展。

(3) 社会性——组织外部的"安民"。企业应负有强烈的社会责任感和使命感,像爱护自己一样爱护社会和生态环境,并愿意为之付出努力,即"仁民爱物"。与此相应,"仁"应用于企业实现"安民"的宗旨。在对待企业与社会、自然环境关系时,儒家领导者要求企业注重大众利益和生态保护,关怀社会,为人民谋福祉,促进企业、社会和自然的和谐发展。

3. 儒家思想影响下的企业愿景、使命与价值观的表达

儒家思想影响下企业愿景、使命和价值观的表达是以"仁"为核心的,呈现出修己、安人和安民的特点。企业愿景是企业战略家对企业终极状态和发展所提出的一个高度概括性描述,它回答了"我们要往哪里去?"这一问题,界定了企业实现长期目标后的状态。例如,成立于1996年的方太,在学习了十年的西方管理理念后,将目光投向中国传统儒家哲学,并用儒家文化重新审视公司的战略,塑造企业的信仰和价值观。总裁茅忠群先生对儒家文化的作用深信不疑,在提出方太儒道的五大总纲后,正式宣布了方太未来十年、二十年的愿景:成为一家伟大的企业,并提出伟大企业的四个特征:顾客得安心,员工得幸福,社会得正气,经营可持续。方太的愿景表达凸显了儒家哲学的影响,以及企业愿景所表现出的"安人"和"安民"的思想与追求。

所谓企业使命是指企业在社会经济发展中应担当的角色和责任,是指企业的根本性质和存在的理由,说明企业的经营领域、经营思想,为企业目标的确立与战略的制定提供依据。方太的使命是"让家的感觉更好"。它有两层意义:一是顾客层面,通过提供高品质的产品和服务,打造一种健康、环保、有文化、有品位的生活方式,让千万家庭享受更加美好的家庭生活;二是员工层面,成就全体方太人物质与精神两个方面的幸福。这也体现了"安人"与"安民"的核

---

① 林芝芳,牛春巧,孙小强.我国家族企业文化渊源探讨[J].商业时代,2006(9):88—89.

心理念。

方太的核心价值观是：人品、企品、产品三品合一。只有好的人品才会有好的企品和产品。方太给人品注入了十字内涵——"仁、义、礼、智、信、廉、耻、勤、勇、严"。仁义礼智信正是儒家的五常。

（二）道家思想及其在企业文化 C 理论中的理念层特征

1. 道家思想的主要内容

道家创始人老子、庄子提倡道法自然、天人合一、平等包容；处无为之事，行不言之教，无为而治。道家思想有其独特的魅力，它重视生命的反省，不主张无谓的争斗，以出世精神做人，以入世精神做事。

道家所主张的"道"，是指天地万物的本质及自然循环的规律。自然界万物处于经常地运动变化之中，道即是其基本法则。《道德经》中所言："人法地，地法天，天法道，道法自然"，就是关于"道"的具体阐述。至人是庄子描绘的理想人格，《逍遥游》是庄子哲学所追求的理想境界，是对老子无为思想的发展。顺应自然，才能无为而无不为。无为在道家思想中蕴含着三个方面的含义：为人行事不妄为，不强行而为，更不肆意妄为。道家强调收敛、理性和客观，强调尊重他人，不肆意干预他人。①

2. 道家思想在企业文化 C 理论中的理念层特征

（1）"道法自然"。所谓"道法自然"，是指"道"作为一种规律，其演进顺序受其内在的规定性和本质所影响。因此，我们无法去干涉，也不要去干涉规律的存在与发生。② 据此，管理的最高境界就是对于管理者而言，所做的一切行为都要顺应自然规律，不要人为地强加任何因素。领导者要知悉自己的责任，不要过多地制定条目繁多的规章制度，让员工觉得无所适从，更不要时时刻刻都处于监视员工的状态中，这种刻意管制反而会让员工觉得身心俱疲，降低员工的工作效率。企业文化的理念要遵循老子的"无为而治、道法自然"的思想，为企业员工营造一种轻松愉快的工作氛围。③

（2）有为与无为的辩证统一。遵循"道法自然"和"无为"，在本质上就是要求我们要顺其自然，在遵循"道"的基础上做出行为选择。④ 但是，值得注意的是，"无为"并不是否认"有为"，更不是否认企业需要通过一些方式方法实现发展与成长，而是强调企业在发展与成长的过程中，需要遵守规律，结合自身实际。当今"无为"思想被轻视，其实是世人对"无为"产生了两方面的误解。

一方面，未能认识到从"有为"到"无为"是从量变到质变的过程。道家管理思想在企业中的运用需要确保四个原则：寻道、遵道、得道和御道。⑤ 所谓的寻道，就是找到规律。如果都没有发现规律，又哪有规律可以遵守呢？遵道是遵守规律，理论上掌握并理解规律，实践中运用并实施规律。而这恰恰是最难的，也是中小企业面临的最困难的问题，即无法把握市场规律与自身发展规律，从而导致了企业生存困境。这时，就出现了第一个"有为"。这一个"有为"是指企业在实际生产运营的活动中，不断投入，不断适应市场和总结经验，通过这一系列的连续性

---

① 陈明. 论道家文化对大学生思想政治教育的启示[J]. 科教导刊（上旬刊），2018(25)：95—96.
② 苏宗伟，赵涴. 东方管理商业模式理论与应用[M]. 北京：经济管理出版社，2015.
③ 姚莉. 中国传统文化管理思想在企业管理中的应用初探[J]. 商场现代化，2016(19)：94—95.
④ 苏宗伟，赵涴. 东方管理商业模式理论与应用[M]. 北京：经济管理出版社，2015.
⑤ 苏东水. 东方管理[M]. 太原：山西经济出版社，2003.

行为,获得对规律的认识,完成"寻道"的过程。同时,也有一些企业,可能没有"寻道"这一过程,比如在集团内的子公司。这些公司可能已经有了充足的经验,那么此时就会出现第二个"有为"。第二个"有为"是继第一个"有为"后发生的,也是使得企业获得"无为"的必要条件。现在企业管理层谈到"无为",似乎是不管在什么情况下,都将大量的权力下放给自己的员工,或者不制定制度,任由员工进行生产经营活动。但这不是真正的"无为",因为这样的做法实际上违背了公司治理的规律,也就是违背了"道"。管理者只有结合企业内外部环境,给"无为"创造出一定的施展空间,例如,通过培训提升员工素质,使得员工可以提供高质量服务,避免员工出于自身利益而损害企业利益,才能真正达到"无为"。而实现从第二个"有为"到"无为"的转变就需要企业管理层实施很多措施,例如:分析内外部环境,提升员工素质,改进产品及内部流程等。因此,"无为"是"有为"的一个质变节点,并不是企业一开始就能达到的境界,而这也是一种"道"。①

另一方面,重"大道"而轻"小道"。所谓重"大道"而轻"小道"是指企业管理者重视普遍的规律,但是轻视了自身实际的规律。例如,民营企业与国有企业虽然同处于市场竞争中,受制于市场规律,但两者面临的内外部环境存在很大的不同。如果民营企业轻易套用国有企业的管理模式,可能会使得自身业绩下滑。另外,有些企业忽视自身实际规律,盲目追求可能带来业绩提升的理念,例如科学技术团队追求"狼性文化",反而破坏了内部团结,削弱了自身的竞争优势。这也就产生了"有为"无法实现"无为"的情况。②

因此,为了实现企业管理层的"无为",给员工放权,让企业自行发展,一方面需要企业管理层通过"有为"来梳理清楚企业的内部脉络,建立相应的框架,在前期打好基础;另一方面,必须遵守企业内外部的发展规律。而这也是"道法自然"的一部分。③

(3)无为而治。道家思想中最重要的一个观点就是"无为而治","无为而治"的意思不是说什么都不作为,不付出任何的努力;而是要把握一个尺度,明白什么事情应该为,什么事情不能为,也就是要做到"无为而不为"。企业管理者无论具备多么强的能力和多么高的处理事务的效率,都不应将企业的所有事务都牢牢"抓"在手中,不放权给手下,因为一个人的能力和精力是有限的,更何况一个人的思想难免会有缺失片面之处,所以作为一名合格的企业管理者,要发挥道家"君无为而臣有为"的管理思想,尽量将企业员工能够完成的事情放手让员工去做,而不是任何事情都以领导者为主导,横加干涉,长此以往,不仅不利于员工创造性的培养,也不利于提高员工的工作效率。④

(4)上善若水。"上善若水"是指万物中,最能做到"善",做到"道法自然"的,就是像水一样。水的"善"表现在:利万物而不争,处众人之所恶。即水是滋养万物而不争自己的私利,甘于处在别人都不愿待的卑下之地。老子认为具有这样的心态,基本已接近了道的境界,故曰:"江海之所以能为百谷王者,以其善下之,故能为百谷王"(《道德经·第六十六章》)。也就是说,处于社会中的企业需要积极地去履行自己的社会责任;而处于企业中的管理者,要保持谦虚的态度,坦然处事,更要以人为本,以利益相关者利益最大化为目标,关心员工,发展员工。

道家有言:"天下莫柔弱于水,而攻坚强者莫之能胜,以其无以易之"(《道德经·第七十八

---

① 苏宗伟,赵渤. 东方管理商业模式理论与应用[M]. 北京:经济管理出版社,2015.
② 同上.
③ 同上.
④ 姚莉. 中国传统文化管理思想在企业管理中的应用初探[J]. 商场现代化,2016(19):94—95.

章》)。老子以水的特性说明无形的力量能渗透进没有间隙的东西,这更是论证了"无为"的效益与作用。而老子关于"柔"与"坚"的辩证关系也说明了,一方面,企业在市场上锋芒毕露,必定会四处受敌;另一方面,"柔"的水能攻"坚"暗示了水滴石穿的意思,因此企业在市场上竞争时,要做到持之以恒,始终如一。①

二、企业文化 C 理论的制度层特征

西方制度理论认为,制度是由文化—认知维度、配置资源的规制维度和约束行为的规范维度构成的。② 企业文化的理念层就是制度理论的文化—认知维度,是企业的核心价值观体系,是制度的灵魂。而企业文化的制度层是在组织范围内确保其理念层得以落实,并为此进行有效资源配置的规制措施,也包括约束行为的具体规范。没有制度层,企业文化就只能止于理念,徒有墙上和手册上的口号、故事,无法对员工的行为产生影响。企业倡导什么样的文化理念,就需要有相应的制度做保障,并在制度中呈现企业文化的理念层诉求。③ 理念是源、是知,制度是流、是行。两者一致才能实行"知行合一"。④

(一)企业文化 C 理论的制度层哲学基础——儒家的"礼"

1."礼"的核心观点

儒家的礼有别于现代人际交往中的行为模式,即前者不仅仅指礼貌、礼仪。它实质上是《周礼》中所言的法律制度,包括道德伦理和规范,是一套制度。"礼"的基础是儒家的"仁",将仁、义的基本要求明确下来,转变成制度,就是礼制。我们遵守这个行为规范,遵守规章制度,那就是尊"礼"。

儒家的"礼"作为一种制度,是建立在坚实道德伦理基础之上的,避免了西方企业制度的刚性。企业制度先由"礼"作为约束条件,再由"礼"作为调节之剂,这可以维护企业制度秩序的框架。⑤ 儒家希望通过礼来限制人性中的恶,因为礼可以激发社会群体的行为规范,达到法所不能达到的效果。儒家认为:礼有三本,天地者,生之本也;先祖者,类之本也;君师者,治之本也。向上事奉天,向下事奉地,尊敬先祖而尊崇圣君老师,是礼的三个根本。可见,儒家的礼综合了西方制度理论中的文化—认知、规制与规范三个维度,前者以伦理为基础,后者则以约束规范来为道德主张的实现提供保障。

2.儒家礼制在企业文化 C 理论中的制度层特征

立石信雄在《企业的礼法》一书中强调企业要遵守礼法,履行社会责任。⑥ 对员工来说,礼治秩序是中国本土社会在长期的社会管理实践中形成的一种特殊秩序。礼治秩序是以自然伦理关系(仁)为源,以被参与者认同的传统习俗和组织经验(义)为表,能够对社会及组织个体行为进行准确预期和控制的规则系统(见图 10-2)。

企业的礼制没有建立,意味着没有礼来约束规范大家的言行举止。而企业形成了一定的

---

① 苏宗伟,赵渤.东方管理商业模式理论与应用[M].北京:经济管理出版社,2015.
② SCOTT W R. Approaching adulthood: the maturing of institutional theory[J]. Theory & society, 2008, 37(5): 427—442.
③ 王旭东,孙科柳.企业文化落地——路径、方法与标杆实践[M].北京:电子工业出版社,2020.
④ 苏宗伟,赵渤.东方管理商业模式理论与应用[M].北京:经济管理出版社,2015.
⑤ 同上.
⑥ 金梁.做循礼守法的企业——读立石信雄新著《企业的礼法》[J].企业管理,2008(2):27—28.

文化与制度,大家就会自然而然地遵循礼,其方法归结为一点就是:不能靠加大奖惩力度来解决,更不能靠发动员工互相告密来解决,而要靠形成合理的伦常道德来约束。

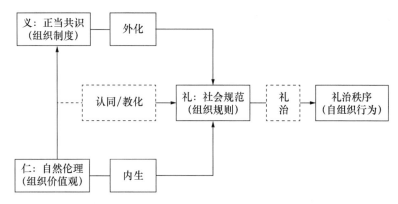

图 10-2　礼治秩序的形塑过程及其组织意蕴
资料来源:胡国栋,陈宇曦.儒家礼治秩序与中国组织的领导纳谏行为[J].学术研究,2020(8):89—97.

(二) 企业文化 C 理论的制度层思想基础——法家思想

1. 法家思想的内容

法家思想的主要代表人物是韩非子。在他的思想中,管理者要从人的自私的本性出发,寻求管理的最优方式。韩非子提出了一套完整的"法、术、势"理论。他提出:"人主之大物,非法则术也"(《韩非子·难三》),"君无术则蔽于上,臣无法则乱于下"(《韩非子·定法》),认为要想治理好一个国家,必须要"法、术、势"相结合。①

(1)"法"。儒家礼制的假设前提是人性本善。但是,法家对此表示反对,并认为人是性本恶的,在绝对利益面前会抛弃个人的观点。像管子就说过,商人日夜兼程,赶千里路也不觉得远,是因为利益在前边吸引他。打渔的人不怕危险,逆流而航行,百里之远也不在意,也是追求打渔的利益。法家主张重视制度的绝对地位,强调制度的作用。②控制人们对利益的无尽追求,需要霸道的制度,需要法的推行。因此,法家的制度是以英雄(君主)本身的强力后盾为基础的。法家的核心观点是崇尚法制。"法"指公开颁布的成文法律以及维护政治和社会秩序的刑罚制度,但是法家"法"的含义和作用主要限于赏罚的标准。法家的制度是建立在"理性人"的基础上的。法家主张"以法为本""事断于法""凡言行不轨于法令者,必禁"。③ 在当今法治社会,企业要通过制度安排和政策手段来制定合理的规章制度,将一切言行都纳入制度的轨道,以制度作为是非判断的标准。

(2)"术"。传统法家意义上的"术",即政治权术,包括君主无为而治之术和君主驾驭臣民、使之服从于统治的权术。"术"的主要内容包括:一是"因能授官",指要根据下属的能力授予下属相匹配的职位,也就是人尽其用,既不要埋没了有能力的人,也不能分给下属力所不能及的工作。二是"循名责实",它是法家考察待用员工的一个基本原则,强调表面情况和实质情况要互相统一,共同加以验证,必须全面综合地考察一个人是否表里如一,这就是法家所谓

---

① 张瑶.中国传统文化与现代企业管理[J].合作经济与科技,2013(17):30—31.
② 陈银英.法家"法治"主张史鉴[J].法制与经济(中旬刊),2010(11):177—178.
③ 同上.

的"形名之术"。三是"叁五之道",这是法家考察员工言行的一个具体方法,主要是通过对多方面情况的分析和检查,以追究责任人的过失。四是在领导谋略上,要使用"七术",也就是七种策略,即众端参照、必罚明威、信赏尽能、一听责下、疑诏诡使、挟知而问以及倒言反听。五是在管理过程中,强调要防微杜渐。①

(3) "势"。"势"即权势,强调把政府的威权尽量扩大而且集中在人主手里,使其变成恐吓工具,以便压制臣下。企业文化只有对管理者的职权及其使用做出合理的规范,才能使管理者有效地运用权力,提升企业的经营绩效。

2. 法家思想在企业文化 C 理论中的制度层特征

(1) "法"与"刑":制度与激励。东汉许慎在《说文解字》中说道:"法,刑也,平之如水。"也就是说,"法"强调的是公平。我们经常听到"要一碗水端平",讲的就是这个意思。而"刑"字,则是立刀偏旁,本意是"杀"或者"切割",强调的是"惩罚"。法家强调"法"与"刑"的结合,他们认为法律具有绝对性,法治在企业治理中具有不可替代的作用。② 但是,不可以无限地放大制度的作用,要善于把握"度"。这类似于儒家的礼制。在企业管理实践中,制度不会规定方方面面,一些与工作无关的琐事仍需要道德的约束,通过谈判协商沟通,这也是"社会人"概念的体现。

韩非子指出:法者,宪令著于官府,刑罚必于民心,赏存乎慎法,而罚加乎奸者也。凡治天下,必因人情。人情者,有好恶,故赏罚可用。由此,法不单是行为的标准,也是"纠偏"的过程。如果员工生活、工作在制度下,自我实现的需要和内在动机得不到满足和实现,则需要"刑",即通过奖惩制度来激励和约束员工,以实现企业战略目标。

(2) 儒法合一的人单合一模式。海尔集团创始人张瑞敏提出"解放人的积极性",积极性来自哪里?让每一个人都成为张瑞敏。第一,相信他们都会比你好;第二,把所有权力都给他们。从制度来看,一是要满足参与约束,二是要满足激励相容。这在企业中真正落实了儒家的以人为本的思想,每个人都能充分发挥自主性。海尔的人单合一模式抓到了核心,即人性。人是员工,单是指用户价值,人单合一即把员工和用户价值连到一起,让员工直接成为创业者,甚至一个公司,实现员工与用户的零距离。③ 人单合一模式顺应了互联网时代的"零距离"和"去中心化",从企业、员工和用户三个维度进行战略、组织结构、运营流程和资源配置的颠覆性、系统性的持续动态变革,并在探索实践过程中,不断形成并迭代演进的互联网企业创新模式。④ 人单合一,一方面用礼来规范约束人,另一方面用法来处理事(单),是礼与法的结合。

三、企业文化 C 理论的行为层特征

陈春花和赵曙明等指出,家电行业中的领先企业中存在英雄领袖的行为范式。他们认为行业先锋企业的领导者本身就具有"英雄领袖"的特质。⑤ 他们首先怀有推动企业长期发展的使命感,为企业长期发展描绘愿景、界定使命。在企业文化的行为层面,他们塑造了英雄领袖

---

① 张瑶.中国传统文化与现代企业管理[J].合作经济与科技 2013(17):30—31.
② 苏宗伟,赵渤.东方管理商业模式理论与应用[M].北京:经济管理出版社,2015.
③ 张瑞敏.只有建立中国特色的现代企业制度才大有可为[J].红旗文稿,2017(4):20—24.
④ 程书博,等.人单合一[M].北京:中华工商联合出版社,2007.
⑤ 陈春花,赵曙明,赵海然.领先之道[M].北京:中信出版社.2004.

的行为范式,并为企业文化注入了"发展自己,发展他人"的理念和行为范式。具体来看,其主要有以下行为特征:

1. 不断学习和持续改进

英雄领袖通过不断学习和持续改进,提高组织能力,其内容包括:① 为企业未来发展培养人才,鼓励相互帮助和学习交流;投入时间及精力为未来的经营培养技能,而不只局限于达到目前的目标。② 创造一个不断学习的组织,努力提高组织内成员的能力,善于学习他人(或竞争对手)的经验,寻求对完善自我有利的外部挑战,不断创新以求发展。

2. 发展自己的同时发展他人

英雄领袖将发展自己和发展他人相结合。这种行为体现在:① 期待、创造、寻求有竞争力的工作进度,不容忍低标准或差表现;通过给予他人更大的经营自主权和机会增强其责任感;在处理干扰工作的人事问题时干脆果断。② 不满足于一成不变的环境,不断提高标准及表现,打造铸就高绩效的工作环境;洞察他人的能力并激励他们设立更高的目标;预见及正视有关人事的复杂决定,果断且公正地处理人际关系和经营事务。

3. 立足企业长期发展成为英雄领袖的起点

英雄领袖使人与经营紧密联系,形成立足企业长期发展的方式,主要表现在:① 将个体吸引至共同目标上——鼓励员工积极参与企业活动及提出建议,强化员工对自身职位的认知;在不同技能、态度、类型的人之间建立高度信任和有效的协作关系;使员工感受到自身价值、帮助他们将其个人目标和成就与组织目标和成就相联系。② 将人与经营紧密相连——创造对未来愿景的热情及兴奋感,使人们渴望成为其中一员;视人们的文化差异为财富,充分利用这些差异,使企业取得最优成果;激发个人及团队高度的自我尊重,强化其自豪感及对经营成功的认同。

本 章 小 结

本章论述了中国企业文化理论与实践的历史阶段,以及每一个时期的主要特征,重点探讨了企业文化C理论的理念层特征、制度层特征、行为层特征。从中我们可以发现,我国企业文化已被打上了深深的中国传统文化的烙印,完全照搬西方企业文化理论来解决中国企业的问题,在中华文明体系下显得肤浅而失效。只有回归到"中体西用"的企业文化C理论框架下,中国企业才能在丰富的中华文化资本的驱动下,获得蓬勃发展的动力和核心竞争力。

【复习思考题】

1. 简述中国企业文化的理念层特征。
2. 简述中国企业文化的制度层特征。
3. 简述中国企业文化的行为层特征。

案例分析

中盐金坛公司企业文化的中国文化资源

中盐金坛公司位于江苏省金坛区，成立于2001年，主营业务是为两碱企业生产工业盐。公司下设金赛盐厂、加怡热电厂、金东精制盐水公司、茅溪盐矿、新金冠盐矿等五大全资生产性子公司，并分别与日本和德国合资建立了金盐日本株式会社、搜空测量咨询公司。截至2014年年底，中盐金坛公司共有员工405名，年产值为10.5亿元，利润总额为0.85亿元，资产总额超过15亿元，是中国井矿盐生产企业中人均产值、销售额和利润额名列前茅的企业。中盐金坛公司的工业盐产品在江浙沪及周边省份的市场占有率达到45%，其中"一次盐水"产品销售半径覆盖华东地区300公里范围内的所有化工企业。自2007年起，中盐金坛公司连续七年被国务院国资委和中国盐业集团有限公司评为中国盐业的"标杆企业"，迄今为止，中盐金坛已从成立之初的无名之辈成长为广受赞誉的行业标杆，在国内外制盐行业创造了多个"第一"和"之最"。

管国兴是研究中国传统文化的哲学博士，在国内核心期刊上发表过多篇学术论文，同时他也是儒家价值观的秉承者和坚决践行者。在日常生活中，他作风简朴，爱好读书，业余时间大多花在研读"经史子集"等中国传统经典上，其中精读《周易》就用了他三年时间。他一直将"希言自然"作为个人的行为准则。"希言"的表面意思是"少说话、多做事"，更深层的意思是"管理者少发号施令，让事物遵循天地自然之道自行演变"。因而在企业管理中，他较少干预技术、生产等运营与操作层面的工作。管国兴认为，"企业经营最重要的是遵循'天地之道'，如此大方向上就不会走错走偏"；而这个"天地之道"，在他看来就是"道法自然，为而不争"，也就是不参与恶性竞争，尊重自然规律，推行可持续的循环经济。中盐金坛公司把这种"天地之道"做了进一步提升和阐述，概括为"敬天尊道，尚贤慧物"八个字，并取"咸（盐）"的谐音，将之命名为"贤文化"，确立为企业文化核心理念，并印成小册子在全公司培训推广。"贤文化"实际上是按照"仁"的要求所制定的企业行动纲领，体现在企业的具体实践中。

（1）修己。管理者、员工都要自律，遵守社会规范和企业管理制度，不断加强学习和反省，提升自己的道德修养和工作能力，诚实守信，与同事互帮互助，和睦相处。一方面，中盐金坛公司管理者在日常工作中十分注意以身作则，严格遵循企业规章制度，充分发挥道德模范作用，以自身行动引导员工的德行和思想。在此基础上，公司提出以"教育人，培养人，成就人"的方式进行公司人文管理，实施道德和科技双重培训，努力培养德才兼备、真正受人尊敬的员工。为此，公司文化部编辑出版《人文管理》《中盐人》等内刊，组建了"贤文化研究会"，开办"行知班"向全体员工开展道德素质教育，设立"贤德奖""贤才奖"，激励员工见"贤"思齐。

（2）安人。员工和客户乃企业之本。企业要关心员工，改善员工工作环境和福利，帮助员工进步和发展。企业要培养人和成就人，给予有才能者充分的施展空间（尚贤）。企业要关心供应链上的合作伙伴，尤其是要急客户之所急，基于客户立场不断改进产品和服务。例如，为了贯彻"以人为本"的战略，保证青年员工的生活，企业领导者为无住房的员工修建员工公寓，公寓免费供应电视、水电、网络等。另外，中盐金坛公司对食堂采取酒店式的管理方式，保证食堂饭菜的质量，同时还每月给员工提供一定的餐补。企业领导者还注重车间、厂房的设备维修和检验，严格按照规章制度进行生产和管理，因为只有为员工营造一个安全、舒适的工作环境，员工才能安心学习知识、钻研课题、增强业务能力。中盐金坛公司提出了"人才强企、科技兴盐"的战略,组织核心员工出国考察先进技术和管理经验,培养员工的创新能力,举办各类专家讲座和技术培训。同时还组织员工运动会,篮球、足球友谊赛等各种娱乐活动,加强对员工的人文关怀,丰富员工的业余生活,提升了员工的职业素养。

(3) 安民。企业应坚持见利思义、义为利先(慧物),不能只顾自身利润最大化而损害社会的利益,更要注重为社区与社会谋福祉。尤其是中盐金坛公司这样的资源消耗型制盐企业,必须要关注资源的合理化利用,注重保护自然与生态,使企业和自然实现循环发展(敬天、尊道)。为了实现节能减排、绿色生产,企业多次引进国内外先进生产工艺,鼓励内部创新和组织多种员工培训,在提高生产率的同时,减少生产过程中的能源消耗和废物排放。另外,企业还积极推动加怡热电厂向社区集中供热项目,助力当地服装、化工等多个传统产业的转型升级。为了帮助缓解长三角地区季节性用气不均的供需矛盾,中盐金坛公司积极推进与中石油、中石化等公司的合作,满足了人们的天然气需求。企业也积极与中石油、中石化、德国SOCON公司合作,利用采矿后形成的盐穴存储石油和天然气,既为国家的战略储备做出了贡献,也防止了盐穴塌陷可能造成的危害。

相对于采用各种竞争策略抢夺市场,中盐金坛公司认为更重要的是做到上述三个层次的"仁"。一家企业如果能严格遵循"修己、安人、安民"之仁道,努力保持企业内部、企业与供应链伙伴、企业与社区及自然的和谐,则会促使企业不断改进产品技术、生产工艺流程和管理模式,从而带动技术和管理等方面的创新,也就自然地使企业赢得市场、提高效率,企业发展也就能可持续了。

以上可见,中盐金坛公司领导者对于儒家价值观有着深刻的认知和理解。企业高度认同儒家价值观,并将之形成"贤文化纲要"作为企业文化的核心理念,作为领导企业持续发展的"基本法"。在实际经营过程中,企业领导者一方面按照道德性儒家价值观的要求,树立终身学习的观念和正确的贤才观,不断完善自身修养(修己);另一方面则遵照他向性儒家价值观的"以人为本、培养贤才"的要求,积极提升员工品德素养和技术水平,改善员工生活环境和质量,并与供应链客户建立了互利共赢、共同进退的战友关系(安人)。最后,中盐金坛还放眼社会,帮助社区发展、注重自然保护、积极为国家发展贡献力量(安民)。

第十一章 跨国公司的企业文化理论与实践

【学习目标】

- 了解东西方文化差异
- 掌握跨国公司企业文化塑造的步骤
- 理解跨国公司企业文化与人力资源管理的协同模式
- 学习企业跨国并购中的企业文化整合模式
- 明晰全球企业文化与全球领导力

 开篇案例

吉利并购沃尔沃

2010年8月2日,在英国伦敦举行的资产交割仪式上,吉利汽车有限公司(以下简称吉利)正式从福特汽车公司手中收购沃尔沃汽车公司(以下简称沃尔沃)。这起被戏称为"我国农村小伙娶到欧洲贵妇媳妇"的合并,是中国本土汽车公司最大的一起海外并购。吉利在大众心里属于平价车型,而沃尔沃则属于豪华车型。因此,这起合并也被称为一起"蛇吞象"的合并。

1986年,浙江吉利控股集团在浙江台州成立;2012年7月,成功跻身世界500强,成为中国民营汽车企业中唯一入围的企业。企业的核心价值观是"快乐人生,吉利相伴",相继被评为首批国家"创新型企业"和首批"国家汽车整车出口基地企业",是"中国汽车工业50年发展速度最快、成长最好"的企业。

沃尔沃是瑞典知名豪华汽车品牌,于1927年创建于瑞典哥德堡,之后在斯德哥尔摩证券交易所上市,主要经营豪华汽车与专用车型的生产。沃尔沃的核心战略是"以人为本",其生产的汽车以安全、舒适闻名全球,并且性能卓越,设计独特。也正是其产品的高品质使其跻身仅次于奔驰、宝马和奥迪的欧洲豪华汽车行列。

吉利选择收购沃尔沃的原因有以下三点:

第一,为了改变吉利在人们心中的品牌形象。品牌对于企业的发展是至关重要的,一个好的品牌作为企业的无形资产,是一家企业的核心价值。借助沃尔沃在大众心中豪华汽车品牌的形象,可以一改吉利之前给消费者的低端形象,增强吉利的品牌竞争力。

第二,这是中国民营企业走向全球的一种方式。这次海外并购所需要的大量资金并非吉利凭借一己之力可以拿出的。并购资金中有很大一部分来自国家的支持。在经济全球化的背景下,中国政府大力鼓励民营企业"走出去",走出中国,走向世界。

第三，吉利希望学习沃尔沃汽车系统的营销模式。对于一家企业来说，产品很重要，营销也同样重要。没有好的营销手段，产品在竞争激烈的国内和国际市场上很难有一席之地。在营销方面，国内汽车品牌与欧美汽车品牌还存在较大的差距，像人们耳熟能详的宝马、奥迪、奔驰等汽车品牌，基本都是国外品牌。如果能够通过并购沃尔沃来习得西方先进的营销技术，那么这起合并所带来的价值将是非常巨大的。

吉利选择沃尔沃的原因是无懈可击的，那么身为欧洲豪华汽车代表的沃尔沃为什么选择出售呢？原因有以下两点：

一方面，福特汽车公司旗下有诸多子品牌，由于资金流有限，无法顾及所有子品牌的发展，最终将影响福特的整体效益。沃尔沃当时已经处于连年亏损的状态，给福特汽车公司的财务状况带来了很大的压力。为了缓解紧张的资金流，福特汽车公司决定出售旗下的几个子品牌，更好地专注发展自身，增强福特汽车的影响力和竞争力，而沃尔沃就是决定出售的品牌之一。

另一方面，沃尔沃的发展已经达到了福特汽车公司的预期目标。沃尔沃品牌在人们心中已经留下了豪华、舒适、安全的印象，它的品牌价值已经达到高值，此时福特汽车公司将其出售，单单靠沃尔沃的品牌价值就可以获得一笔可观的资金流，从而集中人力、财力、物力更好地发展福特汽车品牌。

那么，在众多向福特汽车公司提出收购意愿的企业中，为什么中国民营企业吉利会脱颖而出呢？这也是有原因的。其一是李书福具有长远的眼光和过人的智慧。在收购谈判过程中，李书福提出"吉利是吉利，沃尔沃是沃尔沃"，并且提供了非常有诚意的收购方案和发展规划，成功打动了福特汽车公司。其二是福特汽车公司出于不想出售给竞争对手的考虑。如果将子品牌出售给知名的汽车公司，便会增强对手的竞争能力而削弱了自身，这是福特汽车公司所不希望看到的。

跨国并购是企业一项重要的财务活动，财务风险贯穿于整个并购过程。所以，对财务风险的防范是企业跨国并购成功与否的关键因素。吉利并购沃尔沃的决策是正确的，此次并购提升了中国汽车行业的竞争力。汽车行业作为一个资本与技术密集型的产业，其发生的并购活动所涉及的资金、技术、品牌等因素，都比一般的企业并购要复杂，并购的整合风险更高。

吉利并购沃尔沃的经济后果是财务业绩的全面提升，体现出海外并购对于汽车公司自身乃至汽车行业的影响是很大的。自2010年吉利—沃尔沃并购之后，吉利的市场竞争力得以提升，沃尔沃也开始扭亏为盈。通过与吉利的合并，沃尔沃也打开了中国的市场，在中国的销量有明显的增长。

2018年，沃尔沃的营业收入达到274亿美元，营业利润达到15亿美元，较之2009年67亿美元的营业收入、—17.52亿美元的营业利润实现了很大的突破，可以看出合并之后的吉利与沃尔沃的发展都是越来越好的。

资料来源：王亚婷.跨国并购中企业文化整合研究——以戴姆勒和吉利为例[D].天津商业大学,2019.

在经济全球化的背景下，更多的中国企业进行跨国并购以拓展市场。但是由于文化不同所造成的并购双方在经营理念、管理方式上的巨大差异，中国企业跨国并购失败案例频现。可见,跨国并购中的文化整合是关系到中国企业跨国并购成败的重要因素。如何能迅速有效地进入东道国的市场,弥合多元文化差异,与东道国的文化融合发展是跨国企业面临的大难题。本章在论述中国与外国文化差异的基础上,来探索跨国并购中企业文化的融合路径。

第一节 东西方文化差异

通常来讲,东西方文化的差异体现在以下三个方面:

第一,个人主义(Individualism)与集体主义(Collectivism)。在西方文化中,与"自我"(Self)相关的观念可以说是根深蒂固、无所不在。西方社会盛行的是个人主义,强调个人自由、不受外来约束。他们强调个人奋斗,崇尚个人成功,重视独立精神;个人的社会地位是靠自己的奋斗获得的,而不是依靠继承遗产或是倚仗家族的权势。集体主义是东方国家的文化特色。持集体主义观点的人认为,社会的最小单位是家庭或工作中的基础单位。东方文化重视家庭关系和家庭成员在整个家庭中的不同分工;不同的家庭成员扮演着不同的角色,彼此支持、相互帮助。在重视集体主义的社会中,互帮互助和集体荣誉感很重要。

第二,普遍主义(Universalism)与特殊主义(Particularism)。普遍主义意为真理面前人人平等。正确的就是正确的,错误的就是错误的,不把其他因素考虑进去。特殊主义的定义是:在处理事物时,一方面要考虑对社会负责,另一方面还要考虑对家庭和朋友负责。在某种情况下正确的东西,在另一种情况下可能是不正确的,因此要具体情况具体分析。普遍主义的积极意义是铁面无私;其消极意义是不灵活或不讲人情。

第三,交际习惯的不同。在东方文化背景下,交际的出发点是家庭和亲缘关系,人们在潜意识里对集体或群体怀有很强的归属感,这也是集体主义的体现。东方文化向来注重群体关系的和谐、群体目标的统一和群体利益的维护,强调个体包含在整体之中,以维护整体利益为宗旨。在进行社会交往时,东方文化追求群体价值取向的趋同性,追求一种人际关系的表面和谐。而衡量人际关系亲疏的一条标准就是"不分彼此",也就是交际双方是否相处到无隐私、私人财物共用的程度。这是一种情感高于一切的人际交往形式,也就是情感型人际关系模式。与此相反,西方人交际的出发点是个体本位的意识,认为每个人都是与其他人完全不同的、唯一的、特殊的"自然基本单位",强调个人潜力的发挥、个人目标的实现以及个人利益的追求。受利己主义价值观的影响,西方文化更注重交际的临时实用性。在交际中,西方人推崇AA制的生活理念,唾弃裙带关系,常常是公事公办、不讲情面,就算亲朋好友也要"情"和"理"两清,公私分明。此外,他们在交际中绝对尊重个人隐私,人们的年龄、收入、婚姻状况等纯属个人私事,不能成为交谈的话题。西方文化中这种理智、逻辑超过情感的人际交往形式是典型的工具型人际关系模式。

接下来,具体分析下中美两国的文化差异。中国和美国作为当今世界经济发展的两大"主要推动力",双方的经济合作、投资发展和贸易往来增长迅速。在进行跨文化管理时,中美双方的管理者不能回避以下问题:中美之间的不同价值观和思维方式是如何产生的?中美文化差异又是怎样通过文化冲突表现出来的?如何选择跨文化管理的有效路径?跨国公司的企业文化是怎样重塑的?拥有不同文化背景和不同价值观的员工是如何沟通和交流的?通过何种方式或手段能实现有效地进行跨文化管理的目标?要回答如上问题,首先就要了解中美之间的文化差异具体体现在哪些方面。

(一) 文化显性差异

跨国公司中最常见和最公开化的文化差异，就是来自行为者双方的象征符号系统之间的差异，也就是通常所说的表达方式所含的意义不同而引起的差异。这些表达方式通常表现为语言、神态、手势、表情和举止等。在不同的文化背景中，相同的文化符号可能有不同的含义。

语言是沟通的工具，人类之间的交流离不开语言。人是通过语言的交流、通过语言的方式建立起政治体制，进而建立起整个社会模式的。在跨文化管理的有效沟通中，语言总是潜在的阻碍。中美之间的交流就面临着汉语和英语两种语言构筑的障碍。美国在华的跨国公司中，往往两种语言都在运用，但是英语使用的频率更高一些。对于在外企工作的中国员工而言，如果不能够熟练掌握并运用英语，就很容易被忽视，如常常因为抢不到说话的机会，而感到没有"话语权"。对于企业而言，如果始终听不到来自不同文化背景的员工的声音，也不利于企业的发展。跨国公司如果要在各地都运作顺利，就必须充分利用本地人才的智慧。而语言不通是有效沟通的最大障碍。

英语为母语的说话者，其思考过程用英语进行，信息反馈到大脑时也是英语，对于英语语言之间的微妙之处或者所使用的俚语、俗语都能深入领会其真正含义。因此，信息总是能够被清晰而有效地传达并接受。但是，对于英语为非母语的中国说话者来说，其思考时使用汉语，信息首先需要在大脑里进行翻译转换，其间受到有限词汇量的约束，等到需要用语言表达出来的时候，还要考虑词汇选择、语法转换、语气使用等。因此，时间上就存在"滞后性"。而且由于对语言表达所隐含的文化背景及引申含义等的不充分理解，信息不能总是被清晰、明确地理解，有时还会产生歧义等。

(二) 文化隐性差异

1. 与环境的关系

在比较中美两国文化差异与环境的关系中，主要从人与大自然和社会环境的关系入手。这一维度主要分为和谐导向和掌控导向。和谐导向意味着与自然和谐相处，随大自然和社会环境的变化而进行调整，强调社会进步、生活质量和他人福利；掌控导向意味着控制自然，主动改变或控制大自然和社会环境，在追求个人和集体目标时强调竞争，喜爱变化和不容置疑的创新。

从这个维度分析，中国属于和谐导向，即致力于与自然和谐相处并适应环境，强调社会关联，注重人地与人际关系；美国属于掌控导向，即崇尚竞争、追求个人目标、偏好绩效回报、高度重视物质财富等。

2. 社会组织

这一维度主要分为个人主义和集体主义。如前文所述，个人主义是以自我为中心，主张通过个人努力实现个人目标。集体主义则以集体为中心，较之个人权力更愿意保持社会和谐，集中于实现集体目标。

从这个维度分析，中国属于集体主义，即以集体为中心，对家庭和组织忠诚，致力于集体目标的实现；美国属于个人主义，即强调个人利益和责任，对他人的信任度较低。

3. 权力分配

这一维度主要分为等级制度与平等主义。等级制度是指实行中央集权制，相信权力在社会中是按照等级分配的，强调纵向组织和领导者地位。平等主义是指实行分散集权制，相信权力在社会中应该相对平等地分配，强调横向组织和参与决策。

从这个维度分析，中国强调等级制度。实际上，中国文化中的一个重要组成部分就是权力距离。中国伦理文化的基础是儒家学说，而三纲五常是儒家学说的核心。尽管现代社会"子为父纲，妻为夫纲"的现象已较少出现，"君为臣纲"也有了新的表现形式，但这种文化影响是巨大而深远的，如其中有关距离和等级的思想在一定程度上构成了社会秩序的基础。美国则表现为对民主原则、平等权利以及参与决策的强调。

4. 规则导向

这一维度主要分为规则本位和关系本位。规则本位是指个人行为很大程度上受到法律、政策、标准操作程序和社会成员广泛接受并遵守的社会规范的制约，强调法律合同和保存细致的记录，破坏规则的容忍度低，决策在很大程度上取决于客观标准。关系本位则是指尽管规则很重要，但是在运行或强制执行中，常受到重要人物或特殊环境的影响，因而需要灵活调整；强调人际关系和信任，不重视对记录的保存，破坏规则的容忍度有节制，决策经常取决于主观标准。

从这个维度分析，中国是一个典型的重视关系的国家。人们习惯于依赖"关系"来获取自我利益。而在美国，人们更强调契约精神，按规则办事。

5. 时间模式

这一维度主要分为单一时间取向和多重时间取向。单一时间取向是指对单一任务的连续性关注，对工作、计划和职责的履行专一，具有精确的时间概念。多重时间取向是指对多个任务同时关注，对工作、计划和职责的履行交互进行，时间观念较为模糊。

从这个维度分析，中国属于多重时间取向，即同时关注多个目标、时间观念模糊、工作和个人生活相结合。美国属于单一时间取向，即工作高度集中、工作和个人生活分开、时间观念较为清晰。

第二节 跨国公司的企业文化塑造策略

一、跨国公司的企业文化塑造策略与步骤

Liu & Fang(2004)在对中国跨国公司人力资源经理深度访谈和三个案例分析的基础上，构建出跨国公司企业文化塑造模型。该研究认为，跨国公司要塑造有效的企业文化，首先要改变企业内部来自不同国家员工的文化基本假设。其次，要建立一个为所有民族群体所接受的价值观体系。最后，要用故事、口号、物化产品等来塑造与这些价值观相一致的组织行为。这是因为文化的基本假设是每一种文化内化的元制度，它规范了企业文化的演化过程，决定了企业文化的内容结构。这样，来自不同民族群体的异质化文化的精髓结合在一起，并与企业管理层的管理哲学、愿景和使命陈述融合形成新的企业文化。①

---

① LIU,Y.,FANG,H. Shaping multinational corporate culture in the multicultural context[C]. The 5th International Conference on Management,2004.

具体来看,跨国公司企业文化塑造的 7 个步骤如图 11-1 所示。

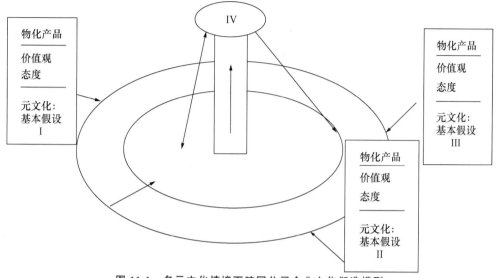

图 11-1　多元文化情境下跨国公司企业文化塑造模型

注:Ⅰ代表东道国文化,Ⅱ代表母国文化,Ⅲ代表第三国文化,Ⅳ代表跨国公司的愿景。

步骤 1:从东道国文化视角来揭示和了解其他不同民族群体文化的基本假设;

步骤 2:相互沟通,找出相互接受的基本假设,减少焦虑、歧义和困惑;

步骤 3:根据共同接受的文化基本假设,提出新的愿景和价值观体系,并据此制定与其相一致的企业战略;

步骤 4:通过组织学习和社会化来传达新的基本假设和愿景;

步骤 5:强烈的视觉干预与新的基本假设相互作用,形成新的基本假设,最终达成一致并相互接受;

步骤 6:明确表达企业根据新的基本假设所形成的价值观和态度,从而规范员工的行为;

步骤 7:设计符合企业愿景的物化产品、企业标识和企业身份表达系统。

二、跨国公司企业文化与人力资源管理协同研究:知识创新视角

跨国公司开办合资企业已经从纯粹的生产技术与管理技能的输出阶段过渡到在东道国自主独立开发与创新阶段。其目的除了利用当地的人力资本与智力资本,还旨在利用多元文化的互补优势来加强知识的创新。但是创新团队成员之间巨大的文化差异和冲突会导致创新工作的根本无效。因此,多元文化团队既可能极其无效,也可能极其有效。然而鲜有文献对其做出解释,因而必须对此提出进一步的理论解释,以明确导致创新极其有效和极其无效的文化因素。本小节从理论上探讨影响知识创新极其有效和无效的多元文化因素,为跨国公司知识创新过程构建一个理论框架,在此基础上本章第三节提出了与此相协同的细分文化、差异化文化与一体化文化整合战略,以克服知识流动刚性,提升知识创新的效果与效率,助推跨国公司的管理实践。

(一)跨国公司企业文化与人力资源管理协同的知识创新模型

知识是受一定框架限制的经验、重要的价值观念、具体语境中的信息,以及专家意见的动

态混合体。知识起源于独一无二的经历以及关键人员的组织学习活动。它存在并根植于书面文件中,也根植于组织惯例、任务、工艺过程、规范以及价值观中。知识是个体将信息融入其语境并与现状相比较,通过审查与研究某一给定信息体对组织当期和远期行动方案及决策的影响后果而提取,从相互关联和没有关联的信息中创造、重组和演变的。

知识有隐性和显性之分。隐性知识是指不容易表达出来的高度个人化的知识,包括诀窍及个体的思维模式、信仰和观点,具有难以规范化的特点,不容易传递给他人。隐性知识根植于行为本身,受到环境的约束。显性知识是指可以编码的、相对容易传递的知识。

SECI 模型是描述这些知识创造的完整模型。该模型认为在隐性知识和显性知识的创造与应用的过程中存在一种互动力,即传递。个人、群体、情境作为三个主体层面参与了"知识创造"的社会化、外化、整合和内化过程。由此,我们论证本研究的分析框架,如图11-2所示。

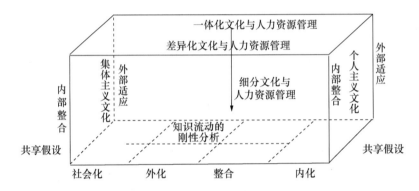

图 11-2 跨国公司组织文化与人力资源管理协同的知识创新模型

资料来源:刘永强,赵曙明.跨国公司组织文化与人力资源管理协同研究:知识创新视角[J].中国工业经济,2005(6):90—97.

(二) 多元文化对知识社会化的影响以及与其协同的企业文化塑造和人力资源管理

1. 隐性知识的传递

社会化是隐性知识的传递过程,是新的隐性知识通过经验共享在个人之间的传递。经验共享是转化过程的关键,并通过共同活动,如一起工作、休息或在同样的环境下生活的途径来实现。对组织内外进行巡视也可成为获取隐性知识的有效途径。当隐性知识的提供方不同时,其传递过程也呈现出不同的特点。接下来,我们分个人主义文化团队和集体主义文化团队来进行讨论。

(1) 隐性知识的提供方为个人主义文化团队。在隐性知识的传递过程中,由于隐性知识是不容易表达出来的高度个人化的知识,具有难以规范化的特点,因此不容易传递给他人。个人主义文化团队强调行动,时刻准备着走出去进行实践和实验。这就使得深深地根植于行为本身与环境约束中的内在技术技能,即"诀窍"、信仰和观点中的隐性知识得不到充分的言语表达。此外,个人主义文化团队认为人性本恶,因而不相信他人,主观上不愿意将知识传递给他人。最后,个人主义文化团队使用的语言强调直率和低语境,这种语言表达模式难以将根植于行为本身、受制于环境的隐性知识表达出来。因而,个人主义文化本身的文化模式就限制了隐性知识向外传播。

(2) 隐性知识的提供方为集体主义文化团队。集体主义文化强调整体观念,厌恶不确定性,这就使得集体主义文化团队容易接受外部提供的知识,很容易把对方提供的隐性知识放在知识的语境中去理解。此外,集体主义文化团队强调人性本善、关系、社会福利等。他们相信对方提供隐性知识是出于善意,容易接受对方的隐性知识。同时,由于集体主义文化团队强调等级,因此只要提供隐性知识的人在组织层级结构中处于较高的职位,其传递的隐性知识也易于被接受。

综上,由个人主义文化团队提供的隐性知识较难被接受,而由集体主义文化团队提供的隐性知识则较容易被接受和理解。

据此,塑造企业文化的重点应放在塑造个人主义文化团队的行为上。从外部适应上看,强调用整体的观念来看待和分析隐性知识。从内部整合上看,要培养个人主义员工的信任文化。根据野中郁次郎的观点,社会化阶段主要表现为个人之间通过面对面的交流,来共享感受、经验及思维模式。然而个人主义文化和集体主义文化之间显著的差异,使得相应团队之间的沟通存在障碍,更何况思维模式是隐性知识的一部分。所以,塑造企业文化还要强调合作精神,以及面对面的沟通。

在外派人员时,要选择拥有系统化、高度结构化隐性知识的员工去集体主义文化团队中,通过演示、实验来创造与母国相同的环境来促进隐性知识的传递。同时,所外派的员工应具备较高水平的外语语言技能。或者选择具有集体主义文化的员工到个人主义文化主导的国家去学习隐性知识,而不是外派具有个人主义文化的员工到集体主义文化主导的国家去传授隐性知识。从人力资源培训的角度来看,其重点应放在跨文化沟通的技能培训上。

2. 隐性知识的创造、获取与积累

即便跨文化团队之间不涉及知识的传递和转移,但在面对环境的不确定性和内部的文化冲突时,跨文化团队也会创造、获取和积累隐性知识。具有不同文化的团队在对外部环境信息的认知,以及在内部巡视中发现的员工间冲突的认知和理解方面,显然是不同的。在外部适应上,具有个人主义文化的员工表现为控制导向,执行"立刻去做"的强制性命令。在做的过程中,以行动为导向而获得的丰富实践所带来的大量数据与信息,有助于知识的创造、积累。集体主义文化团队则强调与自然的和谐,听天由命。由此反映在行动上的迟疑,使得团队失去了很多创造、获取与积累数据和信息的机会。

在内部整合上,个人主义文化团队以成就为导向,强调机会平等,主张充分发挥个人的潜能。自利是驱使其行动的主导因素。因为对他人的不信任,以及自己所积累的知识又能满足其自利的需求,导致个人主义文化团队不会轻易地将其知识传授给他人。具有集体主义文化的员工更加关心集体而不是个人。他们关注与其他人的关系,用集体的成员资格来定义他们的身份,从而获取一种归属感。同时,较强的等级观念促使他们较为关注上级感兴趣的信息和知识。而出于维持集体成员平等、互利关系的需要,他们不愿意发表脱离集体而使自己区别于他人的观点。因此,他们往往分享的只有对集体有用的知识。

基于此,塑造企业文化时,应强调兼收并蓄,平等地重视和吸收来自不同文化团队的观点;应创造环境、创造机会让具有不同文化背景的人进行面对面的沟通和交流。从人力资源管理角度来看,选拔员工时,应按种族来选择团队成员,让每个团队都有一定数量的来自不同民族的员工;保持丰富的多元文化视角,防止团队成员思维模式的趋同。此外,要灵活考评制度,对员工的绩效考核要注重知识创新的结果,而不看过程;团队领导者应由不同文化团队的成员轮流担任;废除岗位描述和岗位说明书;采取宽带薪酬制,来自同一文化团队的成员领取同样的薪酬。

（三）多元文化对知识外化、整合和内化的影响以及与其协同的企业文化塑造和人力资源管理

1. 知识外化

知识外化通常是通过对话、映射、比喻、类比、图表化使隐性知识明晰化。在隐性知识转化为显性知识的过程中，它在组织成员间共享并成为创造新知识的基础。一方面，同知识社会化一样，知识外化对个人主义文化团队来说比较困难，对集体主义文化团队来说则相对容易。另一方面，具有集体主义文化与个人主义文化的员工分别从不同的视角对社会化阶段创造、获取与积累的隐性知识进行明晰和解释，从而增加了显性知识的总量，因而两种文化团队在解释隐性知识方面都极为有效。

企业文化塑造的方向应为让跨文化团队的每个人都愿意把自己创造、获取与积累的隐性知识表述给他人。这个目标的实现需要集体互动，其关键是对话和比喻。从人力资源管理角度来看，在这一阶段应系统安排与促进对话，并选择隐性知识贡献多的人来担任跨文化团队的领导者；保持丰富的多元文化视角，防止团队成员思维模式的趋同。

2. 知识整合

知识整合是显性知识转化为更复杂或系统化的知识体系的过程。显性知识在这一过程中通过会议或其他交流形式在组织成员间进行交换与再造。由于个人主义文化团队强调数据与分析，属于单一时间取向，因而个人主义文化团队在整合阶段的效率更高，效果也更好。集体主义文化团队由于强调整体观念，属于多重时间取向，因而在该阶段的效率更低，效果也会差些。但是如果来自两种文化团队的员工能充分合作，积极贡献自己的显性知识并进行深度对话，那么这一过程会极为有效。

从企业文化塑造的角度来看，这一阶段应强调坦诚和无私奉献，以及平等地对待每一个员工。从人力资源管理的角度来看，这一阶段应加强知识绩效考评，系统地安排知识产权制度；将显性知识的贡献人员及其所贡献的知识记录在案，并以此制定知识型员工的激励制度；在显性知识的传递与补偿机制之间建立系统的联系。当企业建立起完善的激励系统，或知识市场能为个人带来有效的回报时，团队成员就会很乐意与他人分享显性知识。

3. 知识内化

知识内化是显性知识在实践中具体化，进而转化为隐性知识的过程；它与"干中学"的关系最密切。知识内化使知识在组织内部得以共享，并有助于拓宽和改变组织成员的思维方式。一旦知识内化为思维方式或专有技术，它就变成了有实际价值的资产。一方面，由于个人主义文化团队强调工作成果和信息收集，因而积累的隐性知识较多；而集体主义文化团队注重集体关系的维护，屈从等级压力，因而不能有效地快速积累隐性知识。另一方面，个人主义文化团队强调空间的公共性，较少注意与显性知识应用密切相关的情境空间，其用直率、客观的语言来描述显性知识应用的尝试是徒劳无益的；而集体主义者把空间当成是私人的，因此对与显性知识应用密切相关的情境空间更为关注，在含蓄的高语境下对模糊性的高容忍性便于隐性知识的积累和再社会化。

因此，在内化阶段，个人主义文化团队积累隐性知识的效率较高，但效果较差；而集体主义文化团队积累隐性知识的效率较低，但效果较好。如果跨文化团队在同一种情境下工作并展

开充分的交流,则积累隐性知识的效率和效果最佳。

从企业文化塑造的角度来看,这一阶段应强调互帮互学,创造良好的信任环境,营造合作文化。从人力资源管理的角度来看,应选择和配备来自不同文化背景的员工形成多个知识创新团队;坚持公平的绩效评估,以团队为单位设计薪酬体系。

第三节 跨国并购的企业文化整合策略

企业文化整合是并购与被并购企业之间双向的互动过程,是并购双方优势互补、互相学习、创造新的文化优势的过程。实施跨国并购时,并购企业通常处于文化优势地位,有自己的并购目标,并购后新企业也会创造出文化融合的新优势。然而并购企业的地位和优势不一定会被东道国目标企业接受,被并购企业的员工可能并不认同并购企业,此时企业文化整合就是员工之间加强沟通与理解的重要手段。企业文化整合的目的是实现在并购的任何一个阶段,双方的文化都具有相互适应性;但这种文化的适应性并不是指并购双方的企业文化要有相似性或一致性,而是指并购双方在文化价值观上的相互认同与接受,以及对并购后新企业进行文化整合的一致的积极态度。企业文化整合就是要充分认识和尊重不同国家和企业之间的文化差异,努力规避由此造成的文化冲突,学习和吸收不同文化的精髓,切实实现文化的多元融合,构筑跨文化的创新优势,从而最大限度地达成跨国并购的战略目标。企业文化整合模式的选择要体现动态性和连续性,要针对并购企业在不同阶段的文化冲突,科学地选择适合的模式。并购企业所选择的企业文化整合模式应该是充分考虑了并购企业的战略目标、并购双方的实力对比及文化的强弱、并购双方对跨文化管理的理论和方法的偏好以及企业外部环境影响等主客观因素的结果。

一、企业文化整合模式

依据卡梅隆和奎因建立的 CAHM 框架[①],利用霍夫斯泰德的权力距离和不确定性规避两个维度,笔者总结出企业文化整合模式;并且企业文化的权力距离与 CAHM 框架中的组织稳定性和灵活性两个维度存在内在的一致性。权力距离往往反映出员工对权力和规范性的服从程度,以及企业文化对制度的适应程度。例如,企业文化权力距离高的企业,其组织结构稳定水平、行为规范化水平以及权力集权度较高;企业文化权力距离低的企业,其组织结构灵活水平、行为的非规范化水平以及权力分散度较高。根据企业文化的权力距离和 CAHM 框架,可构建出以下三种不同的企业文化整合模式。

1. 交融渗透式

交融渗透式是指处在 CAHM 框架纵向坐标上的两个维度——组织稳定性和灵活性相邻的两种文化融合时的模式,如权力距离都低的部落式与临时体制式,权力距离都高的等级森严式与市场为先式。交融渗透式的特点为文化关注点具有相同水平的灵活性或稳定性,两种文化处在相近的价值体系中,权力距离相同。整合结果是以共同价值理念为基础保留部分原文化,并融入新的文化特点。

---

① 将对立性价值框架中的四种文化,即部落式(Clan)、临时体制式(Adhocracy)、等级森严式(Hierarchy)和市场为先式(Market),简写为 CAHM 框架。

2. 强制统一式

强制统一式是指处在CAHM框架横向坐标上的两个维度——关注内部和关注外部相邻的两种文化融合时的模式,如权力距离低的部落式融入权力距离高的等级森严式,或者权力距离低的临时体制式融入权力距离高的市场为先式。强制统一式的特点为两种文化都是关注内部或者外部,处在相近的价值体系中,但权力距离不同。权力距离高的文化会通过制度工具,采取强制统一整合方式。整合结果是以一方文化为基准统一或兼容另一方的文化。

3. 重新整合式

重新整合式是指处在CAHM框架对角线上两种文化的融合模式,如权力距离低的临时体制式与权力距离高的等级森严式,权力距离低的部落式与权力距离高的市场为先式。重新整合式的特点为两种文化在对立性价值框架的对角线上,其价值观相互冲突,此时的权力距离文化特性很难发挥作用,只会成为文化融合过程中的阻碍因素。因此,此类模式下,文化融合过程中的矛盾最尖锐,只能重新建立新的文化实现其整合。整合结果是用新的企业文化理念完全取代原有的企业文化理念,在价值理念方面是全新的灌输和统一。

二、企业文化的演变路径

企业文化的演变将受环境的影响。行业文化作为企业文化的母文化,构成了外部文化环境,将长时间地影响企业文化的发展趋势。利用霍夫斯泰德的权力距离和不确定性规避可以准确地描述不同行业的文化特点,它与CAHM框架中描述的四种文化具有高度的内在一致性,区别仅为微观和宏观视角的不同,具体可分为四种行业文化类型:不确定性规避高、权力距离低的临时体制式,不确定性规避高、权力距离高的市场为先式,不确定性规避低、权力距离高的等级森严式,不确定性规避低、权力距离低的部落式。不确定性规避反映了企业对外部环境的适应性:不确定性规避高,表示原来企业所处的行业环境较为动荡或不确定,企业员工更容易适应外部环境的变化;不确定性规避低,表示原来企业所处的行业环境较为稳定或确定,企业员工更不容易适应外部环境的变化。

企业文化演变的原则是文化与环境的一致性原则。企业文化的发展最终是要适应企业所在的外部环境,文化与环境的一致性是企业稳定发展的重要基础,企业文化的演变要沿着行业文化特点的方向进行,最终实现与行业文化特点相一致。企业文化的演变路径以CAHM框架为基础,呈顺时针或逆时针,渐进式地实现企业文化与行业文化的重合,可选择路径有固守、渐进和跳跃三种。如果行业文化与企业文化类型一致,如企业文化是市场为先式,行业文化也是市场为先式,则继续固守市场为先式文化。如果行业文化与企业文化类型不一致,则分为渐进和跳跃两种方式进行演变。

(1) 如果企业文化是CAHM框架中纵向坐标或横向坐标方向相邻的两种文化,那么企业文化将朝与行业文化相近的方向演变,如企业文化是部落式和等级森严式,而行业文化是市场为先式,融合后的新文化将先朝顺时针方向的部落式文化过渡,原因是原有的部落式文化与市场为先式文化的观点是对立的,会导致严重的文化冲突,应待过渡为部落式文化,进行一定时间的适应后,再向市场为先式文化转变。此为渐进演变方式。

(2) 如果企业文化是CAHM框架中对角线上的两种文化,且企业文化与行业文化并不相同,那么企业文化将直接朝行业文化的方向演变,如企业文化是部落式和市场为先式,而行业文化是临时体制式,融合后的新文化将直接朝临时体制式方向演变。

三、知识型企业跨国并购中柔性企业文化的整合战略

整合多元文化维度认知下的知识成为知识型企业成功进行跨国并购后的一个关键命题。从多元文化与知识创新过程的相互作用出发,知识型企业需要塑造多层面的企业文化。针对知识型企业成功进行跨国并购后的文化整合,存在三种战略,即以共时融合与归属为核心的细分文化整合战略、以目标问题导入为核心的差异化文化整合战略,以及以柔性为核心的一体化整合战略。

（一）以共时融合与归属为核心的细分文化整合战略

知识型企业进行跨国并购初期,员工在知识的创新与应用过程中在共享假设、内部整合和外部适应三个文化维度上存在巨大的认知差异。

从个体层面来看,个体在共同的时间和场所内、在不同的语境中进行对话、交往和面对面的沟通,让双方知识团队在并购初期了解对方在知识社会化过程中其文化在三个维度上的不同认知,从而找到彼此能接受的新的文化维度,并将其认同为自己应归属的新企业文化。这就是以共时融合与归属为核心的细分文化整合战略。此时,企业的细分文化塑造应该以个体为重点,融合这些差异,增强归属感。实现的途径是个体通过面对面的交流,来共享感受、体验、思维模式与文化逻辑。让双方在同一时间内进行对话,一起在对话与沟通中克服并购初期因文化差异带来的冲突,此谓共时性沟通。此外,通过对时空这一共享假设的归属认同,来创造出和谐的人际关系,培养和凝聚拥有不同文化背景的员工的共时归属认同感。

从企业层面来看,企业在并购初期要关注具体问题,但无须就这些问题的认知取得企业范围内的一致性观念。将不同文化团队中个体的不同认知导向具体知识创新问题,从而驱动差异化文化导入,这是合并后企业提出的利用与创造知识的愿景,其核心是容忍模糊、培养信任与加强归属感。同时,要保持以具体创新课题驱动多元文化团队的动态重组。由于团队在文化三个维度上的显著差异,虽然产生了不协调、不一致的悖论和矛盾,但也为知识创新课题的选择提供了多种方案。这样互补性的认识对寻找创新的课题而言,确实是一笔珍贵的财富。所以,这种难以概念化的模糊恰恰是知识创新的源泉。由此,企业层面的细分文化整合强调关注具体知识创新问题,不断更换创新主题,用不同的具体问题作为文化导入的契机,启发员工的不同认知,用不同的视角来认知、关注环境,兼收并蓄各方智慧。这样,以共时融合与归属为核心的细分文化整合战略的实施,能够实现个体和企业层面上融合各类知识,理解异质的文化维度并发展出各方都能接受的新的文化维度,培养对并购后形成的新企业的归属感。

（二）以目标问题导入为核心的差异化文化整合战略

从个体层面来看,差异化文化整合强调具有多种亚文化身份,随时打破个体的亚文化群体界限。经过跨国并购后的细分文化整合,个体积累、传递和获取了大量的隐性知识,同时彼此之间也能充分认同对方的各种文化维度。个体在知识社会化后依然保持其零散的文化视角,在知识的外化、整合和内化方面存在差异。文化整合因而进入了以创新团队为核心的差异化文化整合战略阶段。

从知识创新团队层面来看,存在于各创新团队的小团体文化,彼此之间相互独立又相互冲突。企业差异化文化聚焦于文化外在的物化表现,但是这些外在的物化表现为文化提供了不一致的解释,进而导致各创新团队间研究项目主题的不同、知识产出的差异,最终加剧了各团

体文化间的差异。尽管创新团队之间存在独立且冲突的文化,但是在团队间要强调培养合作与信任的意识,提倡互相交换各自的隐性、显性知识。合作与信任应该基于明晰而系统的知识产权制度安排和公平的补偿机制。

从企业层面来看,整个企业范围内无一致性观念,但是企业目标被吸收同化并保持一致性。差异化文化整合战略的核心是导入目标,即创造出能为各个知识创新团队所接受的共享的企业目标,但无须创立各方都能接受并解释的一致的外在物化表现。

(三) 以柔性为核心的一体化文化整合战略

知识创新团队达成具体的知识创新目标后,就要进行自主创新,进行新知识的获取、创造与积累,企业文化必须在企业层面为新知识的内化、获取、积累和创新整合相应的一体化文化。

从个体层面来看,一体化文化整合战略要求作为并购企业中的一员,进行自我统一,并保持长久不变。企业要分享跨文化团队知识创新效率和效果的前提,是个体主观上愿意参与并贡献各自的知识;但是在知识创新过程中,知识的社会化和传递受到知识所有者的主观守护影响,因为知识能带来专家权,对知识所有者来说有防止其外溢的动力。知识型企业必须超越细分文化、差异化文化来构建一种氛围或文化能让知识型员工愿意将其拥有的个人知识拿出来与组织及组织成员共享,此即一体化文化。

从知识创新团队层面来看,各创新团队之间的文化并无重要的区别,团体亚文化可以代表整个企业文化。所以,在并购的成熟期,创新团队在知识内化、获取、积累与创造过程中,对创新项目的认知、分析与立项在整个企业范围内得到认同。

从企业层面来看,一体化文化是和谐的、一元同质的。企业文化的一体化视角聚焦于文化外在的物化表现。这些物化表现对文化有共同的一致的解释。一体化文化视角认为,企业成员有共同一致的观念。一体化文化是清晰明确的,因而排除了模糊性。可是这样的一致性,使得整个组织视角单一、思维同质、不易变革,从而不利于知识的创新。为保持创新活力,它必须保持一定的柔性,能适时地调整具有动态差异化文化身份的个体,以及面对不同创新任务时进行共时融合。

从细分文化整合战略到差异化文化整合战略,始终存在着知识流动的刚性,以及企业一体化文化的刚性特征。为了克服这两种刚性,我们必须从以下两个方面来思考知识型企业文化一体化战略,即它必须既具有企业范围内的一致性,又要有一定的柔性。为此,企业必须塑造自己的品行。所谓企业品行,是指企业尽心尽力地为各利益相关者效劳的品格。它包含三个方面的含义:① 它是有关道德和伦理的共同原则的看法;② 它是使个人融入其工作所在群体的工具;③ 它主张企业对自我利益的追求要恰当考虑到所有利益相关者的要求,并着眼于长远的发展。良好的企业品行有助于改善企业与员工、消费者的关系,提高员工的道德水平及员工对企业的忠诚度,最终提升企业的竞争力。

只有在整个企业范围内对来自被并购企业和母国公司的员工都强调合乎道德和伦理的共同原则,员工才能相互信任;每个人的行为才具有可靠性、可依赖性和可预测性;每一位员工才能在这样共同的道德与伦理原则下实现自我统一、持久不变,忠诚于并购后的企业,并以此规范自己的言行使个体、创新团队和整个企业和谐统一。由于企业能在自我利益的追求中考虑到内部相关员工的需要,因此能很好地协调知识型员工的短期与长期利益。为了让这样的企业品行具有动态性,企业必须要持续学习。知识创新需要不断地学习新知识。持续学习能使员工贡献所学、强化自己的绩效、改善同事的绩效,创造更好、更有成效、更合理的工作方式;也可以帮助管理者了解两个基本问题——员工对创新的抗拒程度,以及员工将变成"不适任者"的危险程度。这样才能使员工灵活对待环境的不确定性,并随时更新自己的知识,使一体化文化在跨文化知识整合中保持适度的柔性和动态性。

第四节 全球企业文化与全球领导力

一、全球企业文化

经济全球化推动了文化的趋同化。尽管社会制度、地理环境、经济基础、地域文化与宗教等方面的差异是客观存在的,但文化因素之间还是有其规律和共性的。认同并努力遵循这种规律和共同文化,无论对于企业构建企业文化还是"走出去"都是必要的。企业文化没有好坏之分,"适应的""有正面效应的"就是好的。全球企业文化种类繁多,风格各异,展现出企业的独特魅力。可以说,有多少企业就有多少种不同的文化。但正像每一幅画中的颜色都是由三原色"红、黄、蓝"构成的一样,再复杂多样的文化,也是有其基本构成因素的。全球企业文化是由三种核心价值——人本文化、创新文化、信用文化构成的。

(一)人本文化

人本文化体现在管理上是以人为中心,或称人性化管理。人本文化是世界企业文化的潮流。在市场经济条件下,人本文化的内涵体现为生命本位、独立人格与尊严、自我价值、参与分享权利、人的全面发展等。管理上的人本文化,延伸开来就是能力本位文化,通过建立以能力为本位的招聘选拔制度、评价体系、激励机制及培训模式加以实现。

人本文化体现在经营上,即以顾客为中心,坚持顾客本位,主要集中在对顾客权益的维护上。经营上的人本文化,延伸开来就是爱心与责任文化,企业以感恩与敬畏之心,注重社会责任,履行相应的经济责任、政治责任、文化责任、环境责任等。中国企业要成功实现跨文化管理,塑造全球领先的企业文化,必须做好人性化管理,切实履行社会责任,这是企业全球化的必修课。

(二)创新文化

企业生存的永恒定律是"不创新即死亡"。因此,创新文化也是企业内生的文化。市场决定资源配置,带来自由竞争,竞争中往往创新者制胜。

怎样才算确立了企业的创新文化?这里有几个重要标志:一是看有无危机意识。有创新文化的企业,都是危机感极强的企业,微软、苹果、华为无不如此。二是看有无冒险精神,创新力十足的企业只要掌握50%信息,就敢大胆决策。三是看能否容忍失败,在美国硅谷,"不犯合理错误将被解雇"。四是善于行动,坚持"行动是金"。就像打靶一样,传统行为模式是"预备—瞄准—射击",完全按既定流程走;现代行为模式则是"预备—射击—瞄准",打破传统,在行动中找方向、找目标。

企业创新文化基于学习与超越意识。企业作为有机体,同人一样具有学习能力,且学习能力的强弱决定着企业寿命的长短。

企业创新文化中蕴含着整合与借力意识。整合,以发现优势;借力,以弥补不足。通过再造流程，借助外力形成供应链，创造差异化优势，赢得级差利益。在互联网尤其是移动互联网、大数据、云计算等技术不断发展的背景下，对市场、用户、产品、企业价值链乃至整个商业生态重新审视，已成为重要的创新思维方式。

我国企业要在新一轮全球化中走在前列，必须解决好创新意识和创新能力不强的问题。2019年，我国GDP在全球居第二位，是全世界第一制造大国、进出口大国、外汇储备大国，但全球竞争力排名第28位，全球国家科技实力排名在20位以后，对外技术依存度超过50%，同发达国家10%左右的依存度相差较多。另外，在科研、中试、批量生产的投资比例上也极不合理；我国科研投入多，中试和批量生产投入不足。在U形曲线中，我国企业赚取的更多是价值含量不高的生产环节的利润，像华为这样的研发实力强、拥有大量专利技术的企业还不多。因此，亟须改变纯粹的"拿来主义"模式，加强基础科学研究，加大企业研发投入，形成产学研协同创新机制。

（三）信用文化

褒扬诚信、惩戒失信是成熟的市场经济的基因，更是优秀企业文化的基因。信用文化的形成与市场发育有关，也与民族文化有关，如游牧民族和农耕民族的信用基础就有差别。信用文化是企业文化的底线，也是企业从事经营活动的基本游戏规则，更是企业无形资产的一种积累。全球化的形成实际上是靠信用连接的。因此，信用文化是全球企业文化的核心。

类比分析，如果说，人有智商、情商、财商、健商，那么企业也有智商、情商、财商、健商。信用属于健商范畴，包括诚信精神、环境意识和社会责任感等。

在不同的时期，信用机制对应着不同的文化层次。早期自然经济阶段，信用建立在人格和特殊感情关系基础上，是一种特殊的信用机制，属于道德约束的"良心文化"；市场经济发展起来以后，信用建立在法律和契约的基础上，是一种普遍的信用机制，属于法律约束的"规则文化"；到了成熟的市场经济阶段，信用建立在价值观基础上，是一种终极价值理性和信仰的神圣信用机制，属于信仰约束的"信用文化"。全球化时期，企业追求的是最高层次的"信用文化"。

中国企业是讲信用的，但基于自然经济的家族信用，以及因对行业敬畏而生的信用，不能满足全球化的需要；必须将信用提升到法律及价值观层面，将遵守信用由被动行为转化为自觉行为。当然，信用文化的形成是一个系统工程。从个人层面来看，应通过教育、规则与法制，强化公民的信用自律；从企业层面来看，应通过积极构建企业文化、完善组织与制度建设，强化企业信用管理；从社会层面来看，应加强国家信用管理，建立健全社会征信体系和信用信息管理系统，加强新闻监督与社会监督等，强化社会信用管理。

信用文化延伸开来就是质量文化与品牌文化。在全球化背景下，质量文化的基本内涵包括：全球市场是衡量质量的最终标准；质量的最高目标是零缺陷与无差异；顾客满意是质量管理永恒的追求；质量管理是全员全过程的管理；质量管理是面向全社会的管理。在品牌经济时代，品牌是一种文化，它作为一种无形的力量，成为企业凝聚资源的核心要素，是企业的核心竞争力所在；品牌代表着一种承诺、一种综合体验、一种信任态度、一种感情寄托和一种生活方式。企业品牌文化建设意味着把培育质量优异、蕴含文化附加值的品牌作为终身追求，把提高品牌知名度、美誉度、顾客忠诚度、市场占有率、经济效益、无形资产价值以及延长产品生命周期作为企业的长期发展战略。品牌影响着世界经济的格局，全球3%的名牌产品占据着50%的市场份额；外来品牌为民族文化带来了巨大冲击，它通过影响人们的生活方式，进而影响人们的价值观;品牌还决定着国家竞争力。从企业经营角度来看,品牌是通往全球化的最好通行证,全球化的企业文化建设必须把做高品质的品牌文化置于重要地位。

二、全球领导力

(一)全球领导力的含义及全球领导力金字塔模型

全球领导力(Global Leadership)是"全球"与"领导力"的组合。不同于一般领导力的含义,全球领导力更加注重在全球化环境下人与人之间的相互作用和不同文化之间的观念碰撞。全球领导力金字塔模型包括全球知识、门槛特质、态度与取向、人际关系和系统技能(见图11-3)。在这一模型中,前三层能力可以通过专业系统培训而在后天习得。其中,系统技能包括引领企业变革和进行全球化决策的能力,是跨国公司高层管理者通过长时间磨炼后不断掌握并形成的;人际关系包括建立信任、跨文化沟通和整合文化差异,是全球领导者处理日常事务时普遍需要掌握的能力,也是通往系统技能层的重要前提和基础。

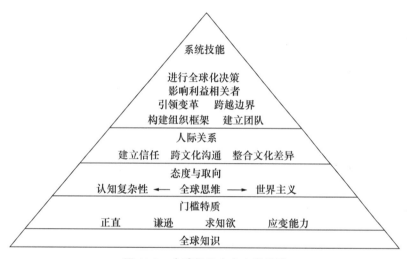

图 11-3　全球领导力金字塔模型

(二)全球跨文化领导力框架

在一个名为GLOBE(Global Leadership and Organizational Behavior Effectiveness)的研究项目中,美国宾夕法尼亚大学沃顿商学院的罗伯特·豪斯(Robert House)教授等对来自世界62个文化体的约17 000名中层管理者进行了本土文化研究,并提出了9个维度用以区分不同的文化类型。随后,GLOBE项目小组进一步修改了他们的研究成果,抽取出了6个与领导力相关的维度,分别为魅力/价值型领导力、以团队为导向的领导力、参与式领导力、以人为本的领导力、自主型领导力、自我保护领导力,建立了全球跨文化领导力框架。

1. 魅力/价值型领导力

广义上讲,魅力/价值型领导力是指基于坚定的核心价值观来激发、鼓励下属并预期下属能产生高绩效的影响力,其主要指标包括:① 愿景,这个维度描述的是这样一个领导者,他/她清楚地表达了自己对未来的愿景,并根据未来的目标制订计划和采取行动。② 激励,这个维度描述了激励他人、提振下属士气、精力充沛和自信的领导者。③ 自我牺牲,这个维度显示了一种说服追随者将他们的努力投入到不太可能成功的活动中的能力,或放弃他们的自我利益,并为全企业目标或愿景做出个人牺牲的能力。④ 正直，这个维度表示一个领导者是诚实和值得信赖的，遵守诺言且言语和行动都是真实的。⑤ 果断，这个维度表明领导者能够果断、快速、有逻辑地做出决定，并且富有洞察力。⑥ 绩效导向，这个维度描述的是那些为自己和下属设定高目标、寻求持续改进、追求卓越的领导者。

2. 以团队为导向的领导力

以团队为导向的领导力强化团队合作的共同目标和团队建设，其主要指标包括：① 协作性团队导向，这个维度表示领导者关心团队的福利，具有协作性和忠诚度。② 团队整合，这个维度表示领导者动员员工一起工作，并将其整合成一个有凝聚力的工作单元，以实现团队目标。③ 外交型，这个维度描述的是擅长外交和处理人际关系的领导者。④ 恶意，这个维度反映了领导者的不诚实、报复心强以及对他人采取消极行为。⑤ 管理能力，这个维度反映了领导者的管理技能和组织能力强，他们可以有效地协调和控制团队成员的活动。

3. 参与式领导力

参与式领导力反映了管理者参与制定和实施决策的程度，其指标包括：① 参与性，这一维度反映了领导者与下属分享关键信息，并赋予他们高度的工作自主权。② 专制，这个维度表明领导者是独裁的，不能容忍分歧，并期望下属无条件地服从。

4. 以人为本的领导力

以人为本的领导力反映了提供支持和体贴的领导，其基本指标包括：① 谦虚，这一维度反映了领导者不自夸，以谦逊的方式展示自己。② 人文导向，这一维度表现为员工需要时领导者可给予时间、金钱、资源等方面的帮助，它反映了领导者对追随者个人和群体福利的关心。

5. 自主领导力

自主领导力是一个新定义的全球领导力，指的是独立和个人主义的领导属性。自主领导力强的领导者对自己的能力非常自信，对他人的能力和想法缺乏尊重。他们认为自己是独一无二的，比别人优越，因此，他们更喜欢独立工作，不需要与同事或下属合作。

6. 自我保护领导力

这一新定义的全球领导力侧重于通过地位提升与面对面保护来确保个人和团体的安全及保障，基本指标包括：① 以自我为中心，这一维度反映了领导者的自我中心化、独来独往、孤傲、与他人格格不入。② 身份意识，这个维度反映了领导者对自己和他人的社会地位的意识，是一种精英主义的信念，认为一些人应该比其他人享有更多的特权。一个有社会地位意识的领导者会根据其所处的地位来相应地调整领导风格和沟通方式。③ 内部竞争，这个维度反映了将同事视为竞争对手的倾向，以及由于缺乏与他人合作的意愿而隐瞒信息的倾向。④ 保全面子，这个维度反映了一种倾向，即确保下属不会感到尴尬或羞愧。一个顾全脸面的领导者通过避免发表负面评论而采取隐喻和类比的方式，来维持良好的人际关系。⑤ 官僚主义，这个维度描述了习惯性地遵循既定规范、规则、政策、程序和惯例的领导者。

本章小结

本章从宽泛的东西方文化差异讨论出发，具体讨论了中国和美国之间的文化差异。在多种文化并存的文化情境下，本章提出了跨国公司企业文化塑造的步骤，阐述了在知识创新情境下跨国公司的企业文化与人力资源管理协同匹配的战略研究。更进一步，本章探讨了跨国并购的企业文化整合战略。最后,探讨了全球化背景下的跨文化全球领导力。

【复习思考题】

1. 中美宏观文化差异是如何影响组织行为的?
2. 跨国公司企业文化塑造的步骤是什么?是否有改进的地方?
3. 跨国公司的企业文化如何与人力资源管理系统相匹配从而促进知识创新?
4. 用本章理论分析、讨论下面案例。

案例分析

E 公司的企业文化

(一) 历史与变革

E 公司于 1876 年创立,其初衷是帮助人类满足通信这一基本需求。该公司成立之初主要是修理电报仪器和承担小型机械工程的工作,在电话发明并传到本国后,E 公司就开始接受委托维修和安装这项新发明。同时,E 公司很快着手改进和创造自己的版本。E 公司制造的第一部电话出现在 1878 年。此后不久,E 公司独特的壁挂式电话便闻名于世。到 1896 年,E 公司已成长为拥有 500 多名员工的大型企业,生产了超过 10 万部电话。

此后,E 公司持续不断地在通信领域提供突破性的解决方案。现如今,E 公司已成为世界上为通信服务运营商提供信息和通信技术(ICT)的领先供应商,并保持着全球 ICT 解决方案的领导者地位。从制造第一批电话,到管理处理全球 40% 数据的通信网络,E 公司通过创造易于使用和规模化的技术及服务来实现互联互通的全部价值。

E 公司为全球 180 多个国家和地区的客户提供服务,在全球拥有近 10 万名员工。这家公司的员工分布在世界各地,也就意味着大家说着世界上几乎所有的语言。同时,这家拥有悠久历史的公司还是一个非常"年轻"的组织,将近一半员工年龄在 35 岁以下。在技术发展日新月异的今天,E 公司始终秉承的持续不断的创新思维和变革能力,让它能够一直屹立在科技浪潮的前端。移动性是有史以来发展最快的技术,在过去几十年里,它从根本上改变了社会。随着 5G 和物联网的到来,实时连接——从联网汽车到个人穿戴设备再到智能电网技术——将再次从根本上改变世界。这一切都将催生新的业务,推动人们更多难以想象的新创新。因此,E 公司的变革挑战,不仅是改变人们的通信方式,还要找到智能的、便捷的解决方案,创建一个更可持续的互联世界。

而这一切的实现,都依赖于 E 公司最重视的核心资产:人才。E 公司高层管理者认为,公司所经历的变化和发展是由其员工决定的,也是杰出团队长期合作的结果。公司团队是多元化和充满激情的,变革和创新是团队工作的原动力。如何将所有人才的潜能集结和激发出来,把公司最好的一面展现出来,是 E 公司一直以来最为关注并付诸相当努力的事情。而文化,就是最好的驱动力。

(二) 独特的企业文化

E 公司始终相信,一个强大的可以激励员工的企业文化,可以发挥与提高员工日常生活质量同等重要的作用。E 公司也一直坚信,企业文化真的会成为一家企业产品的 DNA。E 公司总是把培养共同的文化认同和社区意识作为优先考虑的事项,因为它们是员工愿意留在公司的关键激励因素。

E公司的企业文化从来不是简单的几句口号或标语,它是整体呈现的,有一套简明而完整的结构。它以E公司的愿景为指引,阐述了公司的长远目标和价值所在——"赋予一个更加智能的、可持续的互联世界"。紧接着,辅之以E公司的使命,表达了公司最关键的任务所在——"为服务提供者创造连接的全部价值"。

公司愿景和使命的执行高度依赖于员工的行为,而员工的行为是由价值观和原则定义的。因此,作为精神和行为方面的向导,E公司在漫长的历史发展进程中总结出一套独特的核心价值观,这也是整个企业文化的基石:尊爱至诚、专业进取、锲而不舍。这些价值观之所以重要,是因为它们在E公司140多年的历史中已经确立并存在了很长时间,它们是公司的立身之本,并将持续指引每一位员工。

从愿景、使命到核心价值观,这一套逻辑完整的文化表达方式,解释了E公司的企业文化将如何帮助公司实现目标,并且成为E公司每一位员工的向导,引导他们创造出E公司想要的那种团队精神——每天都在创新,始终如一地为客户、股东和员工带来巨大的价值,并且成为磁铁吸引最优秀、最聪明的人。

(1) 尊爱至诚。E公司认为,当人们互相尊重时,就能加强彼此倾听的能力,也为学习、分享知识和技能开辟了新的可能性。每个员工可能来自不同的背景,但都是同一个团队的成员。员工团队的多样性和全球意识使大家对客户更有价值。

(2) 专业进取。E公司相信,真正的专业精神能激发信任。它鼓励深入、长期的客户关系。在E公司,员工对他们所做的一切充满激情,并深切关注客户的需求。员工始终如一地履行承诺,并努力提供无与伦比的卓越服务。真正的专业进取,超越了简单地执行商业惯例,进一步激发有助于成长的行为、积极的态度及合作本能,并发现市场机会。

(3) 锲而不舍。当今世界的竞争是激烈的。要成为赢家,E公司必须做好充分准备,引领变革,坚持不懈。E公司相信,他们的客户将尊重这种锲而不舍的精神,因为他们最终是为客户的成功而战。他们从不轻言放弃。

(4) 延伸的文化理念:多样化与包容性。E公司在自身的核心价值观基础之上,延伸出了一个重要的文化理念:多样化与包容性。当然,这也是符合其尊爱至诚价值观的,只是其所包含的内容更加深入、具体,在人文关怀方面体现了更丰富和博大的一面,这与很多跨国公司所推崇的多样性文化非常相似。

E公司对多样化的定义除了常见的性别、种族、宗教、民族、年龄等方面的多样性,还包括多样化的经历、家庭状况、职业背景等。在E公司,包容性意味着重视、支持和尊重个体差异。在这里,每个员工都能发挥他们的潜力,最大限度地发挥他们的贡献。在E公司,多样化和包容性是相辅相成的。多样化承认每个人在工作场所带来的差异;包容性则会让每一个人都受到重视和欢迎。

E公司在推广与贯彻多样化和包容性方面,做出了相当多的投入和努力:他们做出具体的承诺;在几个主要的多样化领域设立数字化目标;在公司内部建立与运行多个具有代表性的长期项目和创新举措;鼓励员工分享自己在多样化和包容性方面的努力、收获和感想。

(三) 企业文化的践行与传播

(1) "践行我们的核心价值观"。为了成功地推行公司的核心价值观,E公司认为至关重要的是,所有人都要理解价值观的含义,以及它们如何体现在公司的日常运营中。因此,他们通过在公司内部分享故事的方式,让三大核心价值观得以聚焦、诠释和交流。每个员工都被邀请分享核心价值观是如何在日常生活中指引他们的,以及价值观对员工个人、团队和组织意味着什么。

这一系列的故事传播行动被称为"践行我们的核心价值观"——大量的与核心价值观相关的经历分享、故事讲述被融合在一个特定的传播平台上。除了内部网络平台上的故事分享,E公司还制作了许多关于价值观的视频。这些视频的主角都是E公司的员工,由他们讲述与价值观有关的自身经历和感受。

分享故事是一种强大而有吸引力的方法,这意味着以一种更生动、更有创意的方式将信息带到生活中。通过讲故事和分享经验,不仅可以传播价值观,还可以让员工在情感上进行沟通。一个个围绕价值观的真实故事,而不是机械的、模式化的关于文化和价值观的标题及口号,成为使公司与员工之间产生共鸣的桥梁。

通过这样的文化传播方式,E公司成功地创造了一个环境,让员工在日常工作中加深对价值观及其影响的认识。员工们能有机会更好地了解、感受和实践公司的价值观,并不断反思这些价值观对他们意味着什么。

(2)绩效管理。在E公司,绩效管理被视作激发员工潜能、打造高绩效团队和企业文化的非常重要的一环。E公司在对员工绩效表现进行评价和衡量时,不仅要考察员工做出的成就也就是工作结果,还要考察员工是如何表现的,他/她的行为是否符合或反映了E公司的企业文化和价值观。要得到突出的绩效评价结果,员工的工作执行方式必须高度体现E公司的企业文化和价值观特征,并能够被视为展现核心价值观的行为模范和榜样;而如果员工的行为与E公司的企业文化和价值观不一致,或者员工难以始终如一地践行企业文化和价值观,则是不可能得到突出的绩效评价结果的。

由此可见,员工是否积极有效地践行了企业文化,是否展现了公司的核心价值观和行为标准,是评价其绩效结果的重要依据。

(3)新员工培训。新员工作为加入公司的新鲜力量,从一开始就对公司的战略、组织、管理方式和企业文化有着积极的探求欲望,此时他们对组织的认同感也是最容易建立的。E公司为遍布全球的新员工设计了一套完整、全面的学习计划和框架。通过完成这一系列学习计划,新员工可以对公司的组织结构、战略方向、产品组合、市场情况以及主要的管理流程和常用工具有个基本的了解及认识,对他们在E公司快速、有效地开展工作大有裨益。而其中,企业文化和价值观是必不可少的学习内容,它构成了员工对公司所推崇的工作理念和行为方式的基本认知。

(四)企业文化的检验和反馈

"员工满意度调查"是E公司在内部使用的统计工具,是公司衡量企业文化和员工发展的一种方法。在问卷调查的一系列问题中,始终有一道关于企业文化认同的问题:员工是否认为E公司有非常棒的企业文化?这是对企业文化的检验,了解员工对企业文化的理解和认同程度。而且,在获取这道问题的分值结果之后,如有必要,公司或相关的下级组织机构还会采取相应的改进行动,以提升企业文化认同感。

（五）企业文化的不断变革

技术领域永远是日新月异的，140多年以来，E公司一直走在创新的前沿，毫无疑问，他们希望继续这一旅程。而技术的变革甚至颠覆性的发展，以及行业的转型，都构成了严峻的市场形势。E公司曾经是行业的领导者，而今变成了挑战者。他们明白，如果想要始终占据领先地位，成功实施转型战略，就需要不断地发挥技术优势；甚至要为了未来重新塑造整个行业，不断地对公司的定位做出相应的改变。为此，他们需要从内部着手，从工作理念、价值观和行为方式的变革开始，来拥抱这变化的现实，进而引领整个行业及至世界的变化。

第十二章　企业文化的变革与创新

【学习目标】

- 掌握企业文化变革的含义
- 了解企业文化变革的类型
- 掌握企业的文化创新战略

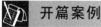 开篇案例

耐克的文化创新之路

耐克的成功被认为是文化创新战略成功的重要体现。耐克在传统战略失败之后,逐渐放弃了社会文化正统,准确定位20世纪80年代美国人的社会意识形态需求,抓住新的意识形态机遇,创造出耐克的神话"Just Do It",并对其进行了有效的文化密码破解,向人们传达出新的文化表述,使耐克大放光彩。

耐克"更佳捕鼠器"和"明星运动员战绩神话"战略的失败

一直以来,生产跑鞋的企业都采用相同的营销方法,即明星运动员的战绩神话。根据这一文化正统,企业与明星运动员签订合同由他们作为代言人,在广告中他们穿着运动鞋展示其超凡的技能,然后宣称之所以取得这些辉煌成绩,是因为某个品牌的产品。消费者会根据这些广告购买其所推广的品牌运动鞋,但并非确切地指望它们也能提高自己的表现。

1971年,奈特(Knight)和鲍尔曼(Bowerman)创办了耐克品牌,在创业之初的七年里他们也始终沿用明星运动员战绩神话的营销方法,签约各种明星运动员,用程序化的广告手法,强调他们超凡的运动技能。耐克强劲的竞争对手,如阿迪达斯、虎牌及其他有能力的品牌,都是这样做的。耐克看似与其他运动品牌并没什么差别,事实上消费者市场的反应也很冷淡。

1985年,李岱艾广告公司创作了第一个飞人乔丹广告。广告中乔丹的扣篮动作极具飞翔感,并配以"谁说人类不能飞翔?"的广告语。但出乎耐克管理者的意料,优秀的性能及乔丹在篮球亚文化中的巨大影响并未撬动耐克的大众消费市场。从1983年到1985年,耐克利润下降了80%;而同时期,锐步利用大众有氧运动的潮流,以柔软的小牛皮为材料推出了自由式有氧运动鞋,到1987年,锐步以14亿美元的销售额超过了耐克9亿美元的年销售额,这一结果宣示着耐克"更佳捕鼠器"战略的失败。

文化断裂和社会新群体的出现

从20世纪70年代后期开始,美国经济进入了一个重要的转型期,对整个社会和文化都产生了深刻影响,支撑着这个国家的意识形态也轰然倒塌,发生了严重的文化断裂。经济和意识

形态的崩溃,使得许多美国人开始寻找可替代的新意识形态,他们极其渴望在文化中寻找榜样、激励和雄心。很快,坚毅的个人主义再度流行起来,然而并不再是为了应付开荒拓土的生活,而是独立工作的工人在面对全球竞争的超级挑战时努力取得成功的宣言。

在美国,体育运动一直都用来类比使人变得强大和高效的工作,作为取得成功所需要的个性典范,它类似于男性气概,等同于在社会中成为强者所需要的东西。20世纪70年代后期,最具个人主义的体育运动——跑步突然大受欢迎,而且参与者比观众还要多。这不是一时兴起的风尚,而是美国人开始意识到,他们需要革除战后那种久坐不动的"软"生活方式,重新激发美国历史中粗犷的个人主义中所蕴含的坚忍不拔的毅力。他们必须锻炼身体和意志以应对新竞争环境下的工作,而慢跑满足了这种需求,所以社会上逐渐出现一个新的群体——慢跑爱好者。当慢跑变得更加流行的时候,跑鞋自然流行起来。许多消费者日常穿着跑鞋购物或散步。文化断裂现象和社会新群体的出现为耐克实施文化创新战略提供了很好的契机和前提条件。

新的社会意识形态机遇

奈特和鲍尔曼相信,成功的跑步者都具有反抗权威主义的敏感性;加入各种团体项目,也就掉进了各种体制化的陷阱,而跑步者独自一人跑,为自己的成败承担全部责任。奈特和鲍尔曼进一步认为跑步运动员都会认同这种独特的意识形态,并将其称为个人拼搏意志,它将成为耐克品牌的意识形态基础。耐克聚焦个人竞赛运动员单调的训练生活,即便这些运动员取得了辉煌的成绩,耐克也不改变这一基调。在耐克看来,这些运动员之所以成功,是因为他们与其他运动员拥有相同的意识形态。耐克甚至拍摄了一部短片将这种田径运动员的意识形态戏剧化。这个广告片是对一种新文化密码的发掘,聚焦竞技体育背后单调乏味的训练,以展示运动员的精神,耐克管理层继续将这一文化密码发展成为一种具有号召力的方式,来传达耐克所崇尚的坚忍不拔的个人意志。

神话创造和文化表述

1988年7月1日,耐克发布了第一个"Just Do It"广告。该广告成功地向消费者传达了一种文化和社会价值,消费者希望通过购买运动鞋与耐克强有力的意识形态保持同步,耐克鞋的销售量随之猛增,引领了慢跑的热潮,战胜了那些非常著名的竞争对手。同时,耐克赋予了慢跑运动一种创新的意识形态,也代表了美国在这个时代需要重新恢复的精神。"Just Do It"神话在运动领域取得成功后,耐克管理者决定将这个神话推广到更广的领域。针对全球存在的种族主义、性别主义及贫困人群,耐克再次成功破解这些文化密码。1993年耐克推出的"硬石上的掘金者"是关于激励黑人和贫困阶层最有代表性的广告。它以贫民区黑人少年的日常生活为背景,展示了贫民区黑人少年苦练篮球技术、努力拼搏,最终克服社会障碍取得成功的故事。1998年,耐克又制作了一则名为"牛排"的全球性广告。广告以一名拉美男孩为主角,完全避免使用明星,它表达的是耐克的神话——任何人只要有坚韧的决心,就能以一种极具感召力且令人难忘的方式战胜严酷的社会现实。耐克的整个文化创新过程如图12-1所示。

耐克缔造了美国最令人赞叹的市场创新。我们在见证耐克所创造的杰出成就时,就会发现是其文化创新战略发挥了重要的作用。耐克的成功,是以摆脱明星运动员战绩神话这一文化正统为基础的。在耐克的文化表述中,最显著的不同在于它并未过多地描述运动员们不凡的运动成就,而是以另一种方式来讲述运动员的故事。同时耐克用一个独特而恰当的时代所

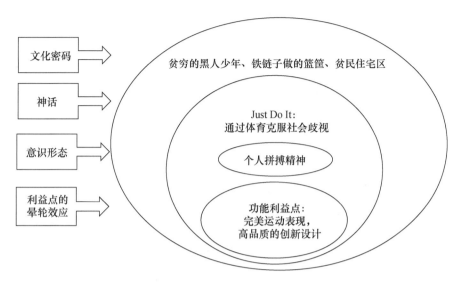

图 12-1 耐克的文化创新

呼唤的意识形态与阿迪达斯、锐步、匡威等品牌区别开来。这个意识形态被包裹在了一个充满修辞力量的、出乎意料的神话之中。在美国梦似乎不可能实现的历史时刻，耐克向美国及至全世界的人们提供了一个他们追求美国梦所需要的鼓舞人心的特殊指导，耐克因此成为20世纪最具影响力的新品牌之一。耐克运用富有感召力的文化密码将这一新的意识形态神话化，将生活在美国贫民区的人们以及另外一些面临严重社会障碍的人们的故事进行戏剧化处理，告诉人们这种意识形态如何驱使一个人去战胜最严重的社会歧视。只有当耐克所传达的文化表述令人信服时，消费者才会更愿意相信耐克产品的性能比其他品牌更好，耐克才会成为成功的品牌。

资料来源：霍尔特，卡梅隆.文化战略：以创新的意识形态构建独特的文化品牌[M].汪凯，译.北京：商务印书馆，2013.

在企业构建了一体化的企业文化之后：① 如果企业所运营的宏观环境要素，包括政治、经济、社会、文化等，发生了重大变化，那么企业战略要随之调整，进而企业文化也要随之进行变革。② 如果企业高层管理者发生了人事变动，那么企业文化也要进行相应的变革。③ 如果企业内部发生了危机，如出现严重亏损、重大的名誉受损、产品质量事故等，企业文化须进行变革。④ 企业高层管理者有可能出现违背伦理和社会责任的行为，从而给企业的名誉带来危机，在这种情况下，企业文化必然需要进行变革。企业文化是用来描述企业内部各要素的共同方法，它将企业内部的人社会化。伦理是企业文化不可分割的一部分。因此，培养和强化一个伦理性组织意味着对某企业文化进行全面分析和管理，这样才能让企业文化支撑企业的伦理行为。但是，企业文化向组织内部成员传递的信息既包括可接受的行为，也包括非伦理和非法行为。如果企业文化推崇和鼓励伦理决策行为，反而导致员工产生非伦理行为，那么要让这个组织回到伦理的轨道上来，就必须进行变革。⑤ 在全球化情境下，企业发展会遇到员工多元化的挑战，为适应这一挑战，企业必须对在国内同质文化情境下形成的企业文化进行变革。

企业是由人与人际关系所构成的，企业文化是协同人与人之间关系的协调机制，影响着企业内成员的工作能力和效率。战略、结构、技术和产品的变革都不会自动发生。这些领域的任何改变，都同时涉及人的变革。员工必须学会使用新的技术，进行新产品的营销，或者学会如何在跨学科团队中有效地进行工作。但是，人类倾向于维持现有的文化，这个现象被称为文化坚韧性（Culture Persistence），本书称之为文化刚性。如果不去改变企业文化所坚持的价值观和制度，那么企业文化是难以改变的。杰克·韦尔奇说，一个公司可以通过结构重组、消除官僚机构和裁员来实现生产力的提高，但是如果不进行文化变革，它就无法实现可持续发展。

第一节　企业文化变革的界定

张德认为企业文化变革是打破原有企业文化并建立新文化的过程，这是一个动态的、系统的过程。它要打破现有企业文化的结构，剔除那些不适应企业发展和竞争环境要求的内容，通过一定的途径建立与企业内外环境相适应的新结构，赋予企业文化新的内容，并通过一定方式将其固定下来，形成一种新的稳定的企业文化。这一过程可以分成破除、涵化与定格三个基本阶段。[①]

徐耀强提出企业文化变革是企业为了适应市场经济环境的变化，推进企业战略、组织及经营管理的变革，而对原有的企业文化所进行的部分或整体性的革新和再造。[②] 企业在生存过程中，需要不断加强自身软实力，提升企业竞争力，以可持续发展战略谋求企业处于市场竞争中的坚固地位。这其中的核心就是维护企业文化，用文化来指导企业，用文化来规范员工的行为，用文化来带动企业的发展。所以，企业文化要随着各种因素的变化而变化。

河野丰弘指出，企业文化变革意味着使企业文化焕发新生。他把企业文化变革视为企业新的起点，能够帮助企业摒弃旧疾，调整不合理的企业制度，使企业整体变得更加完善，不断查漏补缺，能够朝着正确的方向前进，为企业注入新的发展活力。他认为，企业文化变革是指企业文化体系发生根本性的变化，而不是小幅度的调整。[③]

但是，富兰克林认为大多数的企业文化变革是依据谨慎性原则，一点点进行调整的，即从小处着手，从点滴落实，在员工能够逐步接受的基础上，实现企业文化的重大变化，契合企业发展的要求。[④] 相比之下，沙因认为企业文化的变革方式取决于企业自身所处的发展阶段。[⑤] 每个阶段都有自己的变革机制，而这些机制也具有累积性质，即前一阶段的变革机制在后一阶段依然会发挥作用，只是新的机制与新的阶段更为相关。据此，沙因基于企业所处的不同生命周期，提出了不同的变革方式。

综上，本书认为企业文化变革是指企业为了适应内外部形势的变化，特别是市场经济、技术与政治因素的变化而对原有的企业文化所进行的整体性改造的管理行为。企业文化变革可从广义和狭义两个角度来理解：广义的企业文化变革是指企业价值观体系、经营理念、制度、组织行为和物化表征同时进行协调一致的重塑；狭义的企业文化变革是指企业经营理念和意识

---

① 张德.企业文化建设[M].北京：清华大学出版社，2003.
② 徐耀强.企业文化变革的归因与方式选择[J].中国电力企业管理，2009(19)：72—74.
③ TOYOHIRO KONO, STEWART CLEG. Transformations of corporate culture: experiences of japanese enterprises[M]. Berlin: Walter de Gruyter, 1998.
④ ASHBY, F C. Revitalize your corporate culture: powerful ways to transform your company into a high-performance organization[M]. New York: Routledge, 1999.
⑤ 沙因.组织文化与领导力[M].4版.章凯，罗文豪，朱超威，等译.北京：中国人民大学出版社，2014.

形态的变革。

企业文化变革的根源在于企业生存发展的客观条件发生了根本性的变化。这些变化可能是企业内部的,也可能是企业外部的,还可能是企业内外同时发生的。当企业原有的文化体系难以适应企业经营环境的变化,而使企业经营陷入困境时,变革原有的企业文化,创建一种适应形势发展要求的新文化,就成为一种必然。因此,企业文化变革是企业文化产生飞跃的重要契机。一般情况下,企业文化变革对企业文化发展具有促进作用,但在某些特定条件下,企业文化变革也有可能引起企业经营情况的逆转。

第二节 企业文化变革的类型

企业文化变革按照变革态度、变革速度和变革范围三个维度可以分为六种不同的类型。

一、主动变革和被动变革

按照组织变革态度,企业文化变革可分为主动变革和被动变革。主动变革是根据外部环境和企业战略目标的变化,及时对企业文化进行调整。一旦企业的愿景和战略目标确定以后,企业文化就会主动地迎合这种变化。主动变革的企业能预见面临的机遇和挑战,并根据自身的资源状况主动进行变革,从而实现企业的战略目标,使企业持续发展。主动变革要求企业具有敏锐的观察力和强大的前瞻性理念,能够结合企业的现实,对市场和环境的变化及时做出变革反馈。例如,第二次世界大战后,全球资源奇缺,丰田公司马上根据环境要求提出合理化经营模式,推行全面质量管理制度。时至今日,合理化生产和鼓励员工提合理化建议始终是丰田公司经营管理的一大特色。

但是大部分企业并不是有条理地、全面着手文化变革的。相反,它们往往认为企业文化会自行调整,企业文化问题会自行得到解决。这类企业的文化变革是被动变革,是等到问题发生以后,甚至是在遇到生存危机时才被迫做出反应,进行变革。一家企业是进行主动变革还是被动变革,不仅取决于其领导者的远见和责任感,还取决于企业的传统和现有文化的坚韧性或刚性。

二、渐进式变革和激进式变革

就变革的速度而言,企业文化变革一般可分为渐进式变革和激进式变革。采取哪一种变革形式与环境变化的剧烈程度和企业的发展阶段有关。如果外部环境的变化是平稳的,企业发展是稳步前进的,那么企业文化变革就应该采取渐进的形式,以继续保证企业的稳定有序。如果环境变化很剧烈,或者企业的战略方向做了大的调整,如企业重组、兼并和进行跨国经营等,企业文化变革的力度就要大一些,这样企业文化才能跟上企业发展的步伐,成为企业发展的支撑因素,而不是阻碍因素。这时企业文化变革应该采取激进的形式,确保新的企业文化迅速融入企业,代替原有的企业文化。

三、整体变革和局部变革

就变革的范围来说,企业文化变革可以分为整体变革和局部变革,即企业文化变革只涉及企业文化的一部分还是整体。具体来看有三种情况:

(1) 是亚文化代替主文化,还是被主文化吸收,如果是前者就是整体变革,如果是后者就是局部变革。事实证明,在一个大组织中往往存在很多非正式小组织,比如兴趣型非正式组织(组织成员由于共同的兴趣结合在一起)、性别型非正式组织(因性别相同而组合)、级别型非正式组织(由于在组织中处于相同的地位而组合)等。这些非正式组织时间一长也会形成自己的亚文化。任何亚文化都或多或少有一些优质成分,组织一体化文化应该主动吸收这些优质成分以补充、充实自己,而这种补充、充实的过程就是局部变革。

(2) 企业完成兼并后,兼并方文化和被兼并方文化的变化情况。通常有三种情况:一是文化移植,即一种文化原原本本地移植到另一种文化之中;二是文化融合,即双方的文化都做一些适当的改变和调整以形成一种共同的文化;三是兼并双方都放弃原文化,移植一种新的文化进来,或者创造一种新的文化,原有文化中只有一些价值尚存的文化质点被吸收到新的文化中来。

(3) 企业文化的精神层和符号层是都发生改变,还是只有其中的一部分变化。如果企业文化的精神层内容符合企业发展的要求,只是符号层没有很好地反映、阐释精神层,那么企业文化的变革只触及符号层就好了。如果企业文化的精神层内容不符合企业发展的要求,那么企业文化变革就需要触及精神层,这时就需要实施整体变革了。

第三节 企业文化变革的促进因素、阻力及克服策略

一、企业文化变革的促进因素

沙因提出五个基本机制来改变企业文化,包括注意力、危机反应、角色塑造、奖励分配、雇佣和解雇标准。这五个机制既强调个体流程,也强调制度流程。他认为,注意力就是领导者关注的焦点,要求自己的员工集中注意力的事项,包括所批评的、表扬的及企业价值观。危机反应是指通过一个危机情境,可以让下属看到企业领导者所珍视的价值观,因为这个价值观能够把共享的情感浮现到表象。领导者向下属传递一个强烈的信号或借助其他行为来表达自己的价值观体系,此为角色塑造。领导者用加薪和晋升的信号,来奖励能够给企业带来成功的行为,即奖励分配。领导者应将明确的雇佣和解雇标准传递给企业的所有成员,使大家清楚他所珍视的员工。[①]

二、企业文化变革的各种阻力

1. 过度关注成本

企业管理层可能认为成本是最重要的,而对那些不是以成本为中心的变革,如旨在提升员工积极性和顾客满意度的变革,未给予足够的重视。

2. 认识不到变革的利益和好处

任何重大变革都会同时带来积极的和消极的两种后果。企业应加强教育,使管理者和一般员工认识到企业文化变革的积极结果将大于消极结果。另外,如果企业的薪酬系统不鼓励冒险,企业文化变革过程就可能受到阻碍,因为员工会感到变革承受的风险太大。

---

① 沙因.组织文化与领导力[M].4版.章凯,罗文豪,朱超威,等译.北京:中国人民大学出版社,2014.

3. 缺乏协调与合作

在企业文化变革的实施过程中,如果缺乏应有的协调,就会导致企业内部的割裂和冲突,尤其在应用新技术时,新旧两种系统必须兼容。

4. 不确定性规避倾向

从个人层面来说,许多员工会害怕变革带来的不确定性。鉴于此,需要通过不断的沟通,使员工了解变革的进展情况及各种工作的影响。

5. 担心利益受损

无论管理者还是一般员工,都会害怕失去权力、地位甚至他们的工作。这种情况下企业文化变革的实施就应当谨慎逐步推进,并且应使所有的员工尽可能地密切参与到变革过程中来。

三、克服企业文化变革阻力的策略

1. 确保各利益相关方的需要和目标保持一致

克服变革阻力的最优策略是保证变革满足利益相关方的真正需要。研发部门的员工常常会提出一些宏伟的构想,但他们需要解决的问题可能根本不存在。出现这种情况是因为构想的提出者未能确实征询新构想使用者的意见。对变革的抵制常常令管理者感到沮丧,但适度的阻力对企业文化变革是有益的。抵制会给那些毫无意义的变革及纯粹为变革而变革的做法设置必要的障碍。克服阻力的关键在于保证该项变革确实能对使用者有益。

2. 沟通与培训

沟通促使参与者了解变革的必要性和变革可能带来的结果,从而阻止不实传闻、误解和不满的发生。一项有关企业文化变革的研究表明,企业文化变革失败的原因之一是员工只能从企业外部获得关于变革的情况。高层管理者只注意与公众和股东沟通,却忽视了与自己所领导的员工沟通。事实上,员工不仅与企业文化变革关系最为密切,也是受变革影响最大的人。开诚布公的沟通通常会给管理者提供一个机会,使他们可以向员工解释和说明企业建议采取哪些措施,保证变革不会给员工带来任何不利后果。培训也是必需的,它可以帮助员工理解自己在变革过程中所起的作用。

3. 提供心理安全的环境

心理安全是指员工感到一种不被企业中其他人阻碍或拒绝的自信。对于被要求进行的变革,员工不仅需要感到安全,还要觉得他们有能力去做。变革是要求员工自愿冒险,去做那些与众不同的事。但是,如果想到自己会因错误或失败而尴尬,很多员工就会害怕尝试新事物。因此,管理者需要通过在企业中创造一种信任和尊重的气氛来为员工提供心理安全的环境。

4. 参与和介入

尽早且广泛地参与,应该成为企业文化变革实施过程中的有机部分。它会让参与者产生一种能够控制变革的活动意识。这样他们能对变革产生更好的理解,并全身心地投入到成功实施变革中去。团队建设和大规模群体介入法,是吸引员工参与变革过程的可行方法。

5. 强迫和压制

管理者可用降职、解雇和岗位调换等威胁手段以克服变革的阻力。这是管理者运用权力来压制对变革的抵制。大多数情况下这种方式并不明智。如果当事人对变革管理者感到厌恶,就有可能导致变革遭到破坏。然而,如果企业需要快速推进变革,特别是当企业面临危机时,可能就需要运用这种技巧。

第四节 企业文化变革的方法和策略

一、企业文化变革的方法

(一) 企业文化整合

企业文化整合是指有意识地对企业内不同的文化倾向或文化因素进行有效的梳理,并将其整理为一个有机整体的过程,是文化主张、文化意识和文化实践一体化的过程。[①] 企业文化整合有两种不同的情况:一是同一企业内部文化内容各要素的整合;二是同一时空中不同企业文化之间的整合。事实上,企业文化整合的过程,就是企业群体的共同意识和共同价值观调整、再造的过程。一家企业经过大规模的改革和创新活动之后,也必须经过企业文化的整合,才会具有顽强的生命力,才能长期保持自己的文化特色,让员工具有统一的价值观和理念。特别是企业在进行合并时,不同的企业具有不同的企业文化,如果不能有效地进行企业文化整合,这种合并扩张,非但不能为企业带来盈利,严重时反而会拖垮企业。

(二) 企业文化移植

企业文化移植就是把优秀的企业文化核心要素移植到新的企业中,经过培育,使其像种子一样在新企业里发芽、开花,最终在新企业里结果,建立起一种新的企业文化。换句话说,文化移植是利用一种特定的企业文化来重塑原有的企业文化的过程。企业文化移植的要领在于具体问题具体分析,切忌"一刀切"式的照抄照搬。否则,就有可能发生文化不兼容的现象。根据生命周期理论,企业文化移植较多发生在企业的快速成长期;为了抢占市场份额,扩大经营规模,企业通常会利用有限的资金,开设多家分公司,增强竞争实力。例如,当年日本索尼公司收购美国哥伦比亚电影公司后,把在日本执行得很成功的企业文化和管理方式等搬到美国使用,可执行一段时间之后,问题便凸显出来了。索尼公司的日本高管怎么也搞不明白:公司为美国员工提供和日本员工一样优厚的待遇及福利,为什么还会持续发生员工的离职和跳槽事件。经过大量调查研究,结果发现,这并不是公司的企业文化或战略本身有问题,也不是企业自身管理和提供的待遇、福利有问题,而是美国人的习惯使然。美国员工习惯于在一家企业或一个岗位干上两三年就换工作或企业,并且这种行为在美国文化中并没有任何对企业侮辱或否定的成分,也没有对员工否定或耻辱的成分,而是一种正常的社会现象。在这种情况下,索尼公司只好调整自己的战略和制度,逐渐适应了美国文化,对索尼公司在美国的企业文化和战略进行了本土化的扬弃,最终站立在美国市场的是一个美国版本的索尼公司,它具备美国化的战略、管理和习惯,最终让索尼公司获得了成功。

(三) 企业文化重塑

通常我们所说的企业文化重塑或重构,实质上是说一家企业的现有文化已不适应社会发展的要求,不适应企业发展的步伐,甚至成为企业发展的阻碍;重塑和重构都是汲取原有的企业文化精华,并加以企业文化创新,以更好地为企业发展服务。根据管理熵论,任何一种管理文化、制度、政策、方法在企业执行过程中,总伴随着有效能量的逐步减少,直至能量消耗至熵

[①] 张德.企业文化建设[M].北京:清华大学出版社,2003.

值最大,从而失去管理效率。同样,作为一种管理方式和方法的企业文化,在建立之初,总是具有最大的能量,但随着熵值的逐步增加,这种文化也会逐步失去其凝聚、激励、引领员工的作用。企业文化重塑的目的就是打破原有熵值不断增大的平衡态,形成新的远离平衡态的耗散结构,促使企业由一种有序走向更高层次的有序。例如,1999年,卡洛斯·戈恩(Carlos Ghosn)在利润连年下滑的困境中出任日产公司新 CEO,他一上任就立刻发现日产公司处于混乱中。戈恩认为日产公司缺乏明确的利润导向,对客户关注不够而过于注重与竞争对手攀比,没有一种跨越职能、国界和等级界限而进行合作的企业文化,缺乏紧迫感。于是,在接管日产公司后的第二个星期,戈恩就着手改造日产公司的企业文化。他的这一大胆举措不久就得到了回报:日产公司濒临破产的下滑趋势得以扭转,重新走上了盈利的发展道路。但并不是所有的企业都能通过企业文化重塑逆转颓败之势,其实,企业文化重塑的关键是正视过去、把握现实、开创未来,要明确应该弘扬、坚持、提倡什么,应该摒弃、纠正、完善什么,不断重构满足企业可持续发展的新型企业文化,使传统企业文化在历史中传承,在现实中扬弃,在开拓中创新,在发展中升华。

二、企业文化变革中的组织发展策略

(一)组织发展策略内涵

前文主要探讨的是帮助管理者进行企业文化变革的方法。本小节介绍一种可迅速导致企业文化变革的组织发展策略。它关注组织中的人性和社交方面,认为这些方面是提高组织改造和解决问题的能力的途径。组织发展强调一系列的价值观,包括员工发展、公平开放、避免高压政治,以及允许员工在合理的组织约束下,按照自己认为合适的方式发挥工作自主权。

20世纪70年代,组织发展逐步成为一个单独领域,其内容为:在一个有计划的涉及整个组织范围内的变革过程中,运用行为学原理,以增加组织有效性。今天这种观念已经被扩大到用于审视个体和群体如何在复杂的动荡环境中,向学习型组织转变。组织发展不是为了解决特定问题而按部就班地实施方案,而是对一个组织中的人性和社交系统进行根本性变革,包括企业文化变革的过程。

组织发展策略运用行为科学的知识和技巧来创造学习型环境,具体包括:增加信任,公开面对问题,员工授权与参与,分享知识和信息,设计有效的、有意义的工作,组织间的合作协调以及充分发挥员工的潜能。

(二)组织发展策略和方法

1. 大规模群体介入法

早期的组织发展活动,绝大多数涉及极小规模的群体,并侧重采用渐进式变革方式。然而这些年组织发展策略已被越来越多地应用到大规模群体的变革中,且这种变革倾向于与组织为适应所处的复杂多变的环境而进行的激进式变革匹配起来。

大规模群体介入(Large Group Intervention)将组织内各部门的员工及组织外的关键利益相关者召集在组织办公场所外的某个地方,一起讨论组织面临的机遇和挑战,并拟订变革的计划。大规模群体介入法下的与会者可以达到50~500人,会议可能持续数天。

在办公场所外举行这样的会议,可减少各种干扰,使参与者集中精力思考,开发做事的新方式。通用电气公司曾从举行大范围场外的会议开始,使员工跨职能、跨城际、跨组织边界地

进行交谈。来自组织不同部门的员工与顾客和供应商齐聚一堂,讨论解决某个问题的对策。这个过程是大家快速分析构思,形成解决方案和开发实施方案的过程。随着时间的推移,该方案会形成一种使思想迅速转变为行动与积极商业结果的文化。

2. 团队建设法

团队建设(Team Building)增强了组织群体和团队的内驱力。所谓团队工作思想就是指在一起工作的人完全可以像一个团队那样协同工作。使用团队建设法就是将一组人聚集在一起,以团队的方式讨论冲突、目标、决策、沟通、创造性及领导等问题,并且制订出解决问题和改善结果的计划。团队建设法也被许多企业用来训练任务小组、委员会等工作团队。这种措施强化了成员间沟通和协调。

3. 组际活动法

组际活动法促进了原团队工作思想的实施。来自不同部门的代表聚集在一个地方,把问题和冲突摆到桌面上,共同诊断其原因,并制订出计划,增进相互间的沟通和协调。这种组织发展策略已经被用于解决劳资冲突、总部与分支机构的冲突、部门之间的冲突,以及并购后的文化整合问题。一个专门为其他公司保管档案记录的保管公司,发现主席会议是一种以建设团队精神为基础,以顾客为焦点的文化的关键方法。来自不同部门的员工,每两周开一次会提出问题,介绍成功经验,相互交流看法,这种会议有助于员工理解其他部门所面临的问题,也有助于增进彼此间的信任,促进工作顺利完成。

第五节　企业文化变革的领导、技巧与步骤

一、企业文化变革的领导

调查表明,在成功的创新公司中,80%的高层领导者都会经常强调创新的价值观和重要性。领导者善于思考创新并用行动来证明创新的重要性,会定期检查员工是否把时间和精力投入于创新工作。他们的领导风格影响到企业连续创新的有效性。例如,变革型领导会直接或间接地增强企业的创造力,直接的影响是通过构建一种势不可挡的愿景而实现的,间接的影响则是通过营造一个支持探索、试验、冒险和交流的环境来达成的。

只有当员工愿意为实现企业的目标而付出时间和精力,企业文化变革才可能成功。同时员工也需要一定的技能,去应对那些可能出现的压力和艰辛。变革曲线能够帮助管理者指导员工,战胜变革中的困难。变革曲线描绘了人们在重大变革中所经历的心理过程(见图12-2)。

在企业文化变革初期,领导者抱着变革能够顺利实现且能够达到积极效果的预期,发起了变革。但是随着时间的推移,他们会发现,员工很难改变其态度和行为。企业文化变革要求员工使用新方法来完成工作。如果变革无法产生预期的效果,每一个人都可能感到不同程度的失望。因此,员工可能会抵触新的流程和工作方法,部门绩效可能会因此而明显下降。优秀的领导者能够迅速从这些挫败和绝望中走出来。否则,这种心态将会破坏变革的努力。在有效变革的环境下,变革会坚持下来,并且最终帮助企业和部门获得更好的绩效。例如,宝洁公司的领导者发起了一项针对顾客的工作流程改革,并为此配备了一个60天免疫反应系统。在这一系统下,每个人都开始看到变革的积极结果,最终企业花了60天的时间来克服变革阻力,修正流程中的错误,走到变革隧道的尽头,看到了胜利之光。如果领导者提出一个明确的、自己

充分沟通的愿景目标,且该愿景能体现接受新构思、新方法、新风格的灵活性和开放性,就能为顺利运行变革奠定良好的基础。同时,这能使员工更好地适应企业文化变革带来的混乱和紧张情绪。

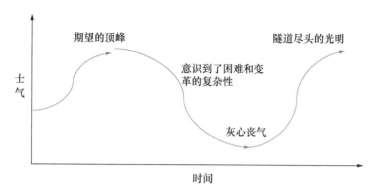

图 12-2 变革曲线

资料来源:达夫特.组织理论与设计[M].11 版.王凤彬,等译.北京:清华大学出版社,2014.

二、注入新伦理价值观的领导角色重塑

林恩·夏普·佩因(Lynn Sharp Paine)提出领导者在塑造和维持强有力的伦理文化过程中,应承担四项工作:第一,开发伦理框架作为指导计划决策和绩效评估的指南。[1] 另外,还要将企业的伦理立场通知给投资人、员工和业务伙伴。第二,仔细关注组织结构和制度设计,从而将企业形成一个联盟。这些结构和制度包括领导和监督、雇用和提升、绩效评估和奖励、员工开发和教育、计划和目标设定、预算和资源分配、信息和沟通、审计和控制。第三,用行为模范来领导,这或许是在塑造和维持强有力的伦理文化中最重要的因素。尽管员工会第一时间找直接主管来寻求伦理标准,企业的伦理立场通常是通过投资者或有职权的领导者的行为得到确定的,这也更有说服力。行为所传达的信息要比任何企业的伦理陈述清晰得多。第四,领导者要充分认识到企业运行的产业和环境中所存在的固有的伦理挑战,并及时处理这些外部挑战,因为这些挑战可能给员工的行为塑造带来阻碍。通常,要改变这个有问题的环境是不太容易的,企业领导者要认识到外部伦理行为对内部员工所制造的压力,并且要充分考虑企业的立场。

三、企业文化变革的分析框架[2]

1. 塑造新的心智模式——变革的源头

在超循环理论中,曼弗雷德·艾根(Manfred Eigen)引入了"拟种"概念来解释超循环组织的形成和演化方式,并提出"错误阈值"的概念和"利用错误进化"的观点。[3] 根据超循环理论所提供的企业文化变革框架,个体心智模式的改变经功能耦合所产生的非线性作用,将会自发地形成文化演变超循环组织。由此,鼓励创新,包容失败,培育创新基因的土壤就显得尤为重

---

[1] PAINE, L S. Cases in leadership, ethics, and organizational integrity: a strategic perspective[M]. Boston, MA: Irwin.

[2] 王丽娟. 企业文化变革的自组织分析框架[J]. 管理世界, 2006(6):155—156.

[3] 艾根,舒斯特尔. 超循环论[M]. 曾国屏,等译. 上海:上海译文出版社,1990.

要。所以,彼得·圣吉(Peter Senge)强调,先导小组是组织中新思想的孵化器,先导小组的思维开放性和企业文化的灵活性及弹性,是决定变革成功与否的关键所在。

2. 循环——变革的保障条件

所谓循环是指这样一类动态系统,它有一个输入端和一个输出端,在这两者之间是由多个中介体构成的因果循环,这些中介体之间是一种依次的生成关系。其中,最为关键的是,这个过程的末项(结果)恰恰要生成这个过程的首项(原因)。如此这般,系统才得以构成封闭的功能耦合网,系统的整体性、稳定性才有了存在的基础和前提。因此,有效的信息反馈机制是实现组织变革的基本保障。

3. 先传承后创新——变革的基本路径

生命系统之所以能维持在时空中自身的存在和种族的原有特征,是因为它们具有繁殖、遗传或自我复制的能力。同样,超循环理论也特别强调自我复制在组织进化中的作用,正是通过自我复制,系统信息才得以积累和遗传,从而使系统在进化过程中呈现出稳定性特征。因此,企业文化变革必须强调先传承后创新。

4. 循序渐进——变革的策略

变革必须从小规模开始,逐步发展。按照河野丰弘的观点,文化变革必须先从部分的改造开始,也就是创造一个新的企业文化岛屿,使其与旧的企业文化之间有一段鸿沟。当这段鸿沟被填满时,新的企业文化就可以传递到其他部门。事实上,制度变迁成本较小的方向正是传统习惯演变的方向,一种尽可能小地偏离习惯演进方向的制度变迁最有可能获得成功。

5. 控制突变——变革的关键

企业文化的演化过程中存在大量的非线性作用,这使得文化演化过程可能产生随机性"相变"。而对临界点附近的系统进行调控会起到事半功倍的作用。因此,扰动点的管理是领导文化变革艺术性的最集中体现。

6. 引领认同——变革的基石

认同是一种群体内聚力的最根本的机制。一旦缺乏认同,企业文化变革将寸步难行。而制定一定的规则,以一定的参数进行调节,然后放手让子系统自己相互作用,产生序参量运动模式,从而推动整个系统演化,是对于组织系统而言最好的管理方式。认同是企业文化变革的基石。

四、实施企业文化变革的技巧

1. 树立变革的紧迫感

一旦领导者认识到并识别出变革的真实需要,就需要通过树立变革的紧迫感来消除体制影响。企业危机的出现有助于解冻,并使员工愿意投入所需要的时间、精力去采用新技术的核心程序。

2. 建立一个引导变革的联盟

领导者需要在企业中建立一个联盟,且联盟中的成员有足够领导变革过程的权力和影响力。为了成功实施变革,必须形成对变革的需要和可能性的共识。高层管理者的支持对于任何重大变革而言都是至关重要的。缺乏来自高层的支持,往往是变革失败最常见的原因之一。此外,这个联盟应该包括企业基层管理者和中层管理者。对于小型变革而言,相关部门中有影响力的管理者的支持也是十分重要的。

3. 创造变革的愿景和实现愿景的战略

那些带领企业经历重大转型并获得成功的领导者们都有一个共同点:集中精力规划并明确表达一个势不可挡的愿景和实现它的战略。该愿景和战略将引导企业文化变革的过程。无论变革规模的大小,未来会更好的愿景以及实现愿景的战略都是非常重要的变革动力。

4. 找到适合变革需要的构想

寻找一个合适的构想,领导者通常要启用搜索、搜寻程序,并与其他高层管理者讨论。组织变革任务小组调查问题,向供应商征求意见,或请企业内有创造性的员工提出解决办法和新构想,这也是鼓励员工参与的一个好机会,因为他们需要思考的自由。

5. 创建变革团队

单独设立创造性部门、创业团队、特别团队和临时性任务小组,这些都是将精力集中于提出和实施变革的方法。独立的部门才会有充分的自由去研发真正需要的新技术。设立任务小组的目的在于确保变革实施的完成,该任务小组负责沟通、吸收使用者参与变革、培训及其他变革所需要的活动。

6. 培育创新带头人

创新带头人是变革过程中最有效的武器之一。最合适的创新带头人是自觉自愿地全心全意投入以实现某个新构想的志愿者。创新带头人负责确保所有技术活动都是正确的、完善的,另外还需要其支持、促进管理带头人。他们负责说服人们实施变革,必要时可以动用强制手段。

五、实施企业文化变革的关键步骤

霍夫斯泰德指出在管理企业文化变革的过程中,对于领导者是否可以进行授权,必须考虑到两个需求:一是权力需求,二是专业技能需求。据此,他提出企业文化变革管理的关键步骤。

(1) 起点:构建全面的企业文化描述图谱。为此,必须进行文化诊断。

(2) 进行战略选择,为此必须回答以下问题:目前的企业文化是否与企业战略匹配?如果不匹配,企业战略可以做适应性调整吗?如果不匹配,需要怎样的企业文化变革?这个变革可行吗?我们需要多少人员来实施变革?从管理注意力和所需要的资金来看,这个变革将会产生多大的成本?预期的收益是否能够覆盖这些成本?实际上,员工多久能适应这些变革?如多数员工对此有疑问,是否改变企业战略更好?实施不同的亚文化,可能需要不同的方法。

(3) 在企业范围内网罗各层级中的一些关键人员。如果关键人员开始变革,其他人也会跟随。对于拒绝变革的人,进行必要的干预。

(4) 设计必要的结构变革,包括设立和关闭部门、合并和拆分部门、对群体和个人进行动员,以确保变革的任务与员工能力相匹配。

(5) 设计必要的过程变革,包括设立或拆除控制机制、规定自主权或非自主权、建立或拆除沟通联系、通过控制输出来控制输入。

(6) 修改人事政策(如雇佣标准、晋升标准),考核人事经理能否胜任新任务,对培训计划提出疑问,明确传达培训需求。

(7) 继续对企业文化的发展进行监控,包括持续不断地关注、重复企业文化的诊断过程等。

第六节 企业的文化创新战略及企业文化创新

上文探讨的企业文化变革指在现有企业文化框架下,通过吸收外部调整,抓住机遇,改变企业文化来渡过危机。但是,这样的变革和创新是有差别的,创新应该是生产要素的重新配置。根据熊彼特的定义,创新是指企业家实行对生产要素的新组合。当下,变革与创新是非常热门的话题,但是许多人常常将两者与创造混淆。本书认为创造是从无到有的原创行为。接下来讨论企业文化创新的内涵,但在此之前,我们先探讨企业的文化创新战略。

一、企业的文化创新战略及企业文化创新界定

根据企业创新战略理论、熊彼特对创新的界定以及霍尔特与卡梅隆的文化创新理论,本书认为企业的文化创新战略是指企业在外部环境扫描中抓住社会文化正统和社会新阶层与新生代造成的文化断裂下形成的新社会意识形态机遇,设计新社会意识形态、新文化假设前提、英雄行为、神话故事和新文化符号的文化表达策略,从而创造新企业文化、重组产品线和重构品牌传播战略,最终驱动新的产品或服务外显为物质战略组合。这个定义包括由外向内的企业文化创新战略、内部新产品线创新战略和由内而外的品牌传播战略。据此,企业文化创新是企业吸收宏观社会中出现的新社会意识形态,彻底重组企业文化的愿景、使命、价值观、组织行为、制度和文化符号,从而创造一个崭新的企业文化的行为与过程,它是企业文化创新战略的内化。品牌传播战略定位于新社会意识形态群体来诉求新文化价值观,它是企业文化创新战略的外化策略,目的是驱动内化新企业文化与新社会意识形态的新品牌的文化消费,从而将企业的文化创新战略转化为市场收益的文化传播战略。它们之间的联系如图 12-3 所示。

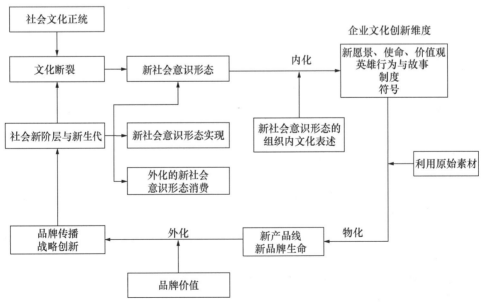

图 12-3 企业的文化创新战略模型

二、企业文化创新战略

(一) 企业文化创新战略的内涵

企业战略是企业在对环境、目标及优势的假设基础上具体的经营思路和安排,是在变化的环境下为求得可持续发展的总体性谋划,是企业经营理论的理性反映。而企业文化创新战略是立足于企业文化。在社会文化正统和社会新阶层与新生代造成的文化断裂影响下,产生了新的意识形态,最终在组织内文化表述的作用下重组为企业文化创新维度,包括新的愿景、使命、价值观、英雄行为与故事、制度、符号等,这一过程是企业文化创新战略的具体化。

(二) 企业文化创新战略的实施

1. 社会文化正统与文化断裂

文化创新的发动机是社会中的历史变化,这一变化重要到足以动摇社会文化正统,同时形成对于新的文化表述的潜在需求。在产品市场中,某种社会文化正统一般可以维持几年,偶尔也可以维持十年甚至更久。但是随着历史的发展,社会结构变化中的一种或多种将是破坏性的,它将对现有企业所提供的、被视为理所当然地产生的文化表述构成挑战,同时形成对新文化表述的紧急需求,这就是所谓的"文化断裂"。① 由此,社会文化正统的改变会直接导致文化断裂现象的发生。

文化断裂能够创造意识形态机遇,形成新的社会意识形态。意识形态是对已被广泛认可且被认为理所当然的,其中部分甚至被认作自然真理的文化观念的态度,它深刻地塑造着我们的日常价值观与行动,常常成为消费市场的基础。意识形态并不是凭空构造的,文化创新也不是随意发生的,而是源于社会中的历史变化。当社会历史发生深刻的变化时,社会文化正统不再能充分传达消费者需要的文化表述,消费者会转而采用那些能够表达新的社会意识形态的品牌,这些品牌借助新的企业文化创新维度使意识形态更有趣。意识形态机遇为市场创新提供了最肥沃的土壤。

2. 社会新阶层与新生代

据 2017 年 1 月中共中央统战部发布的数据显示,当今新的社会阶层人士约有 7 000 万人,主要包括私营企业和外资企业管理技术人员、中介组织和社会组织从业人员、新媒体从业人员和自由职业人员四类。他们思想活跃,流动性大,分散性强,与各社会阶层互动频繁,其中每个群体都有各自的特点,利益诉求差异较大,且一直处于快速变化之中。社会新阶层的人口以"新生代"为主体,年龄结构上以 70 后、80 后和 90 后为主,整体呈现"年龄越大,人数越少"的特点。② 滴滴出行总裁柳青认为新生代有很鲜明的特点:相较于上一辈人,新生代更渴望通过自身的努力,给外界带来积极影响;他们有更强烈的好奇心和更开放的态度,愿意去冒险、去开拓。所以社会新阶层与新生代思想及价值观的改变,强烈到足以能够动摇社会文化正统,同时形成对新文化表述的潜在需求,造成文化断裂。然后,文化断裂创造出新的社会意识形态机遇,促使新社会意识形态的产生。此外,社会新阶层与新生代的出现,导致社会消费观发生变化,同时促进了新社会意识形态的实现。

---

① 霍尔特,卡梅隆.文化战略:以创新的意识形态构建独特的文化品牌[M].汪凯,译.北京:商务印书馆,2013.
② 廉思,冯丹.当前新社会阶层的十大特征[J].理论导报,2016(9):23—25.

3. 文化创新战略的内化过程

虽然文化断裂形成了新社会意识形态，但是意识形态是一种观念，而不是表述，只有通过神话与文化密码的传递，它才能进入文化。而神话则是有教育意义的故事，它折射出意识形态。只有塑造合适的神话，将意识形态融入其中，才能使得意识形态被人理解，仅仅是一句陈述的意识形态是难以让人接受的。而一个神话想要引发消费者的共鸣，就必须借助于最恰当、最引人入胜的文化密码。文化密码为消费者提供了一个简略的表述，使其能够轻松地理解与体验想要表述的意思。当文化创新找到了正确的意识形态，并用正确的神话故事戏剧化地呈现出来，或用准确的文化密码加以表述时，文化创新也就实现了突破。

神话和文化密码构成了新社会意识形态下的企业文化表述。文化表述是文化创新的关键，"正确地"进行文化表述非常重要。文化表述具有指南针的作用，告诉人们如何理解这个世界以及我们在这个世界中的定位，揭示出何为意义、道德、人性、价值；文化表述也是身份认同的关键，是关于归属感、认同感及身份地位的最基本素材。霍尔特与卡梅隆认为，文化创新是一个品牌有关创新的文化表述。① 世界上一些有影响力与有价值的品牌，不断为消费市场提供新的文化表述。无论对于有形的产品还是对于无形的服务，消费者都是通过文化表述来理解、体验、评价的。但是，少有企业意识到管理其产品或服务的文化表述。市场上的老牌商家常用因循守旧的态度对待文化表述，甚至抄袭了事（模仿）。既然老牌商家喜欢用俗套的文化外衣包装商品，就给那些采用文化创新战略的企业留下了巨大商机。② 由此，企业能够在新文化表述的作用下，将新社会意识形态内化为企业新的愿景、使命、价值观、制度、符号以及英雄行为与故事，构建新的企业文化。

本 章 小 结

企业在逐步发展和成长的过程中，其文化不应一成不变，而应随着企业内外部环境的变化而进行相应的变革，以适应企业的发展现状，并促进企业的进一步壮大。企业文化的变革和创新是企业走向成功的必经之路，是企业在认清自我之后的继续前进，是企业保持进步的不竭的动力源泉。企业文化传达了其内部的使命、价值观及愿景等，其变革和创新的难度较企业变革更甚。所以，企业文化的变革和创新需要领导者付出更长的时间和更大的精力。

【复习思考题】

1. 企业文化变革的类型有哪些？
2. 企业文化变革的方法有哪些？
3. 企业发展的策略和方法是什么？
4. 简述克服变革阻力的策略。
5. 企业文化创新战略的实施包括哪些内容？
6. 用本章理论分析、讨论下面案例。

---

① 霍尔特,卡梅隆.文化战略:以创新的意识形态构建独特的文化品牌[M].汪凯,译.北京:商务印书馆,2013.
② 同上.

案例分析

企业文化变革策略组合——以海底捞企业为例

一、海式家庭文化

1994年3月,四张桌子搭起来的小火锅店——海底捞在四川省简阳市成立,经过二十多年的努力拼搏,发展成为员工超过10万名,在北京、上海、西安、天津、沈阳等全国多个城市拥有1500多家门店,同时配备一批来自食品、物流等行业的专业团队及技术人员的大集团。这样的成功得益于其海式家庭文化。

海底捞企业文化的精髓在于用愿景激励员工,用温情感动员工,用情谊维系员工,用安居温暖员工。海底捞的管理不仅仅停留在制度管理,更借力于情感沟通的方式。

海底捞的企业文化主要体现在以下三个方面:

1. 用心创造差异化

大脑在什么情况下才可以去创造？心理学证明,用心的时候大脑的创造力最强。哪个老板不想让员工用心工作呢？但是真正能做到的凤毛麟角。海底捞是如何做到的呢？

海底捞创始人张勇的答案很简单。人心都是肉长的,你对大家好,大家也就对你好,只要想办法让员工把公司当成家,他们就会把心放在工作上,从而把心放在顾客上。于是,让海底捞的服务员都能像自己一样用心为顾客服务,就变成了张勇的基本经营理念。

服务的目的是让顾客满意,但顾客的要求不尽相同。让顾客满意,不可能完全靠标准化的流程和制度,只能让一线服务员临场靠自己的判断去完成。如果碰到流程和制度没有规定的问题,就需要用心调动大脑去思考、去解决。

2. 把员工当成家人

如何让员工像自己一样用心呢？答案是让员工把公司当成家、把同事当成家人。把员工当成家人,就要像信任家人那样信任员工。海底捞200万元以下的开支,均由副总经理负责;大区经理的审批权为100万元;30万元以下的审批,店长就可以签字。在海底捞,所有的一线员工都有免单权。只要员工认为有必要,就可以给顾客免费送一些菜品,甚至有权免掉一餐的费用。

3. 公平、合理的晋升制度

任何新来的员工都有管理、技术和后勤三条晋升的路径可以选择。这种晋升制度让所有的员工都感受到公平,哪怕是一个切菜的厨房小工也有机会升级。这让有能力、有追求的员工都能找到发展的方向。只要你愿意,海底捞提供了职业生涯的舞台。在这里,学历不再是必要条件,工龄也不再是必要条件。这种不拘一格选人才的晋升制度,让处于社会底层的员工有了尊严、有了希望。

二、海底捞的企业文化变革策略模型

(一)解冻——企业文化建设问题分析

1. 海底捞的科学管理制度问题

除了令人惊叹的服务,海底捞的"人治"理念也是令其声名远扬的重要原因之一。海底捞考核指标的测量采用了餐饮企业普遍使用的方法:通过日常巡店来检查门店运行情况;通过顾客的回头率来衡量顾客的满意度;根据顾客是否会成为某一员工的回头客来考核这个员工的工作能力和工作态度。海底捞在企业内部充分营造了信任的工作氛围,它授予服务员一定的权限,这为公司带来了好的口碑,但也给公司的进一步发展带来了阻碍。虽然"人治"是海底捞成功的最大原因,但当其规模扩大到一定级别的时候,"人治"就显得杂乱无章了。领导者为此希望有明确的管理制度可以参照,他们开始将注意力转移到寻找新的治理方法,构建一个公平、公正、高效的管理体制上。

2. 海底捞的企业文化创新

企业文化创新不是指在企业文化与发展速度不匹配时,对企业原有的文化进行全盘否定。这样会使组织内部成员对企业原有的文化产生不自信的心理。海底捞发展至今,初期的创业思想深入人心,如果管理层希望企业更有竞争力,实现可持续发展,就必须对初期的文化进行变革,为公司的管理制度和企业文化注入新的活力,引进科学的管理方法,对原有并不适应现阶段成长的企业文化进行新的解读。

3. 海底捞的人才培养机制

海底捞成功的另一个重大原因是其具有最直接、最有效的人才培养方式——师徒制。在海底捞的员工中,除了一些需要专业技能的岗位,比如财务人员等,就连中高级管理人员,都要求从服务员做起。在海底捞做大之前,这种人才培养机制十分有效,它使得海底捞所有员工都树立起以顾客满意为最高标准的意识。但是在企业做大之后,海底捞对各类人才的需求也逐渐增大,由于海底捞线上业务的开启,从而需要互联网技术人员、仓储管理人员、物流配送人员等;随着海底捞门店数量的不断增多,食材供应问题愈发重要,对供应链专业人才的需求也日益增加,这些人才的招募和培养已经不能沿袭原有的机制了。对于这些专业人才,海底捞选择从大学毕业生中招募,但是这些年轻人缺乏必要的服务精神,对于服务员这一职业没有认同感,因此往往坚持不下去;此外,由于这些高素质、专业性强的员工可以通过考试来晋升,不需要做大量体力劳动,让其他一线服务员工觉得不公平,也带来了管理上的混乱。为此,海底捞必须改变现行的师徒制,建立新的培养机制,一方面能招募到那些高素质、高专业水平的管理人才和技术人才,另一方面保证海底捞以顾客满意为最高标准的服务理念不会被遗忘。

(二)学习——企业文化变革策略

为了尽快推动企业变革,企业要制定相应的管理制度来促使文化变革策略落地。在这个过程中,可以帮助其成员尽快地了解企业文化变革的重要性和必要性。

(1)组织结构变革:人本管理结合科学标准化管理。海底捞将人本管理思想注入企业文化,使得每一位员工都对企业文化引以为豪,把自己当作企业的主人翁。在海底捞的创业初期,人本管理已经发挥了它最大的作用,而在现阶段及日后进一步扩张的过程中,如果坚持这种没有科学标准化管理的人本管理,企业的发展将会停滞不前。科学标准化管理是海底捞必须去学习和应用的制度,在结合原有的人本管理的基础上,对企业实行制度化、标准化和规范化管理,利用薪酬激励、股权激励和职位晋升等人力资源管理手段,努力提升员工的积极性和创造性,这样的海底捞才能实现更大、更强的目标。

(2)创新企业文化,增强对员工的重视度。创新服务是海底捞在创业初期站稳市场的助力,然而随着企业的不断扩张和发展,企业管理层也在不断调整变化,企业文化却没有随之发生变化,这显然不符合企业发展的规律。想要企业文化符合企业发展的需要,更好地为企业发展铺路,就必须不断根据企业战略的调整和政策的变化来调整和改善企业文化。在企业创业初期让企业迅速站稳脚跟的创新服务对顾客来说,已经不具备那么强的吸引力了,因为顾客已经对这种服务习以为常;另外也有很多企业效仿海底捞的做法,顾客所接触到的服务体系已经趋于一致化。现阶段的海底捞如果还固守原有的企业文化体系,无法为企业文化注入新鲜血液,企业的发展将会受到很大的影响。

(3) 关注员工的需求层次。以"人治"为理念的海底捞在员工的福利待遇上所做出的努力也是大家有目共睹的。海底捞员工在工作时是一个服务者,在下班时则成为一个被服务者。除了薪酬激励,海底捞为员工提供了舒适的住宿环境,相应的硬件和软件设施都配备到位。此外,海底捞还在新员工入职培训时分享各种有用的生存技能和生活诀窍,使员工更好地融入工作和生活的城市。海底捞的吸引人之处还有它一直强调的尊重。它尊重每一个员工的想法,对于员工提出的想法和意见都耐心听取并有选择地采纳,让员工觉得自己的价值不仅仅是服务。

(4) 改革人才培养机制。创新型人才对企业的发展至关重要。为了培育专业人才,首先需要有天赋的员工,因此选择合适的员工是非常重要的。专业、科学的人才鉴别方法,有利于增强对所选人员的有效性分拣,完善人力资源选拔制度。在开发人力资源方面,加强创新意识,培育创新思维。在教育过程中,不断优化教育方法,有效地利用丰富的网络资源。另外,加强对培训资金的投入,为培育创新型人力资源提供必要的资料基础,并确保必要的研究资源。

制度是人才培养的保证。一个合理的制度可以令执行者信服,从而自觉参照执行。我们在实践中也需要对制度进行不断优化和补充,仔细考虑每个方向的平衡,并专注于系统的建立。为避免交叉管理,系统的实施必须合法化。应切实保障制度的执行力度和公平性。

(三) 再冻结——保证海底捞企业文化变革顺利开展的后盾

在沙因提出的文化理论中,解冻、学习是企业文化变革所必须经历的两个过程,而且也只有经过冻结、学习之后的再冻结才能起到夯实企业文化变革的作用,解冻、学习、再冻结缺一不可,只有这样才能巩固企业文化变革的结果,并形成新的企业文化基础,引导员工在新企业文化的指引下,采取新的行动来实现新的目标。

(1) 充分发挥人力资源消除企业文化变革中产生的群体焦虑的作用。在海底捞进行企业扁平化改革的过程中,不少海底捞的店长因为缺少专业知识和相关经验,从而对自己所从事职业的前景缺乏必要的信心,日渐迷失甚至怀疑自己。针对这种情况,海底捞另辟蹊径:一是通过对员工能力、知识水平的测评,鼓励并支持有能力、有水平的员工开设分店;二是建立新的薪酬机制,通过高薪酬及利润分红政策来激发员工的工作热情,提高工作效率;三是建立排名机制,根据员工的工作量进行排名,那些努力工作的优秀员工最后得到的薪酬甚至可以达到区域经理的薪酬水平;四是完善人才选拔制度,海底捞成立专门的工作小组,负责对员工进行考察,一旦发现有适合担任管理职位的员工,就会对员工进行培训与指导,然后对其任用。这些方法旨在提振海底捞员工的士气,恢复并增强他们对工作的信心,以此消除并克服因变革而带来的群体焦虑。

(2) 顺应信息时代发展,以消除群体的不确定性心理,营造公开、公正的环境。2004年,海底捞推出会员制,顾客在成为会员之后,其注册资料会上传到海底捞的会员系统,在每次消费过程中,海底捞给予会员"服务+"的定制服务,确保会员获得良好体验;同时,海底捞借助互联网,将服务延伸至线上,拓宽消费群体的广度;为了吸引更多的群体,海底捞根据消费者的生活习惯成功将其品牌与O2O游戏平台结合在一起,模拟实际经营,建立起与顾客群体的数字化沟通途径。

(3) 完善企业文化转型所必需的培训、考核和授权等相应制度。培训制度是企业文化转型的重要基础之一,要想成为海底捞的正式员工,都必须接受海底捞提供的各项培训。除了培训,考核也是企业文化转型的重要基础。海底捞建立起巡视店面和考核店面的双考核制度,建立起层次分明、公平公正、合理有效的考评体系,以满足顾客需求为根本出发点,进行由下到上的满意度调查。这种方式更为直接、透明,管理者可以通过调查发现员工对企业内部创新的支持力度和接受程度,员工也可以借此找到适合自己并符合企业发展的目标。企业文化转型还有一个重要基础,那就是授权制度,它是海底捞内部信任关系的最好体现。海底捞授予每一位员工充分的权限,这种充满信任的企业文化是对员工的一种尊重,更有利于激发员工的工作热情与动力。

(4) 拓宽企业文化的传播途径。海底捞员工在正式入职之前都会接受公司的培训,借此宣传海底捞的价值理念,如人人平等、劳动创造财富等,这些都让员工觉得自己身处"家"中。海底捞还创建了内部刊物,宣传本公司的企业文化,刊登员工的优秀事迹;强调只有通过自己的双手才能证明价值,才能走向成功;还会刊登员工的创意,也会将领导者对企业文化的解读刊登在刊物上,促进企业文化在员工内部的扩散,加快企业文化变革的脚步。

(5) 通过变革组织结构来保障文化的转型。海底捞在创业初期采用金字塔式管理机构,这种领导方式使得门店发展受到了很大的限制,一线店长无法落实自己的想法,受区域经理的约束较大,同时这种较为集中的管理制度也不利于内部管理。因此,海底捞采取变革组织结构来解决这一问题,代之以更为扁平化的组织结构,这一变革加强了企业的横向交流与管控。

第十三章 企业文化的诊断与咨询

【学习目标】

- 了解企业文化的诊断内容及诊断方法
- 掌握企业咨询的内容及过程
- 了解诊断报告的结构
- 了解诊断效果的评估方法

 开篇案例

罗莱家纺企业文化建设诊断

管理咨询团队通过访谈、座谈、问卷调查、实地调研和资料查阅等多种形式对罗莱家纺的企业文化基本状况进行了较为全面的了解,在此基础上形成了《罗莱家纺企业文化建设诊断报告》。在调研过程中,咨询团队了解到企业文化建设的现状:

(1) 罗莱家纺已经准确提炼出适合自身发展的核心价值观,并得到了广泛认知。其中,卓越和专注认可度较高,伙伴方面有待提高。这些企业文化对罗莱家纺过去的发展起到了巨大的作用,有效地激发了员工的积极性,增强了积聚力。

(2) 伴随着企业的快速发展及员工的快速增加,现有的企业文化建设方式与企业发展的需求产生了一定的差距。

(3) 罗莱家纺的企业文化缺乏系统的建设规划和立体的实施系统。高层管理者和部分员工能够在日常工作中践行核心价值观,但广大员工在践行方面缺乏积极主动性和持续性。

(4) 罗莱家纺与国际先进企业相比,在理念体系和文化落实方面存在一些差距。

(5) 罗莱家纺现有的制度体系与文化理念存在出入。

在此基础上,应做出以下调整:

(1) 明确企业文化建设的组织、职权及目标。

(2) 制定文化建设的总体规划、详细的计划体系找到当前工作的切入点。

(3) 丰富企业文化建设的有效宣传手段与工具,组建讲师团队,编写与企业文化规划相配套的教材。

(4) 建立与制度、流程有效结合的企业文化建设扫描体系。

(5) 建立企业文化子系统,让员工将企业文化和自己的工作紧密结合,落到实处,指导日常工作。

(6) 建立文化建设的目标控制与考核体系。最后,咨询团队在这些调整落实后,需要进行新企业文化的测评。

一套完整的企业文化理论体系是指导企业文化管理实践的基础。我们学习这些理论体系的目的是为企业文化建设提供方案,最终提升企业绩效。那么,现在的问题是,这些企业文化理论体系是如何指导实践的?本章将探讨把企业文化理论体系应用于企业文化管理实践的方法,即企业文化测量、诊断、咨询和评估的过程。本章既是方法论导向的,也是问题导向的,将从问题诊断入手,探讨对目标企业文化进行测量的方法和步骤、咨询报告的写作与沟通等内容。

第一节 企业文化的咨询理论概述

一、西方企业文化理论在中国情境下的有效性

西方的企业文化理论体系是在西方的情境下开发、提出的,因而它在西方社会中是有效的,能推动企业绩效的提升。但是,当这些理论体系脱离了西方的宏观社会环境,移植于中国情境中,不可避免地会出现理论失效的情况,原因主要以下几点:

(1) 中国宏观社会文化结构复杂。中国企业文化的文化资源及理念,源于宏观社会环境的新三位一体,以儒、道、佛为代表的传统文化价值体系。此外,当下的社会主义核心文化价值体系和市场经济制度都是企业文化的理念来源。由于这些文化价值体系,或传统哲学本身的假设前提和出发点存在差异,一方面中国企业中的文化理念很少单一地来自儒家、道家或佛家,另一方面企业也不会纯粹地按社会主义的市场逻辑或资本主义的市场逻辑来实施管理。西方企业文化理论无法生存于这样一个复杂的文化环境中,因为西方企业文化理论的概括与提炼是(或主要是)在西方基督教文明的情境下完成的。沿用这套理论体系的企业在中国情境下是无法找到一以贯之的文化逻辑和价值观体系的。因此,当它们被应用于中国企业的管理实践时,其管理实践的假设前提和逻辑结构有可能是相互矛盾的,从而无法实现如西方社会情境下的应用效果。

(2) 管理行为同时受文化的优质和劣质基因影响。中国企业由于受中国传统文化的影响,其管理行为呈现出自己的独特性。但中国传统文化的影响既有积极的一面,也有消极的一面。因此,企业领导者有可能吸收了消极的传统文化思想并将其演化成企业的价值观体系,以致内化成自己的组织管理、经营哲学,形成了自己的管理风格和领导风格。这种企业文化就无法促进企业的绩效提升。

(3) 复杂宏观社会文化导致复杂的组织行为。中国员工的组织行为是在中国的宏观文化价值体系下形塑而成的行为模式。这样的行为模式是复杂的,有别于西方企业文化理论塑造的西方员工的行为模式。因此,要用西方企业文化理论来形塑中国员工的组织行为和行为模式,将显得非常单薄且效果甚微。

二、中国企业文化管理实践存在的问题

当前,中国企业文化管理实践存在以下问题:

(1)企业缺乏持续存在的理念依据,没有开发出与企业战略相匹配的愿景、使命和价值观体系,企业对未来没有完整、系统的思考,无法将战略落地。因此,中国许多"明星"企业成为"流星"企业。

(2)因为缺乏一以贯之的愿景、使命和价值观体系,企业高层管理者分裂为不同的政治利益群体,难以形成企业的核心力量。由于高层管理者价值观不统一,目标追求各异,缺乏共享文化及共同的事业平台,因而普遍抱有"打工心态"。虽然现在流行股权激励,但是缺乏共享文化的股权激励难以形成有效的内生激励机制。

(3)企业文化理念与管理行为和组织行为严重背离,文化虚脱于行为,缺乏与愿景、使命、价值观相一致的心理契约和组织公民行为。因此,中国企业的企业文化没有成为形塑员工组织行为的思考框架。

(4)企业文化没有落地,仅停留在口号与时髦的词汇上,导致企业文化严重脱离于企业的管理体系,企业文化构建只是企业文化娱乐活动的一部分。例如,KPI是员工行为导向,但企业没有建立反映文化诉求的KPI体系;心理契约的天然缺乏导致企业的制度成本高,企业行为与员工行为失去了心理契约内生约束的自律机制。

(5)"官本位"的认知系统及非人性化的人为秩序对企业文化形成良好的组织氛围产生了负面的影响,如重权力、职位但不重责任等现象频发。

(6)传统文化中的"人治""中庸之道""实利"对优秀企业文化的构建形成某种约束。

(7)企业文化是联结战略、运行过程、产品制造及人的行为态度与技能的一个平台。但它的成功建立,并不能替代精细化的生产运作管理。当前,有些企业偏颇地认为有了企业文化就可以自然而然地形成生产力,而忽视了精益化管理和员工的执行力。

三、企业文化管理咨询服务的供给

(一)国际咨询公司为中国企业提供的服务

改革开放以来,中国企业特别注重管理技能和管理水平的提升。因此,有能力的企业会聘请世界顶尖的管理咨询公司,为自己的公司提供管理咨询服务,以改造现有的企业管理体系和管理风格。这些国际咨询巨头包括麦肯锡、埃森哲、波士顿咨询公司等。这些咨询公司为中国本土企业提供的方案非常系统,也有自主性知识开发及创新。它们针对所服务的公司存在的内部管理问题,实实在在地提供了系统的改进方案。但是这些方案在落实中出现了严重的问题。首先,所提供的理论和方案太先进,与目前中方的管理水平严重脱节。例如,麦肯锡曾经为一个著名的药企提供了一个非常系统的人力资源管理方案,但是该方案经过中方外聘的五个博士花费五年的时间进行细化才得以落实。其次,这些国外的顶尖公司按照跨国公司的要求,提供了非常标准化的管理咨询方案,但是它严重脱离了中国企业所面临的宏观社会环境和中国社会主义核心价值体系。再次,管理意识形态存在问题。改革开放后兴起的企业由于赶上中国的市场刚刚启动,所以简单地提供产品就可以获得高额的利润。这些高额利润"宠坏

了"高层管理者的头脑,他们认为是自己的管理哲学、管理技能促进了企业的绩效增长。在这个过程中,为了给自己的管理水平"贴金",高层管理者花费巨额资本,聘请国外的顶尖咨询公司为自己做管理方案。其出发点并不在于这些方案的有效性,而在于向外界释放信号——自己是一个规范管理的大公司。实际上是高层管理者所在的企业为了获取在国内企业界的合法性。最后,就企业文化的咨询来看,许多公司很少单独做企业文化方面的咨询,因为在它们看来,企业文化咨询业务量太小挣不到钱。一般情况下是在大型的咨询项目中嵌入企业文化咨询,来提供企业文化的塑造方案。

(二)国内本土咨询公司提供的管理咨询服务

国内的一些学者,在改革开放初期也成立了许多管理咨询公司,比较著名的有东方智业、华夏基石、北大纵横、和君咨询和正和岛。这些公司为本土企业提供了各式各样的管理咨询服务。与国际咨询公司一样,它们很少单独就企业文化课题提供单独的咨询服务,而是将企业文化咨询纳入一个大型咨询项目。中国本土咨询公司所提供的企业文化咨询,存在以下几个问题:

第一,通过对西方企业文化理论体系的运用,对现有企业文化的资料进行简单的梳理,在此基础上提供一些建议。而后形成初版企业文化咨询报告,这种咨询报告的实际应用价值恐怕有待商榷。

第二,很少有国内的咨询公司,对所服务的企业提供知识创新之道,也就是没有对所服务的企业进行深入的研究,未能根据所服务企业的特征及领导者的性格来改造现有的西方企业文化理论,因而不能重塑本土化的企业文化理论,无法为企业提供既科学又符合该企业特征的、有效的企业文化管理方案。

第三,中国的企业管理咨询,常常是以高层管理者和咨询师之间的关系为驱动的,而实实在在地因为企业文化管理需要而驱动并设立企业文化咨询项目的,并不多见。通常是企业的高层管理者,为了实现其个人的战略利益,而非真正关心绩效。因此,中国的企业文化咨询项目中真正对企业绩效提升及实现组织可持续发展有效果的非常少见。随着中国综合实力的提升以及企业所面临外部压力的增加,中国企业呼吁真正的企业文化咨询服务以及能够注入企业管理系统的企业文化理论体系,以期结合企业的内部管理系统和中国文化特征,推出有效的变革方案。

四、企业文化咨询项目的设立

(一)企业文化咨询项目需求动机的界定

无论是由咨询服务的市场驱动,即企业主动与咨询公司联系发起咨询服务的要约,还是咨询公司通过营销吸引企业进行企业文化的咨询与沟通,最终都是由咨询公司的高管和咨询师一起同被咨询企业的高管进行有效的沟通,初步提出订立咨询项目服务合同的意思表示。咨询师要注意以下几个问题:

第一,在和被咨询企业高管沟通时,要明确界定该企业对企业文化咨询需求的真正动机和原因。

第二,要尽量和被咨询企业高管探讨目前企业文化中存在的问题,以及高管需要解决哪些问题。

第三,尽量多收集该企业的企业文化资料,包括经营理念、制度、故事、行为和物化表象,如厂标、口号等。然后根据自己的经验,初步判断该企业文化存在的问题。

(二) 企业文化咨询项目建议书的结构

通过双方详细的沟通,咨询师可以初步拟定自己的项目建议书。项目建议书大致包括以下几个部分:

第一,有效的企业文化理论体系。

第二,该理论体系所发生作用的宏观文化情境。

第三,目标企业存在问题的初步界定,企业文化与战略、愿景、使命的一致性,以及组织行为管理制度和企业形象识别系统之间的关联。

第四,咨询团队实现企业文化咨询的方法和路径。

第五,企业文化咨询项目推进的时间表。

第六,咨询报告的内容及提交的具体日期。

(三) 企业文化咨询项目合同的签署

合同的签署一般是由咨询公司的高管和被咨询企业的高管进行。内容大致包括上述项目建议书中的内容。但核心问题是:咨询师是否要驻场?咨询项目是否要有知识和理论的注入与创新?是否涉及其他管理体系的调整?这些都是决定咨询项目成本和报价的关键因素。支付方式一般分三期,签订合同以后,预付 1/3;项目落实驻场咨询时,再支付 1/3;余下的尾款在落实之后支付。国内的咨询公司在提交了咨询报告并帮助企业进行落实之后,就算完成了任务。但是从理论上讲,在项目落实以后,咨询公司还必须对新企业文化进行评估,并根据评估的结果,对咨询方案做一些调整。

五、企业文化咨询的过程和方法

企业文化咨询的过程包括测量、评价、诊断、咨询方案的讨论、咨询报告和落实方案的写作、咨询报告的沟通与反馈。实现路径上,咨询师平时可以担任被咨询企业的人力资源总监,也可以作为外部专家驻场。具体方法包括深度访谈法、文献阅读法、行为观察法等。

企业文化咨询工作不是一个简单的、单方面的咨询工作,它与其他类型的咨询工作很大的不同之处在于,客户会对企业文化咨询的结果做出很主观的评价。这是很多咨询公司的共鸣。由于企业文化咨询工作没有一个既定的标准来衡量,所以这个咨询要做好,就必须得抓住重点,不要求面面俱到,否则这项工作就是浮于表面,而不能解决实质性问题。

六、企业文化咨询工作的主要内容

对企业现有文化进行诊断、组织、提炼与创新,是企业文化咨询公司的首要工作。只有了解其企业文化,咨询公司才能对症下药,提出改善企业现有文化的有效方案。这主要包括企业精神文化的诊断、企业精神文化的提炼与创新、企业制度文化的诊断、企业制度文化的提炼与创新、企业物质文化的诊断、企业物质文化的提炼与创新、企业行动纲领的撰写。也就是说要对企业的精神、制度、物质文化先进行一个调查,了解哪些是符合企业发展要求的,哪些是阻碍企业发展的,然后去其糟粕,取其精华,并在此基础上提出一套完整的、新的企业文化思想。

七、企业文化咨询的程序

(一)企业文化咨询项目的开始阶段

(1) 了解并满足客户的要求。客户会对项目成员提出具体要求,咨询公司根据情况可以给予满足。目前,国内咨询公司内的员工可以分为三大类,即实战派、咨询派和学院派。有的客户希望是实战派,因为其对企业的体会更加深刻;有的客户希望是学院派,因为其理论水平更高。

(2) 考察被咨询企业的背景。主要从地域、行业、职能和体制四个方面与项目的需求进行匹配。由于项目所在地区不同,所面临的人文习惯也不同,因此与客户沟通时需要预先对当地文化背景有所了解,比如:当项目所在地区为广东时,如果项目成员具有当地的生活经历,或者说粤语很流畅,与当地人交流起来就比较通畅。项目成员的企业文化咨询经验是必不可少的,与人沟通的能力也很重要。企业文化咨询对咨询师的要求比较高。

(3) 遵守项目期间的工作制度。咨询师应注意个人形象,在会议、访谈等正式场合着装要得体。项目期间的作息时间服从工作安排,以完成当日或当期的工作任务为准;项目期间所有搜集到的资料均应交到项目助理处登记,以便在小组成员中共享;做好访谈记录,并在内部讨论会上讨论;项目成员每天的工作成果,要以电子版形式汇总到项目助理处,以便安排第二天的工作。

(二)企业文化咨询项目的中期阶段

(1) 收集二手资料。项目组应及时将内部资料收集清单提交给客户的项目负责人,请求客户在给定的时间内提供。信息收集完后,项目组内部应做好登记、整理,方便项目组成员借阅,这些内部资料一般需要在三四日内消化吸收。此外,项目组应根据所了解的情况,拟好访谈提纲。项目经理则准备好访谈计划,与客户确定好访谈安排,由客户负责联系受访谈的员工。

(2) 撰写企业文化诊断与建议报告。企业文化诊断与建议报告是企业文化咨询项目的核心内容,报告通过发现问题和分析问题,提出解决问题的建议方案。如果报告中的分析透彻,那么以后的咨询工作会进展得较为顺利。如果由于诊断不仔细,导致提出的方案与实际有出入,就会降低客户的信任度,同时会增加后续的工作量和工作难度。

(三)企业文化咨询项目的后期阶段

(1) 制订方案实施计划。在各项方案与制度编制完成后,项目组将方案纸质版打印装订整齐,提交客户最后审阅,同时开始准备针对制度的培训材料。在方案提交给客户审阅时,应约定提出意见的最后期限,以保证按时得到反馈意见后做进一步修改。

(2) 为实施提供辅助。成立方案实施小组,一般情况下客户方是实施小组的主要组成部分,咨询公司只起辅助作用。方案实施小组可以分为方案实施领导小组、方案实施行动小组和方案实施辅助小组三个部分。其中,方案实施领导小组负责方案与制度的实施计划的批准、相关事项的协调及制度的颁发;方案实施行动小组负责企业管理方案与制度的具体落实;咨询公司则作为方案实施辅助小组,参与商讨方案与制度的具体实施计划,为方案实施行动小组在实时操作过程中遇到的问题提供参考性意见。企业以发文的形式宣布方案实施小组的组成、职责等。

(3) 实施新的企业文化。符合企业发展要求的新企业文化被制定出来后,下一步就是要付诸实施。具体包括:在企业内,贯彻落实企业文化的方案设计;利用一切现代的多媒体宣传手段,设立企业文化运行机制;制订企业文化培训方案,让企业的每个成员都能接受培训,切身体会到新企业文化的好处;对企业文化方案进行绩效评估与修订,因为在新企业文化实施后,肯定会出现各种问题,所以要对其进行效果评估,判断其是否能更好地促进企业发展,如有不妥之处,应立即修订。

第二节　企业文化测评

20世纪七八十年代,有关企业文化测评的研究已悄然兴起。管理学者提出了与企业文化相关的测量、诊断和评估模型,继而开发出一系列量表和工具。企业文化测评的定量研究,包括调查、资料分析和实验等,开始在组织研究领域中占据优势地位。其中以奎因为代表的研究者们认为只有量表式和问卷调查式的定量方法才是有价值的,是精确的、可比的和客观的。但20世纪80年代以后研究企业文化的部分学者开始认识到定量研究过于刻板,而且可探讨的观点十分有限;他们希望文化研究能够为定性方法提供一个施展其特长的用武之地,继而就产生了以沙因为代表的定性研究学派。该学派提倡企业文化研究要采用参与、观察、阐释的方式,通过实地观察和定性调查来获得大量的原始资料。虽然他们的研究不可避免地带有主观性,但是他们认为这种研究思路和方式最能反映企业文化的真实面貌。20世纪90年代后,随着学者们对企业文化测评研究的深入,定性和定量研究的界限日渐模糊。不少学者主张在定量研究的基础上从文化人类学的角度去领会企业文化现象背后的复杂本质,定性研究与定量研究相结合将使得测评工作更为直观和有效。接下来,本节介绍目前比较成熟的、有代表性的企业文化测评量表。

一、企业文化测评的界定

企业文化测评是指企业文化的测量和评价。在对企业文化测评的研究中,学者提出许多类似概念,比如企业文化测量、企业文化评价和企业文化评估。这些类似的概念,其内涵有一些细微的差别,运用的工具也有一定的差异。企业文化测量是指通过实验的方法,将被测量的维度与已知的标准进行比较,得到被测量维度大小的过程。它主要是通过开发的量表测量目标企业现有企业文化的典型特征,而后与常模(Norm)进行比较,以发现目标企业文化的优势与劣势及其所属的企业文化类型。这里的常模是指用于比较和解释测量结果时的参照分数标准。它实质上是一种供比较的标准,由标准化样本测试结果累计而来,即某一标准化样本的平均数和标准差。常模用来代表群体内差异情形的分数架构。它可以作为解释个别分数的标准与依据。企业文化评价和评估是可以混用的、意义相近的两个概念。评价过程是一个运用标准对评价对象特定方面进行比较分析的过程。[①]

---

① 陈春花,曹洲涛,李洁芳,等.企业文化:第2版[M].北京:机械工业出版社,2013.

二、企业文化测评的类型

企业文化测评主要分为类型测量(Typing Survey)和特征测量(Profiling Survey)两类。类型测量是指用标准化工具来判断企业文化的类型。每种类型通常较为详细地描述所对应的行为方式和价值观,用以判断特定的企业文化属于何种类型。特征测量是指通过测量组织成员的信念和价值观的优势及劣势来描述企业文化的特征。这类测量通常凭借不同维度上的得分,来勾画出企业文化的特征。特征测量可进一步细分为有效性测量、描述性测量和契合性测量。有效性测量可用来评价能提高企业绩效的企业文化价值观;描述性测量只是用来测量价值观,但并不评价企业文化的有效性;契合性测量用来测量个人与企业在价值观上的一致性。[①]

三、测评方法与分析工具

(一)西方国家企业文化测评

1. 霍夫斯泰德的企业文化测量

霍夫斯泰德认为,企业文化就是集体的思维模式,是价值观和实践的复合体,其中价值观是核心,实践部分则包括仪式和象征。基于这种思想,他提出了多维度组织文化模型(Multi-dimensional Model of Organizational Culture,MMOC)。他从文化人类学的角度,对企业文化进行深入的探讨。他的研究主要根据管理层的判断来决定一个组织是否可以分成若干同质文化的单元。在对国家文化的研究已经取得成果的基础上,他开始着手企业文化的测量研究。他首先通过文献回顾提出了明确的企业文化层次结构,而后从企业文化本身的内容和结构出发,构建了由价值观和实践两部分组成的企业文化测量问卷,其中价值观部分含有三个维度,分别是对安全的需要、以工作为中心和对权力的需要。实践部分则由六个独立的成对维度组成,即过程导向与结果导向、员工导向与工作导向、本地化与专业化、开放与封闭、控制松散与控制严格、规范化与实用化。

他将企业文化分为价值观和实践两个层面,分别进行研究测量,其提出的企业文化测量问卷中有60%的问题源自国家文化研究的问卷,其余问题则主要源自以讨论为主的实证研究。由于霍夫斯泰德认为企业文化是组织而非个人所拥有的特征,因此企业文化测量问卷的因子分析应该以单元而非个体为单位来进行。这项研究在丹麦和荷兰选取了10个不同的组织,并分成20个分析单元,从中选取了1 295个样本进行实证分析。该研究发现,对于20个分析单元来说,其价值观差异明显小于实践差异,而且价值观在人口学变量(国别、年龄和文化程度)方面的差距大于在不同分析单元之间的差距。这说明不同组织之间的文化差异主要通过实践部分的六个维度来显示。因此,他强调不同组织间的文化差异主要反映在企业文化实践部分的六个维度。

2. 奎因的企业文化测量

对企业文化的研究有定性和定量两种方法,其中定性方法以沙因的框架为代表,主要通过现场观察、访谈等方式对文化进行评估和总结。然而,多年的实践表明,定性方法存在主观性

[①] 陈春花,曹洲涛,李洁芳,等.企业文化:第2版[M].北京:机械工业出版社,2013.

强而导致结论存在较大偏差的缺点。定量企业文化测评是用定量的方式准确地描述企业文化体系的特征。相关的模型很多,在20世纪80年代,国内外很多学者对企业文化的测量模型和方法做出了贡献,包括奎因等的竞争价值框架(Competing Values Framework,CVF)模型、丹尼森的文化特质模型、郑伯埙的组织文化价值观量表等。其中以奎因和卡梅隆所建立的CVF模型较为著名,并且两位学者在此架构之下,结合前人对企业文化定量研究的贡献,开发出了组织文化评价量表(Organizational Culture Assessment Instrument,OCAI)。该模型和量表经过上千家国际著名公司的实践考验,具有较好的研究信度和效度,具有操作简便、结果清晰等优点。为了更清晰、明确地了解评估机构的企业文化特性,CVF模型利用两个综合的维度——关注内部与关注外部、偏好稳定与偏好灵活——将企业文化划分为四类(见图13-1),即团队型(Clan)、层级型(Hierarchy)、市场型(Market)和活力型(Adhocracy),随后基于CVF模型开发的OCAI包括六个维度,即企业氛围、领导特质、管理特征、凝聚力、战略、判断成功的标准。每个维度都有A、B、C、D四个选项,让员工和管理者进行打分,每个维度的A、B、C、D集中在一起分别对应四种类型的文化,即团队型、活力型、层级型和市场型。一般有李克特十分制量表和100分强制满分制量表两种打分方式。①

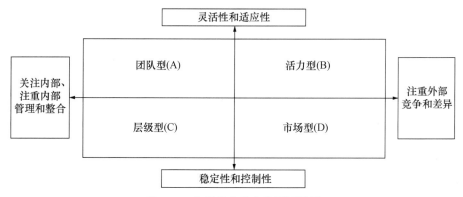

图13-1 奎因的企业文化测量模型

3. 丹尼森的企业文化测量量表

衡量企业文化最有效、最实用的模型之一是由瑞士洛桑国际管理学院(IMD)的著名教授丹尼尔·丹尼森(Daniel Denison)创建的"丹尼森企业文化模型"。他在对大量的公司进行研究后,总结出企业文化的四个特征,即参与性、一致性、适应性和使命。通过此模型可对企业文化现状进行测试,从而得出现有企业文化的特征及其背后隐藏的企业、市场、员工等方面的信息。

两个维度:

① 企业是关注内部还是外部:外部关注往往极大地影响市场份额和销售额的增长,内部关注则更多地影响投资回报率和员工满意度;② 企业是灵活的还是稳定的:灵活性与产品和服务的创新密切相关,稳定性则直接影响到诸如资产收益率、投资回报率和利润率等财务指标。

四个特征:

① 参与性(Involvement):涉及员工的工作能力、主人翁精神和责任感的培养。企业在这

---

① 王智庆.企业文化测评与变革:以两家资产评估公司为案例[J].中国人力资源开发,2016(4):74—80.

一文化特征上的得分,反映了企业对培养员工、与员工进行沟通,以及使员工参与并承担工作的重视程度。② 一致性(Consistency):用以衡量企业是否拥有一个强大且富有凝聚力的内部文化。③ 适应性(Adaptability):主要是指企业对外部环境(包括客户和市场)中的各种信号迅速做出反应的能力。④ 使命(Mission):用于判断企业是一味注重眼前利益,还是着眼于制订系统的战略行动计划。

上述四个特征中,每个特征又包含三个维度,十二个维度分别相应地对市场份额和销售额增长、产品和服务创新、资产收益率、投资回报率和销售回报率等业绩指标产生着重要的影响。

实施步骤:
① 利用调查问卷对企业成员进行调查;② 根据调查结果绘制企业文化模型图;③ 对企业文化进行分析,形成企业文化分析报告。

作用:
① 对现有企业文化的优势和不足做出基本评价;② 与其他经营绩效好的企业文化进行比较分析,根据企业所期望的绩效确定文化变革的目标;③ 明确文化变革的短期、中期和长期目标及任务;④ 分析与经营绩效(利润、销售或收入增长率、市场份额、质量、创新和员工满意度)有直接联系的文化要素,找出哪些要素促进了经营绩效的增长,哪些要素阻碍了经营绩效的提高;⑤ 提高领导者个人对企业文化的认识,进一步引导他们积极发挥企业文化的作用;⑥ 提供个人和企业双方都可以使用的分析报告,形成共同认可的文化体系。

丹尼森的企业文化模型还可以广泛应用于企业的兼并和收购工作,促进兼并和收购的快速成功。该模型具体可以做到:① 分析兼并和收购双方企业的相同和不同之处,寻求前进的合力;② 创立兼并和收购后企业共同奋斗的企业文化;③ 可以转移双方在谴责、担忧和内部竞争方面的注意力,而转向创造共享的文化;④ 制定被兼并和收购企业的领导者选拔和发展计划,以促进双方所认同的理想企业文化的发展。

(二)国内企业常用的企业文化测量量表

1984年前后,企业文化研究成果传入中国,很快得到了业界和学术界的认同和响应。一批文献相继问世,并且一些管理实践也受到了国外的重视,但国内学者所使用的理论语言,几乎是西方的。

我国著名心理学家郑伯埙教授是较早成功进行本土化企业文化测量研究的学者,他提出了组织文化价值观量表(Values in Organizational Culture Scale,VOCS)。VOCS包含了科学求真、顾客取向、卓越创新、甘苦与共、团队精神、正直诚信、表现绩效、社会责任和敦亲睦邻九个维度。对九个维度进行因子分析后,他得到两个高阶维度,即外部适应价值和内部整合价值。VOCS是完全本土化的量表,在中国企业文化测量方面具有开创性,但是比较抽象,回答者不易理解。①

还有学者从企业对利益相关者的价值判断和企业对管理行为的价值判断两个角度将企业文化分解为以下几对构成要素:长期与短期导向、道德与利益导向、客户与自我导向以及员工成长与工具导向(基于企业对利益相关者的价值判断角度);学习与经验导向、创新与保守导向、结果与过程导向、竞争与合作导向、制度与领导权威、集体与个人导向、沟通开放与封闭性、

---

① 邹常春,陈洪玮.中外企业文化测量量表的构成要素比较研究[J].企业经济,2008(11):29—31.

关系与工作导向(基于企业对管理行为的价值判断角度)。依据以上构成要素,他们提出了企业文化的四种特性,即动力特性、效率特性、秩序特性与和谐特性,形成了本土化的企业文化分析模型,并进行了实证研究。该模型采用扎根理论的方式提出了我国文化背景下的企业文化分析框架,并从"企业对利益相关者的价值判断"与"企业对管理行为的价值判断"两个全新的角度来阐述企业文化的内涵,试图从价值观的角度来探讨企业文化。

第三节 企业文化诊断

一、企业文化诊断的定义

企业文化诊断是在全面了解和测量企业文化的基础上,判断出企业文化的类型、结构及其对企业行为和企业绩效的影响程度,从而界定出需要改进的内容,并以此提出企业文化变革的目标状态和实现路径的研究活动。通过企业文化诊断,企业领导者和企业文化管理者可明确企业经营管理的基本特征和问题,从而为企业文化建设奠定共识的基础。企业文化诊断活动包括以下几个方面:

第一,描绘整个企业的企业文化图谱。大部分企业在进行企业文化塑造之前,往往对自己企业文化的状况了解不清,心中无数。因此,企业文化诊断的首要任务就是对企业文化资源进行全面的盘点,务必查清查实。

第二,归纳整理企业文化结构及其与其他管理系统之间的关系。企业文化涵盖企业经营的方方面面,体系较为复杂。企业文化诊断就是以科学的企业文化体系和基本原理为依据,对企业文化资源进行分门别类和归纳整理,通过对大量现象的观察、研究,概括出具有指导意义的结论。

第三,分析现有企业文化对企业行为和绩效的影响,判断是否需要变革以及变革的程度。企业文化诊断的目的就是通过科学的方法和手段,对企业文化进行分析、研究、判断,透过现象看本质,把握企业文化的优劣势,明确本企业文化与先进企业文化的差距和存在的问题等,为企业文化建设提供可靠的决策依据和指明努力的方向。企业文化诊断从企业文化的普遍原理和理论出发,通过逻辑推理来解释具体的企业文化现象,得出企业文化的基本判定。企业文化诊断就是要根据企业发展情况和企业文化建设现状,分析企业文化形成的原因、影响及特点,结合先进企业文化的发展方向和企业经营实际,有针对性地提出企业文化建设方案。[1]

二、企业文化诊断的原则

企业文化诊断应该遵循以下原则:

(1)客观性原则。即采取实事求是的态度,不要主观臆断,掺入个人好恶感情。企业文化咨询作为企业管理咨询的一部分,是由高层管理者认知的需求驱动的。因此,咨询活动会受到高层管理者和管理团队之间关系的影响。这种人际关系会使团队在项目执行活动过程中受到高层管理者的价值取向和个人偏好的影响,从而不能客观地对被咨询企业的企业文化进行研判。

---

[1] 冯光明,冯桂香.管理学原理[M].北京:清华大学出版社,2009.

(2) 一致性原则。即对所评价的对象使用同一标准,而不能使用两个,甚至多个标准。这就要求从企业文化测量开始到评价标准及方案的设定,都必须采用客观而统一的标准。

(3) 全面性原则。即在企业文化评价中不要过分地突出某一部分,而应当全面衡量。必须将企业文化的研判活动放在组织整个运行体系下进行考察,而不是单独就企业文化考察企业文化。

(4) 目的性原则。诊断既是一种管理手段,也是一个调控过程,但有效的诊断活动是一个目标引领的过程。因此,诊断要明确界定其目标,并将该目标与企业整体战略、企业管理各个功能性活动的目的相连接,将此目标贯穿于整个诊断活动的始终。

(5) 单项评价与综合评价相结合的原则。即既从某个侧面、某个项目进行评价,又要综合进行系统的评价。

(6) 定性分析与定量分析相结合的原则。即既对企业文化建设过程和结果的性质进行大致界定,又要对某项工作在量的方面进行统计比较。

(7) 静态评价与动态评价相结合的原则。即一方面要考察评价对象在特定的时间和空间中已经达到的水平或已具备的条件,另一方面要考虑它的趋势、潜力,使企业文化能够发挥激发企业积极进取精神的作用。

(8) 评价与指导相结合的原则。诊断不仅是为了搞清"是什么",还要回答"为什么"和"怎么办"的问题,要把评价结果上升到一定的理论高度加以概括,并能依据事实和参考条件指出改进方向。①

三、企业文化诊断的方法

(一) 问卷调查

问卷调查是企业文化诊断项目一个重要的信息收集来源,问卷内容包括:① 前言,即本项调查的目的、意义、相关事宜,调查人个人资料(公司、部门、姓名、职务),酬谢方式;② 调查内容,如各种问题、不同问题的回答方式及其说明;③ 结束语,包括感谢词、保密协议;④ 样本特征资料,如性别、年龄、职业、教育程度、收入等;⑤ 其他,如作业证明记载,受访者的姓名、联系方式、受访时间地点。②

(二) 调研访谈

调研访谈的构成如下:

(1) 访谈方法。主要有标准化访谈、半标准化访谈、非标准化访谈。

(2) 访谈目的。使调研人员对目前企业的文化建设情况有一个比较全面的了解,包括企业文化现有的状态,各级员工对企业文化的认同程度、期望和描述;在访谈的过程中就企业文化的概念与受访者进行交流,使企业上下形成对企业文化的共同认知。

(3) 访谈人员。访谈的主要对象是所有高层管理人员、中层管理人员及基层关键管理和技术人员、部分基层员工。

(4) 访谈内容。由于企业文化渗透到企业管理的方方面面,是企业共同意识在行为中的

---
① 北大纵横.企业文化诊断的重要意义[J].销售与市场(商学院),2013(11):42—43.
② 冯光明.管理学[M].北京:北京邮电大学出版社,2011.

体现,因此访谈时的问题也需要见微知著。

(5) 访谈技巧。在访谈时,我们往往需要采取有效的方法先"破冰",也就是能够与受访者打破僵局,畅所欲言。首先需要陈述保密协定,这能令受访者放心地交流;此外,应该对访谈目的、内容进行简单的分块介绍,以使受访者有一个全局的看法和观点,也使整个访谈有一个脉络。[①]

(三) 文献资料调研

资料内容包括:行业背景、企业组织结构、企业发展战略、企业发展沿革与重大历史事件、企业领导者近年的讲话记录、企业历年经营情况、企业具体的人员配备情况、企业员工职位分析文件或岗位责任书、近期倡导的口号及标语等;企业工资及福利情况、企业人力资源规划、绩效考核方法及人员培训体系、企业中的主要制度文件、企业近期出版的内刊、企业宣传的主要途径和工作方法、企业先进事迹、员工活动记录等。[②]

四、企业文化诊断的内容

结合企业文化变革管理的关键内容,本书认为企业文化诊断应包括以下关键内容:

(1) 将企业文化测评的内容进行概括,得出结论,以此为基础构建全面描述的图谱企业文化。

(2) 将现有的企业文化图谱与企业战略进行比较,为此必须回答以下问题:目前的企业文化是否与战略匹配?如果不匹配,战略可以做适应性调整吗?如果不匹配,需要实施怎样的企业文化变革?这个变革可行吗?从管理注意力和所需要的资金来看,这个变革将会产生哪些成本?预期的收益是否能够超过这些成本?实际上,这些变革可接受的时间段有多长?如多数员工对此有疑问,是否继续实施变革?对于不同的亚文化,应采取哪些不同的方法?

(3) 根据比较的结果确定新企业文化的核心价值观,据此明确需要如何调整战略来适应现有的企业文化和未来的新文化。

(4) 将现有的企业文化图谱与各个管理职能部门行为进行比较以判断企业一体化文化在组织行为重塑方面的作用,以及企业文化对各个部门差异化文化影响的程度。在此基础上,决定如何调整变革企业文化的制度层面要素,描绘新的组织行为、设计英雄行为的故事。

(5) 将现有的企业文化图谱与组织结构进行比较,判断是否需要调整组织结构或变革企业文化内容以适应现有的组织结构,抑或判断是否两者都需要同时调整。为此需要考虑以下问题:如何合并和拆分部门和任务?用什么方法来动员群体和个人?

(6) 勾画出目前企业文化需要变革的内容、实施方案,描述新企业文化全景和图谱,确定从旧文化到新文化变革的路径。

(7) 为落实新企业文化图谱,需要调整组织结构、分配物质和人力资源。关键要回答一个问题:变革的任务是否和人才能力相匹配?

(8) 在组织范围内寻找对现有企业文化的形成起关键作用的部门和关键的人物,并界定这些人作为企业文化变革代理人的可行性。

(9) 构建实施企业文化变革的代理人网络,包括所有层级中的关键人员。如果关键人员

[①] 冯光明.管理学[M].北京:北京邮电大学出版社,2011.
[②] 同上.

开始变革,其他人也会跟随。对那些拒绝变革的人,要问一问:他们可以得到干预吗?

(10) 设计必要的过程变革,包括拆除控制机制或设立控制机制,自主权或非自主权的界定,建立沟通联系或拆除沟通联系,并通过控制输出来控制输入。

(11) 修改人事政策(包括雇佣标准和晋升标准),考虑人事经理是否能够胜任新任务,以及评估培训计划是否满足培训需求。

(12) 继续对企业文化的发展进行监控,持续不断地关注、坚持落实,同时重复企业文化的诊断过程。

五、企业文化诊断报告的内容和结构

(1) 报告的地位声明。例如,本报告为初期诊断报告,所有意见均非最终结论,本报告旨在对某企业文化状况进行分析和诊断,不针对任何部门和个人。

(2) 简明摘要。

(3) 工作计划。即项目的时间安排。

(4) 调研综述。包括研究方法、主要工作回顾、主要调研结论。

(5) 企业战略及管理现状分析。包括企业过去成功的关键因素分析、战略分析、管理状况分析,企业发展对企业文化建设的要求,出现的管理问题及性质,战略、管理状况与企业文化的匹配状况。

(6) 企业文化建设现状分析,包括领导风格分析、理念体系分析、行为体系分析、企业视觉形象体系分析、竞争对手企业文化分析、综合环境对企业文化的要求以及企业文化建设中的问题界定。

(7) 企业文化建设的方向,制定企业文化建设的原则、目标和企业文化建设中主要问题的解决办法。

(8) 全面开展企业文化体系设计,包括理念梳理、企业文化运行体系设计、全面企业文化建设设计。

第四节 企业文化咨询报告的写作与沟通

一、标题

一般由咨询的对象、内容和文种名称组成。例如,X厂生产管理咨询报告、X厂市场营销诊断报告。在报告发表时往往删去"X厂""报告"之类的字样,以便报告具有普遍性,便于有关单位交流学习。

二、正文

(1) 现状咨询报告的开头一般写被咨询企业的现状,例如企业性质、规模、员工人数,生产经营的产品名称、产量、产值、利润和实行的有关制度等。有的报告在这一部分还写明查实的主要问题。如果是外部人员进行咨询,还应在文章的首段写明咨询的目的和工作的简要情况。

(2) 存在的问题及产生的原因。一般先写存在的问题,然后分析原因,二者的详略程度依写作目的、写作角度的不同而有所区别。

(3) 改善方案,即"改善措施"或"改善办法"。它是报告的主体,也是最有价值的部分。这部分包括两方面的内容:一是针对问题及其原因而提出的解决方案;二是若采用此方案将产生的经济效益及相应的预测数据。

(4) 方案实施效果。这是报告的结语部分,文字应有点睛之妙。

三、日期和具名

日期一般写撰稿年月日。由于咨询报告是集体研究的成果,故报告只写执笔者姓名。有的报告不写执笔者,只写咨询机构名称。

四、确定目标

查明问题是咨询的起点。查明问题是首要,而后搜集有关资料,再归纳问题判断性质,最后确定咨询目标。查明问题的方法有静态调查法和动态调查法两种。静态调查法包括资料搜集法、员工意见调查法和面谈法;动态调查法包括现场观察法和现场测定法。

五、报告测评结果

根据本章第二节介绍的测评理论与方法,对目标企业的企业文化现状进行测评,目的是要界定其存在的问题,或判断其类型,抑或找出现有文化与理想文化之间的差异,为下文提出的方案提供依据。

六、诊断结果

问题查明后,还要把产生问题的原因找出来,原因一般分为企业外部的和企业内部的。其中,企业外部的原因包括社会性原因和主管部门原因;企业内部的原因包括人员素质方面的原因、技术方面的原因、经营管理方面的原因、政治思想工作方面的原因及有关历史性原因。外部原因和内部原因都存在可控因素和不可控因素。在分析时,要找出可控因素和不可控因素相互转化的可能性,以促使不可控因素向可控因素转化;还要揭示问题内部的各种关系,如现象和本质关系、定性和定量关系等,以便把主要精力用于研究必然关系和本质关系上,保证分析所得结论的正确性。

七、提出新方案

提出改善方案是写作咨询报告的关键。一个好的改善方案,必须是既合国情又合厂情的,是科学精神和创造性思考的产物。提出改善方案的基本方法有思维法、提议法、决策法等。

八、说明效果

在咨询人员、企业领导者、管理团队和员工的共同努力下,改善方案经过实施往往会收到好的效果。在咨询报告中应实事求是地写出实施的效果。

九、基于咨询报告的企业文化建设方案与后续的评估与修正

好的咨询方案需要借由好的执行方案落地,要经过详细、全面的落实,才能产生预期的效果。执行过程中,要与被咨询企业紧密合作,从高层、中层和一线员工三个层次分层落实。在

落实后,需要进行评估,而后根据评估的结果进行方案修正。

　　企业文化建设方案在实施过程中要特别注意方案的外部一致性和内部一致性。其中,外部一致性包括企业文化与企业战略的一致性,以及对外文化传播方式的一致性;内部一致性强调企业文化与经营理念、愿景、使命、价值观、人力资源管理体系的一致性,生产运作和企业流程管理一致性,以及营销理念的一致性。方案实施后,经过一段时间应定期进行评估,以确定是否实现了咨询项目设立的总体目标和预期效果。后续根据评估的结果,再对所提出的方案进行修正。

本 章 小 结

　　本章探讨了企业文化理论体系应用于企业文化管理实践的方法,即企业文化测量、诊断、咨询、落实和评估的过程。本章首先从企业文化的咨询理论概述出发,探讨了西方企业文化理论在中国情境下的有效性,同时指出了中国企业文化管理实践存在的问题及挑战。在此基础上,本章介绍了企业文化咨询的程序。接下来,本章介绍了企业文化测评,阐述了企业文化测评的界定、类型及分析工具等。在此基础上,本章从企业文化诊断的定义、原则、方法、内容和问题以及报告的内容和结构等五个方面,介绍了企业文化诊断的基础知识及操作流程。最后,本章列出了企业文化咨询报告的写作与沟通的格式与要点,并突出了具体实践。

【复习思考题】

1. 企业文化诊断的定义是什么?
2. 企业文化诊断的方法有哪些?
3. 企业文化诊断的原则有哪些?
4. 简述企业文化咨询的主要内容。
5. 用本章理论分析、讨论下面案例。

案例分析

家族企业集团的企业文化整合咨询

　　某企业集团旗下有7家子公司,5家从事汽车销售,1家从事地产,1家从事制药。2006年前,该集团的销售额一直徘徊在1亿多元,到年底利润总在100万元以下。该集团为典型的家族企业,老板夫妻及其兄弟姊妹分别控制了各个子公司,股东会、董事会、经营会、家庭聚会都是这几个成员。每个公司看上去都有模有样,墙上有文化,内部有制度,车间有工人,会上有干部。经营的汽车品牌也不差,如一汽奥迪、东风标致、东风本田、解放商用车、东风商用车。可为什么看似红火的企业却年年挣钱有限呢?

　　该集团的财务报表显示:制药公司的长期亏损蚕食了汽车销售业务的利润;另外,汽车公司中有2家4S店开业时间不长,还没有实现盈亏平衡,属于可控性亏损。道理好像很简单,解决办法在于将制药公司扭亏为盈。但情况并非如此简单。因为制药公司尽管名义上是集团控股,事实上当时的经营控制人,同时也是这家制药公司的创始人并不接受这种迫于无奈的债转股结局。为扭转危局,集团也尝试了非常彻底的换人办法,却被莫名其妙的内耗缠住,难以自拔。为挽救制药公司,集团先后追加近千万元资金都未能实现转机。

在对整个集团进行调研以后,咨询团队给出了诊断报告:这家企业患了战略迷失和文化缺位症。所谓战略迷失,就是企业自身没有明确的发展方向,投资分散,决策随意性强,没有形成资源聚合优势。所谓文化缺位,就是每个公司都有自己的企业文化,但集团本身没有统一的、系统的文化纲领,这就导致要钱的时候一家亲,经营的时候各顾各,轻重缓急判断缺乏依据,矛盾调停难,决策效率低。得出结论之前,集团内部许多人都建议集团孤注一掷抓药厂扭亏为盈,集团董事长也特许咨询团队进驻药厂直接监督经营。如果那样,集团就会发生更大的损失。原因在于,咨询团队会站在药厂的角度要求集团投资倾斜,让整个集团偏离主业,丧失竞争优势。在分析了集团及各子公司连续三年的财务报表,并与中、高层及关键岗位的技术和业务人员详细沟通访谈之后,咨询团队给集团提出了第一条建议:分阶段退出制药产业。为什么要退出呢?因为:其一,制药与汽车属于非关联行业,集团没有资源和经验优势去同时投资这两个产业。其二,制药公司的亏损根源在于产权伤痛,只有将产权还给创始股东,才能解决制药公司的亏损问题。其三,制药公司奉行自成体系的企业文化,并不认同集团的发展方向和经营风格。其四,不能因为整合企业造成亲人之间剑拔弩张,反目成仇。

基于上述原因与调研分析,咨询团队为该集团起草了企业"三年发展规划"和企业文化体系,整个体系的核心就是"诚、信、义、和"四个字。围绕集团发展规划与企业文化体系,集团组织子公司中层以上的干部进行了五次讨论,并将方案初稿通过内部刊物和集团网站公开征求员工意见,在大家对方案进行反复推敲和修改之后正式在集团年度总结大会上发布。"三年发展规划"明确了集团的汽车销售主营业务和发展目标,并分别提出了战略计划、经营计划、人力资源发展计划,将"诚、信、义、和"确立为集团的核心价值观,并围绕核心价值观建立了集团的愿景、使命、人才观和企业精神。结合集团发展战略、经营目标,确立了中高层管理人员的绩效任务分解与考核制度,在集团范围内实行了企业文化的集中整合,集团上下统一思想,用统一的企业文化规范约束管理层、执行层直至基层操作人员的行为习惯。一年以后,该集团销售额超过 2 亿元,盈利增加 3 倍;2009 年年底,该集团的营业额翻了两番。战略明晰,文化驱动,加上有效的执行力和利好的市场环境成就了企业持续增长的态势。

资料来源:张振祥.四个字撬动两个亿业绩——中鼎咨询企业战略与文化咨询案例[J].中小企业管理与科技(中旬刊),2010(12):40—41.

教辅申请说明

　　北京大学出版社本着"教材优先、学术为本"的出版宗旨，竭诚为广大高等院校师生服务。为更有针对性地提供服务，请您按照以下步骤通过**微信**提交教辅申请，我们会在 1~2 个工作日内将配套教辅资料发送到您的邮箱。

◎扫描下方二维码，或直接微信搜索公众号"北京大学经管书苑"，进行关注；

◎点击菜单栏"在线申请"—"教辅申请"，出现如右下界面：

◎将表格上的信息填写准确、完整后，点击提交；

◎信息核对无误后，教辅资源会及时发送给您；
如果填写有问题，工作人员会同您联系。

温馨提示：如果您不使用微信，则可以通过以下联系方式（任选其一），将您的姓名、院校、邮箱及教材使用信息反馈给我们，工作人员会同您进一步联系。

联系方式：

北京大学出版社经济与管理图书事业部
通信地址：北京市海淀区成府路 205 号，100871
电子邮箱：em@pup.cn
电　　话：010-62767312 /62757146
微　　信：北京大学经管书苑（pupembook）
网　　址：www.pup.cn